Social Media Marketing und Data Analytics
Aktuelle Entwicklungen und Herausforderungen

HAMBURGER SCHRIFTEN ZUR MARKETINGFORSCHUNG

herausgegeben von
Christopher Zerres

Band 100

Christopher Zerres, Dirk Drechsler (Hrsg.)

Social Media Marketing und Data Analytics

Aktuelle Entwicklungen und Herausforderungen

Rainer Hampp Verlag   Augsburg, München, 2018

Bibliografische Information der Deutschen Nationalbibliothek
Die Deutsche Nationalbibliothek verzeichnet diese Publikation in der
Deutschen Nationalbibliografie; detaillierte bibliografische Daten sind
im Internet über http://dnb.d-nb.de abrufbar.

ISBN 978-3-95710-228-7 (print)
ISBN 978-3-95710-328-4 (e-book)
Hamburger Schriften zur Marketingforschung: ISSN 1430-5429
ISBN-A/DOI 10.978.395710/3284
1. Auflage, 2018

© 2018   Rainer Hampp Verlag   Augsburg, München
         Vorderer Lech 35   D-86150 Augsburg
         www.Hampp-Verlag.de

Alle Rechte vorbehalten. Dieses Werk einschließlich aller seiner Teile ist urheberrechtlich geschützt. Jede Verwertung außerhalb der engen Grenzen des Urheberrechtsgesetzes ist ohne schriftliche Zustimmung des Verlags unzulässig und strafbar. Das gilt insbesondere für Vervielfältigungen, Mikroverfilmungen, Übersetzungen und die Einspeicherung in elektronische Systeme.

∞ *Dieses Buch ist auf säurefreiem und chlorfrei gebleichtem Papier gedruckt.*

Liebe Leserinnen und Leser!
Wir wollen Ihnen ein gutes Buch liefern. Wenn Sie aus irgendwelchen Gründen nicht zufrieden sind, wenden Sie sich bitte an uns.

Inhalt

Einleitung 1
Dirk Drechsler und Christopher Zerres

Autorenprofile 9

Teil 1: Einführung 13

Social Media und Data Analytics im gesellschaftlichen Kontext 15
Thomas Breyer-Mayländer

    1 Die Wechselbeziehung von Medien und Gesellschaft 15
    2 Veränderte Mediennutzung durch Social Media 17
    3 Das Problem der eingeschränkten Wahrnehmung durch die Filterblase 18
    4 Die Haltung gegenüber redaktionellen Medien - das Problem der kognitiven Dissonanz 19
    5 Marketingstrategien bei gesellschaftlichen Themen und das Problem der Manipulierbarkeit 22
    6 Social Media als populistischer Direktkanal 28
    7 Meinungsvielfalt und Faktenklarheit 29
    8 Der Ruf nach „schärferen Gesetzen" 31
    Quellenverzeichnis 32

Rechtsrahmen des Social Media Marketing und Data Analytics 37
Thomas Zerres

    1 Social Media 37
    2 Data Analytics 43
    Quellenverzeichnis 47

Teil 2: Social Media Marketing 49

Influencer-Marketing 51
Meike Bähr und Miriam Feurer

    1 Einführung in die Thematik 51
    2 Einführung in das Influencer-Marketing 52
    3 Fallbeispiel Schuhmix24.de 67
    4 Herausforderungen und Schwierigkeiten 70
    5 Fazit 71
    Quellenverzeichnis 71

Social Media Research 75

Jacqueline Alterauge und Lisa Isenmann

1 Einführung ... 75
2 Social Media Research ... 76
3 Methoden der Befragung (Primärmarktforschung) ... 79
4 Methoden der Beobachtung (Sekundärmarktforschung) ... 82
5 Chancen und Herausforderungen ... 85
6 Fazit ... 87
Quellenverzeichnis ... 87

Social Customer Service ... 92

Sabrina Herrmann und Pia Katharina Katz

1 Einleitung ... 92
2 Bedeutung von Social Customer Service ... 92
3 Erfolgsfaktoren für Social Customer Care ... 94
4 Messung der Kundenzufriedenheit ... 102
5 Möglichkeiten und Grenzen ... 103
6 Fazit und Ausblick ... 105
Quellenverzeichnis ... 106

Social CRM ... 109

Christine Matt und Nina Berger

1 Einleitung ... 109
2 Konzeptvorstellung Social CRM ... 110
3 Der Kundenlebenszyklus ... 113
4 Fallbeispiel Deutsche Telekom AG ... 116
5 Herausforderungen ... 119
6 Zusammenfassung ... 122
Quellenverzeichnis ... 122

Unternehmensinterne Social Media Nutzung ... 125

Noelle Reichert

1 Einführung ... 125
2 Einsatzmöglichkeiten und damit verbundene Chancen und Ziele ... 126
3 Herausforderungen und Risiken ... 127
4 Vorgehensmodell für eine erfolgreiche Realisierung ... 128
5 Mögliche Social-Media-Kanäle für die interne Nutzung ... 130
6 Fallstudie zur internen Nutzung von Social Media ... 134
7 Bewertung ... 135
Quellenverzeichnis ... 135

Innovationsmanagement in Social Media ... 139

Christina Leuchtweis

1 Einführung ... 139

2 Innovationsmanagement 140
3 Integration von Social Media im Innovationsmanagement 140
4 Bewertung 144
5 Fazit 145
Quellenverzeichnis 146

Social Media Controlling **149**

Christopher Zerres

1 Einführung 149
2 Begriffsabgrenzung, Funktionen und Prozess 149
3 Übersicht und Systematisierung der Instrumente 153
4 Software 161
5 Schlussbetrachtung 161
Quellenverzeichnis 162

Einführung und Überblick über die Möglichkeiten des Social Media Advertisings **164**

Florian Litterst

1 Einführung und Begriffsabgrenzung 164
2 Fragmentierte Kaufentscheidungsprozesse als Herausforderung 166
3 Überblick über die Möglichkeiten des Facebook Advertisings 167
4 Überblick über die Möglichkeiten des Twitter Advertisings 174
5 Aufbau einer ganzheitlichen Kampagnenstruktur am Beispiel von Facebook .. 175
6 Schlussbetrachtung und Ausblick 177

Social Media und Compliance-Kommunikation **178**

Dirk Drechsler und Julia Mager

1 Was bedeutet die Digitalisierung für die Kommunikation? 178
2 Compliance-Kommunikation als interne Kommunikation 180
3 Die Herausforderung Social Media 187
4 Umsetzung und Kommunikation der Compliance-Maßnahme 191
5 Fazit 191
Quellenverzeichnis 191

Teil 3: Big Data und Data Analytics **195**

Data Analytics und Industrie 4.0 .... **197**

Dirk Drechsler, Christine Matt und Laura Vetterlein

1 Das Konzept Industrie 4.0 – Digitale Reform oder Transformation? 197
2 Die vierte industrielle Revolution und ihre Ausprägungen 198
3 Big Data im Kontext von Industrie 4.0 203

4 Erfolgsfaktor Industrie 4.0 – welche Bereiche profitieren? 206
5 Risiken 208
6 Die industrielle Revolution schreitet voran 209
Quellenverzeichnis 210

Big Data Governance **213**

Dirk Drechsler

1 Einleitung 213
2 Von der Corporate Governance zur Data Governance 214
3 Fazit 229
Quellenverzeichnis 229

Data Analytics und Cyber-Risikomanagement **232**

Dirk Drechsler

1 Einleitung 232
2 Vorüberlegungen zur Modellierung von Realitäten 232
3 Von der realen Welt zum Computer-Modell 235
4 Data Analytics für das strategische Cyber-Risikomanagement ... 248
Quellenverzeichnis 249

Big Data und Learning Analytics **251**

Dirk Drechsler, Meike Bähr und Miriam Feurer

1 Quantifizierte Bildung? 251
2 Begriffsdefinition und Abgrenzung von Educational Data Mining
   und Learning Analytics 253
3 Learning Analytics Komponenten im Learning Analytics Prozess ... 255
4 Fallbeispiele aus den USA 259
5 Herausforderungen von Learning Analytics in Deutschland 260
6 Grenzen von Learning Analytics 261
7 Chancen und Risiken von Learning Analytics 262
8 Fazit und Ausblick 264
Quellenverzeichnis 264

Data Analytics und Datenvisualisierung **267**

Dirk Drechsler, Christina Leuchtweis und Selina Anke

1 Neue Technologien – neue Erkenntnisse? 267
2 Die Gründe für eine Visualisierung 268
3 Explorative Datenanalyse 271
4 Visual Data Mining 275
5 Schlussfolgerung 279
Quellenverzeichnis 280

Data Analytics zur Anomalie-Detektion im Finanzsektor 282

Dirk Drechsler und Pia Katharina Katz

    1 Die Nutzung digitaler Spuren 282
    2 Einordnung von Big Data und Online-Banking 282
    3 Data Analytics als Teil des Fraud Risk Managements 285
    4 Definition von Anomalien in Bezug auf den Finanzsektor 290
    5 Aufdecken diverser Anomalien mithilfe des Modells nach Kriksciuniene et al. .. 291
    6 Ergebnisse, Erkenntnisse und Bewertung des Modells 296
    Quellenverzeichnis 298

Data Analytics und Smart Cities 300

Dirk Drechsler, Jaqueline Alterauge und Lisa Isenmann

    1 Das Konzept einer Smart City 300
    2 Die Rolle von Big Data in Smart Cities am Beispiel des Smart Water
       Managements 304
    3 Fallstudie - Smart City Barcelona 306
    4 Chancen und Herausforderungen von Big Data in Smart Cities 310
    5 Fazit und Ausblick 312
    Quellenverzeichnis 313

Data Analytics und Überwachung 316

Dirk Drechsler, Nina Berger und Noelle Reichert

    1 Gestrige Paranoia = zukünftige Bedrohung? 316
    2 Facetten der Überwachung – zwischen Schutz und Missbrauch 319
    3 Normative und ethische Problemstellungen 322
    4 Der Datenskandal: Facebook und Cambridge Analytica 324
    5 Gesetzliche Maßnahmen 327
    6 Ausblick 329
    Quellenverzeichnis 330

Einleitung

Dirk Drechsler und Christopher Zerres

Die Themenbereiche Social Media Marketing und Data Analytics haben in den letzten Jahren auf Grund ihrer gesellschaftlichen, aber auch wirtschaftlichen Bedeutung starke Beachtung in Wissenschaft und Praxis erhalten (vgl. Zerres und Drechsler 2016; Zerres 2018; Erevelles et al. 2016; Kreutzer 2018). Beide Themenfelder sind durch eine hohe Dynamik gekennzeichnet, die sich u. a. in zahlreichen Weiterentwicklungen und damit neuen Möglichkeiten niederschlägt.

Social Media Marketing ist zu einem der zentralen Themen im Marketing in den letzten Jahren geworden. Auf Grund der gravierenden Entwicklungen des Kommunikations-, Informations- und Kaufverhaltens in der Gesellschaft wächst gleichzeitig die Bedeutung von Social Media als Marketing Kanal für Organisationen. Social Media werden dabei charakterisiert durch folgende Aspekte:

- Internetbasiert / Online
- Interaktionen / Austausch
- User-Generated-Content
- Findet auf öffentlichen und semi-öffentlichen Plattformen statt.

Zu Social Media gehören soziale Netzwerke, Media-Sharing Plattformen, Messenger Dienste, Blogs und Online-Foren und -Communities (vgl. Kreutzer 2018, S. 2). Das Social Media Marketing umfasst die Analyse, Planung, Steuerung und Kontrolle aller Aktivitäten in Social Media unter Berücksichtigung von Unternehmenszielen. Das Social Media Marketing kann für zahlreiche Marketingziele eingesetzt werden. Diese Ziele reichen von tendenziell eher monetären Zielen, wie etwa der Steigerung des Verkaufs eines bestimmten Produktes, bis hin zu nicht-monetären Zielen, wie etwa der Steigerung des Bekanntheitsgrades.

Zu den Themen, die aktuell starke Beachtung in Praxis und Wissenschaft erfahren, gehören:

- Controlling (vgl. u. a. Zerres und Litterst 2017; Zerres 2018)
- Influencer Marketing
- Kundenservice
- Marktforschung (vgl. u. a. Zahn 2017)
- Innovationsmanagement
- Werbung (vgl. u. a. Kreutzer 2018, S. 9)
- Social CRM (vgl. u. a. Alt und Reinhold 2016)
- Recht (vgl. u. a. Zerres und Zerres 2018).

„Sich mit klugen Gedanken zu beschäftigen, sie nachzuzeichnen, sie zu verstehen und weiterzudenken, ist eine kulinarische Beschäftigung des Geistes. Lesen ist Denken mit einem fremden Gehirn. Doch das Gelesene zu verarbeiten, ist ein fortwährender Dialog mit uns selbst. Was lockt, ist die Aussicht, intelligenter über die Welt nachdenken zu können als zuvor" (Precht 2015, S. 12 f.). Diese Aussage erhält eine interessante Bedeutung, wenn man bedenkt, dass starke Bemühungen weltweit existieren, um den Menschen das Denken mehr oder weniger abzunehmen. Das Thema der Künstlichen Intelligenz oder KI schwebt wie ein ständiger Begleiter über viele Branchen, Industrien und Unternehmen. Die Vorsitzende der Geschäftsführung von Microsoft Deutschland, Sabine Bendiek, formulierte etwa in einem Gastbeitrag im Handelsblatt bezüglich der KI-Bemühungen die Notwendigkeiten (1) Wissenschaft und Wirtschaft stärker zu verzahnen, (2) ein gesundes Startup-Ökosystem zu etablieren, (3) die menschliche Intelligenz weiter zu stärken, (4) eine breite gesellschaftliche Debatte anzustoßen und (5) den zukünftigen Umgang mit intelligenten Maschinen zu thematisieren (vgl. Bendiek 2018, S. 72). Aus der Sicht einer Unternehmensvertreterin und noch dazu Absolventin des MIT (Massachusetts Institutes of Technology) erscheint das wieder wie ein rein US-amerikanisches Voranschreiten in einer Welt, die eigentlich keine Alternativen kennt. Wenn man internationalen Berichterstattungen glauben möchte, konzentriert sich die globale digitale Marktaufteilung zwischen den FAANGs und den BATs. Zur ersten Gruppe gehören Facebook, Amazon, Apple, Netflix und Googles Alphabet. Die zweite, rein chinesische Gruppe besteht aus Baidu, Alibaba und Tencent. Deutsche Unternehmen sucht man hier vergeblich (vgl. o.V. 2018). Allen genannten Unternehmen ist gemeinsam, dass sie Daten der Kunden sammeln, erfassen, auswerten, verwenden, weiterkaufen oder was sonst noch mit Daten möglich ist. Inwieweit die KI schon Anwendung findet, lässt sich nur schwer sagen, aber definitiv sind die FAANGs und BATs auf dem Gebiet der Auswertung von Massendaten aktiv. Und das ist die Vorstufe zur künstlichen Intelligenz.

Diesen Aspekt der digitalen Transformation bevölkert der Bereich Big Data. Dieses „Buzzword", dessen inhaltliche Konkretisierung in Wissenschaft und Praxis stattfindet, wird in den Beiträgen dieses Sammelbands durch den etwas konkreteren und greifbareren Begriff Data Analytics ersetzt. Konkret auf wirtschaftliche Verhältnisse angewendet, könnte man auch von Business Analytics sprechen.

Während wirtschaftliche Transaktionen schon immer Spuren hinterlassen haben, existieren heute eine Vielzahl von personenbezogenen und nicht-personen-bezogenen Daten, die einen Rückschluss auf die interessierenden Subjekte und Objekte ermöglichen. Die sich daraus ergebenden vielfältigen Vorteile stehen in einem kritischen Verhältnis zu den insbesondere rechtlichen und ethischen Problemfeldern, wie beispielsweise der europäischen Datenschutzverordnung, der Frage nach dem Eigentum an Daten sowie der Transparenz des Individuums. Das erfordert aus Sicht der Wissenschaft eine kritische und problemorientierte Erörterung der Chancen und Risiken.

Bei einer Betrachtung aktueller Entwicklungen in der Praxis und auch in der Wissenschaft zeigt sich, dass es sinnvoll ist, die beiden Themenfelder Social Media Marketing und Data Analytics nicht getrennt voneinander zu betrachten. Dabei wird deutlich, dass ein effektives Social Media Marketing nur mit entsprechenden Daten möglich ist. Big Data spielt dabei u. a. für die folgenden Bereiche eines Social Media Marketing eine zentrale Rolle:

- Kundenservice und Beschwerdemanagement: Unternehmen erreichen heute über die verschiedensten Social Media Kanäle Anfragen, Beschwerden usw. Diese Vielzahl an Kundenanfragen muss entsprechend verarbeitet und adäquat beantwortet werden. Ein zentraler Erfolgsfaktor ist zudem die zeitnahe Reaktion auf eine Kundenanfrage bzw. eine Beschwerde. In diesem Zusammenhang ermöglichen es Big Data Technologien die Datenmengen (Volumen der Anfragen etc.) zu sammeln und aufzubereiten, damit eine schnelle Reaktion möglich wird.
- Werbung: Der Bereich Werbung ist in Social Media insbesondere so interessant, da die verschiedenen Plattformen eine große Auswahl an Targeting-Optionen bieten. Diese basieren auf einer Analyse und Zusammenstellung der Informationen, die die Nutzer direkt oder indirekt bei der Plattformnutzung abgeben.
- Marktforschung in Social Media: Social Media bietet eine nahezu unüberschaubare Menge an Informationen, die für unterschiedliche Zwecke im Unternehmen genutzt werden können. Vor allem die meist sehr authentische und ehrliche Kommunikation, etwa in Foren zu einem spezifischen Thema, macht diese Informationsquelle so interessant für Unternehmen. Die Informationen liegen allerdings in sehr unterschiedlicher (Daten-)Struktur vor, so dass entsprechende Verfahren, z. B. Textmining, notwendig sind, um diese sinnvoll für das Unternehmen nutzbar zu machen. Auch ist es meist wichtig, die Informationen rechtzeitig (häufig in Echtzeit) zur Verfügung zu stellen.
- Influencer Marketing in Social Media: Influencer Marketing hat sich in den letzten Jahren als wichtiges Kommunikationsinstrument entwickelt, um Kunden auf eine authentische Weise zu erreichen. Ein sinnvolles Influencer Marketing setzt allerdings voraus, die für das Unternehmen und seine Zielgruppen relevanten Influencer zu identifizieren. Darüber hinaus muss kontinuierlich überprüft werden, ob die ausgewählten Influencer zur Erreichung der definierten Ziele beitragen.
- Markenmanagement: Ein erfolgreiches Markenmanagement in Social Media setzt einerseits ein entsprechendes Wissen voraus und andererseits eine Markenkommunikation (vgl. Nam et al. 2017). Beides hängt somit vor allem von den Informationen ab, die aus den Social Media gewonnen werden können. Dies setzt wiederum Methoden der Datenanalyse voraus, um aus der Menge und Struktur der Informationen verwertbare Daten zu gewinnen.
- Controlling: Das Controlling von Social Media Maßnahmen stellt u. a. auf Grund der wachsenden Ausgaben für Social Media Aktivitäten eine äußerst wichtige Maßnahme dar (vgl. Zerres und Litterst 2017). Ein adäquates Controlling hängt in diesem Zusammenhang zu einem großen Grad von den bereitgestellten Informationen ab.

Die Herausgeber möchten in dem vorliegenden Buch einen aktuellen Überblick wichtiger Entwicklungen des Social Media Marketing und Data Analytics geben.

Nach dieser Einleitung beleuchtet zunächst **Thomas Breyer-Mayländer** in seinem Beitrag Social Media und Big Data im gesellschaftlichen Kontext. Ein derartiger Einstieg bietet sich an, da die beiden Themenstränge und die hier stattfindenden Entwicklungen starken Einfluss auf die gesellschaftliche Entwicklung haben. Thomas Breyer-Mayländer geht dabei der zentralen Frage nach, welche wechselseitigen Einflüsse aus dem nicht primär wirtschaftlichen Blickwinkel zwischen Gesellschaft und sozialen Medien und den Möglichkeiten der spezialisierten Profilierung und Datenanalyse bestehen.

Thomas Zerres fasst in einem zweiten Beitrag innerhalb dieses einleitenden Teils die rechtlichen Rahmenbedingungen zusammen. Hierbei geht er auf die das Social Media Marketing betreffenden Aspekte des Urheberrechts, des Datenschutzes, des Wettbewerbsrechts, des Vertragsrechts, des Marken- und Namensrechts, des Telemediengesetzes und des Äußerungsrechts ein. Im Zusammenhang mit Data Analytics werden inbesondere die relevanten Datenschutzgesetze und -richtlinien beleuchtet.

Im zweiten Teil des Handbuches beschreiben in einem ersten Beitrag **Miriam Feurer** und **Maike Bähr** zentrale Aspekte des Influencer Marketing. Influencer Marketing gewinnt dabei gerade im Vergleich zu „klassischen" Werbeformen immer mehr an Bedeutung. Die Autorinnen zeigen in ihrem Beitrag zunächst die Bedeutung des Influencer Marketing auf und geben eine Begriffsabgrenzung. Im Mittelpunkt des Beitrages stehen die Beschreibung der Einsatzfelder des Influencer Marketing und die Vorstellung eines Vorgehensmodells. Abschließend werden Herausforderungen und Schwierigkeiten skizziert.

Jaqueline Alterauge und **Lisa Isenmann** beschäftigen sich in ihrem Beitrag mit den Möglichkeiten, die Social Media für die Marktforschung bietet. Social Media Research beschriebt dabei den Zugang zu unmittelbaren authentischen und oftmals emotional geprägten Meinungen, die in der klassischen Marktforschung in der Form und Ausprägung so nicht erhoben werden können. Die Autorinnen gehen insbesondere auf diesbezügliche Instrumente ein.

Social Media bietet zahlreiche neue Optionen für den Kundenservice. Gleichzeitig müssen Unternehmen, die Kundenservice in Social Media erfolgreich anbieten wollen, auch verschiedene Herausforderungen bewältigen bzw. Rahmenbedingungen berücksichtigen. **Sabrina Herrmann** und **Pia Katz** stellen in ihrem Beitrag die Bedeutung des Kundenservice in Social Media vor. Im Hauptteil des Beitrages werden Erfolgsfaktoren, wie etwa die Reaktionsgeschwindigkeit, beschrieben. Darüber hinaus stellen die Autorinnen Möglichkeiten zur Messung der Kundenzufriedenheit im Zusammenhang mit dem Kundenservice vor und gehen abschließend auf generelle Möglichkeiten und Grenzen ein.

Christine Matt und **Nina Berger** stellen in ihrem Beitrag Social Customer Relationship (Social-CRM) vor. Anhand des Kundenlebenszyklus zeigen die Autorinnen auf, wie Social-CRM Unternehmen einen Mehrwert liefern kann, also beim Akquisitions-, Kundenbindungs- und Kundenrückgewinnungsmanagement. Als Grundlage hierfür wird das Konzept des Social-CRM eingängig beschrieben. Schließlich werden Chancen und Risiken dargestellt und ein Umsetzungsbeispiel vorgestellt.

Social Media ist nicht nur für die externe Kommunikation ein äußerst wichtiges Instrument. Daher stellt **Noelle Reichert** in ihrem Beitrag die verschiedenen Möglichkeiten der Nutzung von Social Media für interne Zwecke vor. Außerdem stellt sie ein Vorgehen für eine Implementierung dar.

Für das Innovationsmanagement eines Unternehmens bieten Social Media zahlreiche Möglichkeiten. Vor diesem Hintergrund widmet sich **Christina Leuchtweis** in ihrem Beitrag den Möglichkeiten, die sich für Unternehmen durch die Integration von Social Media zur Optimierung ihrer Innovationsprozesse bieten. Auf Basis einer Einführung in den Innovationsprozess wird im Hauptteil des Beitrages auf die Möglichkeiten einer Integration von Social Media in den Innovationsprozess eingegangen. Der Beitrag wird durch eine Diskussion aktueller Herausforderungen sowie Chancen und Risiken abgerundet.

Eine immer wichtigere Rolle nimmt das Social Media Controlling ein. Auf Grund der wachsenden Budgets, die Organisationen für Social Media Aktivitäten bereitstellen, wächst gleichzeitig Notwendigkeit, die Effektivität und Effizienz von Social Media Aktivitäten zu kontrollieren. **Christopher Zerres** stellt in seinem Beitrag zunächst die grundsätzlichen Funktionen eines Social Media Controllings vor und beschreibt einen Prozess, der für das Social Media Marketing Controlling angewendet werden kann. Im Mittelpunkt des Beitrages stehen die Vorstellung verschiedener Ansätze sowie ein Systematisierungsmodell.

Mit Social Media stehen Unternehmen ein sehr reichweitenstarkes Werbeinstrument zur Verfügung. Neben der Reichweite sind es aber insbesondere die Targeting- und Darstellungsmöglichkeiten, welche Social Media für Unternehmen als Werbemedium so interessant machen. **Florian Litterst** stellt in seinem Beitrag vor, wie Unternehmen vorgehen können, wenn sie Werbung in Social Media einsetzten wollen und welche Möglichkeiten hier zur Verfügung stehen.

Niemand wird bezweifeln, dass das Kommunikationsverhalten in allen Teilbereichen starken Veränderungen unterliegt. Die sozialen Medien bieten mehr Formen der aktiven und passiven Teilhabe. Das bedeutet für Unternehmen auch einen veränderten Umgang mit seinen Stakeholdern. Dem spezifischen Zusammenhang von Social Media und Compliance-Kommunikation widmen sich **Julia Mager** und **Dirk Drechsler** aus einer theoretischen und einer praktischen Perspektive. Die Einhaltung von Gesetzen und internen Vorgaben gerät durch den leichteren Informationszugang und den Drang nach Teilhabe einzelner Personen in den Zugzwang, sich anderen Formen der Kommunikation zu öffnen.

Im dritten Teil rücken Begriffe wie Big Data, Data Analytics sowie die damit verbundenen gesellschaftlichen, wirtschaftlichen und politischen Teilbereiche in den Mittelpunkt.

Den Einstieg bildet der Beitrag von **Christine Matt**, **Laura Vetterlein** und **Dirk Drechsler** mit dem Titel Data Analytics und Industrie 4.0. Da jedes Einzelkonzept eine Rahmung erfordert und eingebettet ist in einen größeren Zusammenhang, beleuchten die Autoren den Zusammenhang mit der aktuell beobachtbaren digitalen Transformation und dem Thema Data Analytics.

Das bisherige Datenmanagement war bereits eine große Aufgabe, deren Notwendigkeit nicht von jedem Unternehmen erkannt wurde. Durch die neuen Erfassungs-, Verarbeitungs- und Speichertechnologien eskaliert das Thema auf die Governance-Ebene von Unternehmen, d.h., es wird zu einer Top-Priorität. Daher beschäftigt sich **Dirk Drechsler** mit dem Zusammenhang von Big Data Governance und Big Data Management. Die rein datenbezogene Sichtweise erhält dadurch Anknüpfungspunkte in den Technologie- und den wirtschaftlichen Bereich. Da die Governance aber das Management zur Grundlage hat, werden beide Perspektiven integrativ verarbeitet und dargestellt.

„Wurden wir gehackt?". Das ist eine Frage, die sich viele Unternehmen stellen. Während ein Sicherheitsmanagement primär an Standards orientiert ist und schrittweise die Vorgaben ins Unternehmen trägt, überlegen sich Risikomanager, was schiefgehen kann. Die Verbindung abhängiger und unabhängiger Einflussgrößen ist ein Thema der Regressionsanalyse, deren Anwendung auf dem Gebiet des Cyber-Risikomanagements von **Dirk Drechsler** näher beleuchtet wird. Auf der Grundlage einer Modellierungstechnik wird überlegt, ob bestehende Analysen für Zwecke des Risikomanagements ausreichen oder noch weiter optimiert werden können.

Die Autorinnen **Meike Bähr** und **Miriam Feurer** widmen sich, zusammen mit **Dirk Drechsler** dann einem ganz anderen und neuen analytischen Feld. Bildung und damit verbundene Maßnahmen geben schon immer viel Anlass für Diskussionen. Die Möglichkeiten, mittels analytischer Verfahren in die hochschulinternen Prozesse eingreifen zu können, eröffnen völlig neue Einsichten in die Tätigkeiten und Erfolge von Lehrenden und Studenten. Aber hier liegen bereits die Grenzen des Analytischen, die sich über den Datenschutz sowie den Eingriff in die Entwicklung von Menschen auftun.

Das große Volumen an Daten erlaubt keine einfachen Einblicke in Muster oder Trends. Vielmehr entstehen verbesserte grafische Auswertungsmöglichkeiten, die die explorative Datenanalyse um interaktive Elemente ergänzen und die Mehrdimensionalität der Betrachtung ermöglichen. **Christina Leuchtweis**, **Selina Anke** und **Dirk Drechsler** nehmen sich dem Thema Data Analytics und Datenvisualisierung an und geben einen Einblick in die Praxis und Forschung auf diesem Gebiet.

Eine Eigenschaft großer Datenmengen liegt in der bereits erwähnten Unübersichtlichkeit. Das lockt natürlich auch Personen an, deren Interesse nicht in der Optimierung von Prozessen und Produkten liegt, sondern im Betrug. Gerade finanzielle Transaktionen, die schon immer zahlreich waren und sind, bieten viele Möglichkeiten für Kriminelle. Daher analysieren **Pia Katharina Katz** und **Dirk Drechsler** die Herausforderungen im Rahmen von Data Analytics zur Anomalie-Detektion im Finanzsektor.

Spanien ist für Tapas, guten Wein und hervorragenden Fußball bekannt. Die AutorInnen **Jaqueline Alterauge, Lisa Isenmann** und **Dirk Drechsler** fügen diesem Bild noch Barcelona hinzu und behandeln den Zusammenhang von Data Analytics und Smart Cities. In diesem Beitrag stehen nicht nur die wirtschaftlichen Aspekte, sondern auch die gesellschaftlichen Effekte im Mittelpunkt.

Obwohl alle vorangegangenen Beiträge einen stets schon kritischen Blick auf die Materie haben, geht es doch noch ein Stück kritischer, wenn **Nina Berger, Noelle Reichert** und **Dirk Drechsler** das Thema Data Analytics und Überwachung aufgreifen. Die allgegenwärtigen Datenspuren eröffnen nicht nur Unternehmen die Möglichkeit, die Kunden besser auswerten zu können. Auch Regierungen, deren Bedürfnis nach Überwachung schon immer ein zentrales Anliegen war, können sich neuer Technologien bedienen und die Daten der Bevölkerung auswerten.

Die Beiträge in diesem Sammelband sind genauso breitgefächert wie die aktuellen Entwicklungen. Auf jedem einzelnen Gebiet passieren tagtäglich Dutzende an neuen Entwicklungen, deren kritische Reflektion noch einige Zeit in Anspruch nehmen wird. Die Herausgeber hoffen, einen interessanten Mix zusammengestellt zu haben und bedanken sich für das Engagement aller Beitragenden.

Zum Schluss sei noch angemerkt, dass sämtliche Autorinnen im Vorfeld zugestimmt haben, die männlichen Formulierungen zu verwenden. Allen liegt viel daran, dass das Lesen der Beiträge zu einem positiven Erlebnis und weniger stilistischen Herausforderung wird.

Quellenverzeichnis

Alt, R., Reinhold, O. (2016): Social Customer Relationship Management, Springer Verlag, Berlin.

Bendiek, S. (2018): Die Welt wartet nicht auf uns, in: Handelsblatt, 6./7./8. Juli, Düsseldorf.

Erevelles, S., Fukawa, N., Swayne, L. (2016): Big Data consumer analytics and the transformation of marketing, in: Journal of Business Research, 69 (2016), 897-904.

Gandomi, A., Haider, M. (2015): Beyond the hype: Big Data concepts, methods, and analytics, in: International Journal of Information Management, 35 (2015), 137-144.

Nam, H., Joshi, Y.V., Kannan, P.K. (2017): Harvesting Brand Information from Social Tags, in: Journal of Marketing, July 2017, Vol. 81, No. 4, 88-108.

Kreutzer, R.-T. (2018): Social-Media-Marketing kompakt, Springer Gabler Verlag, Wiesbaden.

O.V. (2018): Tech Wars: FAANGs v BATs, in: The Economist, 7th July, London, o.S.

Precht, R. D. (2015): Erkenne die Welt: Geschichte der Philosophie 1 (German Edition), Goldmann Verlag, Kindle-Version.

Zahn, A.-M. (2017): Einsatz von Social Media Monitoring für die Marktforschung, in: Theobald, A. (Hrsg.): Praxis Online-Marktforschung, Springer Gabler Verlag, Wiesbaden, 253-268.

Zerres, C. (2018): Social-Media-Controlling (1): Systematisierung, in: Management Journal, 15.02.2018, Berlin, ISSN (online) 2199-9430.

Zerres, C. (2018): Social-Media-Controlling (2): Vorstellung von Ansätzen, in: Management Journal, 01.03.2018, Berlin, ISSN (online) 2199-9430.

Zerres, C. Litterst, F. (2017): Social Media-Controlling, in: Zerres, C. (Hrsg.): Handbuch Marketing-Controlling, 4. Aufl., Springer Gabler, Berlin und Heidelberg.

Zerres, C., Drechsler, D. (2016): Predictive Analytics als Governance- und Managementanwendung. Zukunftsorientiertes Controlling, in: Management Journal, 21.04.2016, Berlin, ISSN (online) 2199-9430.

Zerres, T., Zerres, C. (2018): Marketingrecht, Springer Gabler Verlag, Wiesbaden.

Autorenprofile

Jacqueline Alterauge, B.A., ist Masterstudentin des Studiengangs Dialogmarketing und E-Commerce an der Hochschule Offenburg. Sie erhielt 2017 den Alfred Gerardi Gedächtnispreis in der Kategorie „Beste Bachelorarbeit". Gegenwärtig ist sie bei einem regionalen Online- und Versandhändler für Büromaterial tätig.

Meike Bähr, B.Sc., ist Studentin des Master-Studiengangs „Dialogmarketing und E-Commerce" an der Hochschule Offenburg. Zuvor hat sie erfolgreich ihren Bachelor in BWL mit dem Schwerpunkt Marketing an der Hochschule Pforzheim abgeschlossen. Beruflich möchte sie im Bereich Online-Marketing arbeiten und schreibt in diesem Bereich auch ihre Masterarbeit.

Nina Berger, B.A., ist Masterstudentin des Studiengangs Dialogmarketing und E-Commerce an der Hochschule Offenburg. Sie absolvierte ihr Bachelorstudium an der DHBW in Stuttgart im Studiengang BWL-Handel in Kooperation mit einem E-Commerce Unternehmen. Gegenwärtig ist sie bei einem führenden Industrieunternehmen für Klebelösungen tätig.

Dr. Thomas Breyer-Mayländer, Dr. phil., Dipl.-Wirt.-Ing. (FH), Dipl.Inf.Wiss., ist seit 2001 Professor für Medienmanagement und seit 1.1.2011 Prorektor für Marketing und Organisationsentwicklung an der Hochschule Offenburg. Studium Wirtschaftsingenieurwesen für Verlage an der Hochschule der Medien in Stuttgart, Informationswissenschaft an der Universität Konstanz, Promotion im Bereich Medienökonomie am Institut für Journalistik der Universität Dortmund bei Professor Jürgen Heinrich. Langjährige Tätigkeit beim Bundesverband Deutscher Zeitungsverleger (BDZV) als Referent für Multimedia bzw. Betriebswirtschaft sowie Geschäftsführer der Zeitungs Marketing Gesellschaft (ZMG), Frankfurt/Main, der Gattungsmarketingorganisation der deutschen Zeitungsbranche. Heute: Mitglied im Kuratorium der Stiftervereinigung der Presse e.V., Berlin, Aufsichtsrat eines Buchverlags. Autor und Herausgeber zahlreicher Fachbücher im Bereich Kommunikation, Medien und Management.

Dr. Dirk Drechsler ist Professor für betriebswirtschaftliches Sicherheitsmanagement an der Hochschule für angewandte Wissenschaften in Offenburg. Zuvor studierte er an den Universitäten Duisburg, Tübingen sowie Doshisha (Kyoto, Japan) internationale Volkswirtschaftslehre mit Schwerpunkt Ostasien/Japan und promovierte in St. Gallen auf dem Gebiet der Wirtschaftskriminalität. Dirk Drechsler arbeitete zudem bei der KPMG in Stuttgart als externer Revisor, in Luxemburg für zwei Finanzinvestoren (CVC/Charterhouse) als interner Auditor in einer Beteiligung (Ista International) und bei der FUCHS Petrolub SE in der Position des Head of Internal Audit verantwortlich für die Bereiche Risikomanagement, interne Revision, Kapitalkostencontrolling und Datenschutz. Die praktischen und theoretischen Arbeitsschwerpunkte liegen auf den Gebieten des Risk-, Fraud- und Compliance-Managements. Dirk Drechsler ist zudem Advisory Board Mitglied der Zeitschrift Resilience&Continuity, die im Emerald Verlag erscheint.

Miriam Feurer, B.A., ist Studentin des Masterstudiengangs „Dialogmarketing und E-Commerce" an der Hochschule Offenburg. Im Jahr 2018 wird sie ihr Masterstudium mit der Master-Thesis im Bereich Chatbots bei einem großen Offenburger Medienunternehmen abschließen. Zuvor studierte sie Kommunikation und Medienmanagement an der Hochschule Karlsruhe und beschäftigte sich intensiv mit dem Innovationsansatz Design Thinking.

Sabrina Herrmann, B.A., ist Masterstudentin des Studiengangs Dialogmarketing und E-Commerce an der Hochschule Offenburg. Für ihr wissenschaftliches Poster zum Thema „Einsatz von Sprachassistenten in der Finanzberatung" erhielt sie im Frühjahr 2018 beim E-Commerce-Tag in Offenburg den Publikumspreis in der Kategorie „Bestes Poster". Gegenwärtig ist sie bei einem führenden Online- und Versandhändler für Büromaterial tätig.

Lisa Isenmann, B.A., Internationale Betriebswirtschaft, ist Masterstudentin des Studiengangs Dialogmarketing und E-Commerce an der Hochschule Offenburg. Im Rahmen Ihres Studiums konnte sie Auslands- und Berufserfahrung in Chile, Kanada und den USA sammeln. Gegenwärtig ist sie in einem internationalen Medienkonzern tätig.

Christina Leuchtweis, B.A., ist Masterstudentin an der Hochschule Offenburg im Studiengang Dialogmarketing und E-Commerce. Im Zeitraum von 2013 bis 2017 absolvierte sie ihr betriebswirtschaftliches Bachelorstudium mit den Schwerpunkten Marketing und Personal an der Hochschule Aschaffenburg. Ihre Abschlussarbeit verfasste sie zu dem Thema „Acitive Sourcing" für die Personalakquise in Kooperation mit einem Unternehmen, welches im Bereich der mechatronischen Antriebstechnik tätig ist. Seit Beginn 2018 ist sie neben ihrem Studium bei einem international tätigen, deutschen Medienkonzern beschäftigt.

Florian Litterst arbeitet als Senior Online Marketing Manager bei der Burda Direct interactive GmbH, einem BurdaDirect Unternehmen. Dort verantwortet er den Bereich Social Media-Advertising und betreut Kunden aus verschiedenen B2C- und B2B-Branchen. Über seine Erfahrungen schreibt er auf seinem Blog adsventure.de oder spricht auf Online Marketing Konferenzen.

Christine Matt, B.A., ist Masterstudentin des Studiengangs Dialogmarketing und E-Commerce an der Hochschule Offenburg. Sie absolvierte ihr Bachelorstudium an der DHBW in Karlsruhe im Studiengang BWL-Industrie in Kooperation mit einem internationalen Maschinenbauunternehmen. Gegenwärtig ist sie bei einem regionalen Online- und Versandhändler für Büromaterial tätig.

Julia Mager, B.A., arbeitet im Compliance Bereich der EQS Group AG in München. Schon während ihres Studiums kam sie über das Krisenmanagement zum GRC (Government-, Risk- and Compliance-Management). Thematisch liegen nun die Bereiche Hinweisgebersysteme, Unternehmensrichtlinien sowie Datenschutz in ihrem Fokus. Im EQS Blog informiert sie regelmäßig über Compliance Erneuerungen und Trends.

Noelle Reichert, B.Sc., ist Masterstudentin des Studiengangs Dialogmarketing und E-Commerce an der Hochschule Offenburg. Sie absolvierte ihr Bachelorstudium im Studiengang Medien und Informationswesen ebenfalls in Offenburg. Ihre Bachelorthesis verfasste sie in Kooperation mit einer regionalen Internetagentur, bei welcher sie gegenwärtig in der Abteilung User Experience Design tätig ist.

Pia Katz, B.Sc., ist Masterstudentin des Studiengangs Dialogmarketing und E-Commerce an der Hochschule Offenburg. Erste Erfahrungen im E-Commerce sammelte sie bei einem führenden Internetshop für Fenster und Türen. Ihr Bachelorstudium absolvierte sie an der Hochschule Pforzheim im Studiengang Betriebswirtschaft/ Marketing. Pia Katz ist aktuell für einen führenden Online- und Versandhändler für Büromaterial tätig.

Dr. Christopher Zerres ist Professor für Marketing an der Hochschule Offenburg. Seine Schwerpunkte in Lehre und Forschung liegen auf Social Media- und Online-Marketing sowie Marketing-Controlling. Zuvor war er bei einer Unternehmensberatung sowie einem internationalen Automobilzulieferer tätig. Christopher Zerres ist Autor zahlreicher Publikationen zu den Bereichen Management und Marketing.

Dr. Thomas Zerres ist Professor für Zivil- und Wirtschaftsrecht an der Hochschule Konstanz. Vor seinem Ruf an die Hochschule Konstanz lehrte Thomas Zerres 15 Jahre an der Hochschule Erfurt, nachdem er mehrere Jahre als Rechtsanwalt und als Bundesgeschäftsführer eines großen Wirtschaftsverbandes der Dienstleistungsbranche tätig war. Seine Lehr- und Forschungsschwerpunkte sind das Marketingrecht sowie das Europäische Privatrecht.

Teil 1: Einführung

Social Media und Data Analytics im gesellschaftlichen Kontext

Thomas Breyer-Mayländer

Auf den ersten Blick mag es etwas ungewöhnlich erscheinen, wenn ein Sammelband über Social Media Marketing und Data Analytics mit einem allgemeinen Einstieg über die Wechselwirkung sozialer Medien und gesellschaftlicher Prozesse beginnt und nicht direkt mit unterschiedlichen funktionalen Themenfeldern von Social Media Marketing oder Data Analytics aufwartet. Jedoch sind bei beiden Themensträngen die Wechselwirkungen zwischen neuen Marketing- und Analyseformen und dem Prozess der gesellschaftlichen Entwicklung so stark, dass sich zum Einstieg eine grundsätzliche Überlegung anbietet. Dies entspricht auch dem Selbstverständnis im Rahmen der Forschung und Lehre neben den branchen- und funktionsbezogenen Transferprojekten in Richtung Wirtschaft, auch die Interdependenz zwischen neuen Themengebieten und der Gesellschaft zu stärken, wie es in der so genannten „Third Mission" gefordert wird (vgl. Breyer-Mayländer 2017b, S. 30 ff.). Die primär wirtschaftlichen, insbesondere die betriebswirtschaftlichen Effekte werden in den Einzelkapiteln noch ausführlich behandelt, sodass sie in diesem Einstiegspart keiner spezielleren Analyse bedürfen. Es geht also im Folgenden um die Frage, welche wechselseitigen Einflüsse aus dem nicht primär wirtschaftlichen Blickwinkel zwischen Gesellschaft und sozialen Medien und den Möglichkeiten der spezialisierten Profilierung und Datenanalyse bestehen.[1]

1 Die Wechselbeziehung von Medien und Gesellschaft

Viele gesellschaftliche Veränderungen zeigen sich zunächst in den Änderungen der Gewohnheiten und des Alltags von einzelnen, kleineren Gruppierungen, bevor sie zu einer breiteren Entwicklung werden und sehr viele Menschen, bzw. große Gruppen betreffen. Die Mediennutzung ist ein gutes Beispiel für stark habitualisierte Verhaltensweisen, bei denen sich zur Analyse der langfristigen Entwicklungen und kurzfristigen Trends eine Betrachtung nach Jahrgangskohorten bewährt hat. Bevor nun im nachfolgenden Abschnitt die Veränderungen der Mediennutzung und des Informationsverhaltens genauer aufgezeigt wird, soll hier noch die Frage nach der gesellschaftlichen Relevanz solcher Veränderungen beantwortet werden. Das Riepl'sche Gesetz (1913), wonach neue Medienformen die alten Mediengattungen nicht komplett ersetzen, aber die Anwendungsbereiche etablierter Medien verändern, ist in vielen Segmenten heute noch von Bedeutung. Bei sozialen Medien verändern sie zunächst die Rollen der Akteure, die früher stark auf Inhaltsproduzenten und Inhaltskonsumenten festgelegt waren. Diese Veränderung war schon Thema der Radiotheorie von Bertolt Brecht (1932), die das Ziel hatte, dass die Bürger nicht nur Empfän-

---

[1] Zahlreiche Beispiele in diesem einführenden Abschnitt sind der ausführlicheren Darstellung entnommen: Breyer-Mayländer, T. (2017a): Ein Quantum Wahrheit: Postfaktischer Populismus als Herausforderung für unsere repräsentative Demokratie, Norderstedt

ger, sondern auch Sender sein können; jeder Hörer sollte nach seiner Idee auch Mitspieler werden (vgl. dazu auch Gerhards und Schäfer 2007). Wir sehen aber an diesen kurzen Ausführungen bereits, dass den unterschiedlichen Rollen, die die Bürger in den zentralen gesellschaftlichen Themen und Diskussionsfeldern einnehmen, eine besondere Bedeutung zukommt und dass Medienveränderungen auch gesellschaftliche Veränderungen erschweren, begünstigen oder überhaupt erst ermöglichen und damit unter Umständen nach sich ziehen können.

Ein Beispiel aus der Mediengeschichte kann das veranschaulichen: Der Buchdruck mit beweglichen Lettern ist bei uns immer mit dem Namen von Johannes Gensfleisch zur Laden zum Gutenberg, genannt Gutenberg, verbunden. Er hat – ganz im Sinne heutiger Innovationen – jedoch die Technologie selbst nicht erfunden, sondern lediglich bestehende Technologien sinnvoll kombiniert und im Markt eingeführt. Der Druck mit beweglichen Lettern war in Holland und Korea bereits erprobt und die Leistung Gutenbergs bestand darin, mit einem Handgießinstrument die begrenzte Anzahl von Buchstaben im Alphabet abzubilden und den Druckvorgang auf planen Platten auszuführen, sodass Vorder- und Rückseite bedruckbar war. In Verbindung mit der Presse (regionaltypisch aus der Weinpresse abgeleitet) entstand so eine neue Prozesstechnologie, die neue Produkt- und Vertriebsformen für Bücher gestatteten. „Seine eigentliche Genialität bestand nicht in jeder Erfindung (Lettern, Gießinstrument, Presse) als einzelner, sondern in ihrer Kombination. Jede Erfindung für sich allein hätte wenig bewegt, zusammen verursachten sie das, was man später die *Gutenberg-Revolution* nannte" (vgl. Schönstedt und Breyer-Mayländer 2010, S. 12).

Worin bestand nun das Revolutionäre, das heißt die Veränderung der Gesellschaft, die hier eine Rolle spielt? Das Wissen und die Informationen, die bislang in stark kontrollierten Bahnen, im Hoheitsbereich der Klöster und zum Teil der Fürstenhöfe gebündelt waren, fanden durch die Möglichkeit der Verbreitung von Schriften Eingang in die Gesellschaft. Dies wiederum beschleunigte die Reformation, die von Martin Luther seinerzeit keineswegs beabsichtigt, aber durch sein öffentliches Handeln und die damit verbundenen Reaktionen des Umfelds, insbesondere der Kirche, ausgelöst wurde. Dabei geht es bei der Publikation von Schriften sowohl um gezielte politische Traktate, wie Luthers Schrift „An den christlichen Adel deutscher Nation", in dem die Finanzpolitik der Kirche kritisiert wurde (vgl. Schwilk 2017, S. 200) als auch um die Bibelübersetzung Luthers selbst. Diese führte zu einer Machtverschiebung, da nun auch der einfache Gläubige unmittelbar Zugang zum „Wort Gottes" erhielt und damit die bis dahin unantastbaren Vermittlungsinstanzen herausforderte. Vom Humanisten Johannes Cochläus stammt das Zitat: „Luthers Neu Testament war durch die Buchdruckerei dermaßen gemehrt und in so großer Zahl ausgesprengt, dass auch Schneider und Schuster, ja auch Weiber und andere einfältige Idioten, soviel deren dieses neue lutherische Experiment, wenn sie auch nur ein wenig Deutsch auf einem Pfefferkuchen lesen gelernt hatten, dasselbe wie einen Bronnen der Wahrheit mit höchster Begierde lasen." (zitiert nach: Diwald 2003, S. 261). Wir können hier nicht nur ein für uns merkwürdiges Geschlechterverständnis, sondern auch den Zorn der durch einen Informations-Bypass ausgehebelten Instanzen erkennen. Die gesellschaftliche Veränderung, die durch den damit verknüpften Reformationsprozess ausgelöst wurde, ist heute noch an vielen Stellen in Deutschland im gesellschaftlichen Alltag spürbar (vgl. Eichel 2015).

2 Veränderte Mediennutzung durch Social Media

Wenn wir davon ausgehen, dass gesellschaftliche und politische Entwicklungen durch mediale Veränderungen begünstigt oder in Einzelfällen auch erst ermöglicht werden, lohnt sich ein Blick auf die Veränderungen der Mediennutzung, die wir seit der Etablierung des Internet als digitalen Kanal und die damit mögliche spätere Differenzierung digitaler Dienste feststellen können. Die Verschiebungen, die wir in unserer Gesellschaft im Bereich der Mediennutzung erleben können, werden durch zahlreiche Studien eindrucksvoll dokumentiert. Am deutlichsten sieht man die Veränderungen an der Langzeitstudie Massenkommunikation, die von den Medienforschern der großen öffentlich-rechtlichen Rundfunkanstalten nach einem verlässlichen Schema seit Jahrzehnten durchgeführt wird (vgl. ARD Sales & Servies o. J.).

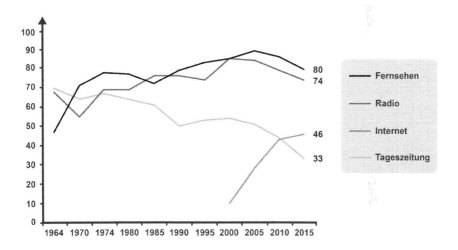

Abbildung 1: Tagesreichweiten der tagesaktuellen Medien 1964-2015 [%]

Quelle: Breunig und Eimeren 2015, S. 510

Wenn es um unterschiedliche Gründe für Mediennutzung geht, dann liegt in den Dimensionen „Information", „mitreden können", „Denkanstöße bekommen", die alle für die persönliche Meinungsbildung und die politische Willensbildung von zentraler Bedeutung sind, bei jüngeren Zielgruppen der Informationskanal Internet eindeutig vorn (vgl. Breunig und Engel 2015, S. 331). Bei einer weiteren Differenzierung kann man dann feststellen, dass sich hinter dem in der Globalsicht gemeinsam ausgewiesenen Kanal „Internet" inzwischen eine Reihe digitaler Kanäle, vor allem aber auch Social Media-Plattformen verbergen.

Hier lohnt sich vor allem ein Blick auf die digitale Mediennutzung von Jugendlichen, wie sie vom Medienpädagogischen Forschungsverbund Südwest (mpfs) in der JIM-Studie erhoben wird. Die Hitliste der am meisten genutzten Angebote führen die Social Media Plattformen an (vgl. mpfs 2018, S. 33). Wir sehen in der Nutzerauswertung der jugendlichen Mediennutzer, dass hier eine Reihe von klassischen Social Media-Plattformen die Nutzung dominieren. Wenn man diese Nutzeranalyse noch auf die über Smartphone genutzten Apps verengt, wird die Dominanz von Social Media-Plattformen noch stärker sichtbar (vgl. mpfs 2018, S. 34). Der direkte Austausch innerhalb der eigenen Community hat dabei einen sehr hohen Stellenwert, was quer über alle Altersklassen der Jugendlichen sichtbar wird. Die Dienste WhatsApp, Instagram, Snapchat, Facebook und Twitter führen dabei die Rankingliste deutlich an (vgl. mpfs 2018, S. 36). Wenn man nun den Einfluss der einzelnen Dienste auf die Meinungsbildung ins Visier nimmt, darf man sich jedoch nicht täuschen lassen. „Twitter" wird unter anderem sehr stark von Mitarbeitenden in Medienunternehmen, vor allem auch von Journalisten genutzt. Daher schaffen es mehr oder weniger sinnvolle Twittermeldungen immer wieder Teil des Newsstreams zu werden, sodass das Absetzen einer Twittermeldung selbst wieder Nachrichtencharakter für klassische Massenmedien bekommen kann.

Der amerikanische Journalist und Medienanalytiker Jeff Jarvis beschrieb einmal das Prinzip der Information durch soziale Medien wie folgt (vgl. Haller 2015): *„Wenn die Nachricht wichtig ist, wird sie mich schon erreichen."* Hier liegt ein entscheidendes Problem der Informationsgewinnung als Basis für eine faktenorientierte Meinungsbildung. Es ist in diesem Fall nicht die Nativität, sondern die Naivität, mit der bei den „digital natives" digitale Medien zum Einsatz kommen. Die Selbsteinschätzung, dass Nachrichten und Informationen, wenn sie wichtig sind, irgendwie schon den Adressaten erreichen, setzt ein unbegrenztes Vertrauen in Algorithmen voraus, das noch durch ein Unverständnis des Prinzips des Nachrichtenwerts ergänzt wird. Die jüngst zu Jahresbeginn 2018 aufgekommene Diskussion über die zu erwartenden Auswirkungen der Änderungen des Facebook-Algorithmus für die Bewertung des Newsflows zeigt jedoch, dass man über die Leistungsfähigkeit dieser Algorithmen sehr unterschiedlicher Meinung sein kann (vgl. o. V. 2018). Die in den unterschiedlichen Diensten hinterlegten Präferenzen und Filtermechanismen führen zu einer Abschottung. Letztlich werden Nutzer dadurch nur noch nach den eigenen Präferenzen, die bei den unterschiedlichen Diensten hinterlegt sind oder ermittelt werden, mit Informationen versorgt.

3 Das Problem der eingeschränkten Wahrnehmung durch die Filterblase

Im Nachrichtensektor führen die Algorithmen dazu, dass die vorgeschlagenen neuen Themen sich an den bisher nachgefragten Nachrichten orientieren. Das zufällige Finden von Informationen, nach denen man nicht aktiv sucht, wie es bei einer Hauptnachrichtensendung oder beim Blättern in Zeitschriften und Zeitungen möglich ist, unterbleibt. Dieser sogenannte Serendipity-Effekt (vgl. Hobohm 2013, S. 120), ist jedoch unerlässlich, um die Chance auf eine breite Wahrnehmung aktueller Themen zu erhalten. Diese thematische Verengung des eigenen Blickwinkels durch die Nutzung sozialer Medien wird im Modell des Algorithmic Funnels (vgl. Meckel 2012) beschrieben, einem Thementrichter, der immer enger und spezifischer wird. Den typischen Vertretern der Generation Y und ihren älteren Nachahmern ist diese Bedrohung, dass das eigene Gesichtsfeld zunehmend verengt wird, meist nicht bewusst. Sie halten die digitalen Medien für Garanten präziser zeitnaher und zeitgemäßer Informationen, die dafür sorgen, dass sie alles erfahren, was wirklich wichtig ist. Wenn dann eine Hinwendung junger Zielgruppen zu redaktionellen Medien stattfindet, sind es nicht immer umfassende Informationen, sondern mitunter eher Informationshäppchen („Snackable Content"), der von jungen Zielgruppen gesucht wird (vgl. Kramp und Weichert 2017, S. 56).

Dass damit in vielen Fällen schon das Fundament für ein politisches Abdriften gelegt wird, illustriert sehr anschaulich der Selbstversuch des Spiegeljournalisten Jan Fleischhauer, der sich zu Studienzwecken ein Fakeprofil bei „Facebook" zulegte und sich mit entsprechenden Meinungsführern aus der AfD „befreundete" und seine „Likes" auch auf derartige Nachrichten konzentrierte (vgl. Fleischhauer 2016). In der Folgezeit erlebte er im Hinblick auf die ihm aktiv zur Verfügung stehenden Nachrichten die befremdliche Situation, dass sie – verglichen mit den Newsfeeds der Nachrichtenagenturen – eine eigene Welt darstellten. Viele „exklusive Meldungen" seiner „Facebook"-Freunde standen in keinem Bezug zur aktuellen Nachrichtenlage. Es gibt nur noch Informationen, die aus einer gemeinsamen politischen Ecke heraus – sei sie nun links oder rechts – argumentieren und damit dafür sorgen, dass das Themenfeld als eher konsistent wahrgenommen wird.

4 Die Haltung gegenüber redaktionellen Medien - das Problem der kognitiven Dissonanz

Wenn ein User einen großen Widerspruch zwischen den Informationen wahrnimmt, die ihm seine „Freunde" zur Verfügung stellen und dem, was er in redaktionell gestalteten Medien erfahren kann, wird es kritisch. Allein aus dem Wunsch des Menschen, kognitive Dissonanz zu vermeiden ist erklärbar, dass die „Freunde" mit ihrem sehr spezifischen Blickwinkel auf die Welt bei der Meinungsbildung dominieren werden. Die Theorie der kognitiven Dissonanz beschreibt das Bestreben Wahrnehmungen/Kognitionen, die inhaltlich verbunden sind, in ein widerspruchsfreies Gesamtkonzept zu bringen. Bei der Meinungsbildung ist der erste Filter die Speicherung der Informationen, die vor allem dann erfolgt, wenn man sie mit einem „positiven" oder „negativen Affekt" verbindet. Dieses Streben nach Konsistenz kann „durchaus auf Kosten der Realitätsnähe der eigenen Vorstellungen gehen" (vgl. Arlt und Wolling 2017). Da Menschen sich nicht zu jedem Detailthema eine differenzierte Meinung bilden können und nicht alle Informationen auswerten, werden im Alltag mit Heuristiken grobe Abschätzungen getroffen. Neben vielen weiteren Einflussfaktoren, die für die Meinungsbildung relevant sind, findet in jüngster Zeit der konformistische Anpassungsdruck als Vorwurf von Einzelgruppen gegenüber dem Establishment Beachtung. Wir erleben hier im Kontext der Diskussion über die Berichterstattung über Geflüchtete eine Wiederbelebung der Theorie der Schweigespirale, mit der Elisabeth Noelle-Neumann einst 1980 das Zustandekommen der sozialliberalen Koalition auf Bundesebene versuchte analytisch aufzuarbeiten. Der Wunsch nach sozialer Anerkennung und Zugehörigkeit führt dieser Theorie zufolge dazu, dass Menschen sich der vermeintlichen Mehrheitsmeinung im Sinne einer öffentlichen Meinung unterordnen. Spätere Studien wie die von Hans Matthias Kepplinger versuchten nachzuweisen, dass beispielsweise die politische Einstellung von Journalisten einen entscheidenden Einfluss darauf hat, wie Menschen sich politisch orientieren. Dennoch stießen derartige Thesen auch in Fachkreisen der Kommunikationswissenschaft ebenfalls immer auf Gegenargumente und Zweifel. Es bleibt jedoch bei einigen wesentlichen Kernaussagen, die anhand einer Fachdiskussion aus dem Jahr 1986 wie folgt zusammengefasst wurden: Die Wissenschaftler „stellten nicht in Abrede, dass die Medien, insbesondere die visuellen, elektronischen, bestimmte Vorstellungsraster verbreiten, Themenverschleiß und Wertzynismus begünstigen und auf diese Weise eine spezifische, durch keine Willensbildung legitimierte Realitäts(-wahrnehmung) schaffen" (vgl. Presse- und Informationsamt der Bundesregierung 1996, S. 610).

In der Praxis kommt noch erschwerend hinzu, dass es keineswegs so einfach ist, die Mehrheits- und Minderheitsmeinung im Vorfeld von Entscheidungen abzuschätzen. Es gibt eine Untersuchung anhand eines Verfassungsreferendums im Fürstentum Liechtenstein, in der man erkennen kann, dass das Meinungsklima mitunter komplett falsch eingeschätzt wird. Ein weiterer Effekt, der auftreten kann, ist eine Abweichung mit einer Tendenz zum Bestehenden („conservative bias"). Daher kommt den Worten, die bei der medialen Vermittlung von Fakten und Hintergründen verwendet werden, eine große Bedeutung zu. Die Neurologie und Kognitionsforschung benutzt den Begriff der „Frames". Dieser „gedankliche Deutungsrahmen" wird beispielsweise beim politischen Framing dazu benutzt, in der Regel einzelne Themen mit einem Rahmen zu versehen, der „ideologisch selektiv" wirkt, wie die Wortschöpfungen „Euro-Rettungsschirm" zur Rettung von Banken auf Staatskosten (vgl. Wehling 2016, S. 17, S. 42).

Dieser mögliche Kontrast zwischen Social Media-Infos und den Themen der Massenmedien lädt geradezu dazu ein, die Lücke, die durch die Divergenz der Informationen entstanden ist, mit Verschwörungstheorien zu füllen und im Sinne eines stimmigen Weltbilds zuzukleistern. So sind auch die Aussagen zu erklären, dass die großen Medien alle regierungsgesteuert seien und damit letztlich weder Meinungs- und Informationsfreiheit noch Demokratie herrsche. Hierzu gibt es leider sehr viele Beispiele, wie z. B. „Lügenpresse halt die Fresse" im Internet, bzw. auf Social Media-Plattformen. Als Profilbild wird dann beispielsweise eine Zeichnung gezeigt, auf der Bild, Spiegel Online, ARD und ZDF ein Hinrichtungskommando darstellen, das die Wahrheit hinrichtet. Einen Einblick in die rechtsextreme Seite des Internets liefern auch Salzborn und Maegerle (2016). Bei den politischen Zweiflern existiert daher die Einschätzung, dass Medien potenzielle „Lügenpresse" darstellen und es ist interessant, dass in dieser Zielgruppe nicht nur das Vertrauen in Medien insgesamt eher gering ausfällt, sondern beispielsweise das Vertrauen in private Sender größer ist als in den öffentlich-rechtlichen Rundfunk (Abb. 2).

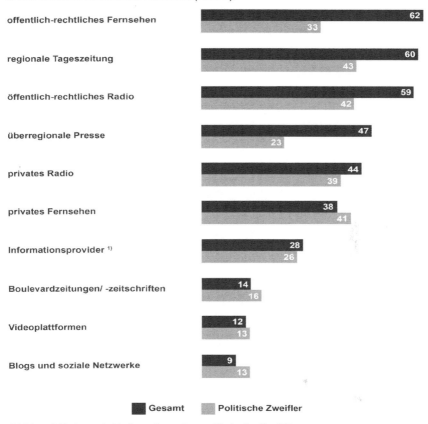

Abbildung 2: Vertrauen in Medien – Gesamt vs. politische Zweifler [%]
Quelle: Eimeren et al. 2017, S. 546

Wenn man das Bedürfnis nach Konsistenz noch mit dem Effekt der selektiven Wahrnehmung verbindet, dann bekommt man sehr schnell ein Umfeld, in dem es schwer wird, vonseiten der Politik oder anderer Medien mit diesen Gruppen in einen sinnvollen Austausch zu treten. Wer zum Beispiel der Meinung ist, dass Straftaten in Deutschland überwiegend durch kriminelle Ausländer begangen werden, sucht – ganz im Sinne der selektiven Wahrnehmung – in allen ihm verfügbaren Quellen und Nachrichten nach Belegen für diese These. Dass bei der persönlich erlebten Kriminalitätsstatistik keine Gesamtschau aller Straftaten möglich ist und nur ein Blick in die reale Statistik dieses Problem lösen kann, wird ausgeblendet. Dabei kann man gerade bei komplexen Themen wie Kriminalitätsstatistiken und der von politisch interessierter Seite immer wieder strapazierten Frage nach der Kriminalität durch Ausländer durchaus mit verlässlichen Daten arbeiten. Ihre Interpretation ist jedoch komplex und nicht so einfach, wie viele Menschen das gerne hätten; sie lässt sich aber dennoch in Publikumsmedien darstellen (vgl. Bartsch 2017). Die Kriminalität ist eines der dominierenden Merkmale in der Berichterstattung über Zuwanderung. Interessanterweise werden in der medialen Berichterstattung Menschen mit ausländischen Wurzeln nicht nur überwiegend nicht neutral, sondern in den Dimensionen (kriminell, nützlich, integrationswillig, willkommen, kostenintensiv) dargestellt, sondern es findet auch eine komplette Umgewichtung der Migration statt. Während Polen das Hauptherkunftsland von Einwanderern 2014 war, fand die Diskussion über andere Länder statt (vgl. Tort et al. 2016).

Hier kommt die Wissenschaft ins Spiel, deren Rolle es ist, Fakten zu benennen und Hintergründe aufzuzeigen. In Bezug auf die Meinungsbildung in sozialen Medien gibt es hier gute Beispiele. Als 2015 die „Bild"-Zeitung damit begonnen hatte, eine Auswahl der schlimmsten Hasskommentare auf „Facebook" unter der Rubrik „Der Pranger der Schande" in die gedruckte Ausgabe zu integrieren und damit die Urheber dieser Postings buchstäblich an den Pranger stellte, war die Wirkung dieses Vorgehens unklar. In einer empirischen Analyse befassten sich Katharina Neumann und Florian Arendt (2016) mit der Frage, ob ein solches Vorgehen als Maßnahme tauglich sein kann. Letztlich kommt die Studie zum Ergebnis, dass sich bei einem harten Kern des Publikums eine Abwehrhaltung (Reaktanz) in Form einer „jetzt erst recht"-Mentalität breitmachte, während andere allein aufgrund des im „Bild"-Artikel verankerten Hinweises „Herr Staatsanwalt, übernehmen Sie!" sich der strafrechtlichen Dimension ihrer Handlungen bewusst wurden, was zu einem Rückgang der Postings führte. Offen bleibt an dieser Stelle die Frage, ob diejenigen sich dann an anderen „diskreteren" Stellen weiterhin „publizistisch" betätigten.

Ein weiterer Aspekt der sozialen Medien ist das Verstärken einer sozialen Identität durch die Möglichkeit, sich mit Gleichgesinnten zu vernetzen. Hier spielen die (politischen) Vorlieben als soziale Repräsentation eine Rolle, da sie die Grundlage sind, um mithilfe der algorithmischen Umsetzung Netzwerke in ihrer Entwicklung automatisiert zu unterstützen. Dieses Zusammengehörigkeitsgefühl von Gruppen über eine Kernidentität findet auch außerhalb digitaler Netze statt und ist daher ein etablierter Prozess. Häufig erleben wir dies über soziale Codes in Bezug auf Sprachwahl, Kleidung etc. In der digitalen Umsetzung liefern die digitalen Identitäten die Basis für eine Verbreiterung und Vertiefung der Vernetzung. Dadurch wird die Gruppenbildung auch als Teilelement einer demokratischen Gesellschaft verstärkt.

5 Marketingstrategien bei gesellschaftlichen Themen und das Problem der Manipulierbarkeit

Auch bei den nicht-wirtschaftlichen, sondern primär politischen Themen ist es das Bestreben der Akteure, die Kommunikations- und Marketingmöglichkeiten sozialer Medien zu nutzen. Wenn – beispielsweise im Zusammenhang mit Wahlen – eine gezielte Kampagne geplant wird, kommt nicht nur den einzelnen Social Media Aktionen Bedeutung zu, sondern der kompletten Kampagnenorganisation. Bereits Barack

Obama hatte in seinem ersten und vor allem seinem zweiten Wahlkampf mit seinem Team sehr stark die Möglichkeiten der digitalen Kampagnenführung genutzt. Im US-Wahlkampf 2016 wurde ein Großteil des Werbebudgets aus dem Trump-Lager für digitale Kanäle eingesetzt. Der größte Effekt entstand durch die gezielte Auswahl derjenigen, die von den Trump-Strategen als Zielgruppe der potenziellen Trump-Wähler identifiziert wurden. Diese gezielte Zielgruppenauswahl, das sogenannte Targeting, wurde dazu benutzt, neben den großen plakativen, populistischen Thesen einzelne Wähler direkt anzusprechen und mit klassischen Maßnahmen des digitalen Dialogmarketings zu überzeugen (vgl. Paperlein 2017).

Wenn jemand Meinungen und Haltungen im populistischen Sinne beeinflussen möchte, dann beruht dies meist auf einem sehr sorgfältigen Arrangement der Inhalte. Eine Kombination aus wenigen und sehr selektiv ausgewählten Zahlen, Daten, Fakten und einer Betonung von emotionalen Bildern hat dabei eine sehr große Wirkung. Das kann am Ende sogar dafür sorgen, dass Realitäten komplett anders wahrgenommen werden als dies rational vor dem Hintergrund der Fakten erfolgen müsste. Angesichts der Nachrichten und der TV-Bilder sowie der politischen Diskussionen über Maßnahmen wird zum Beispiel die Terrorgefahr gegenüber anderen Risiken in der Regel quantitativ deutlich überschätzt. Dabei zeigen Studien, dass es weniger um eine hohe persönliche Bedrohungswahrnehmung geht als um eine hohe allgemeine Bedrohungswahrnehmung (vgl. Krasmann et al. o.J.). Um gerade bei solchen komplexen Themen den emotional postfaktischen Deutungen etwas entgegenzusetzen, bedarf es einer klaren Einordnung der verfügbaren Daten. Die immer wieder kritisierte Strategie, bestimmte Themen eher zurückhaltend darzustellen, damit keine Unsicherheit entsteht, führt letztlich nur zu einem Vertrauensverlust aller Beteiligten, inklusive der Medien.

Wenn wir dieses Geschehen unter dem Blickwinkel der postfaktischen Verhältnisse ansehen, so müssen wir uns darüber im Klaren sein, dass in diesem Kontext nicht nur die Nachrichten in der Filterblase der einzelnen Social Media-Nutzer unter Umständen gefälscht sind, sondern auch die Identitäten selbst nicht der Realität entsprechen müssen. So wird in einigen Kontexten durch zusätzliche Zweit-, Dritt-, N-Profile eines Nutzers versucht, der eigenen Meinung eine größere Bedeutung zu verleihen. Wenn nun aber eine derartige Social Media-Filterblase durch das Licht der redaktionellen Medien erhellt wird, ist das noch nicht unbedingt das Ende der postfaktischen Realitätswahrnehmung. Wir haben in den vergangenen Monaten und Jahren eine Zunahme von populistischen Medien und Plattformen erlebt, die unter der Flagge *„irgendwas mit »liberal-bürgerlich-konservativ-kritisch-unabhängig«"* (Zimmer 2017) aktiv sind. Diese Plattformen verstärken postfaktische Haltungen, da sie im Regelfall zwar nicht direkt mit Fälschungen oder Lügen arbeiten, jedoch dem Nutzer die Möglichkeit geben, mit den dargestellten Fakten die eigene Weltsicht konsistent als stimmiges Ganzes weiterzuentwickeln. Interessant ist an diesen Plattformen, dass sie aufgrund des hohen spezifischen Werts, den sie für ihre Kernnutzer bieten, auch bezahlte Inhalte vermarkten können, obwohl Paid-Content allgemein betrachtet ein durchaus schwieriges Geschäft darstellt (vgl. Kansky 2016).

Wer bestrebt ist, falsche Nachrichten zu verbreiten und gleichzeitig eine breite Protestbewegung simulieren will, der kann neben einzelnen Postings mit gefälschter Identität das Ganze auch im großen Maßstab machen. Das „Positive" an digitalen Medien ist ja die grundsätzliche Skalierbarkeit, d. h. die Tatsache, dass man die Automatisierung der digitalen Welt nutzen kann, um Botschaften nicht an zehn oder zwanzig Adressaten, sondern an Tausende oder Millionen Adressaten schicken zu können. Und man kann das inzwischen so gestalten, dass diese Massen an Menschen den Eindruck gewinnen können, dass sie nicht Teil einer automatisierten Kampagne sind, sondern individuell angesprochen werden und gewissermaßen im Stile der persönlichen „Mund-zu-Mund"-Propaganda oder moderner, im Stile einer „Word-of-Mouth"-Kampagne beeinflusst werden. Das Mittel hierfür sind „Social Bots". Das Büro für Technikfolgen-Abschätzung beim Deutschen Bundestag definiert dieses Instrument wie folgt (vgl. Kind et al. 2017, S. 4): „Social Bots sind Computerprogramme, die eine menschliche Identität vortäuschen und zu manipulativen Zwecken eingesetzt werden, indem sie wie Menschen im Internet kommunizieren."

Das Ziel ist dabei, so gut programmierte „Kommunikationsroboter" einzusetzen, dass die menschlichen Gesprächspartner nicht merken, dass auf der anderen Seite lediglich ein Stück künstliche Intelligenz mit ihnen kommuniziert. Es gibt dabei sehr einfache Bots, die man mit Anleitungen im Internet selbst programmieren kann. Sie erkennen einfache Schlüsselwörter, wie „Refugees" oder „Flüchtlinge" und posten daraufhin unter unterschiedlichen, automatisch generierten Identitäten (manipulierte) Bilder und Botschaften.

Der unvoreingenommene, arglose Nutzer kann zum einen den Eindruck gewinnen, dass ihm hier unglaubliche Nachrichten präsentiert werden, die von den etablierten Medien verschwiegen werden. Bei vielen Äußerungen unter unterschiedlichen Identitäten wird zudem der Anschein erweckt, dass sich die Mehrheit der Bürgerinnen und Bürger über den (falschen) Sachverhalt ereifern und dessen Wahrheitsgehalt mit ihren Aussagen bestätigen. Dieser Manipulationskreislauf kann beispielsweise so weit vorangetrieben werden, dass man mit immer neuen, falschen Identitäten einen breiten Protest vortäuscht, der sich zahlenmäßig auch messen und auswerten lässt.

Über entsprechende Analysetools gelangen in diesen Fällen Journalisten redaktionell geprägter Medien zu dem Schluss, dass sich hier ein Protest entwickelt hat, über den man im besten journalistischen Sinne berichten muss. Und schon hat derjenige, der Meinungsbilder manipulieren möchte, mithilfe von etwas Software eine Bugwelle ausgelöst. In einem solchen Fall wäre es gelungen, das Agenda-Setting und Agenda-Building der klassischen Massenmedien zu manipulieren. Dabei zeigt die Forschung, dass hohe Kommentarzahlen generell zu einer höheren „Relevanzeinschätzung", aber nicht zu einer automatischen Steigerung der „Lesewürdigkeit" führen (vgl. Engelmann und Wendelin 2015). Das bedeutet, dass die Leser das Thema aufgrund der vielen Kommentare für sehr bedeutsam halten, aber nicht unbedingt deshalb direkt den Artikel dazu lesen. Damit wird unter Umständen die Wirkung noch problematischer, da das Thema aufgewertet wird, eine detaillierte inhaltliche Auseinandersetzung jedoch unterbleibt.

Die Einschätzung, wie groß die Gefahr derzeit ist, die von Social Bots für die deutsche Politik ausgeht, ist unklar. Die vom Büro für Technikfolgen-Abschätzung beim Deutschen Bundestag getroffene Einschätzung geht von einer konkreten und nicht zu vernachlässigenden Gefährdung aus. Die im September 2016 von der CDU-nahen Konrad-Adenauer-Stiftung beauftragte Analyse „Invasion der Meinungsroboter" von Simon Hegelich (2016) beschreibt die Problematik anhand der noch recht überschaubaren Manipulationen wie dem Zukauf von „Twitter"-Followern oder die durch Bots erfolgten „likes" und „shares" beim Social Media-Dienst „Facebook". Man kann jedoch auch nicht aus der Zahl der Fakeaccounts, die als „Twitter"-Follower einzelner Politiker ermittelt werden können, direkt darauf schließen, dass dieser Politiker oder diese Partei manipulieren. Denn der Anteil an Fakeaccounts und Social Bots lässt sich zwar in Summe ermitteln, deren Urheber lassen sich aber nicht zuordnen (vgl. Hamann und Tönnesmann 2017). Eine Analyse von Bastian Kießling und Jan Schacht von der HAW Hamburg zeigt, dass es unterschiedliche Anteile an auffälligen „Twitter"-Accounts unter den Followern gibt, auch wenn die Parteien teilweise Dienstleister zur Löschung dieser Follower beauftragen.

„Aus der Analyse lässt sich allerdings nicht schlussfolgern, ob die Parteien und Spitzenkandidaten bewusst Fake-Follower gekauft haben, um eine größere Reichweite bei Twitter vorzutäuschen. Ebenso könnten jene Accounts von dritter Seite finanziert werden oder eher ein generelles Problem von Twitter sein. Gegen letztere Annahme sprechen zumindest teilweise die starken Abweichungen zwischen den analysierten Accounts" (Kießling 2017).

Es bleibt insgesamt eine Unsicherheit bei den politischen Akteuren, Analysten und Medienvertretern, da man das noch junge Instrument der Chat-Bots und automatisierter Social Media-Posts zur Verzerrung von Fakten, politischen Strömungen und Gefolgschaften noch nicht solide einschätzen kann, und zudem noch das Risiko besteht, dass außenpolitische Interessen anderer hier eine Rolle spielen könnten, wie etwa die Trump-Unterstützung durch Russland. Darüber hinaus gibt es noch den Effekt, dass die automatische Kopplung von IT-Systemen aufgrund der Anfälligkeit und der Interdependenzen selbst zu Fehlinformationen führen. Nur selten erfährt die Öffentlichkeit von derartigen automatisierten Fehlleistungen. Aber manchmal wird es doch zum öffentlichen Thema. Wir erleben zum Beispiel diese Fehlleistungen als Reaktion der automatischen Ordersysteme an den Börsen, wenn Fehlinformationen oder Fehleingaben in Handelssystemen für irrationale Kursschwankungen sorgen. Da in diesem Umfeld solche Fehlreaktionen meist für hohe Gewinne oder Verluste sorgen, sind dies stets Fälle, in denen am Ende kontrolliert werden muss, wie die Fehlinformation zustande kam und ob eine Manipulation vorlag. Beispielhaft waren die Turbulenzen an den Börsen im Mai 2010 (vgl. o. V. 2010). Dieses für „Fake News" vielleicht ungewöhnlich nüchterne Einstiegsbeispiel zeigt bereits eine Reihe von Fragestellungen, die man zur Aufklärung falscher Nachrichten analysieren muss: Wie kam die Nachricht in Umlauf? Handelt es sich um einen Fehler oder eine bewusste Fälschung? Wer hat bei bewussten Fälschungen welche Interessen und Möglichkeiten?

Denn in der Tat hat die Vielzahl an digitalen Kommunikationskanälen dazu geführt, dass das Problem der „Fake News" sich in einer neuen Dimension darstellt. Wir verstehen in diesem Zusammenhang darunter die bewusst gefälschte Nachricht, die dazu eingesetzt wird, andere Menschen in ihrer Meinungsbildung und ihrem Verhalten zu manipulieren. Wenn konservative Publizisten wie Roland Tichy (2007) schreiben:

„Früher konnten nur Regierungen und Zeitungen oder Rundfunksender Fake-News konstruieren – mit dem Internet neuerdings auch die Bürger", klingt das verharmlosend nach einem gelungenen Demokratisierungs- und Partizipationsprozess. Alles nach dem Motto: Endlich ist das Fälschen der Nachrichten nicht nur dem Establishment vorbehalten. Diese Position setzt voraus, dass man seine Umwelt unter einem Generalverdacht der bewussten Manipulation sieht.

Hier haben wir im postfaktischen Zeitalter das Problem, dass solch eine manipulative Vorgehensweise den etablierten Medien unterstellt wird. Beispielhaft für dieses Misstrauen ist die Diskussion, die im Jahr 2016 nach den Straftaten von Asylbewerbern beim Jahreswechsel 2015/2016 in Deutschland in größerem Stil aufkam: Dürfen bzw. sollen Medien bei Straftaten den ethnischen Hintergrund der Verdächtigen oder Täter mit aufführen, damit man Transparenz darüber erhält, ob die subjektiv wahrgenommene stärkere Gefährdung der öffentlichen Sicherheit auf Ausländer und Asylbewerber zurückzuführen ist?

Die für deutsche Medien maßgebliche berufsständische Vereinbarung ist für derartige Fälle der Pressekodex, den der deutsche Presserat (dies ist die freiwillige Selbstkontrolle der Pressebranche, in der Verlegerverbände und die Berufsverbände/Gewerkschaften der Journalisten zusammengeschlossen sind) verabschiedet hat. In Ziffer 12 steht hier unter der Überschrift „Diskriminierungen" folgende Festlegung: „Niemand darf wegen seines Geschlechts, einer Behinderung oder seiner Zugehörigkeit zu einer ethnischen, religiösen, sozialen oder nationalen Gruppe diskriminiert werden."

Dies wird in der „Richtlinie 12.1 – Berichterstattung über Straftaten" noch näher ausgeführt, die bis zum März 2017 wie folgt lautete: „In der Berichterstattung über Straftaten wird die Zugehörigkeit der Verdächtigen oder Täter zu religiösen, ethnischen oder anderen Minderheiten nur dann erwähnt, wenn für das Verständnis des berichteten Vorgangs ein begründbarer Sachbezug besteht.

Besonders ist zu beachten, dass die Erwähnung Vorurteile gegenüber Minderheiten schüren könnte."

Mit dieser Regelung war klar, dass der Schutz vor Diskriminierung im Zweifel Vorrang hat. Generell stellt der Pressekodex in Deutschland die Moral über die „Öffentlichkeitsaufgabe" im Sinne einer Informations- und Veröffentlichungspflicht (vgl. Pöttker 2013). Einige Medien hatten 2016 beschlossen, sich darüber hinwegzusetzen, um nicht in den Verdacht zu geraten, im Sinne des Vorwurfs der „Lügenpresse" relevante Infos zu verschweigen. In der Folgezeit wurde auch aufseiten des Presserats an dieser Normierung nochmals gearbeitet und es erfolgte im Frühjahr 2017 die Änderung der Richtlinie 12.1 des Pressekodex´ (vgl. o. V. 2017).

RICHTLINIE 12.1

BERICHTERSTATTUNG ÜBER STRAFTATEN

"In der Berichterstattung über Straftaten ist darauf zu achten, dass die Erwähnung der Zugehörigkeit der Verdächtigen oder Täter zu ethnischen, religiösen oder anderen Minderheiten nicht zu einer diskriminierenden Verallgemeinerung individuellen Fehlverhaltens führt. Die Zugehörigkeit soll in der Regel nicht erwähnt werden, es sei denn, es besteht ein begründetes öffentliches Interesse. Besonders ist zu beachten, dass die Erwähnung Vorurteile gegenüber Minderheiten schüren könnte."

Auch diese Neuformulierung löste bei den Journalistenkollegen Kritik aus, da man das Problem sieht, dass die Formulierungen „tendenziös" seien und im Alltag auch keine größere Klarheit für Journalisten geschaffen würde (vgl. Schade 2017). Während früher ein „begründbarer Sachbezug" die Messlatte war, ist es jetzt „ein begründetes öffentliches Interesse". Wissenschaftler und Praktiker halten diesen Passus nach wie vor für eher unklar (vgl. Heimann 2017). Bei den digitalen Plattformen sind Produkte, die sich stark mit der Optimierung von Klickraten befassen, inzwischen auch im Nachrichtenmarkt verankert. Reißerische Teaserinfos sollen hohe Klickzahlen sicherstellen, die wiederum als Garant für stabile Werbeerlöse gelten. Dieses „Clickbaiting", wenn mit einer reißerischen Überschrift und Folgezeilen im Stile von „Du wirst nicht glauben, was dann geschah", die auf eine (angebliche) Sensation hinweisen, die Klickrate optimiert werden soll, zielt vor allem auf die Kurzinhaltsangaben („Snippets"), die nach einer „Google"-Suche in der Trefferliste erscheinen. Insgesamt hat dieser Mechanismus aber etwas mit den Geschäftsmodellen vieler Online-Plattformen zu tun. Die redaktionelle Optimierung der „Google Snippets" ist für alle Medien, die ihre digitalen Inhalte bewusst so aufbereiten, dass sie gut über „Google" gefunden werden können, ein absolutes Muss, denn nur ein sinnvoll formatierter Newsanfang kann Menschen davon überzeugen, auf den dazugehörigen Link zu klicken. Die zunehmende Verbreitung von Paid-Content-Angeboten bei redaktionellen Medien (vgl. Kansky 2014), bei denen man auch im Internet oder über andere digitale Kanäle wie Apps für die Inhalte bezahlen muss, führte auch zu einer Zunahme der optimierten Kaufanreize im Rahmen der Artikelvorschauen der „Google-Snippets". Es geht an dieser Stelle sicherlich nicht darum den Umstand zu kritisieren, dass Journalismus auch die Grundprinzipien der Suchmaschinenoptimierung beherzigt, damit Artikel gefunden und auch genutzt werden.

Neben den Klickmaschinen mit redaktioneller Sensationsaufbereitung von Nachrichten haben sich seit 2010 international neue Plattformen entwickelt, die denjenigen, die dem „Establishment" und der „Lügenpresse" misstrauen, ein publizistisches Gegengewicht durch „unabhängige Plattformen" bieten wollen. Diese vorgeblich „bürgerlich-unabhängigen" Angebote haben in den meisten Fällen eine klare Orientierung an der Agenda der neuen Rechten und fokussieren sich auf diese Themen, um ihre Marke zu profilieren und damit am Ende des Tages Erfolg mit Paid-Content-

Angeboten und unter dem Deckmantel des unabhängigen Redaktionsangebots auch Erfolg im Werbemarkt zu haben (vgl. Zimmer 2017).

6 Social Media als populistischer Direktkanal

Populistische Akteure stehen häufiger in einem eher kritischen Verhältnis gegenüber den Medien. Daher sind direkte Kanäle zum Publikum, die gewissermaßen als Bypass eingesetzt werden können, gerade für populistisch geprägte Akteure wichtig. Sehr klar ist das am Beispiel von Donald Trump und seiner Affinität zu Twitter sichtbar. So passend der Kanal vielleicht war, um im Wahlkampf Wirkung zu erzeugen, so ungewöhnlich waren die Aktivitäten in der Folgezeit. Es geht dabei um den Gebrauch von „Twitter" als gewissermaßen offiziellen Kanal. „Twitter" wird damit zum Machtinstrument, das dazu dient, die missliebigen redaktionellen Medien mit einem Bypass zu umgehen.

Was kennzeichnet nun aber populistische Politik? Der Demokratietheoretiker Jan-Werner Müller von der Princeton-Universität gibt unter anderem folgenden Aspekt als Teil seiner Populismus-Charakterisierung an (Müller 2017): *„Populisten behaupten, nur sie seien die Vertreter des ´wahren´ Volkes oder der ´schweigenden Mehrheit´. Damit werden alle Mitbewerber um die Macht als illegitim abgestempelt. Da geht es nie nur um Sachargumente, die anderen Politiker werden als korrupt oder sonst mit Charakterfehlern behaftet verteufelt."*

Ein großes Thema der rechtspopulistischen Bewegungen ist die Abgrenzung gegenüber den vorherrschenden Strukturen, Strömungen und Institutionen. Dazu gehören alle Nachrichtenmedien, die nicht auf der gewünschten politischen Linie leben. Es gibt inzwischen ganze Buchreihen spezialisierter Verlage, die sich mit dem Thema „Lügenpresse" auseinandersetzen. Ein plakatives Beispiel ist der Kopp Verlag aus Rottenburg a.N.: *„Das Ziel des Kopp Verlags ist es, auf unterdrückte Informationen, Entdeckungen und Erfindungen hinzuweisen. Die Ausweitung von Tabuthemen, Political Correctness und Zensur in unserer Gesellschaft und den Medien soll untersucht und mit enthüllenden Büchern und Artikeln auf die Unterdrückung bedeutender Fakten und Tatsachen hingewiesen werden.*

Am Ende entsteht ein buntes Programm aus zahlreichen Schriften gegen die Lügenpresse, weshalb Verschwörungstheoretiker wie Udo Ulfkotte mehrfach vertreten sind, aber auch andere Autoren wie Gerhard Wisnewski mit Themen wie „verheimlicht vertuscht vergessen 2017: Was 2016 nicht in der Zeitung stand" sind beispielhaft für das aus Perspektive des Verlags medienkritische Repertoire. Daneben gibt es Schriften über Geheimbünde, die Impf-Lüge, Ratgeber für autarkes Leben (falls der große Krisenfall eintritt) oder auch Bioprodukte und homöopathische Tinkturen. Sucht man nach einem roten Faden, dann findet er sich bei der Furcht vor Manipulation, der Überzeugung, dass man selbst der Wahrheit viel näher ist als alle anderen und dass man hier ja endlich einmal die Wahrheit sagen müsse, was sich sonst ja keiner traue.

Die gängigen sozialen Codes, die neben den politischen Festlegungen regeln, welche Themen mit Tabus behaftet sind, werden von der Zielgruppe solcher Bücher und

Schriften oder auch von rechtspopulistischen Parteien als Einengung empfunden. Die Schlussfolgerung daraus führt dann zu Statements, die bestreiten, dass man in einer Demokratie lebe und Meinungsfreiheit genieße. Dass jede Gruppe von Menschen zu allen Zeiten Standards entwickelt hat, wie man sich zu benehmen hat und unter welchen Voraussetzungen Verhaltensweisen und Äußerungen als passend oder unpassend empfunden werden, wird hier ausgeblendet.

Die Schlussfolgerung, die stattdessen gezogen wird: Das ist keine Demokratie und keine Meinungsfreiheit. Diese Äußerungen sind insbesondere in den Regionen Deutschlands überraschend, in denen Demokratie und Meinungsfreiheit vor knapp dreißig Jahren wirklich noch nicht selbstverständlich waren (vgl. Gabriel 2017). Ein weiterer Vorwurf ist die mangelnde Beteiligung und zu späte Transparenz. Gegen eine zu frühe Transparenz spricht jedoch der Umstand, dass Diskussionen nicht mehr offen und frei geführt werden können und damit die zu Beginn anscheinend eher ungewöhnlichen Entscheidungsvarianten kaum eine Chance auf ernsthafte Prüfung haben. Die durch die Transparenz ausgelöste Gruppendynamik kann Diskussionen in einem sehr frühen Stadium beeinflussen oder gar beenden, auch wenn es vom Thema her sinnvoll wäre, hier weiter dran zu bleiben. Die Piratenpartei ist letztlich an diesem Ansatz gescheitert, da sie versuchte ihre Themen öffentlich und auch parteiöffentlich zu diskutieren. Die Software LiquidFeedback hatte zwar technisch die Voraussetzungen geschaffen, dass ein für Parteien eher ungewohnter transparenter Meinungsbildungsprozess unter Einbindung sehr vieler Mitglieder möglich wurde, dennoch wurden gerade die Offenheit und Transparenz zum Problem (vgl. Rosenfeld 2012). Die Medienkompetenz der Piraten beinhaltete nicht in ausreichendem Maße die Erkenntnis, dass Spielregeln erforderlich sind, die zum Beispiel persönliche Angriffe und Diffamierungen ausschließen. Zudem bedarf die strategische Planung für eine Gruppe oder Organisation auch zu Beginn einer Vertraulichkeit, da sonst jedes Thema sofort das Potenzial zu Spaltung und Zerstörung besitzt. Das geschilderte Problem am Beispiel der Kommunalpolitik findet aber nicht nur bei den großen gesellschaftlichen Umwälzungen und Themen statt. Das durchgängig erkennbare Prinzip sind die eigenen Interessen, die als repräsentativ für die Interessen der gesamten Gesellschaft wahrgenommen werden. Bei nahezu jedem neuen Baugebiet oder manchmal auch nur beim Schließen einer Baulücke durch den Bau eines Hauses auf dem bisher freien Bauplatz werden Vorwürfe erhoben, warum ein Beschluss entgegen der persönlichen Meinung möglich sei und warum man nicht rechtzeitig eingebunden und gefragt würde.

7 Meinungsvielfalt und Faktenklarheit

Für die redaktionellen Medien besteht in den sogenannten postfaktischen Zeiten durchaus nicht nur das Risiko, dass sie als „Mainstream-Medien" oder „Lügenpresse" diffamiert werden oder dass niemand mehr auf redaktionelle Kompetenz und Wahrheit Wert legt. In der schwierigen Diskussion über den Stellenwert von Fakten und die Suche nach Wahrheit und Klarheit liegt auch eine Chance für professionelle Medien und professionellen Journalismus. Stefan Winterbauer (2016) hat es für den Branchendienst „Meedia" recht ausführlich dargestellt:

„Für die Medien sind die Fake-News eigentlich eine Riesenchance. Wenn, wann nicht jetzt, braucht es seriöse, professionelle Medien, die nach transparenten und nachvollziehbaren Kriterien als Navigatoren dienen?"

In der Abgrenzung zu den vielen Meldungen und Vermutungen, die von einzelnen Usern und Interessengruppen in die Welt getragen werden, muss Journalismus in der Lage sein, sich positiv abzugrenzen. Gerade die Verlage, die seit den neunziger Jahren mit immer größerem Wettbewerb durch digitale Medien zurechtkommen mussten, sehen in der Abgrenzung zu unkontrollierten Plattformen inzwischen einen Wettbewerbsvorteil, da sie *„hochwertigen Informations- und Unterhaltungsjournalismus"* bieten, *„für den sich die Leser bewusst entscheiden und für den sie zu meist bezahlen"* (Pimpl 2017). Social Media Kanäle können diesen Anspruch nicht ohne Weiteres erfüllen. Nutzer, die redaktionellen Input beisteuern, sorgen zwar für „User Generated Content", aber es gibt keine Qualitätskontrolle, die sicherstellt, dass die Tatsachenschilderungen auch realistisch sind.

Wir können feststellen, dass auch in den Fällen, in denen eine breite öffentliche Diskussion über Themen stattfindet, dieser Diskurs keineswegs immer stark faktenorientiert sein muss. Aber wenn schon die Meinungen nicht immer stark faktenorientiert sind, so stellt sich an dieser Stelle die Frage, warum uns überhaupt an einer Auswahl zwischen unterschiedlichen Meinungen so viel liegt. Unsere Demokratie fußt auf einem vitalen Pluralismus. Das bedeutet, die Vielfalt der Meinungen stellt bereits einen Wert an sich dar. Es sollen dabei zum einen unterschiedliche Lebenslagen und Bedürfnisse berücksichtigt werden. Wenn wir offene Debatten mit möglichst vielen unterschiedlichen Meinungen anstreben, stellt sich als nächstes die Frage, wie wir erreichen können, dass sich die Wirklichkeit in Form von Fakten ausreichend in der Diskussion widerspiegelt. Dies erfordert zunächst die Fähigkeit, komplexe Themen so aufzubereiten, dass sie von allen Bürgern und Diskussionspartnern auch verstanden werden können. Da wir keine Möglichkeit haben, die Realität im strengen Sinne objektiv wahrzunehmen und zu beschreiben, sind streng genommen die in jüngster Zeit verstärkt gegenüber den Massenmedien und insbesondere dem öffentlich-rechtlichen Rundfunk pauschal vorgebrachten Vorwürfe, nicht objektiv zu berichten, per se Unsinn. Dass es zwischen „wahr" und „falsch" auch Abstufungen geben kann, veranschaulicht in verständlicher Form das Essay von Barbara Zehnpfennig (2017).

Man kann versuchen, möglichst ausgewogen zu berichten und zu informieren, indem man unterschiedliche Standpunkte darstellt. Objektiv kann das Ganze dennoch nicht sein, da man bereits durch die Themenauswahl, die Entscheidung für ein bestimmtes Genre, die Auswahl der Gesprächspartner oder Bilder bereits inhaltlich Einfluss nimmt und somit weit weg ist von einer Objektivität oder Neutralität, die man sich gemeinhin von Medien oder auch der Wissenschaft im Sinne eines „interessenlosen Wohlgefallens" wünscht. Was man im Rahmen der Argumentation und Diskussion jedoch anstreben kann und sollte, sind Fairness, Wahrhaftigkeit und ein Bemühen um Objektivität, indem man die Dinge so aufbereitet, dass sie für andere nachvollziehbar sind. Objektiv ist dann eben nicht wirklich komplett neutral, sondern wie die Wissenschaft es so schön nennt: „intersubjektiv nachvollziehbar". Zusammenfassend geht es daher bei dem nie wirklich erreichbaren Ziel der Objektivität als Qualitätskriterium von Medien um eine möglichst große Neutralität im Sinne der Trennung von Tatsachen und Meinungen, das Anstreben einer Unparteilichkeit und das Ziel der Ausgewogenheit (vgl. Schmidt et al. 2017).

8 Der Ruf nach „schärferen Gesetzen"

Wie groß die Verunsicherung und der politische Druck innerhalb von Deutschland aktuell sind, zeigt sich daran, dass zum Ende des Jahres 2016 die öffentliche Diskussion um die Einrichtung eines behördlichen Abwehrzentrums eingesetzt hatte. Ziel dieser Anti-Fake-Behörde wäre es Desinformationskampagnen zu entlarven. Unter Begriffen wie „Abwehrzentrum gegen Desinformation" werden unterschiedliche Konzepte diskutiert (vgl. Holland 2016). Hier zeigt sich wieder die Ambivalenz bei staatlichen Kontrollmaßnahmen. Es erscheint einerseits das Gebot der Stunde zu sein, sich auch in diesem Sinne als wehrhafte Demokratie zu beweisen und nicht einfach die Hinwendung zu postfaktischen Realitäten kampflos hinzunehmen. Gleichzeitig ist es in vielen Fällen nicht ganz einfach eine Institution zu schaffen, die für sich in Anspruch nimmt die Wahrheit zu beschreiben. Von rechten Gruppen wie der AfD wird daher der Ansatz des Eingreifens als Zensur der Mächtigen argwöhnisch beäugt (vgl. Peternel und Kramar 2016). Dass die Gefahr tatsächlich besteht, dass man statt Aufklärung zu betreiben eine Form von Zensur auslöst, erkennt man auch daran, dass der Deutsche Journalistenverband diese Gefahr sieht und benennt. Wann immer jemand die Maßstäbe setzt, was verbreitet werden darf und wo strafrechtliche Sanktionen drohen, besteht die Gefahr eine unmittelbare direkte Zensur auszuüben, indem die von der Behörde als falsch bewerteten Inhalte sanktioniert werden, d. h. eine wie auch immer geartete Strafe nach sich ziehen.

Darüber hinaus kann eine bekannte Form der Bestrafung von falschen Inhalten auch dazu führen, dass eine mittelbare Zensur entsteht. Dies ist ja durchaus auch gewollt, da man durch die Behörde ja potenziellen Manipulatoren mitteilen möchte, dass sie unter Beobachtung stehen und sie daran hindern möchte, Lügen zu erfinden und zu verbreiten. Der materielle Zensurbegriff, wie ihn Juristen definieren (vgl. Buchloh 2003) bei dem jede von außen beeinflusste Unterdrückung oder Veränderung von Informationen erfasst wird, würde auch eine Fake News-Kontrolle erfassen. Dabei kommt es auch nicht darauf an, ob es sich um direkte Verbote oder indirekte Maßnahmen handelt. Wer aus Angst vor einer Kontrolle bestimmte Inhalte meidet, trägt ebenfalls zur Wirksamkeit von Zensur bei.

In den Fällen, in denen jedoch die geltenden Gesetze konsequent Anwendung fanden und die Ermittlungsbehörden auch nicht den Aufwand scheuten, ein Verfahren einzuleiten, zeigte sich auch vor der Etablierung des Netzwerkdurchsetzungsgesetzes (Netz DG), dass man mit den vorhandenen Rahmenbedingungen eine Wirkung erzielen kann. Das Oberlandesgericht Dresden hat zum Beispiel in einem Prozess gegen einen Anwalt und CDU-Lokalpolitiker festgestellt, dass man bei einer Weiterleitung eines Posts in sozialen Medien sich die Äußerungen „zu eigen macht", wenn man sie mit einem positiven Kommentar versieht. Im konkreten Fall ging es um einen Post, mit dem ein Text des Schriftstellers Michael Klonovsky geteilt wurde, der Angela Merkel und Hitler vergleicht. Der Anwalt verschickte seinen Post mit der Ergänzung, der Text sei *"zu erwägenswert, um ihn zu unterschlagen"* – nach Ansicht des Gerichts eine klare Leseempfehlung (vgl. Fischer 2017), sodass er sich diese Äußerung strafrechtlich zurechnen lassen musste. Ob das NetzDG neben den ersten absehbaren Löschungen von Inhalten und Sperrungen von Nutzern künftig weitere Folgen hat und ob davon Gruppierungen wie die AfD, die sich als Zensuropfer gerieren, profitieren, wird erst nach einer gewissen Evaluationsphase geklärt werden können.

Quellenverzeichnis

ARD Sales & Services (o. J.): Langzeitstudie Massenkommunikation unter: http://www.ard-werbung.de/media-perspektiven/studien/ardzdf-studie-massenkommunikation/, Zugriff am: 26.01.2018.

Arlt, D., Wolling, J. (2017): Die Flüchtlingsdebatte in den Medien aus der Perspektive der Bevölkerung, in: Media Perspektiven 6/2017, 325-337.

Bartsch, M. (2017): Wahrheit oder Zahl, in: Der Spiegel 4/2017, 48-49.

Brecht, B. (1932): Der Rundfunk als Kommunikationsapparat. Rede über die Funktion des Rundfunks, in: Brecht, B. (Hrsg.) (1932): Gesammelte Werke in 20 Bänden. Bd. 18. Frankfurt/Main, 127-134.

Breunig, C., Eimeren, B. van (2015): 50 Jahre „Massenkommunikation": Trends in der Nutzung und Bewertung der Medien, in: Media Perspektiven 11/2015, 505-525.

Breunig, C., Engel, B. (2015): Massenkommunikation 2015: Funktionen und Images der Medien im Vergleich, in: Media Perspektiven 7-8/2015, 323-341.

Breyer-Mayländer, T. (2017a): Ein Quantum Wahrheit: Postfaktischer Populismus als Herausforderung für unsere repräsentative Demokratie, BoD, Norderstedt.

Breyer-Mayländer, T. (2017b): Meine Berufung? Berufs- und Lebensperspektive Fachhochschul-Professur, Edition Wissenschaftsmanagement, Lemmens-Verlag, Bonn.

Buchloh, S. (2003): Eingriffe in die Freiheit von Journalismus und der Kunst – Eine Typologie der Zensurformen, in: Donsbach, W., Jandura, O. (Hrsg.) (2003): Chancen und Gefahren der Mediendemokratie, UVK Konstanz, 82-94.

Diwald, H. (2003): Luther: Eine Biografie, Lico Verlag, Linzenzausgabe, Bergisch Gladbach.

Engelmann, I., Wendelin, M. (2015): Relevanzzuschreibung und Nachrichtenauswahl des Publikums im Internet. Ein faktorieller Survey zum Einfluss von Kommentarhäufigkeiten und Nachrichtenfaktoren, in: Publizistik Heft 2, Mai 2015, 165-185.

Eichel, C. (2015): Deutschland, Lutherland: Warum uns die Reformation bis heute prägt, Blessing, München

Fleischhauer, J. (2016): In der Echokammer, in: Der Spiegel 47/2016, http://www.spiegel.de/spiegel/afd-selbstversuch-auf-facebook-in-der-echokammer-a-1122311.html, Zugriff am: 26.01.2018.

Fischer, A. (2017): Gerichtsentscheid: Geteilte Inhalte mit positiven Zusätzen gelten als zu eigen gemacht, in: turi2.de, 11.04.2017, http://www.turi2.de/aktuell/ gerichtsentscheid-geteilte-inhalte-mit-positiven-zusaetzen-gelten-als-zu-eigen-gemacht/, Zugriff am: 27.01.2018.

Gabriel, O.W. (2007): Bürger und Demokratie im vereinigten Deutschland, in: Politische Vierteljahresschrift September 2007, Volume 48, Issue 3, 540–552.

Gerhards, J., Schäfer, M.S. (2007): Demokratische Internet-Öffentlichkeit? Ein Vergleich der öffentlichen Kommunikation im Internet und in den Printmedien am Beispiel der Humangenomforschung, in: Publizistik June 2007, Volume 52, Issue 2, 210-228.

Haller, M. (2015): Was wollt ihr eigentlich? Die schöne neue Welt der Generation Y, Murrmann-Verlag Hamburg.

Hamann, G., Tönnesmann, J. (2017): Gesellige Roboter, in: Die Zeit 21.09.2907, 31.

Hegelich, S. (2016): Invasion der Meinungsroboter, Analysen und Argumente, Konrad Adenauer Stiftung, Ausgabe 221, September 2016.

Heimann, A. (2017): Auch die Novelle lässt Fragen offen, in: Badische Zeitung, 25.03.2017, 15.

Hobohm, H.-C. (2013): Informationsverhalten (Mensch und Information), in: Kuhlen, R., Semar, W., Strauch, D. (Hrsg.): Grundlagen der praktischen Information und Dokumentation. 6. Ausgabe, Berlin/Boston Verlag de Gruyter, 109-125.

Holland, M. (2016): Innenministerium will angeblich Abwehrzentrum gegen Fake News, in: heise online.de, 23.12.2016, https://www.heise.de/newsticker/ meldung/Innenministerium-will-angeblich-Abwehrzentrum-gegen-Fake-News-3581017.html, Zugriff am: 27.01.2018.

Kansky, H. (2014): Paid-Content-Modelle in der Übersicht, in: Breyer-Mayländer, T. (Hrsg.) (2014): Vom Zeitungsverlag zum Medienhaus: Geschäftsmodelle im Zeitalter der Medienkonvergenz, Springer-Gabler, Wiesbaden, 83-102.

Kießling, B. (2017): Fakes im Bundestagswahlkampf 2017 - Eine Twitter-Follower-Analyse deutscher Parteien und deren Spitzenkandidaten, in: Internationalmedia.center, 21.09.2017, https://internationalmedia.center/aktuelles/fake-follower-im-bundestagswahlkampf/129/, Zugriff am: 27.01.2018.

Kind, S., Bovenschulte, M., Ehrenberg-Silies, S., Weide, S., TAB (2017): Social Bots, Büro für Technikfolgen-Abschätzung beim Deutschen Bundestag, Thesenpapier zum öffentlichen Fachgespräch „Social Bots – Diskussion und Validierung von Zwischenergebnissen" am 26. Januar 2017 im Deutschen Bundestag.

Kramp, L., Weichert, S. (2017): Der Millenial Code: Junge Mediennutzer verstehen – und handeln, Vistas Verlag Leipzig.

Krasmann, S. et al. (o.J.): Die gesellschaftliche Konstruktion von Sicherheit: Zur medialen Vermittlung und Wahrnehmung der Terrorismusbekämpfung, Forschungsforum Öffentliche Sicherheit Freie Universität Berlin.

Meckel, M. (2012): Serendipity als Innovationsstrategie. in: Stadler, R., Brenner, W., Herrmann, A. (Hrsg.) (2015): Erfolg im digitalen Zeitalter: Strategien von 17 Spitzenmanagern, Frankfurter Allgemeine Buch, Frankfurt. 35-50.

Müller, J.-W. (2017): Populisten brauchen Kollaborateure, in: Perspektive 01/2017, 8-13.

Neumann, K., Arendt, F. (2016): Der Pranger der Schande" - Eine inhaltsanalytische Untersuchung der Wirkung des Bild-Prangers auf das Postingverhalten von Facebook-Nutzern zur Flüchtlingsdebatte, in: Publizistik 2016 Nr. 61, 247–265.

o. V. (2010): Turbulenzen nicht auf die Börsen beschränkt, in: FAZ.net, 07.05.2010, http://www.faz.net/aktuell/finanzen/aktien/wertpapierhandel-turbulenzen-nicht-auf-die-boersen-beschraenkt-163278.html, Zugriff am: 27.01.2018.

o. V. (2017): Presserat ändert Richtlinie: Was die Presse zu Straftätern schreibt, in: faz.net, 22.03.2017, http://www.faz.net/aktuell/feuilleton/medien/presserat-erneuert-richtlinie-zur-berichterstattung-ueber-straftate-14937809.html, Zugriff am: 28.01.2018.

o. V. (2018): Änderung des Facebook-Algorithmus: Inhalte von Unternehmen und Medien werden unwichtiger, in: meedia.de, 12.01.2018, http://meedia.de/2018/01/12/aenderung-des-facebook-algorithmus-inhalte-von-unternehmen-und-medien-werden-unwichtiger/, Zugriff am: 26.01.2018.

Paperlein, J. (2017): Potenzielle Ziele, in: Horizont 3/2017, 14 f.

Peternel, E., Kramar, K. (2016): Berlin und Brüssel setzen auf Behörden gegen Desinformation – eine Steilvorlage für Rechtspopulisten, in: Kurier.at, 29.12.2016, https://kurier.at/politik/ausland/deutschland-behoerde-gegen-fake-news-das-riecht-ja-nach-zensur/238.084.853, Zugriff am: 27.01.2018.

Pimpl, R. (2017): Print News statt Fake News, in: Horizont 17/2017, 13.

Pöttker, H. (2013): Öffentlichkeit oder Moral? Über den inneren Widerspruch des journalistischen Berufsethos am Beispiel des deutschen Pressekodex, in: Publizistik Heft 2, Juni 2013, 130.

Presse- und Informationsamt der Bundesregierung (Hrsg.) (1996): Kommunikationspolitische und kommunikationswissenschaftliche Forschungsprojekte der Bundesregierung (1985-1994), Bonn.

Riepl, W. (1913): Das Nachrichtenwesen des Altertums, Teubner, Leipzig.

Rosenfeld, D. (2012): Wenn alle mit allen über alles reden. Immer, in: zeit.de, 26.04.2012, http://www.zeit.de/2012/18/Piratenpartei-Liquid-Feedback, Zugriff am: 27.01.2018.

Salzborn, S., Maegerle, A. (2016): Die dunkle Seite des WWW – Rechtsextremismus und Internet, in: Zeitschrift für Vergleichende Politikwissenschaft, July 2016, Volume 10, Supplement 2, 213–231.

Schade, M. (2017): „Auch die neue Richtlinie ist tendenziös": Redaktionen kritisieren die Aktualisierung der Pressekodex-Ziffer 12.1, in: Meedia.de, 23.03.2017, http://meedia.de/2017/03/23/auch-die-neue-richtlinie-ist-tendenzioes-redaktionen-kritisieren-die-aktualisierung-der-pressekodex-ziffer-12-1/, Zugriff am: 27.01.2018.

Schönstedt, E., Breyer-Mayländer, T. (2010): Der Buchverlag: Geschichte, Aufbau, Wirtschaftsprinzipien, Kalkulation und Marketing, J. B. Metzer, Stuttgart, 3. Aufl.

Schmidt, M. G. et al. (2017): Die Publikumsnorm. Eine Studie zur Leserbeurteilung der Qualität journalistischer Online-Artikel unter Berücksichtigung des Einflussfaktors Medienreputation, in: Medien & Kommunikationswissenschaft 1/2017, 52.

Schwilk, H. (2017): Luther: Der Zorn Gottes, Blessing, München.

Tichy, R. (2017): Postfaktisch ist das demokratische Zeitalter, Rotary Magazin 1/2017, 63.

Tort, G., Guenther, L., Ruhrmann, G. (2016): Von kriminell bis willkommen – Wie die Herkunft über das mediale Framing von Einwanderern entscheidet, in: Medien & Kommunikationswissenschaft 4/2016, 497-517.

Wehling, E. (2016): Politisches Framing: Wie eine Nation sich ihr Denken einredet – und daraus Politik macht, Herbert-Halem-Verlag, Köln, 17 und 42.

Winterbauer, S. (2016): Warum Fake News eine Riesenchance für die Medien sind – sieben Gedanken zu einer aus dem Ruder gelaufenen Debatte, in: Meedia.de, 14.12.2016, http://meedia.de/2016/12/14/warum-fake-news-eine-riesen-chance-fuer-die-medien-sind-sieben-gedanken-zu-einer-aus-dem-ruder-gelaufenen-debatte/, Zugriff: 27.01.2018.

Zehnpfennig, B. (2017): Nichts als die Unwahrheit, in: Zeit Geschichte 3/2017, 14-19.

Zimmer, F. (2017): Hate-Economy: So funktionieren populistische Medien, in: w&v online 10.01.2017, http://www.wuv.de/medien/hate_economy_so_funktionieren_populistische_medien, Zugriff am: 27.01.2018.

Rechtsrahmen des Social Media Marketing und Data Analytics

Thomas Zerres

1 Social Media

Social Media-Marketing wird heute von immer mehr Unternehmen weltweit erfolgreich betrieben. Dabei gilt es, eine Vielzahl an rechtlichen Rahmenbedingungen zu beachten, die im Folgenden skizziert werden sollen und die in Abbildung 1 im Überblick dargestellt sind. Bei sozialen Medien handelt es sich um Telemedien. Diese unterliegen zunächst dem Telemediengesetz (TMG). Die rechtlichen Fragestellungen, die sich aus Betrieb und Nutzung sozialer Medien ergeben, betreffen darüber hinaus eine Vielzahl von verschiedenen Rechtsgebieten. Diese umfassen vor allem die Bereiche Vertrags-, Marken-, Namens-, Urheber-, Persönlichkeits-, Datenschutz- und Wettbewerbsrecht.

Abbildung 1: Rechtsrahmen eines Social Media-Marketing
Quelle: Eigene Darstellung

1.1 Telemedienrecht

Eine wichtige Regelung für Social Media-Präsenzen ist die, in § 5 Telemediengesetz (TMG) normierte Impressumpflicht (Anbieterkennzeichnung). Diese hat das Ziel, Transparenz zu schaffen. Die Informationspflichten des § 5 TMG treffen alle Unternehmen, die eine Website im Rahmen ihrer wirtschaftlichen Betätigung unterhalten. Dazu müssen sie folgende Informationen bereitstellen:

- Name und Anschrift, bei juristischen Personen zusätzlich die Rechtsform, den Vertretungsberechtigten und, sofern Angaben über das Kapital der Gesellschaft gemacht werden, das Stamm- oder Grundkapital sowie, wenn nicht alle in Geld zu leistenden Einlagen eingezahlt sind, den Gesamtbetrag der ausstehenden Einlagen.
- Kommunikationsdaten, wie E-Mail-Adresse, Telefonnummer oder Fax.
- Angaben zur zuständigen Aufsichtsbehörde, wenn eine zulassungspflichte Tätigkeit im Rahmen des Telemediums betrieben wird.
- Das Handelsregister, Vereinsregister, Partnerschaftsregister oder Genossenschaftsregister, in das sie eingetragen sind, und dort die entsprechende Registernummer.
- Bei einem kammerangehörigen Freiberufler, die Angabe über die zuständige Kammer sowie die gesetzliche Berufsbezeichnung, den Staat, in dem die Berufsbezeichnung verliehen wurde, und die Bezeichnung der berufsrechtlichen Regelungen und dazu, wie diese zugänglich sind.
- Die Umsatzsteuer-Identifikationsnummer oder eine Wirtschafts-Identifikationsnummer.
- Bei Aktiengesellschaften, Kommanditgesellschaften auf Aktien und Gesellschaften mit beschränkter Haftung, die sich in Abwicklung oder Liquidation befinden, die Angabe hierüber.

Dieser gesetzlichen Anforderung ist Genüge getan, wenn das Impressum leicht erkennbar und unmittelbar erreichbar ist sowie ständig verfügbar gehalten wird; es sollte von jeder Unterseite des Angebots aus mit zwei Klicks erreichbar sein. Zulässig ist sowohl die Verwendung des Begriffs Impressum, als auch – wenn auch weniger üblich – die Begriffe Anbieterkennzeichnung oder Kontakt (vgl. Köhler und Fetzer, Rn. 728).

Homepages, die rein privaten Zwecken dienen und keine Telemediendienste bereitstellen, die sonst nur gegen Entgelt verfügbar sind, fallen nicht unter die Impressumpflicht nach § 5 TMG.

1.2 Vertragsrecht

Die Nutzung von Social Media-Plattformen setzt zunächst einen Vertrag mit einem Plattformanbieter voraus, in dem die jeweiligen Nutzungsbedingungen bestätigt werden müssen. Diese Bedingungen legen den rechtlichen Rahmen der Nutzung fest. Bei den Nutzungsbedingungen handelt es sich um Allgemeine Geschäftsbedingungen (AGB). Dem Anbieter steht ein virtuelles Hausrecht zu, das heißt, er kann den Rahmen vorgeben, in dem sich die Nutzer bewegen dürfen. Häufig stellen die Plattformanbieter Verhaltensregeln auf, die ebenfalls Bestandteil der Vertragsbeziehung sind. Diese Regeln schreiben zum Beispiel den Umgang der Nutzer untereinander vor. Eine Missachtung der Vorschriften des Anbieters kann dazu führen, dass der Nutzeraccount gesperrt oder sogar gelöscht wird (vgl. Schwartmann und Ohr, S. 18).

Da ein solcher Sachverhalt einen großen Imageschaden verursachen kann, ist es zu empfehlen, sich rechtzeitig über die Bedingungen der Plattformen zu informieren.

Viele Plattformanbieter haben ihren Sitz im Ausland. Dies führt zu der Frage, welches Recht auf die Vertragsbeziehung zwischen Anbieter und Nutzer anzuwenden ist. Bei grenzüberschreitenden vertraglichen Schuldverhältnissen ist das anwendbare Recht nach der Verordnung (EG) Nr. 593/2008 des Europäischen Parlaments und des Rates vom 17. Juni 2008 über das auf vertragliche Schuldverhältnisse anzuwendende Recht (Rom I-VO) zu bestimmen. Nach Art. 3 Rom I-VO gilt grundsätzlich freie Rechtswahl. Aus diesem Grund enthalten die AGB eines Plattformanbieters eine Rechtswahlklausel, die festlegt, welches Recht jeweils auf den Vertrag Anwendung findet.

Im Falle eines Vertrags mit Verbrauchern ist die Rechtswahlfreiheit aus Verbraucherschutzgründen durch Art. 6 Abs. 2 S. 2 Rom I-VO eingeschränkt, das heißt, dass die zwingenden verbraucherschützenden Regelungen nicht abbedungen werden können. Demgegenüber ist die Rechtswahlfreiheit, wenn es sich auf Kundenseite um Unternehmen (und nicht um Verbraucher) handelt, nicht eingeschränkt, das heißt, die Parteien können das Recht frei wählen. Eine Einschränkung besteht ausnahmsweise dann, wenn es sich um sogenannten Eingriffsnormen handelt, deren Einhaltung ein Staat für die Wahrung seines öffentlichen Interesses als so entscheidend ansieht, dass diese Vorschriften, ungeachtet der getroffenen Rechtswahl, auf alle in den Anwendungsbereich fallenden Sachverhalte anzuwenden sind, zum Beispiel datenschutzrechtliche Normen (vgl. Schwartmann und Ohr, S. 13).

Es ist also festzuhalten, dass Plattformbetreiber durch ihre Nutzungsbedingungen ausländisches Recht gegenüber Unternehmern wirksam in den Vertrag einbinden können.

Zwischen den einzelnen Nutzern von Social Media-Plattformen bestehen dagegen grundsätzlich keine Vertragsbeziehungen. Kommt es zwischen ihnen zu Streitigkeiten, so handelt es sich um außervertragliche Schuldverhältnisse. Das anzuwendende nationale Recht bestimmt sich in der Regel nach den Vorschriften der Verordnung (EG) Nr. 864/2007 des Europäischen Parlaments und des Rates vom 11. Juli 2007 über das auf außervertragliche Schuldverhältnisse anzuwendende Recht (Rom II-VO). Richten sich Handlungen an deutsche Kunden oder Mitbewerber, so gilt grundsätzlich deutsches Recht. Auch bei Verletzungshandlungen, wie zum Beispiel das unberechtigte Veröffentlichen von urheberrechtlich geschützten Inhalten, die auf deutschem Gebiet vorgenommen werden, gilt deutsches Recht (vgl. Schirmbacher, S. 107 ff.).

1.3 Marken- und Namensrecht

Jede Präsenz in Social Media benötigt einen Account-Namen, unter welchem das Unternehmen auftritt und so gefunden werden kann. Dabei sind auch hier die jeweiligen Nutzungsbedingungen der Plattformanbieter zu beachten, insbesondere in Bezug auf die Wahl eines Account-Namens einschließlich der Konsequenzen bei Verstößen. Die Account-Namen (Account-IDs) werden nach der zeitlichen Rangfolge der Anmeldung vergeben. Jeder Name kann auf der jeweiligen Plattform nur einmal verwendet werden. Bei der Wahl eines Account-Namens gelten grundsätzlich dieselben Rechtsgrundsätze wie bei der Wahl von Domainnamen. Ein Unterschied besteht darin, dass es, anders als bei Domainnamen, bei der TLD (zum Beispiel „de", „com") keine regionale oder Branchen-Kategorien gibt.

Bei der Nutzung eines Unternehmensnamens als Account-Name handelt es sich um Unternehmenskennzeichen, welche nach §§ 5 Abs. 2, 15 MarkenG geschützt sind. Wird ein Unternehmenskennzeichen unbefugt im geschäftlichen Verkehr benutzt und liegt eine Verwechslungsgefahr vor, dann kann dies einen Anspruch auf Unterlassung oder Schadensersatz zur Folge haben.

Wurde der Account-Name jedoch nicht im geschäftlichen Verkehr verwendet, zum Beispiel im Falle einer Fanseite, scheiden Ansprüche aus dem MarkenG sowie aus dem Gesetz gegen den unlauteren Wettbewerb (UWG) aus. In diesem Fall kann das zum Markenrecht subsidiäre Namensrecht nach § 12 BGB zur Anwendung kommen. § 12 BGB ist einschlägig, wenn das Interesse des Marken- beziehungsweise Unternehmenskennzeicheninhabers dadurch verletzt wird, dass ein anderer unbefugt den gleichen Namen gebraucht. Ein unbefugter Gebrauch kann schon vorliegen, wenn durch die Verwendung desselben Namens eine Zuordnungsverwirrung entstehen kann; dieser Fall wird als Namensanmaßung bezeichnet.

Markenrechte sind aber auch im Verlauf der Nutzung von Social Media zu beachten. Nach § 1 MarkenG sind Marken, geschäftliche Bezeichnungen und geographische Herkunftsangaben geschützt. Unter die geschäftlichen Bezeichnungen fallen Unternehmenskennzeichen und Werktitel. Grundsätzlich darf nur der Markeninhaber seine Marken oder sonstigen Kennzeichen im geschäftlichen Verkehr nutzen. Eine Nutzung durch einen Dritten ist immer dann ein Rechtsverstoß, wenn dies ohne Zustimmung des Markeninhabers geschieht und eine markenmäßige Benutzung vorliegt. Ein markenmäßiger Gebrauch liegt dann vor, wenn ein Zeichen von einem Dritten für seine Waren oder Dienstleistungen in der Weise benutzt wird, dass die Abnehmer es als Herkunftskennzeichnung dieser Waren oder Dienstleistungen auffassen (EuGH GRUR 2007, 971, EuGH, Urteil vom 11.09.2007 – C 17/06, Rn 27 – Céline), der Verkehr also annimmt, dass das Zeichen dazu dient, die Produkte eines Unternehmers von Waren anderer Unternehmer zu unterscheiden (EuGH, Urteil vom 12.11.2002 – Rs. C-206/01, GRUR 2003, 55, Rn. 51 ff. – Arsenal Football Club).

1.4 Urheberrecht

Das Urheberrecht spielt in sozialen Medien eine zentrale Rolle. Um auf Social Media präsent zu sein, wird von Unternehmen gepostet (Posten oder Tweeten bedeutet dabei, einen Beitrag auf Social Media-Plattformen hochzuladen), geteilt (beim Teilen oder Retweeten werden bereits bestehende Beiträge anderer Nutzer oder andere Inhalte im Internet wiedergegeben, sodass diese auf der eigenen Präsenz sichtbar sind) oder verlinkt. Die Beiträge können dabei aus Texten, Bildern, Fotos, Videos und

Musik bestehen. Entweder handelt es sich hier um selbst erstellte Inhalte oder um solche von Dritten. Bei allen genannten Handlungen ist das Urheberrecht zu beachten.

Werden etwa bereits bestehende Beiträge anderer Nutzer, seien es Texte, Bilder oder Musik, integriert und stellen diese Werke eine persönlich geistige Schöpfung dar, fallen sie unter den Schutz des deutschen Urhebergesetzes (UrhG). Schutzgegenstand dieses Gesetzes sind Werke gemäß § 2 UrhG, welche vor unerlaubten Verwendungen Dritter geschützt werden sollen. Das bedeutet, dass das Werk einen gewissen Grad an Individualität und Kreativität aufweisen muss. Ist diese sogenannte Schöpfungshöhe erreicht, ist ein Werk schutzfähig (vgl. Schwartmann und Ohr, S. 24). Fotos erreichen in der Regel die notwendige Schöpfungshöhe. Bei Sprachwerken muss jedoch eine individuelle Betrachtung erfolgen. Kurze Tweets sind dagegen nicht geschützt, wenn keine besondere Individualität gegeben ist. Bei längeren Texten hingegen ist es wahrscheinlicher, dass es sich um persönliche geistige Schöpfungen handelt und diese geschützt sind.

Danach darf nur der jeweilige Urheber entscheiden, was mit seinem Werk geschieht; ansonsten steht ihm ein Unterlassungs- oder Beseitigungsanspruch zu (§ 97 UrhG).

Hier ist genau also darauf zu achten, welche Handlungen eine Urheberrechtsverletzung darstellen und in welchen Fällen von einer Einwilligung des Urhebers ausgegangen werden kann.

1.5 Recht am eigenen Bild

Ein Unternehmen, das Bilder, Fotos oder Videos, auf denen Personen zu sehen sind, veröffentlichen möchte, hat das sogenannte Recht am eigenen Bild zu beachten. Dieses ist eine besondere Ausprägung des allgemeinen Persönlichkeitsrechts und steht jedem Menschen zu. Es lässt sich aus Art. 2 Abs. 1 GG in Verbindung mit Art. 1 Abs. 1 GG ableiten. Das Recht am eigenen Bild ist gesetzlich in den §§ 22 bis 24 des „Gesetz betreffend das Urheberrecht an Werken der bildenden Künste und der Photographie" (Kunsturhebergesetz beziehungsweise KUG) geregelt.

§ 22 KUG verbietet grundsätzlich die Veröffentlichung eines Bildnisses ohne die Einwilligung des Abgebildeten. Ein Bildnis liegt immer dann vor, wenn die abgebildete Person erkennbar ist. Dabei genügt es auch, wenn nur der Bekanntenkreis die Person identifizieren kann, zum Beispiel aufgrund von Statur, Frisur oder markantem Schmuck (vgl. Fricke, in Wandtke/Bullinger (Hrsg.) § 22 KUG, Rn. 5 bis 7). Die Vorschriften der §§ 23, 24 KUG stellen Ausnahmen von dem genannten Grundsatz dar und erlauben eine Veröffentlichung auch ohne Einwilligung, wenn die geforderten Voraussetzungen vorliegen. Eine Ausnahme greift § 23 Abs. 1 Nr. 1 KUG bei Bildnissen aus dem Bereich der Zeitgeschichte. Berühmte Persönlichkeiten, wie Staatsoberhäupter, Filmschauspieler oder Sportler, die selbst zur Zeitgeschichte gehören, dürfen auch ohne Bezug zu einem öffentlichen Ereignis abgebildet werden. Ausgeschlossen sind jedoch Handlungen innerhalb des Privatlebens, an welchen die Öffentlichkeit kein berechtigtes Interesse hat. Auch ist das wirtschaftliche Ausnutzen von Bildnissen berühmter Persönlichkeiten verboten. Die Abbildung darf zum Beispiel nicht ohne Einwilligung mit Werbebotschaften versehen werden. Bei Bildern, auf denen die Person nur als Beiwerk neben einer Landschaft oder sonstigen Örtlichkeit erscheint, ist nach § 23 Abs. 1 Nr. 2 KUG ebenfalls keine Einwilligung erforderlich. In diesem Fall steht die Örtlichkeit im Vordergrund. Die Person wird als Beiwerk bezeichnet, wenn der Charakter des Bildes auch ohne die abgebildete Person derselbe bleibt. Jedoch ist die Privatsphäre der Person zu beachten. Ist die Person zum Beispiel unbekleidet am Strand zu sehen, muss diese der Veröffentlichung zustimmen (vgl. Schwenke, S. 121 ff.).

Wird gegen das Recht am eigenen Bild verstoßen, so kann der Abgebildete Ansprüche gegen den Verwender geltend machen. In Betracht kommen hier insbesondere Beseitigungs-, Unterlassungs-, Schadensersatz- wie auch Geldentschädigungsansprüche.

1.6 Äußerungsrecht

Soziale Medien sind Kommunikationsplattformen, auf denen sich Menschen frei äußern können. Meinungsfreiheit ist ein Grundrecht nach Art. 5 Abs. 1 S. 1 GG und ermöglicht jedem Bürger die Äußerung und Verbreitung seiner Meinung. Jedoch unterliegt der Inhalt einer Äußerung rechtlichen Grenzen. Nach Art. 5 Abs. 2 GG wird die Meinungsfreiheit durch allgemeine Gesetze, den gesetzlichen Bestimmungen zum Schutze der Jugend und dem Recht auf Schutz der persönlichen Ehre eingeschränkt. Für die Beurteilung der Zulässigkeit einer Äußerung muss zwischen Tatsachenbehauptung und Meinungsäußerung unterschieden werden. Meinungsfreiheit ist in Deutschland durch das Grundgesetz geschützt, weitgehender als Tatsachenbehauptungen. Eine Tatsachenbehauptung unterliegt daher engeren rechtlichen Grenzen als eine Meinungsäußerung. Eine Unzulässigkeit ist immer bei der Äußerung oder Verbreitung unwahrer Tatsachen gegeben.

Ist eine Äußerung aufgrund des Verstoßens gegen das Persönlichkeitsrecht des Unternehmens unzulässig, können Beseitigungsansprüche und - bei Wiederholungsgefahr - Unterlassungsansprüche geltend gemacht werden (vgl. §§ 823 Abs. 1, 1004 Abs. 1 BGB analog i. V. m. Art. 2 Abs. 1, Art. 1 Abs. 1 GG). Des Weiteren können bei gravierenden Eingriffen in das Persönlichkeitsrecht Schadensersatzansprüche nach §§ 823 ff. BGB bestehen (vgl. Schwartmann und Ohr, S. 46). Ansprüche aus Schutzgesetzen im Sinne des § 823 Abs. 2 BGB sind ebenfalls in Betracht zu ziehen. Ein Beispiel für ein solches Schutzgesetz ist die strafrechtliche Norm der Beleidigung nach § 185 Strafgesetzbuch (StGB).

1.7 Datenschutzrecht

In sozialen Medien geben die Nutzer unzählige Daten von sich preis, die als personenbezogene Daten vom Gesetzgeber geschützt werden. Soziale Medien fallen unter den Anwendungsbereich des Telemediengesetzes (TMG). Deshalb haben die Vorschriften zum Datenschutz der §§ 11 ff. TMG für Social Media-Anbieter eine zentrale Bedeutung. Neben dem TMG gilt ab Mai 2018 die Datenschutz-Grundverordnung (DS-GVO). Der deutsche Gesetzgeber hat, ergänzend mit dem Gesetz zur Anpassung des Datenschutzrechts an die Verordnung (EU) 2016/679 und zur Umsetzung der Richtlinie (EU) 2016/680 unter anderem ein neues BDSG-Umsetzungs- und Anpassungsgesetz erlassen, das gleichzeitig mit Inkrafttreten der DS-GVO im Mai 2018 in Kraft tritt.

Eine weitere Änderung wird sich zukünftig für die datenschutzrechtlichen Regelungen im TMG ergeben. Aktuell sind diese Vorschriften Umsetzungen der Richtlinie 2002/58/EG (ePrivacy-Richtlinie), welche jedoch durch eine Verordnung über Privatsphäre und elektronische Kommunikation (sogenannte ePrivacy-Verordnung) ersetzt werden soll. Geplant war ein zeitgleiches Wirksamwerden der ePrivacy-Verordnung mit der DS-GVO, jedoch kam es auf Ebene der EU bezüglich der konkreten Ausgestaltung noch zu keiner Einigung (vgl. Köhler, in Köhler/Bornkamm/ Feddersen, § 7 UWG, Rn. 9a).

Das Datenschutzrecht folgt dem Grundsatz des Verbots mit Erlaubnisvorbehalt, das heißt, personenbezogene Daten zu erheben, zu verarbeiten und zu nutzen ist grundsätzlich verboten, es sei denn, der Betroffene hat ausdrücklich eingewilligt oder es ist gesetzlich erlaubt (vgl. Art. 6 Abs. 1 DS-GVO beziehungsweise § 4 BDSG).

Anbieter eines Telemediums haben nach § 13 Abs. 1 TMG die Pflicht, eine Datenschutzerklärung für den Nutzer bereitzuhalten, damit dieser sich über Art, Umfang und Zweck der Erhebung und Verwendung seiner Daten informieren kann.

1.8 Wettbewerbsrecht

Unternehmen betreiben Präsenzen auf Social Media-Plattformen, um ihre Waren und Dienstleistungen zu präsentieren. Dabei tritt das Unternehmen mit potenziellen Kunden in Kontakt und versucht, durch Werbung und anderen Marketingmaßnahmen das Image und Interesse zu steigern. Beim Social Media-Marketing sind die einschlägigen Regelungen des Gesetzes gegen den unlauteren Wettbewerb (UWG) zu beachten. So ist etwa das gezielte elektronische Verschicken von Nachrichten mit werblichem Inhalt ohne vorherige ausdrückliche Einwilligung des Adressaten ein Fall von unzumutbarer Belästigung nach § 7 Abs. 1, Abs. 2 Nr. 3 UWG. Darüber hinaus können die Nutzungsbedingungen der Plattformen Vorschriften für Marketingaktivitäten beinhalten.

2 Data Analytics

Mit Methoden der Data Analytics versuchen Unternehmen, ihrer im Zuge der Digitalisierung immer größer werdenden Datenmengen Herr zu werden. Auch wenn viele diesbezüglichen Bemühungen heute noch in den Anfängen verbleiben, so gibt es doch schon einige erfolgversprechende Initiativen, die betreffenden Unternehmen zu Smart-Data-Usern werden zu lassen, die nicht nur den Kunden besser verstehen, sondern, gerade im internationalen Wettbewerb, darüber hinaus sogar neue Geschäftsmodelle entwickeln können. Auch wenn diese Vorteile durchaus erkannt werden, begründen deutsche Unternehmen ihre diesbezügliche Zurückhaltung mit extern fehlendem Fachwissen sowie vor allem mit den Datenschutzregelungen in Deutschland. So scheint also der Rechtsrahmen von Data Analytics maßgeblich mitverantwortlich für deren Erfolg.

Datenschutzvorschriften kommen immer dann zur Anwendung, wenn es um personenbezogene Daten geht. Nach § 3 Abs. 1 BDSG a. F. sind personenbezogene Daten Einzelangaben über persönliche oder sachliche Verhältnisse einer bestimmten oder bestimmbaren natürlichen Person (Betroffener). Die neue Definition des Art. 4 Nr. 1 DSGVO, mit dem zugrundeliegenden Erwägungsgrund 26, umfasst alle Informationen, die sich auf eine identifizierte oder identifizierbare natürliche Person beziehen. Zu den allgemeinen personenbezogenen Daten zählen vor allem allgemeine Personendaten (zum Beispiel Name, Geburtsdatum und Alter, Geburtsort, Anschrift, E-Mail-Adresse, Telefonnummer und so weiter), Kennnummern (zum Beispiel Sozialversicherungsnummer, Steueridentifikationsnummer, Nummer bei der Krankenversicherung, Personalausweisnummer, Matrikelnummer), Bankdaten (Kontonummern, Kreditinformationen, Kontostände und so weiter), Online-Daten (zum Beispiel IP-Adresse, Standortdaten), physische Merkmale (zum Beispiel Geschlecht, Haut-, Haar- und Augenfarbe, Statur, Kleidergröße), Besitzmerkmale (zum Beispiel Fahrzeug- und Immobilieneigentum, Grundbucheintragungen, Kfz-Kennzeichen, Zulassungsdaten und so weiter), Kundendaten (zum Beispiel Bestellungen, Adressdaten, Kontodaten) oder auch Werturteile (zum Beispiel Schul- und Arbeitszeugnisse).

Für die Verarbeitung von Daten ist seit Mai 2018 die Datenschutz-Grundverordnung (DS-GVO) maßgebend. Sie ersetzt weitgehend das bislang geltende Bundesdatenschutzgesetz und wird ergänzt durch dessen Neufassung, das Bundesdatenschutz Anpassungs- und Umsetzungsgesetz (vgl. Abb. 2).

Abbildung 2: Rechtsrahmen von Data Analytics

Quelle: Eigene Darstellung

Die DS-GVO vereinheitlicht die Regeln für die Verarbeitung von personenbezogenen Daten durch private Unternehmen und öffentliche Stellen in der Europäischen Union (EU). Ziel soll einerseits der Schutz von personenbezogenen Daten innerhalb der EU und andererseits die Gewährleistung eines freien Datenverkehrs innerhalb des Europäischen Binnenmarktes sein.

Die DS-GVO behält zwar grundsätzliche Prinzipien des bisherigen Datenschutzrechts bei; jedoch finden sich in ihr zahlreiche Fortentwicklungen dieser Prinzipien und in ihren Konkretisierungen neue Anforderungen, Regelungsinstrumente, Aufsichtsstrukturen und Durchsetzungsmechanismen.

Die Erhebung und Verarbeitung personenbezogener Daten unterliegen weiterhin dem sogenannten Verbotsprinzip (vgl. Art. 6 Abs. 1 DS-GVO). Das bedeutet, personenbezogene Daten zu erheben, zu verarbeiten und zu nutzen, ist grundsätzlich verboten, es sei denn, dass der Betroffene ausdrücklich eingewilligt hat oder dies gesetzlich erlaubt ist (vgl. Art. 6 Abs. 1 DSGVO beziehungsweise § 4 BDSG a. F.). Neben der in Art. 6 Abs. 1 lit. a DS-GVO erwähnten Einwilligung, enthalten die weiteren unter lit. b bis f genannten Punkte abstrakt formulierte Erlaubnistatbestände, die teilweise dem bisherigen Art. 28 BDSG entsprechen, aber unpräziser formuliert sind. Nach Art. 6 Abs. 1 lit. b DS-GVO ist weiterhin eine Verarbeitung zulässig, wenn sie für die Erfüllung eines Vertrages, dessen Vertragspartei die betroffene Person ist, oder zur Durchführung vorvertraglicher Maßnahmen auf Antrag der betreffenden Person erfolgt.

Nach welchen Grundsätzen eine wirksame Einwilligung zu erfolgen hat, richtet sich nach § 4a BDSG beziehungsweise Art. 4 Nr. 11, Art. 6 Abs. 1 lit. a, Art. 7, Art. 8 DS-GVO. Die Anforderungen an die Einwilligung bleiben, mit einer Ausnahme, unverändert. Die DS-GVO verlangt, im Gegensatz zum BDSG, nicht ausdrücklich die Schriftform, jedoch reicht ein stillschweigendes Einverständnis durch das Akzeptieren der Datenschutzerklärung nicht mehr aus. Personenbezogene Daten dürfen nur erhoben werden, wenn der Betroffene aktiv die Zustimmung zu dem Vorgang erteilt.

Auch die Grundsätze zur Zweckbindung (vgl. Art. 5 Abs. 1 lit. b DS-GVO) und Erforderlichkeit (Art. 5 Abs. 1 lit. c DS-GVO, nunmehr Datenminimierung genannt) gelten im Grundsatz fort. Daneben wurden wesentliche Definitionen der personenbezogenen Daten, also Informationen, die sich auf eine identifizierte oder identifizierbare natürliche Person beziehen (vgl. Art. 4 Abs. 1 DS-GVO) und der Verarbeitung (vgl. Art. 4 Abs. 2 DS-GVO) der Sache nach unverändert übernommen.

Die DS-GVO enthält eine Reihe an wesentlichen Änderungen und Neuerungen gegenüber der bisherigen Datenschutz-Richtlinie. Der Datenschutz soll künftig auch durch eine entsprechende Technikgestaltung gewährleistet werden. Die verantwortlichen Stellen werden in Art. 25 Abs. 1 DS-GVO verpflichtet, geeignete technische und organisatorische Maßnahmen zu treffen, um die Datenschutzgrundsätze wirksam umzusetzen und so die Rechtmäßigkeit der Verordnung sicherzustellen. Die Transparenzpflichten und die Betroffenenrechte werden ausgeweitet und detaillierter. Branchenverbände können gemäß Art. 40, 41 DS-GVO Verhaltensregeln ausarbeiten und den Aufsichtsbehörden zur Genehmigung vorlegen, mit denen die Anwendung der Verordnung präzisiert wird. Im Gegensatz zur bestehenden Regelung in § 38a BDSG werden Verhaltensregelungen an verschiedenen Stellen in der DS-GVO gesetzlich privilegiert. Es wird ein europaweites Zertifizierungsverfahren eingeführt, durch das verantwortliche Stellen und Auftragsverarbeiter nachweisen können, die Verordnung einzuhalten.

Für die spezifische Gefährdungslage im Internet sind die allgemeinen Regelungen im BDSG nicht mehr ausreichend gewesen. Für die Internetkommunikation ist das Telemediengesetz (TMG) zu beachten, das spezifische Grundsätze für die Erhebung und Verwendung personenbezogener Daten zur Bereitstellung von Telemedien (vgl. §§ 11 ff. TMG) enthält. Telemedien sind danach alle Informations- und Kommunikationsdienste, die nicht Telekommunikation oder Rundfunk sind. Typische Telemediendienste sind etwa Online-Angebote von Waren oder Dienstleistungen mit unmittelbarer Bestellmöglichkeit, Teleshopping, Internetsuchmaschinen, Internetauktionen, Onlinespiele, Blogs, Internet-Communities, Meinungsforen oder auch Chatrooms. In der Praxis kann dabei im Einzelfall eine Abgrenzung der Anwendungsbereiche spezieller Gesetze voneinander durchaus problematisch sein. Abgrenzungsprobleme bestehen zunächst zum Rundfunk, das heißt Radio und Fernsehen, für den der Rundfunkstaatsvertrag Anwendung findet. Abgrenzungsfragen können auch zu Telekommunikationsdienstleistungen auftreten. Telekommunikationsdienste sind nach § 3 Nr. 14 Telekommunikationsgesetz (TKG) Dienste, die ganz oder überwiegend in der Übertragung von Signalen über Telekommunikationsnetze bestehen, zum Beispiel Internettelefonie; in Bezug auf den Datenschutz sind hier insbesondere die §§ 91 ff. TKG zu beachten. Die genannten Gesetze werden aufgrund der unmittelbaren Anwendbarkeit der DS-GVO angepasst werden, soweit diese Raum hierfür zulässt.

Anbieter eines Telemediums haben nach § 13 Abs. 1 TMG die Pflicht, eine Datenschutzerklärung für den Nutzer bereitzuhalten, damit dieser sich über Art, Umfang und Zweck der Erhebung und Verwendung seiner Daten informieren kann. Da ein Unternehmen bei der üblichen Nutzung von sozialen Netzwerken selbst keine Daten erhebt und die Unternehmenspräsenz lediglich in den Rahmen des Netzwerks einbindet, ist die Datenschutzerklärung der Plattform ausreichend. Anders ist es beispielsweise bei Blogs zu bewerten. Diese stehen für sich alleine und benötigen eine eigene Datenschutzerklärung (vgl. Schwenke, S. 68). Erhebt ein Unternehmen in sozialen Netzwerken selbstständig personenbezogene Daten, so ist eine zusätzliche Datenschutzerklärung nötig. Das kann zum Beispiel der Fall sein, wenn eine Erhebung von Daten, wie E-Mail-Adressen im Rahmen eines Gewinnspiels oder einer Newsletter-Anmeldung, stattfindet (vgl. Schwenke, S. 395). Die aktuellen Anforderungen, die sich aus § 13 Abs. 1 TMG ergeben, sind allgemein formuliert. Es ist gefordert, dass der Nutzer Informationen darüber erhält, welche Daten zu welchen Zwecken erhoben werden. Die DS-GVO, welche als Verordnung nationale Regelungen verdrängt, präzisiert und steigert zukünftig die Anforderungen an eine wirksame Datenschutzerklärung. Art. 13 DS-GVO enthält einen genauen Katalog von Informationspflichten, welcher Mindestanforderungen an die Aufklärung der Nutzer normiert. Werden personenbezogene Daten bei der betroffenen Person erhoben, so teilt der Verantwortliche der betroffenen Person zum Zeitpunkt der Erhebung dieser Daten den Namen und die Kontaktdaten des Verantwortlichen sowie gegebenenfalls seines

Vertreters mit; ebenfalls ist in diesem Katalog unter anderem vorgeschrieben, dass der Nutzer über Kontaktdaten des Datenschutzbeauftragten informieren muss. Rechtsgrundlage der Verarbeitung, Dauer der Speicherung beziehungsweise Kriterien für die Festlegung der Dauer zu informieren, ist Art. 12 Abs. 1 DS-GVO. Dieser bestimmt, dass Informationen in präziser, transparenter, verständlicher und leicht zugänglicher Form in klarer und einfacher Sprache zu übermitteln sind. Somit liegt auch in der geforderten Form der Informationen eine Verschärfung des bisherigen Datenschutzrechtes.

Die Zuständigkeit der Aufsichtsbehörden für grenzüberschreitende Datenverarbeitung innerhalb der EU wird schließlich vereinfacht. Die Bußgeldbeträge werden stark erhöht und können nun bis zu 20 Millionen Euro oder bis zu 4% des gesamten weltweit erzielten Jahresumsatzes eines Unternehmens betragen

Quellenverzeichnis

Köhler, H., Bornkamm, J., Feddersen, J. (2018): Gesetz gegen den unlauteren Wettbewerb (Kommentar), 36. Aufl., München.

Köhler, M., Fetzer, T. (2016): Recht des Internet. 8. Aufl., Heidelberg.

Schirmbacher, M. (2017): Online-Marketing- und Social-Media-Recht – Das umfassende Praxis-Handbuch für alle rechtlichen Fragen im Marketing, 2. Aufl., Frechen.

Schwartmann, R., Ohr, S. (2015): Recht der Sozialen Medien, Heidelberg.

Schwenke, T. (2014): Social Media Marketing & Recht, 2. Aufl., Köln.

Wandtke, A., Bullinger W. (Hrsg.) (2014): Praxiskommentar zum Urheberrecht: UrhR,, 4. Aufl., München.

Zerres, T., Zerres, C. (2018): Marketingrecht, Springer Gabler, Wiesbaden.

Teil 2: Social Media Marketing

Influencer-Marketing

Meike Bähr und Miriam Feurer

1 Einführung in die Thematik

Durch das Internet und den damit verbundenen Möglichkeiten verändert sich das Kommunikations-, Kauf-, und Suchverhalten der Konsumenten. Klassische Werbeformen verlieren immer mehr an Bedeutung, wohingegen Empfehlungen von Freunden, Bekannten oder unabhängigen Experten an Bedeutung gewinnen (vgl. Nirschl und Steinberg 2018, S. 1; Jahnke 2018, S. 2). Statista verdeutlicht diesen Sachverhalt durch eine 2017 durchgeführte Umfrage. 33 % der Befragten vertrauen den Empfehlungen von Bekannten absolut und 45 % vertrauen den Empfehlungen von Bekannten durchaus. Lediglich 12 % vertrauen Empfehlungen von Bekannten nicht sehr und 5 % absolut gar nicht. Empfehlungen von Bekannten nehmen innerhalb der Umfrage Platz eins der vertrauenswürdigsten Werbeformen ein und verdeutlichen damit die Entwicklung des Konsumentenverhaltens (vgl. Statista 2017a).

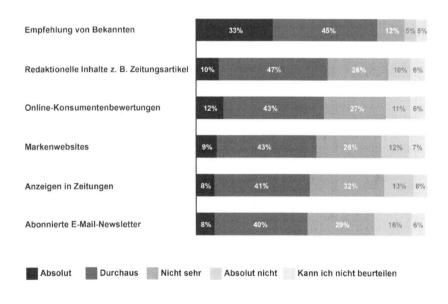

Abbildung 1: Umfrage Statista über die vertrauenswürdigsten Werbeformen
Quelle: Statista 2017a

Diese Entwicklung führt zu einer steigenden Bedeutung des Influencer-Marketing, das sich immer mehr als zentrale Disziplin im Marketing-Mix etabliert (vgl. Webguerrillas GmbH 2016). Durch Influencer-Marketing wird eine Nähe zur Zielgruppe geschaffen – die Zielgruppe oder auch Follower genannt, sind nur einen Klick vom Influencer entfernt. Aus diesem Grund empfinden viele Follower ihre Influencer als Freunde. Sie reagieren direkt auf die Inhalte des Influencers, stellen Fragen und treten mit dem Influencer in direkte Interaktion (vgl. Firsching und Bersch 2017, S. 9).

Eine weitere Studie von Statista aus dem Jahr 2016 verdeutlicht diesen Aspekt. 50 % der 14 bis 19-jährigen und 33 % der 20 bis 29-jährigen haben während einer Zeitspanne von einem Jahr ein Produkt gekauft oder eine Dienstleistung in Anspruch genommen, für die ein Influencer geworben hat (vgl. Statista 2017b, S. 10).

Die praktische Umsetzung sowie die Wirkungsmechanismen des Influencer-Marketings sind durchaus komplex. Die gesamte Wertschöpfungskette reicht von kleineren Kooperationen bis hin zur Integration der Influencer in bestehende Unternehmensprozesse, also etwa den Vertriebsaktivitäten (vgl. Webguerrillas GmbH 2016).

Das Ziel des vorliegenden Beitrages ist es, einem umfassenden Überblick über zentrale Aspekte des Influencer-Marketing zu geben. Nach einer Einführung werden in einem zweiten Kapitel zunächst die Begriffe Influencer und Influencer-Marketing definiert und Einsatzfelder vorgestellt. Außerdem werden mögliche Kanäle für das Influencer-Marketing beschrieben. Im dritten Kapitel wird auf die Umsetzung und den Prozess eines Influencer-Marketing eingegangen. Abschließend werden ein Fallbeispiel beschrieben und grundsätzliche Herausforderungen diskutiert.

2 Einführung in das Influencer-Marketing

2.1 Begriffsdefinitionen

2.1.1 Influencer

Influencer sind Personen, die auf Basis von Inhalten, ihrer Kommunikation, ihres Wissens und ihrer Reichweite als Experten und Meinungsbildner angesehen werden (vgl. Firsching und Bersch 2017, S. 5 f.). Ein Influencer kann andere Personen beeinflussen, prägen und leiten, d. h. die Meinung einer Person kann durch das „Vorleben" eines Influencers verändert werden (vgl. Graf und Zerres 2016, S. 13). Influencer vertreten kein bestimmtes Content-Format sowie kein spezielles Medium. Man findet sie unter anderem auf YouTube, Instagram, Facebook, LinkedIn oder Xing – ferner fallen auch Blogger unter den Begriff Influencer (vgl. Firsching und Bersch 2017, S. 6.; Schüller 2014, S. 123).

Alle Influencer besitzen eine hohe digitale Kompetenz und sind in Social Media sehr aktiv. Sie bewegen sich in speziellen Bereichen und Fachthemen und genießen daher eine themenspezifische Bekanntheit innerhalb einer organisch gewachsenen Community (vgl. Graf und Zerres 2016, S. 13).

Eine Person, die über einen großen Bekanntheitsgrad verfügt, kann nicht zwingend als Influencer bezeichnet werden. In diesem Sinne ist auch eine Abgrenzung zu den herkömmlichen Stars notwendig. Stars, die ihre Bekanntheit über Musik, TV, Film oder Sport aufgebaut haben, besitzen in der Regel hohe Social Media Reichweiten – genau wie Influencer auch. Dennoch ist Reichweite alleine nicht ausreichend, um für Unternehmen als Influencer ein relevanter Partner zu sein. Denn Reichweite muss im Influencer-Marketing genutzt und mit anderen Aspekten wie Glaubwürdigkeit und Content kombiniert werden (vgl. Firsching und Bersch 2017, S. 6 f.).

2.1.2 Influencer-Marketing

Die Zusammenarbeit zwischen einem Unternehmen und einem Influencer wird als Influencer-Marketing bezeichnet. Dabei muss eine Interessensüberschneidung zwischen Unternehmen und Influencer vorherrschen (vgl. Graf und Zerres 2016, S. 13).

Vordergründig geht es beim Influencer-Marketing um Geld bzw. Sachleistungen gegen Content, um die Marketingziele eines Unternehmens zu erreichen wie z. B. die Steigerung der Markenwahrnehmung, gelenkter Traffic oder die Steigerung von Seitenaufrufen. Der grundlegende Unterschied von Influencer-Marketing zu anderen Marketingformen stellt der Content-Absender dar. Denn nicht die Marke oder das Unternehmen kommuniziert mit den Konsumenten, sondern der Influencer, der aus der Perspektive der Community als Privatperson kommuniziert. Dadurch entstehen Authentizität und Glaubwürdigkeit, die mit Reichweite und Content kombiniert werden (vgl. Firsching und Bersch 2017, S. 7). Aufgrund der Masse an Menschen, die im Internet unterwegs sind, wird Influencer-Marketing insbesondere in Social Media angewendet. Menschen versammeln sich dort in Communities, die im Rahmen des Influencer-Marketing aus Sicht der Unternehmen entsprechend aktiviert werden sollen. Durch das Knüpfen von wertvollen Kontakten zu Influencer können Unternehmen dafür sorgen, dass ihre Wahrnehmung und ihr Einfluss gesteigert werden (vgl. Nirschl und Steinberg 2018, S. 8).

Influencer-Marketing gewinnt sowohl im B2B als auch im B2C Bereich immer mehr an Bedeutung (vgl. Schüller 2014, S. 123). Besonders der Einfluss und die Bindung eines Influencers zu seinen Followern in seinem Themengebiet spielen eine wichtige Rolle. Dabei ist zu beachten, dass es breite Themengebiete wie Fashion oder Food gibt, bei denen Influencer über eine höhere Reichweite verfügen als Influencer, deren Themengebiete eher Nischen darstellen. Das bedeutet, es gibt Influencer mit einer Reichweite von mehreren hunderttausend Followern als auch Influencer mit beispielsweise 500 Followern. Als Maßstab zur Bestimmung eines Influencers müssen immer die Branche sowie die Zielgruppe betrachtet werden (vgl. Firsching und Bersch 2017, S. 13).

In enger Verbindung zum Influencer-Marketing steht das Empfehlungsmarketing bzw. Word-of-Mouth-Marketing. Hierbei werden Produkte, Marken oder Unternehmen durch Kunden, die bereits Erfahrungen mit diesen Produkten, Marken oder Unternehmen gemacht haben, an andere Kunden bzw. potentielle Kunden weiterempfohlen. Social Media stellen in diesem Bereich eine große Chance dar, da eine Empfehlung durch die immense Reichweite ihres Verbreiters – z. B. dem Influencer – eine riesige Menschenmenge erreichen kann. Die Empfehlung eines Influencers erscheint vertrauenswürdiger als die direkte Werbekampagne eines Unternehmens, d. h. sie schafft grundlegend Vertrauen, verbreitet parallel Kauflaune und führt insgesamt zu einer positiven Wahrnehmung (vgl. Graf und Zerres 2016, S. 14; Schüller 2014, S. 132 f.).

2.2 Einsatz von Influencer-Marketing

Gründe

Influencer-Marketing stellt für Werbetreibende eine authentische Werbemöglichkeit dar. Influencer werden von ihren Followern als ehrlich und unabhängig empfunden und damit als glaubwürdig. Diese Glaubwürdigkeit wirkt sich auch auf den vom Influencer erstellten Content aus, den das Unternehmen „in Auftrag gibt" (vgl. Gruner und Jahr 2017, S. 12 ff.). Wirbt ein Influencer beispielsweise für ein Produkt, gehen seine Follower davon aus, dass er hinter dem Produkt steht und es eine Empfehlung seinerseits ist (vgl. Graf und Zerres 2016, S. 16). Auch Statista belegt diesen Sachverhalt, denn Influencer-Marketing nimmt Platz eins der glaubwürdigsten Marketing-Instrumente ein (vgl. Statista 2017b). Einen weiteren Aspekt stellt die Aktivierung der entsprechenden Zielgruppe dar. Durch ihre Themenspezialisierung vermitteln Influencer zudem Leidenschaft für das entsprechende Themengebiet. Außerdem erhält der Werbetreibende durch Influencer-Marketing die maximale Viralität (vgl. Gruner und Jahr 2017, S. 12). Follower verlinken ihre Freunde unter entsprechenden Inhalten und damit wird die Reichweite des Beitrags gesteigert (vgl. Graf und Zerres 2016, S. 15).

Kanäle

Influencer findet man im B2C Bereich häufig auf Instagram, YouTube, Twitter, Pinterest, Snapchat und Facebook und im B2B Bereich auf LinkedIn und auf Xing. Auch Blogger aus den verschiedensten Themengebieten sind Influencer und somit stellen auch Blogs einen Kanal für Influencer-Marketing dar. Eine strikte Trennung dieser genannten Kanäle ist jedoch nicht möglich. Influencer bewegen sich in den verschiedensten Social Media Kanälen. So wird häufig im Rahmen des Influencer-Marketing zunächst nur ein Kanal bespielt wird, dann aber die Kooperation mit einem Influencer auf weitere Kanäle ausgebreitet (vgl. Firsching 2015; Schüller 2014, S. 123).

Einsatzfelder

Influencer-Marketing für die Produkteinführung

In Social Media spielen Geschwindigkeit und Aktualität eine große Rolle. Influencer verbringen einen Großteil ihrer Zeit in Social Media und sind aus diesem Grund in ihrem Themengebiet immer am Puls der Zeit. Besonders Blogger möchten über neueste Entwicklungen und Produkte informiert sein, um keine Trends zu verpassen (vgl. Firsching und Bersch 2017, S. 8). Aus diesem Grund wird Influencer-Marketing des Öfteren für die Kommunikation von Produkteinführungen eingesetzt. Influencer müssen bei diesem Einsatz des Influencer-Marketing mit relevanten Informationen versorgt werden. Das heißt, das entsprechende Produkt und Materialien zum Produkt bereitgestellt werden müssen. Dabei muss der Influencer besonders über folgende Informationen verfügen (vgl. Firsching und Bersch 2017, S. 8):

- Zu welchem Zeitpunkt kann der Influencer über das Produkt sprechen?
- Wann ist das Produkt erhältlich?
- Wie viel kostet das Produkt?

Es muss besonders darauf geachtet werden, dass eine Stärke der Influencer ihre Authentizität ist. Das bedeutet, ist ein Influencer von einem Produkt nicht überzeugt, wird er es genauso innerhalb seiner Community kommunizieren. Dieser Aspekt verunsichert viele Werbetreibende, denn keiner möchte, dass negativ über sein Produkt kommuniziert wird – vor allem nicht von Meinungsbildern. Dennoch sprechen Influencer selten schlecht über ein neues Produkt. Zudem können die persönliche Ansprache und der regelmäßige Kontakt zu einem Influencer einen positiven Einfluss haben. Das heißt aber nicht, dass Influencer beeinflussbar sind, sondern dass die Art und Weise der Kommunikation eine wichtige Rolle spielt (vgl. Firsching und Bersch 2017, S. 8).

Die authentische Ansprache der Zielgruppe durch einen Influencer und die damit verbundene Aufmerksamkeit auf ein Produkt eines Unternehmens ist das, was Werbetreibende unter anderem durch Influencer-Marketing erreichen möchten. Nur ehrliche und echte Empfehlungen führen zu Produktverkäufen und damit zum langfristigen Erfolg (vgl. Firsching und Bersch 2017, S. 8).

Während der Kommunikation einer Produkteinführung mit einem oder mehreren Influencern ist es von großer Bedeutung, die Reaktionen der Follower kontinuierlich zu beobachten. Hierbei geht es vor allem darum, zu überprüfen, wie gut sich die Produkte über den Influencer verbreiten (u. a. Reichweite). Zudem sollte beobachtet werden, wer aufgrund der Kooperation mit den Influencern über das Produkt spricht und welche produktbezogenen Hashtags verwendet werden (vgl. Firsching und Bersch 2017, S. 8).

Das nachfolgend skizzierte Beispiel verdeutlicht die vorangegangenen Ausführungen noch einmal.

Für die Produkteinführung des neuen Veet Sensitive Shave wurde im Rahmen des Influencer-Marketing mit der Influencerin MrsBella kooperiert. Die YouTuberin, die auch auf allen anderen Social Media Kanälen aktiv ist, drehte ein Werbevideo mit dem Titel „Schöne Beine, Hair & Make-Up unter Zeitdruck", in dem sie den neuen Rasierer von Veet detailliert vorstellte (siehe Abbildung 2).

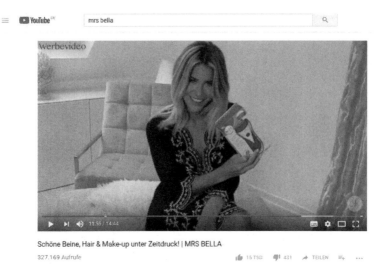

Abbildung 2: MrsBella präsentiert den neuen Veet Rasierer

Quelle: MrsBella 2017a

Die Kampagne zur Produkteinführung des neuen Veet Rasierers wurde auch auf anderen Social Media Kanälen der Influencerin kommuniziert (siehe Abbildung 3). Auf Instagram verweist die Influencerin auf ihr neues Video, in dem der Veet Rasierer vorgestellt wird. Sie kennzeichnet ihren Post mit Anzeige.

Abbildung 3: MrsBella präsentiert den neuen Rasierer auch auf Instagram

Quelle: MrsBella 2017b

Influencer-Marketing für Markenbekanntheit und Image

Influencer besitzen eine hohe Reputation und Glaubwürdigkeit und gelten als Meinungsführer. Mit dieser Position haben sie einen besonderen Einfluss auf ihre Follower, der sich auch auf das Kaufverhalten auswirkt. Aus diesem Grund wird Influencer-Marketing auch zur Steigerung der Markenbekanntheit und des Images von Unternehmen eingesetzt (vgl. Firsching und Bersch 2017, S. 8 f.).

Wenn ein Influencer eine bestimmte Tasche trägt oder eine Automobilmarke fährt, kann ein Follower dies mit einem „Gefällt mir" bewerten bzw. kommentieren. Hierdurch hat der Follower einen Berührungspunkt mit der Marke und hat diese wahrgenommen. Im Idealfall verstärkt dieser Kontakt mit dem Produkt oder der Marke die potentielle Kaufentscheidung. Dieser Effekt, der zur Stärkung einer potentiellen Kaufentscheidung führt, geht über die Steigerung der Markenbekanntheit hinaus. Er ist durch werbliche Kommunikation meist schwer zu erreichen, da er stark auf der Glaubwürdigkeit und der Authentizität der Influencer basiert (vgl. Firsching und Bersch 2017, S. 9).

Eine Besonderheit der Influencer und damit des Influencer-Marketing ist die Nähe zur Zielgruppe dar. Die Follower sind nur einen Klick entfernt und empfinden Influencer als einen „Freund", mit dem sie interagieren können. Aus diesem Grund sollten die Botschaften der Influencer keinen zu starken werblichen Charakter haben. Denn je stärker die werbliche Botschaft, desto unechter wird sie wahrgenommen. Unternehmen und Werbetreibende müssen Influencern bei einer Kooperation Freiräume geben und Vertrauen schenken. Der Influencer sollte seine Botschaft in dem Stil kommunizieren können, in dem er auch sonst mit seiner Community kommuniziert (vgl. Firsching und Bersch 2017, S. 9). Nicht nur der Kommunikationsstil muss beachtet werden, sondern auch die Frequenz der Erwähnungen einer Marke. Mehrere Erwähnungen einer Marke haben eine deutlich höhere Wirkung als einmalige Erwähnungen. Dennoch kann eine zu hohe Frequenz an Erwähnungen zum Verlust der Glaubwürdigkeit und Authentizität des Influencers führen. Besonders die Art der Botschaft und die Frequenz der Erwähnung einer Marke stellen beim Influencer-Marketing eine Gratwanderung dar (vgl. Firsching und Bersch 2017, S. 9 f.).

Bei Kampagnen zur Steigerung der Markenbekanntheit und des Images spielt Storytelling zudem eine wichtige Rolle. Unternehmen sollten mit Influencern Geschichten entwickeln, die spannende Inhalte für die Community darstellen aber auch gleichzeitig die Marke glaubwürdig in Szene setzen (vgl. Firsching und Bersch 2017, S. 10).

Mittlerweile kennt fast jeder die Uhren von Kapten & Son, die durch Influencer-Marketing auf Instagram bekannt geworden sind. Das Unternehmen aus Münster erlebte Weihnachten 2014 den Durchbruch durch Influencer wie Pamela Reif oder Lena Meyer-Landrut, die die Uhren der Marke tragen (vgl. Bersch 2016). Maria Bonarz, die innerhalb des Unternehmens für das Marketing zuständig ist, erklärte in einem Interview: „Instagram ist einer unserer wichtigsten Kanäle. Dort ist es einfach, potenziellen Kunden das Markenimage näher zu bringen – auch weil wir dort engen

Kontakt mit ihnen haben und sofort Feedback bekommen. Bei uns kommt der Content bei Instagram überwiegend von den Influencern, deren Bilder erzählen die Geschichte der Brand (vgl. Bersch 2016)."

Abbildung 4 zeigt Influencerin Pamela Reif mit einer Kapten & Son Uhr. Die Story, die die Influencerin rund um die Uhr erzählt, handelt davon, dass die Zeit so schnell vergeht und sie bisher nicht weiß, was sie an Silvester unternehmen soll.

Abbildung 4: Pamela Reif postet ein Bild auf Instagram mit einer Uhr von Kapten & Son

Quelle: Reif 2017

Influencer-Marketing für Produkttests und Produktbewertungen

Ein weiteres Anwendungsfeld von Influencer-Marketing sind Produkttests und Produktbewertungen. Hierbei spielen insbesondere Social Media Kanäle, auf denen Videos und Artikel geteilt werden können, eine zentrale Rolle (vgl. Firsching und Bersch 2017, S. 10). Auch hier ist zudem die Auswahl des bzw. der richtigen Influencer wichtig. Es muss bedacht werden, dass je mehr Einfluss Influencer auf ihre Follower haben, desto stärker ihre Aussagekraft ist und damit auch die Gewichtung ihrer Bewertung bei den Followern ausfällt. Hierbei sollten folgende Fragen geklärt werden (vgl. Firsching und Bersch 2017, S. 10):

- Welcher/Welche Influencer kennen sich mit meinen Produkten aus?
- Welcher/Welche Influencer können mein Produkt realistisch beurteilen?

Zudem sollten Produkttests und Produktbewertungen klar von Product Placements abgegrenzt werden. Ein Produkttest bzw. eine Produktbewertung beschäftigt sich viel intensiver und ausführlicher mit einem Produkt, während es beim Product Placement darum geht, ein Produkt zum richtigen Zeitpunkt im richtigen Umfeld zu inszenieren (vgl. Firsching und Bersch 2017, S. 10).

Durch Produkttest und Produktbewertungen wird die Auffindbarkeit der entsprechenden Produkte kurzfristig verstärkt. Neben dieser kurzfristig verstärkten Auffindbarkeit spielt zudem eine langfristige Optimierung der Auffindbarkeit eines entsprechenden Beitrags eine wichtige Rolle, besonders auf YouTube und Google (also z. B. Blogs, die über die Eingabe eines Keywords in der Suchmaschine angezeigt werden) (vgl. Firsching und Bersch 2017, S. 10). Auch Produkttests und Produktbewertungen sollen durch den Influencer authentisch kommuniziert werden, genau wie Produkteinführungen. Aus diesem Grund muss der Influencer entsprechend gebrieft und ausgestattet werden. Je besser das Material, dass er zur Verfügung gestellt bekommt, desto besser fällt in der Regel die Produktbewertung aus. Ein weiterer wichtiger Aspekt ist es, dem Influencer besondere Features des Produktes nahezulegen, die im Test hervorgehoben werden können (vgl. Firsching und Bersch 2017, S. 10).

Die Influencerin TamTam Beauty hat in Kooperation mit Biotherm einen Vlog (Video-Blog) gedreht. In dem Vlog testet sie die neue Biotherm Serie Skin Oxygen. Besonders das Serienfeature „Detox für die Haut und für den Köper" wird im Video thematisiert (siehe Abbildung 5). Die Influencerin stellt die passende Persönlichkeit dar, um die Produkte zu testen. Ihr Themengebiet „Beauty" erstreckt sich von Hautpflege bis hin zu Schminktutorials.

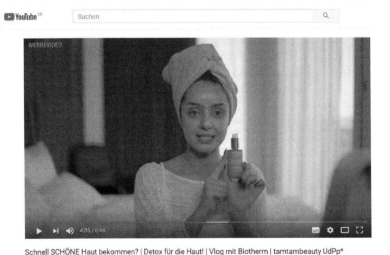

Abbildung 5: Influencerin TamTam testet Biotherm Produkte in einem Vlog
Quelle: TamTam Beauty 2017

EMAIL: management@tamtam.beauty@com

*Affiliate Links.
▶ Das bedeutet dass ich Provision erhalte wenn ihr über diesen Link einkauft. Er dient euch dazu direkt zu dem erwähnten Produkt zu kommen. Wenn ihr nicht das möchtet könnt ihr natürlich über andere Links/Webseiten einkaufen.

'PR Samples.
▶ Dieses Produkt habe ich kostenfrei und bedingungslos erhalten. Ich muss nicht zwingend darüber berichten.

Kategorie	Unterhaltung
Lizenz	Standard-YouTube-Lizenz

WENIGER ANZEIGEN

Abbildung 6: Tam Tam Beauty weist darauf hin, dass sie nicht zwingend über die Produkte berichten muss

Quelle: TamTam Beauty 2017

Abbildung 6 veranschaulicht, dass die Influencerin zwar von Biotherm eingeladen wurde, um die Produktserie zu testen, dennoch nicht zwingend darüber berichten muss.

Influencer-Marketing für ein Product Placement

Eine häufig eingesetzte Ausprägung des Influencer-Marketings sind Product Placements, bei denen es um die passende Inszenierung eines Produktes zum richtigen Zeitpunkt im richtigen Umfeld geht (vgl. Firsching und Bersch 2017, S. 10). Auch hier spielt die Auswahl des Influencers eine wichtige Rolle, denn er muss das Product Placement zum Teil seines Contents machen, was bedeutet, dass er von dem Produkt selbst überzeugt sein sollte. Zudem sollte das Produkt in Bezug zu seinem Themengebiet stehen und auf seine Zielgruppe ausgerichtet sein (vgl. Kock 2016). Durch Influencer-Marketing ist zudem eine neue Form des Product Placement entstanden – das interaktive Product Placement. Viele Product Placements von Influencern besitzen einen Mitmachcharakter so z. B. (Schmink-)Tutorials. Durch diesen Mitmachcharakter entsteht Markennähe und das Markenerlebnis wird für die Follower Realität (vgl. BuzzBird GmbH 2016).

Die Influencerin Maren Wolf stellt in ihrem YouTube Video „Weihnachts / Winter HAUL | Was habe ich in New York & Toronto gekauft? + IPhone X VERLOSUNG" die App „Best Fiends" vor. Im Rahmen dieses Product Placements verlost sie ein IPhone X und erläutert, dass der IPhone-Gewinner die App sofort mit seinem neuen IPhone herunterladen kann. Zudem erwähnt sie, dass die App bei ihr ständig in Verwendung ist und es gerade jetzt zur Weihnachtszeit ein großes Feiertagsupdate gibt. Die App wird demnach zum richtigen Zeitpunkt – dem, des großen Produktupdates – empfohlen. Auch der Mitmachcharakter zum Spielen der App wird in Maren Wolfs Video veranschaulicht. Die Influencerin hält ihr Smartphone mit der geöffneten App in die Kamera und zeigt Spielabläufe, die die Follower dazu animieren, die App direkt runterzuladen. Den direkten Link zum Download der App hat die Influencerin zudem in der Infobox des Videos platziert (siehe Abbildung 7 und 8).

Abbildung 7: "Unterstützt durch Produktplatzierungen" wird in Maren Wolfs Video eingeblendet

Quelle: Wolf 2017

Maren Wolf
Am 18.12.2017 veröffentlicht

Danke für euer Feedback und ich hoffe ihr freut euch! Lasst mir auch gerne eure Ideen da!
Downloade Best Fiends kostenlos: http://download.BestFiends.com/Holida...
Unterstützt durch Produktplatzierung

Abbildung 8: Maren Wolf verweist in ihrem Video auf den Link zum Download der empfohlenen App in ihrer Infobox

Quelle: Wolf 2017

2.3 Umsetzung

Für Unternehmen gibt es zwei Umsetzungswege, um Influencer-Marketing zu betreiben. Unternehmen und Werbetreibende können Influencer-Marketing selbst umsetzen oder mit einer Agentur oder Vermittlungsplattform zusammenarbeiten.

Umsetzung über eine Plattform

Die Branche des Influencer-Marketing hat sich mit einer Fülle an Agenturen, Dienstleistern und Vermittlungsplattformen extrem professionalisiert (vgl. Kolbrück 2016). Immer mehr Vermittler tauchen auf dem deutschen Markt auf. Auch die großen Medienplayer Gruner und Jahr mit „InCircles" sowie Hubert Burda Media mit „Brands you love" folgen dem Trend und gründeten Influencer Vermittlungsplattformen (vgl. Gehl 2017). Vermittlungsplattformen verfügen über ein entsprechendes Netzwerk, über das viele Unternehmen nicht verfügen. Burdas Plattform umfasst zum Beispiel mehr als 200.000 Influencer, die mehr als 70 Millionen Follower vereinen. Brands you love bietet Earned- als auch Paid-Content-Kampagnen wie z. B. Word-of-Mouth-Kampagnen, Instagram-Promotions aber auch Blogger-Kampagnen und Social Media-Challenges an. Teil der Dienstleistung sind zudem die Auswertung wichtiger KPIs sowie das zur Verfügung stellen eines Dashboards für das automatische Tracking und für Live Reports (vgl. Gründel 2017).

Umsetzung innerhalb eines Unternehmens

Ein weiterer Weg, Influencer-Marketing zu betreiben, ist es dieses selbst innerhalb eines Unternehmens umzusetzen. Im nachfolgenden Abschnitt wird daher ein Prozess des Influencer-Marketing – also wie Influencer-Marketing innerhalb eines Unternehmens angewendet wird, detailliert aufgeführt. Ein solcher Prozess könnte in einer Agentur genauso ablaufen, wie innerhalb eines Unternehmens. Laut einer Studie aus dem Jahr 2016 haben 68 % der befragten Marketing-Experten angegeben, ein Budget für Influencer-Marketing eingeplant zu haben (vgl. Statista 2017b, S. 5). Doch welche Schritte sind notwendig, um erfolgreiches Influencer-Marketing zu betreiben und wie lässt sich Influencer-Marketing messen? Abbildung 9 zeigt den Prozess des Influencer-Marketing.

Abbildung 9: Prozess Influencer-Marketing

Quelle: Eigene Darstellung in Anlehnung an Firsching und Bersch 2016, S. 20 f.; Graf und Zerres 2016, S. 15

Zunächst ist es wichtig, Marketingziele festzulegen und den passenden Influencer ausfindig zu machen. Für die Analyse und Auswahl der Influencer sollte genügend Zeit investiert werden, da der richtige Influencer maßgeblich über den Erfolg einer Influencer-Kampagne entscheidet (vgl. Firsching und Bersch 2017, S. 20). Danach muss das Unternehmen den Influencer für sich gewinnen und im besten Falle Influencer Relations, also eine Beziehung zu dem Influencer, aufbauen. Zum Schluss sollte noch eine Erfolgsmessung erfolgen (vgl. Firsching und Bersch 2017, S. 20). In Kapitel 3.5 wird dieser Prozess anhand des Fallbeispiels Schuhmix24.de praktisch beschrieben.

Ganz zu Beginn des Influencer-Marketing Prozess muss überlegt werden, was das Unternehmen mit Influencer-Marketing erreichen will, d. h. es müssen Ziele festgelegt werden (vgl. Grabs et al. 2017, S. 296). Ziele könnten z. B. die Erhöhung der Markenbekanntheit oder Lead Generierung sein (vgl. Statista 2017c).

Influencer finden

Um den passenden Influencer zu finden, bedarf es Auswahlkriterien. Laut Solis und Webber sind Reichweite, Resonanz und Relevanz die drei Säulen der Influence (vgl. Solis und Webber 2012, S. 9). Es ist daher notwendig, sich nicht nur die Reichweite eines Influencers anzuschauen. Folgende Kriterien können zur Analyse von Influencern verwendet werden (vgl. Tamblé o. J.; Firsching und Bersch 2017, S. 20; Schüller 2014, S. 123):

- **Zielgruppe der Influencer:** Passt die Zielgruppe des Influencers zu der des Unternehmens?
- **Inhaltliche Ausrichtung der Influencer:** Passen die Themen zu den Themen des Unternehmens?
- **Qualität:** Bildsprache und Bildqualität der Influencer; passt deren Tonalität zum Unternehmen?
- **Reichweite der Influencer in der relevanten Zielgruppe**
- **Frequenz und Aktivität:** Wie viel postet der Influencer zu dem Thema?
- **Interaktion:** Anzahl Kommentare, Likes, Shares.
- **Finanzierbarkeit:** Wie hoch ist der finanzielle Aufwand?
- **Neutralität:** Hat der Influencer noch weitere ähnliche Kooperationen?

Der Startpunkt der Influencerauswahl bildet immer die Zielgruppe des Unternehmens. Diese muss mit der Zielgruppe des Influencers übereinstimmen, weshalb man die Follower der Influencer genau analysieren muss. Zudem muss die inhaltliche Ausrichtung des Influencer zum Unternehmen passen. Eine erste Analyse kann mit Hilfe von Hashtags, die mit dem Unternehmen, dem Produkt oder der Marke in Verbindung stehen und vom Influencer verwendet werden, erfolgen (vgl. Graf und Zerres 2016, S. 17). Nun sollten die so identifizierten Influencer anhand der Kriterien weiter analysiert werden. Zur Analyse kann das Tool Influencer.db verwendet werden.

Mit Hilfe von Influencer.db können Influencer auf Instagram identifiziert werden. Über die Suchfunktion kann gezielt nach Instagram-Nutzern gesucht werden. In der Premiumversion können auch Influencer anhand bestimmter Kriterien wie Land, Sprache, Hashtags oder auch Follower gefunden werden (siehe Abbildung 10) (vgl. Influencer.db). Abbildung 11 zeigt die Startseite von Influencer.db. Zu jedem Influencer werden die Anzahl der Abonnenten sowie das Wachstum der Abonnenten und die Like-Follower-Ratio angezeigt. Diese beschreibt das Verhältnis zwischen Likes und Follower (vgl. Influencer.db). Bei dem Fallbeispiel mit Schuhmix24.de wird eine Analyse mit Influencer.db durchgeführt.

Abbildung 10: Influencer finden mit dem Tool Influencer.db (Influencer.db)

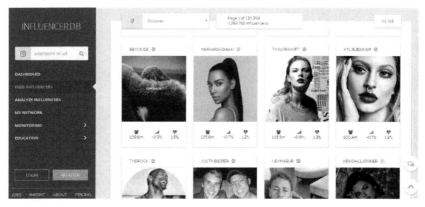

Abbildung 11: Startseite Influencer.db (Influencer.db)

Influencer gewinnen

Nachdem der passende Influencer identifiziert wurde, geht es nun darum, erfolgreich mit dem Influencer zusammenzuarbeiten. Viele Unternehmen haben Angst vor dem partiellen Kontrollverlust, der sich hier ergeben kann, da die Influencer die Werbeleistung erbringen. Grundvoraussetzung für erfolgreiches Influencer-Marketing ist, dass zwar Rahmenbedingungen vom Unternehmen formuliert werden, die Kreativität und Individualität des Influencers aber nicht beschränkt werden. Es müssen Kooperationen aufgebaut werden, welche einen Nutzen für den Influencer beinhalten (vgl. Firsching und Bersch 2017, S. 18 ff.). Doch was wollen Influencer? Firsching und Bersch haben eine Rangfolge der wichtigsten Motivationspunkte von Influencern erstellt (vgl. Firsching und Bersch 2017, S. 20):

- Interesse am Ausbau der eigenen Reichweite
- Interesse an guten Inhalten / qualitativer Inhalt
- Eigenes Image schärfen und verbessern
- Geschenke
- Geld verdienen

Am wichtigsten sind demnach der Ausbau der eigenen Reichweite und das Interesse an guten und qualitativen Inhalten. Um das Vertrauen der Follower nicht zu verlieren, ist es unabdingbar, dass die Kooperationen thematisch passen. Nur so kann die Glaubwürdigkeit aufrechterhalten werden. Influencer sind daher interessiert, mit Hilfe von Kooperationen einen Mehrwert für den Ausbau ihres Kanals zu generieren. Außerdem möchten sie ihr eigenes Image verbessern. Geschenke und Geld sind den Influencern weniger wichtig und somit nicht entscheidend für die Kooperation mit einem Unternehmen (vgl. Graf und Zerres 2016, S. 17). Es gibt keine generelle Empfehlung wie Influencer vergütet werden sollen, da dies immer vom Unternehmen, vom Influencer und der Attraktivität der Kooperation abhängt. Neben der Vergütung muss der richtige Umgang mit den Influencern gefunden werden (vgl. Graf und Zerres 2016, S. 18 f.).

Um Influencer zu gewinnen, sollte zunächst Interesse signalisiert werden, welches in Form von Likes oder Kommentaren geschehen kann. Der Influencer wird so auf das Unternehmen aufmerksam. Danach folgt die Kontaktaufnahme, welche am besten über Direktnachrichten, wie z. B. die Direktmessage in Instagram, erfolgen sollte. Es sollte zudem ein individuelles Anschreiben formuliert werden (vgl. Graf und Zerres 2016, S. 18 f.). Anne M. Schüller nennt folgende kritische Faktoren, die zum erfolgreichen Influencer-Marketing notwendig sind: „Exklusivität, Diskretion, Diplomatie, Kommunikationstalent, Timing und Geduld" (vgl. Schüller 2014, S. 126).

Influencer Relations

Es empfiehlt sich, Influencer Kommunikation auf lange Sicht zu betreiben und die Beziehung zu den Influencern zu pflegen (vgl. Firsching und Bersch 2017, S. 30 ff.; W&V 2017a). Adrian Koskas, General Manager von L'Oréal, sagt: "*We believe in long-term relationships with influencers. One-shots don't work. If they talk about one brand one day and another brand the second day, there's no story. It's not credible. It's about creating a relationship, and through the year we create loads of content and drive engagement with our consumer.*" (Firsching und Bersch 2017, S. 30 ff.).

Generell können Unternehmen entscheiden, ob sie die Kommunikation mit Influencern auslagern oder selbst übernehmen. Inhaltlich gesehen bietet die direkte Kommunikation mit den Influencern viele Vorteile, da von dem kreativen Input der Influencer profitiert werden kann. Influencer haben eine andere Sicht auf Produkte als das Unternehmen selbst und können diese Meinungen weitergeben. Besonders wichtig ist die Nachhaltigkeit der Influencer Kommunikation, welche wiederum auf die Qualität und Glaubwürdigkeit einzahlt. Um die Nachhaltigkeit zu gewährleisten, sollten Influencer in die Content-Planung mit eingeplant und Events mit ihnen abgestimmt werden. Influencer Relations müssen fest im Unternehmen verankert werden und es muss eine Strategie für Influencer-Relations entwickelt werden (vgl. Firsching und Bersch 2017, S. 30 ff.). Zur Strategie gehören nach Firsching und Bersch mindestens folgende Komponenten (vgl. Firsching und Bersch 2017, S. 30 ff.):

- Definition der Ziele und Zielgruppen
- Erarbeitung von geeigneten Themenfeldern für die Influencer Kommunikation
- Entwicklung eines Kanalbildes für Influencer Kommunikation
- Schaffung einer zumindest temporären Organisationsform (intern/extern)
- Aufbau von Score Cards für die Bewertung von Influencern
- Recherche und Ansprache relevanter Influencer
- Aufbau eines eigenen KPI Systems in Abgleich mit anderen Marketing KPIs
- Bewertung und Optimierung aller Aktionen

Erfolgsmessung

Grundsätzlich unterscheidet sich die Erfolgsmessung von Influencer-Marketing nicht von der anderer Marketing-Aktivitäten. Basierend auf den übergeordneten Marketing-Zielen, die zu Beginn festgelegt werden müssen, sind Kennzahlen zu definieren. Es sollten neben quantitativen Zielen auch qualitative Ziele formuliert werden und somit nicht nur die Reichweite als KPI betrachtet werden. Auf Instagram kann derzeit nur bei Unternehmensprofilen die Reichweite ermittelt werden (vgl. Firsching und Bersch 2017, S. 23). Bei anderen Profilen werden potentielle Reichweiten ermittelt, die sich aus der Followerzahl der Influencer zusammensetzen. Allerdings wird die Reichweite durch die verwendeten Hashtags gesteigert, was jedoch nicht in die Berechnung mit einfließt (vgl. Graf und Zerres 2016, S. 19).

Ein weiterer wichtiger Indikator für den Erfolg von Influencer-Marketing ist die Interaktionsrate, mit Hilfe derer festgestellt werden kann, wie hoch der Zuspruch der Zielgruppe und des Inhaltes ist. Die Interaktionsrate berechnet sich, indem die Summe aller Likes und Kommentare durch die Anzahl der Follower geteilt wird (vgl. Freese 2016). Bei der Interaktionsrate ist darauf zu achten, dass nur Interaktionsraten verglichen werden können, bei denen die Follower Anzahl ähnlich ist (vgl. Firsching 2016). Außerdem kann auch die Conversion Rate als KPI verwendet werden (vgl. Firsching 2016).

Um die Erfolgsmessung zu vereinfachen, können operative Kennzahlen eingesetzt werden. Dies können Coupon Codes oder Links und Tracking Pixel sein, welche einfach eingesetzt werden und direkt messen können, wie viel Umsatz beispielsweise durch einen Influencer erzielt werden kann (vgl. Firsching und Bersch 2017, S. 24). Zudem sollten die hier beschriebenen Kennzahlen auch immer ins Verhältnis zu den Kosten der jeweiligen Aktion gesetzt werden (vgl. Zerres und Litterst 2017).

Grundsätzlich ist der Aufbau eines eigenen Kennzahlensystems zu empfehlen, um eine auf das Unternehmen angepasste Erfolgskontrolle durchführen zu können (vgl. Firsching und Bersch 2017, S. 24).

3 Fallbeispiel Schuhmix24.de

Als Fallbeispiel soll hier der fiktive Online-Shop Schuhmix24.de dienen. Geplant wird eine Frühjahrskampagne für die Marke Birkenstock. Die Voraussetzungen für das Influencer-Marketing sind wenig Budget und die niedrige Bekanntheit von Schuhmix24. Der Fokus der Kampagne soll auf Birkenstock liegen. Als Zielgruppe für die Kampagne wurden Frauen im Alter von 14 bis 35 Jahren ausgewählt, welche sich besonders durch eine hohe Affinität für Mode auszeichnen und Instagram aktiv nutzen. Zudem bezieht sich die Zielgruppe der zu realisierenden Influencer-Kampagne auf Deutschland, da der Shop von Schuhmix24 nur in Deutschland verfügbar ist. Zum einen wurde der Kanal Instagram aufgrund der genannten Zielgruppen-Merkmale ausgewählt. Zum anderen, weil auf diesem Kanal sehr viele Influencer unterwegs sind. Ziel des Influencer-Marketings für Schuhmix24 ist die Realisation eines Influencer Post mit einem Birkenstock-Modell, der auf den Online-Shop verlinkt.

Zu Beginn wurden folgende Marketing-Ziele festgelegt:
- Steigerung der Bekanntheit von Schuhmix24.de
- Steigerung des Traffics auf Schuhmix24.de
- Neukundengewinnung

Influencer finden

Zur Influencer Auswahl wird das Tool Influencer.db verwendet. Eine erste Vorauswahl von Influencern wierd manuell mit Hilfe der Hashtags #birkenstock #schuhe #neueschuhe #schuhliebe und #fashion getroffen, da kein Zugriff auf die Premiumfunktion besteht. Folgende fünf deutsche Influencer wurden so gefunden:

- lalecherie
- yvonne0272
- ai_pemo
- nines_bambines
- janaceeline

Anschließend sollten die Influencer anhand der oben genannten Kriterien analysiert werden. Beispielhaft wurde die Influencerin Lalecherie mit Hilfe von Influencer.db analysiert. In Abbildung 12 ist diese Analyse der Zielgruppe zu sehen.

Abbildung 12: Zielgruppe von Lalecherie

Quelle: Influencer.db lalecherie

Die Influencerin hat somit eine **Zielgruppe**, die zu knapp 80 % aus weiblichen Followern besteht. Zudem kommen knapp 40 % ihrer Follower aus Deutschland. Der Qualitätsfaktor beträgt 44 % und befindet sich somit in der Kategorie D. Der Qualitätsfaktor setzt sich unter anderem aus der Interaktion der Follower zusammen. Außerdem wird beachtet, ob Follower nur so vielen anderen Personen folgen wie sie auch konsumieren können und ob sie Instagram aktiv nutzen. Die Verteilung der Qualität ist auch abgebildet und es ist zu erkennen, dass nur 21,5 % der Follower sehr gut entsprechen (vgl. Influencer.db lalecherie).

Neben der Zielgruppe sollten auch die **inhaltliche Ausrichtung** sowie die **Qualität** und die **Neutralität** analysiert werden. Influencer.db teilt die Influencer aufgrund der von den Influencern verwendeten Hashtags in Kategorien wie Fashion, Food, Lifestyle und Beauty ein. Aufgrund der Kategorien bei Influencer.db und der Suche mit Hilfe von passenden Hashtags ist die inhaltliche Ausrichtung grob gewährleistet. Lalecherie wurde der Kategorie „Fashion" zugeordnet, was zu Schuhmix24 sehr gut passt. Es sollte sich aber auf jeden Fall der Instagram Feed angeschaut werden, um auch die Qualität der Beiträge und Fotos beurteilen zu können. Zudem sollte geprüft werden, ob der Influencer neutral ist oder schon mit anderen ähnlichen Marken zusammenarbeitet (Influencer.db lalecherie).

Als weiteres Kriterium ist die **Reichweite** zu analysieren. Lalecherie hat derzeit 97.614 Abonnenten, was allerdings nicht ihrer Reichweite entspricht. Die Anzahl der Follower dient aber als Anhaltspunkt für die Reichweite (Influencer.db lalecherie). Die **Interaktion** lässt sich mit Hilfe der Kommentare pro Post und der Like-Follower-Ratio ermitteln (siehe Abbildung 13). Die Like-Follower-Ratio gibt das Verhältnis von Likes zu Follower an. Lalecherie hat in den letzten sieben Tagen durchschnittlich 74,2 Kommentare pro Post erzielt und eine Like-Follower-Ration von 1,7 %. Wie bereits erwähnt, sollten Interaktionsraten immer nur bei Influencern mit einer ähnlichen Follower-Anzahl verglichen werden (Influencer.db lalecherie).

Das Kriterium „**Frequenz und Aktivität**" lässt sich mit Hilfe der Kennzahl „Postings per Day" analysieren. Lalecherie hat in den letzten sieben Tagen vier Posts veröffentlicht (siehe Abbildung 13), was pro Tag 0,6 Posts (Postings per Day) bedeutet (vgl. Influencer.db lalecherie).

Um das Kriterium „**Finanzierbarkeit**" zu analysieren, kann der Media Value per Post (siehe Abbildung 13) in Betracht gezogen werden. Influencer.db errechnet einen Wert pro Foto, der auf der Interaktionsrate und der Reichweite basiert. Dieser kann verwendet werden, um ein Gefühl dafür zu bekommen, wie „wertvoll" ein Influencer ist, vor allem im Vergleich zu anderen Influencern. Wichtig ist aber, dass dieser Wert nicht dem Wert entspricht, den man einem Influencer bezahlen muss (vgl. Influencer.db lalecherie).

Abbildung 13: Auswertung der Posts von Lalecherie

Quelle: Influencer.db lalecherie.

Nachdem nun die Influencerin Lalecherie analysiert wurde, sollten die weiteren Influencer, welche über die Hashtag-Auswahl gefunden wurden, analysiert werden. Dies kann in Form einer Tabelle mit den gewichteten Faktoren durchgeführt werden. Die Faktoren sollten je nach Wichtigkeit für Schuhmix24 gewichtet werden.

Influencer gewinnen

Am wichtigsten ist Influencern der Ausbau der eigenen Reichweite. Da Schuhmix24.de bisher eine sehr geringe Bekanntheit hat, ist es schwer, Influencern hierdurch zu gewinnen. Zudem fehlen teilweise Bilder im Online-Shop, sodass Influencer vermutlich ablehnen, da sie sonst einen Vertrauensverlust erleiden könnten. Schuhmix24.de hat daher wenig Anreiz für eine Influencer-Kooperation. Zudem ist das Budget sehr gering, sodass als Alternative nur Birkenstock zur Verfügung gestellt werden kann. Es könnte für Schuhmix24 also schwer werden, einen Influencer zu gewinnen. Hilfreich ist auf jeden Fall, ein kreatives und individuelles Anschreiben zu gestalten, das sich von der Masse abhebt.

Influencer Relations

Zum Aufbau von Influencer Relations bedarf es Zeit und Mitarbeiter, die sich regelmäßig um den Kontakt zum Influencer kümmern und den Influencern z. B. am Geburtstag eine Kleinigkeit zusenden. Bei Schuhmix24 sind sowohl das Budget als auch der personelle Bedarf begrenzt, sodass erst mal eine einmalige Influencer-Kampagne zum Frühjahr empfohlen wird. Je nach Resonanz könnte das Influencer-Marketing dann weiter ausgebaut werden.

Erfolgsmessung

Um den Erfolg der Kampagne zu messen, müssen zu den Zielen passende KPI entwickelt werden. Um sowohl die Bekanntheit als auch den Traffic zu steigern und neue Kunden zu gewinnen, wird der Instagram Post des Influencers mit einem Coupon Code versehen, der dem Follower 10 % Rabatt auf seine Bestellung gewährleistet. Mit Hilfe des Codes kann sowohl die Conversion Rate als auch die Anzahl der Neukunden durch den Influencer ermittelt werden. Zudem sollten die Reichweite und die Interaktionsrate als KPI herangezogen werden.

4 Herausforderungen und Schwierigkeiten

Influencer-Marketing bringt auch einige Herausforderungen und Schwierigkeiten mit sich. Eine Studie von Statista hat die größten Schwierigkeiten des Influencer-Marketings analysiert (vgl. Statista 2017c). Die größte Schwierigkeit ist demnach, den passenden Influencer zu finden (75 %). Auch die richtige Taktik, um den Influencer zu gewinnen, stellt eine große Schwierigkeit dar. Wie bereits erwähnt, sind Geld und Geschenke nicht mehr ausschlaggebend. Es muss der richtige Umgang mit dem Influencer gefunden werden, da mit steigenden Follower-Zahlen auch Star-Allüren entstehen können. Hierfür benötigt es zudem Fingerspitzengefühl, was für Unternehmen herausfordernd sein kann (vgl. Getlaunched o. J.). Zudem bleiben 90 % der Kooperationsanfragen von den Influencern unbeantwortet, da sie in der Menge untergehen oder zu uninteressant sind (vgl. Grabs et al. 2017, S. 57) Weitere Schwierigkeiten sind das Performance tracken (53 %) und den Überblick über die Influencer Aktivitäten zu behalten (32 %). Es ist ratsam, Influencer-Marketing innerhalb des Unternehmens zu integrieren und dabei KPIs für die Erfolgsmessung festzulegen. Eine weitere Schwierigkeit und Herausforderung ist die Kennzeichnungspflicht. Influencer-Marketing muss gekennzeichnet werden, doch wie genau, ist rechtlich gesehen nicht eindeutig. Allerdings haften auch Unternehmen und Agenturen, wenn Influencer nicht ausreichend kennzeichnen. Generell gilt: Lieber zu viel kennzeichnen, als zu wenig. Es stellt sich hier die Frage, ob gekennzeichnete Werbung die Followers stört und somit einen negativen Effekt auf die Wirkung von Influencer-Marketing hat (vgl. Firsching und Bersch 2017, S. 29) Auf der Konferenz Watchdog 17 sagt Bianca Heinicke (Bibisbeautypalace): „Meine Zuschauer stört es nicht. Die finden es normal" (vgl. Meyer 2017). Bei einer Befragung von G+J e|MS gaben sogar 87 % an, dass sie sich eine Kennzeichnung wünschen (vgl. Gruner und Jahr 2017). Weitere Herausforderungen entstehen bei der Umsetzung von Influencer-Marketing. Wie bereits verdeutlicht, muss den Influencern kreativer Spielraum gelassen werden, was bei einigen Unternehmen zu Angst vor Kontrollverlust führt. Auch die Werbemittel können sowohl vom Unternehmen bereitgestellt oder vom Influencer selbst erstellt werden, weshalb auch hier Richtlinien getroffen werden müssen. Der Spirituosenhersteller Pernod Ricard, zu dem Marken wie Havana Club und Absolut Vodka gehören, regelt dies bei festen Kooperationen in Form von Verträgen. Es „werden Leistungen wie Vergütung, vereinbarte Blogbeiträge oder Posts festgehalten" (W&V 2017, S. 16 ff.)

5 Fazit

In diesem Kapitel wurde deutlich, dass Influencer-Marketing immer wichtiger wird. Gerade für die Zielgruppe der 14-29-Jährigen stellt das Influencer-Marketing eine zeitgemäße und sehr interessante Werbemöglichkeit dar. Influencer sind für ihre Community Idol, Meinungsführer oder Vorbild und häufig alles in einem, weshalb ihre Empfehlungen als sehr glaubwürdig und authentisch wahrgenommen werden. Dies sollten sich Unternehmen zu Nutze machen, indem sie Influencer-Marketing im Marketing-Mix integrieren. Vor allem der Kanal Instagram und YouTube eignen sich hervorragend für das Influencer-Marketing. Unternehmen sollten vor allem auf die Auswahl des richtigen Influencers achten, da dieser maßgeblich über den Erfolg entscheidet. Laut Helge Ruff werden sich Unternehmen 2018 Influencer für langfristige Kooperationen suchen (vgl. W&V 2018). Influencer Relations gewinnen somit zunehmend an Bedeutung.

Quellenverzeichnis

Bersch, A. (2016): Markenaufbau über Influencer – Interview mit Kapten & Son, http://www.futurebiz.de/artikel/35286/, Zugriff am: 31.12.2017.

BuzzBird GmbH (2016): Zweieiige Zwillinge: Product Placement & Branded Content, https://www.buzzbird.de/blog/product-placement-branded-content, Zugriff am: 30.12.2017.

Firsching, J., Bersch, A. (2017): Influencer Marketing Leitfaden, http://inreach.de/leitfaden-influencer-marketing/, Zugriff am: 13.04.2018.

Firsching, J. (2016): Influencer Marketing KPIs, http://www.futurebiz.de/artikel/influencer-marketing-kpis-instagram/, Zugriff: 27.12.2017.

Firsching, J. (2015): INFLUENCER.DB – Suchmaschine für Instagram Influencer & Unternehmen auf Instagram, http://www.futurebiz.de/artikel/suchmaschine-instagram-influencer-unternehmen/, Zugriff am: 30.12.2017.

Fisching, J. (2015): INREACH 2015 – Kanalübergreifendes Influencer Marketing, denn Influencer sind Alleskönner, http://www.futurebiz.de/artikel/inreach-2015-influencer-sind-alleskonner/, Zugriff am: 22.06.2018.

Freese (2016): Influencer Marketing: Auf welche Kennzahlen kommt es bei Instagram wirklich an?, http://www.absatzwirtschaft.de/influencer-marketing-auf-welche-kennzahlen-kommt-es-bei-instagram-wirklich-an-82683/, Zugriff am: 27.12.2017.

Gehl, C (2017): Who's Who: Die größten Player im Influencer Marketing, https://www.wuv.de/specials/influencer_marketing/who_s_who_die_groessten_player_im_influencer_marketing, Zugriff am: 03.01.2018.

Getlaunched (o. J.): Influencer Marketing: Mit Meinungsführern zum Erfolg, http://www.getlaunched.io/de/influencer-marketing-mit-meinungsfuehrern-zum-erfolg/, Zugriff am: 28.12.2017.

Grabs, A., Bannour K-P., Vogel, E. (2017): Follow me!: Erfolgreiches Social Media Marketing mit Facebook, Twitter und Co, Rheinwerk Computing.

Graf, A., Zerres, C. (2016): Instagram als Social Media Marketingkanal, Schriftenreihe Arbeitspapiere für Marketing und Management, Arbeitspapier Nr. 9., https://marketingzerres.files.wordpress.com/2017/02/ap_9_instagram_marketing.pdf, Zugriff am: 22.06.2018.

Gruner und Jahr (2017): Die Wirkungen der Influencer: Dos and Donts beim Influencer Marketing, http://www.gujmedia.de/uploads/media/guj_influencer_marketing_dmexco_2017.pdf, Zugriff am: 28.12.2017.

Gründel, V. (2017): Burda startet Content- und Influencer-Marketing-Plattform, https://www.wuv.de/medien/burda_startet_content_und_influencer_marketing_plattform, Zugriff am: 04.01.2018.

Influencer.db (o. J.): Find Influencers, https://www.influencerdb.net/db/?page=1, Zugriff am: 06.01.2018.

Jahnke, M. (2018): Ist Influencer-Marketing wirklich neu?, in: Jahnke, M. (Hrsg.): Influencer Marketing, Springer Gabler Verlag, Wiesbaden, 1-13.

Kock, F. (2016): Influencer Marketing – Das Geschäft mit der Glaubwürdigkeit, http://www.sueddeutsche.de/stil/influencer-marketing-das-geschaeft-mit-der-glaubwuerdigkeit-1.3138243, Zugriff am: 30.12.2017.

Kolbrück, O. (2016): Influencer Marketing: Wo YouTube-Stars für den Handel trommeln, http://etailment.de/news/stories/Influencer-Marketing-Wie-holt-man-einen-Youtube-Star-an-Bord-3972, Zugriff am: 03.01.2018.

LaunchMetrics (2017): Die größte Schwierigkeit in der Marketing Planung ist die Influencer Auswahl, in: Statista (2017c): Influencer-Marketing: Expertenmeinung – Vergleiche – Trends. Whitepaper 2017. E-Commerce & Retail.

Meyer, M. (2017): Meine Zuschauer stört Werbung nicht, https://www.wuv.de/marketing/meine_zuschauer_stoert_werbung_nicht, Zugriff am: 31.12.2017.

MrsBella (2017a): Schöne Beine, Hair & Make-Up unter Zeitdruck, https://www.youtube.com/watch?v=fSx0BGU-hto, Zugriff am: 03.01.2018.

MrsBella (2017b): Instagram-Account MrsBella, https://www.instagram.com/p/Bb9aFGcH4RS/?hl=de&taken-by=mrsbella, Zugriff am: 03.01.2018.

Nirschl, M., Steinberg, L. (2018): Einstieg in das Influencer-Marketing, Springer Fachmedien, Wiesbaden.

Reif, P. (2016): Instagram-Account Pamela Reif, https://www.instagram.com/p/BOiAKHXgGLv/?hl=de&taken-by=pamela_rf, Zugriff am: 03.01.2018.

Schüller, A. (2014): Touchpoints: Auf Tuchfühlung mit dem Kunden von heute: Managementstrategien für unsere neue Businesswelt, 5., aktualisierte Aufl. Offenbach, GABAL Verlag.

Solis, B., Webber, A. (2012): The Rise of Digital Influence. A „how-to" guide for businesses to spark desirable effects and outcomes through social media influence, https://de.slideshare.net/Altimeter/the-rise-of-digital-influence, Zugriff am: 30.12.2017.

Statista (2017a): Welchen der folgenden Werbeformen vertrauen Sie?, https://de.statista.com/statistik/daten/studie/222329/umfrage/umfrage-zum-vertrauen-in-unterschiedliche-werbeformen/, Zugriff am: 30.12.2017.

Statista (2017b): Dossier Influencer Marketing, https://de.statista.com/statistik/studie/id/45106/dokument/influencer-marketing/, Zugriff am: 30.12.2017.

Statista (2017c): Influencer-Marketing: Expertenmeinung – Vergleiche – Trends, Whitepaper 2017, E-Commerce & Retail.

Tamblé, M. (o. J.): Kennzahlen für Influencer Marketing, http://www.influma.com/blog/kennzahlen-fuer-influencer-marketing/, Zugriff am: 26.12.2017.

TamTam Beauty (2017): Schnell SCHÖNE Haut bekommen? | Detox für die Haut! | Vlog mit Biotherm | tamtambeauty UdPp*, https://www.youtube.com/watch?v=Xo5ElufriAY, Zugriff am: 03.01.2018.

Webguerrillas GmbH (2016): Jeder vierte Marketing Entscheider setzt schon auf Influencer Marketing, https://www.marketing-boerse.de/News/details/1639-Jeder-vierte-Marketing-Entscheider-setzt-schon-auf-Influencer-Marketing/135068, Zugriff am: 31.12.2017.

Wolf, M. (2017): Weihnachts / Winter HAUL | Was habe ich in New York & Toronto gekauft? + IPhone X VERLOSUNG, https://www.youtube.com/watch?v=JY9yhfiy-zw, Zugriff am: 03.01.2018.

W&V (2017a): Attacke gegen Facebook und Google, Ausgabe 31, S. 28ff.

W&V (2017b): Ware Stärke, Ausgabe 29, S. 16ff.

W&V (2018): 2018 – das Social Media Jahr der Relevanz, https://www.wuv.de/agenturen/2018_das_social_media_jahr_der_relevanz, Zugriff am: 03.01.2018.

Zerres, C., Litterst, F. (2017): Social Media-Controlling, in: Zerres, C. (Hrsg.): Handbuch Marketing-Controlling, 4. Aufl., Springer Gabler Verlag, Berlin,

Social Media Research

Jacqueline Alterauge und Lisa Isenmann

1 Einführung

Social Media Plattformen haben sich mittlerweile in der Gesellschaft etabliert und sind auch für viele Unternehmen ein wichtiges Thema geworden. So auch im Bereich Marketing und speziell in der Marktforschung. Kaum ein anderes Medium eignet sich besser als Social Media um einen schnellen Überblick und Insights über Kundenmeinungen, Wettbewerber etc. zu erhalten. Als Marktforschung wird dabei jegliche Beschaffung von Informationen bezeichnet, die Unternehmen zur Planung sowie Entscheidungsfindung und Kontrolle ihrer Marktbearbeitung in Bezug auf den Absatzmarkt benötigen. Die Informationen werden systematisch und auf wissenschaftlicher Basis gesammelt und interpretiert (vgl. Müller-Peters und Lübbert 2015, S. 3).

Konsumenten geben in Social Media täglich persönliche Meinungen zu Marken und Produkten preis, die der Marktforschung zuvor nur mühsam zugänglich waren oder durch zeit- und kostenaufwändige Methoden erhoben werden mussten. So ergibt sich für die Social Media Forschung eine Vielzahl an Möglichkeiten für Untersuchungen in und mit Social Media. Für Unternehmen bietet Social Media Marktforschung ein neues Feld, um Marketingstrategien und -aktivitäten auszuprobieren und die Wirkung zeitnah bis unmittelbar zu messen (vgl. Zahn 2014, S. 4 ff.).

Allgemein kann Social Media Research für den Zugang zu unmittelbaren authentischen und oftmals emotional geprägten Meinungen angesehen werden, die in der klassischen Marktforschung in dieser Form und Ausprägung so nicht erhoben werden können (vgl. Kayser und Rath 2015, S. 124).

Daher soll sich dieses Kapitel mit Social Media als Instrument der Marktforschung beschäftigen. Der Beitrag gliedert sich in sechs Kapitel. Nach der Einführung in das Thema sowie der Vorstellung des Aufbaus des Beitrages wird in Kapitel 2 die Frage beantwortet, worum es sich genau bei Social Media Research handelt. In Kapitel 3 und 4 werden die Social Media Research Instrumente, unterteilt in Methoden der Befragung (Primärmarktforschung) und Methoden der Beobachtung (Sekundärmarktforschung), vorgestellt. Abschließend werden die Chancen und Herausforderung in Kapitel 5 gegenübergestellt und in Kapitel 6 erfolgt schliesslich eine Bewertung der Marktforschung in und mit Social Media.

2 Social Media Research

Unter Marktforschung allgemein wird die „systematische Sammlung, Aufbereitung, Analyse und Interpretation von Daten über Märkte (Kunden und Wettbewerber) zum Zweck der Fundierung von Marketingentscheidungen" verstanden (vgl. Homburg 2017, S. 250). Social Media Research findet in vielen Bereichen Anwendung. Analysiert werden können Kunden, Wettbewerber, Bekanntheit und Image, Kundenzufriedenheit, Kundenbedürfnisse, Trends, Märkte, Themen, Potentiale etc. (vgl. Bernecker und Beilharz 2016, S. 94; ForschungsWeb GmbH o.J.). Dafür kann Social Media in verschiedenen Ausprägungen für die Marktforschung von Nutzen sein. Es kann zwischen zwei Ansätzen der Social Media Marktforschung unterschieden werden. Einerseits der Ansatz der unterstützenden Funktion der klassischen Marktforschung und andererseits der New Market Research Ansatz, dargestellt in Abbildung (vgl. Zahn 2014, S. 4 ff.).

Abbildung 1: Social Media Research Ansätze
Quelle: Eigene Darstellung in Anlehnung an Zahn 2014, S. 5

Im ersten Ansatz wird Social Media als neue Art der Informationsbeschaffung genutzt, um die Daten dann in Kombination mit bereits etablierten Methoden der klassischen Marktforschung zu erheben und auszuwerten. Social Media schafft somit neue Plattformen die sich die Marktforschung als umfangreiche Datenquellen zu Nutze machen kann. Durch schnelle und einfache Rekrutierungs- und Durchführungsmöglichkeiten lassen sich Informationen schneller erfassen, filtern und analysieren. Klassische Befragungen (Online-Befragungen) können mittels Social Media Plattformen so beispielsweise zielgruppengenauer durchgeführt werden (vgl. Zahn 2014, S. 5).

Im Ansatz der New Market Research bietet Social Media der Marktforschung nicht nur eine neue Quelle für Informationen, sondern schafft ebenfalls innovative Forschungsfelder. Mit neuen Erhebungs- und Analyseformen können so Technologien optimal genutzt und zusätzliche Fragestellungen beantworten werden (vgl. Zahn 2014, S. 4 ff.).

Abbildung 2 stellt eine Auswahl möglicher Forschungsinstrumente innerhalb der beiden Ansätze dar, auf die in den beiden folgenden Kapiteln detaillierter eingegangen wird. Grundsätzlich können dabei zwei Möglichkeiten unterschieden werden. Zum einen die Primärmarktforschung, bei der Social Media aktiv für Methoden der Befragung eingesetzt wird und zum anderen die Sekundärmarktforschung, bei der Social Media der passiven Beobachtung dient. Bei der aktiven Nutzung findet seitens des Unternehmens bzw. Marktforschungsinstitutes eigenes Engagement statt, bei der passiven Nutzung nicht. Außerdem handelt es sich bei den aktiven Methoden um reaktive, bei den passiven Methoden um nicht reaktive Instrumente. Bei den reaktiven Instrumenten wissen die Teilnehmer, dass sie ein Teil der Marktforschung sind, bei den nicht reaktiven Instrumenten wissen sie es nicht und können somit auch nicht reagieren. Im Rahmen der Sekundärmarktforschung werden bereits vorhandene Daten und Informationen gesucht, gesammelt, aufbereitet und ausgewertet, um Fragestellungen zu beantworten (vgl. Bernecker und Beilharz 2016, S. 93 ff.; Wübbenhorst o.J.a; Wübbenhorst o.J.b).

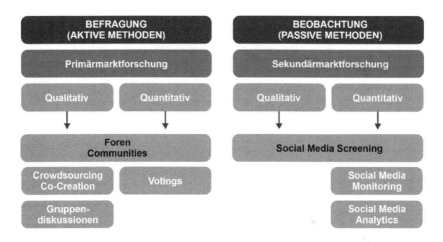

Abbildung 2: Social Media Research Forschungsinstrumente

Quelle: Eigene Darstellung in Anlehnung an Zahn 2014, S. 4; Böhler et al. 2015, S. 240; Bernecker und Beilharz 2016, S. 93

Gleich welches der Social Media Research Forschungsinstrumente zum Einsatz gelangt, ist es stets wichtig, strukturiert vorzugehen. Das Fünf-Phasen-Modell des klassischen Marktforschungsprozesses nach Magerhans, dargestellt in Abbildung 3, eignet sich auch für die Strukturierung der Vorgehensweise bei Social Media Research (vgl. Bernecker und Beilharz 2016, S. 93). Der Marktforschungsgegenstand wird in der Definitionsphase festgelegt. Die Kanalwahl, die Definition der Zielgruppe und die Formulierung der Fragestellung erfolgt in der Designphase. Insbesondere die Definitions- und Designphase sind entscheidend für den weiteren Verlauf und die Ergebnisse der Marktforschung. Ohne das Bewusstsein darüber, welche Fragestellungen überprüft werden sollen und was letztendlich das Ziel der Marktforschung ist, können sowohl die neuen Möglichkeiten, die durch Social Media Research entstanden sind, als auch die Ergänzungsmöglichkeiten der klassischen Marktforschung nicht sinnvoll und ergebnisorientiert eingesetzt werden. In der Datenerhebungsphase erfolgt beispielweise die Erstellung und Einbindung des Fragebogens auf einer oder mehrerer Social Media Plattformen. Die gesammelten Daten werden in der Datenanalysephase mithilfe von Microsoft Excel, SPSS und weiteren Tools ausgewertet. Abschließend erfolgt die Dokumentation der Vorgehensweise und der Ergebnisse in der Dokumentationsphase (vgl. Bernecker und Beilharz 2016, S. 99 ff.). Im Kapitel 4.2 Social Media Monitoring wird zusätzlich dazu kurz auch auf den sehr ähnlichen Monitoring-Prozess eingegangen.

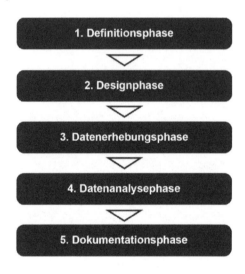

Abbildung 3: Fünf-Phasen-Modell der Marktforschung

Quelle: Eigene Darstellung in Anlehnung an Magerhans 2016, S. 47

3 Methoden der Befragung (Primärmarktforschung)

3.1 Qualitative Befragungsmethoden

3.1.1 Crowdsourcing, Co-Creation

Kundenorientierung in der klassischen Marktforschung orientiert sich im Bereich der Produktentwicklung oft nur an den Zufriedenheitsurteilen des Kundensegments. Der Kunde nimmt eine passive Rolle ein und seine Anmerkungen werden, wenn überhaupt, in kostspieligen und fehleranfälligen Innovationsprozessen weiterentwickelt.

Customer Co-Creation bezeichnet hingegen die aktive Einbindung und Mitwirkung der Kunden in unternehmerische Innovationsaktivitäten, so auch beispielsweise in den Entwicklungsprozess eines neuen Produktes oder einer Dienstleistung. Social Media bietet hierfür eine optimale Plattform und ermöglicht die direkte Interaktion mit den Kunden (vgl. Ihl und Piller 2010, S. 8 ff.; Bernecker und Beilharz 2016, S. 106). Co-Creation ist auf zwei Arten möglich, zum einen durch einen Konfigurator durch den der Konsument in begrenztem Gestaltungsspielraum nach eignen Bedürfnissen designen und zusammenstellen kann, zum anderen kann über Communities Raum geschaffen werden für interaktive Bewertung und Gewinnung von Ideen zu Produkten eines Unternehmens. Diese werden auch als Branded Communities bezeichnet. Je nach gewünschtem Ergebnis können die Rahmenbedingungen dann weiter oder schmaler gesteckt werden (vgl. Kaiser und GfK Verein 2014, S. 189; Bernecker und Beilharz 2016, S. 106).

Für Unternehmen ist es hier stets wichtig sich an klare Regeln zu halten, wenn Co-Creation als Instrument der Marktforschung auf Social Media erfolgreich genutzt werden soll. Klarer Dialog und Zuhören auf allen Kanälen, Informationstransparenz und -konsistenz sowie vor allem schnelle Reaktion sind wichtig im Umgang mit Co-Creation (vgl. Kaiser und GfK Verein 2014, S. 187). Auch sollte dieses Tool nur dann herkömmliche Focus Gruppen ersetzen oder ergänzen, wenn es sich um ein leicht erklärbares Produkt oder eine leicht erklärbare Problemstellung handelt und die Geschäftsführung wie auch das Management bereit sind sich schnell anzupassen und auf Vorschläge der Crowd zu reagieren. Es eignet sich dann weniger, wenn man bei der Durchführung und zur Erklärung interne Geschäftsgeheimnisse der Öffentlichkeit preisgegeben muss, an denen sich dann die Konkurrenz bedienen kann. Auch ist es dann weniger sinnvoll einsetzbar wenn auch non-verbale Forschungsergebnisse, wie beispielsweise Mimik, als relevant betrachtet werden (vgl. Gruner und Power 2017, S. 1060 ff.; Gruner 2017).

Das zeigen auch Beispiele aus der Praxis. Negative Reaktionen der Konsumenten erfuhr Pril für seine Co-Creation-Kampagne „Mein Pril, Mein Stil", aufgrund der kurzfristigen, intransparenten, rückwirkenden Änderungen der Wettbewerbsbedingungen und Manipulation der Ergebnisse als sich abzeichnete, dass die Kampagne eine ungeplante und ungewollte Richtung einschlug. Positiv hingegen sah man die Kampagne von OTTO an. Hier wurde ein Schönheitswettbewerb ausgeschrieben, dessen

Gewinnerin als Model auf der Facebook-Seite von OTTO dargestellt werden sollte. Gewonnen hat dann aber ein Mann in Frauenkleidung OTTO reagierte souverän, hielt sich an die Wettbewerbsbedingungen und lud den kreativen Studierenden zum Fotoshooting für Facebook ein (vgl. Kaiser und GfK Verein 2014, S. 187 f.).

Wenn eine Crowdsourcing Kampagne unter den richtigen Bedingungen durchgeführt wird, kann dieser Einbezug der Konsumenten in die Wertschöpfungskette durchaus einen positiven Einfluss auf Bindung, Loyalität und Identifikation der Konsumenten mit dem Unternehmen sowie auf deren Kauf- und Empfehlungsverhalten haben (vgl. Kaiser und GfK Verein 2014, S. 183 f.).

3.1.2 Gruppendiskussionen

Qualitative Befragungsmöglichkeiten wie Gruppeninterviews oder Fokus-Gruppen lassen sich durch Social Media nicht ersetzen, können aber die klassischen Befragungsmethoden gut ergänzen. Klassischen Methoden der Marktforschung lassen sich in ihrer Durchführung mit Social Media kombinieren und können so zu einer Anreicherung der bisherigen Daten führen (vgl. Kayser und Rath 2015, S. 132). Durch die Möglichkeit der anonymen Teilnahme an Befragungen wird die Hemmschwelle abgebaut und man erreicht eine größere Offenheit und Erzählbereitschaft. Auch kann sich durch die Anonymität die Interaktion der Forschungsteilnehmer bei sensiblen Themen erhöhen. Aufgrund von zeitlicher und räumlicher Flexibilität und der Möglichkeit den Ort der Teilnahme frei zu wählen, erhöhen Interviews und Diskussionen, die über Social Media Plattformen geführt werden, die Erreichbarkeit der Teilnehmer (Ullrich und Schiek 2015, S. 134 f.).

Qualitative Gruppendiskussionen können in, speziell von Unternehmen oder Marktforschungsinstituten aufgebauten Foren und Communities durchgeführt werden. Durch diese Möglichkeit, die Zielgruppe einzugrenzen und somit Special-Interest Gruppen abzubilden, wird dieser Bereich als qualitative Befragungsmethode bezeichnet (vgl. Zahn 2014, S. 4).

3.2 Quantitative Befragungsmethoden

3.2.1 Foren / Communities

Im Bereich der Social Media Marktforschung können sich Unternehmen bestehende Spezial-Communities zu Nutze machen, in denen sich Menschen bereits intensiv und ohne Anstoß Dritter über die für sie relevanten Fragestellungen austauschen (vgl. Zahn 2014, S. 7). Die bereits bestehenden Foren und Communities umfassen oftmals größere Anzahlen von Mitgliedern, die mehr oder weniger Fachkenntnisse in bestimmten Bereichen aufweisen. Deshalb liefern diese bei Befragungen auch quantitative Ergebnisse (vgl. Zahn 2014, S. 4).

Eine Alternative zu bereits bestehenden Communities bieten die sogenannten Marktforschungs-Communities, die speziell für den Zweck der Social Media Marktforschung genutzt und aufgebaut werden. Hier kann die Zielgruppe der Befragung genau eingegrenzt sowie abgebildet und somit auch Special Interest Gruppen viel schneller als über andere Methoden gebildet werden (vgl. Steffen 2010, S. 297 ff.; Zahn 2014, S. 7). In Communities können dann zielgruppenabbildende Umfragen oder kollektives Brainstorming durchgeführt werden. Auch Gruppendiskussionen und kollaborative Entwicklungsprozesse können in diesem Rahmen Anwendung finden und integriert werden (vgl. Steffen 2010, S. 297 ff.).

3.2.2 Votings

In die Software integrierte, interaktive Abstimmungstools bietet mittlerweile der Social Media Anbieter Facebook Inc. für seine Plattformen Instagram und Facebook. Auch der Nachrichtendienst Twitter bietet seinen Nutzern ein Umfragetool. Facebook bietet diesen Dienst in verschiedenen Umfängen an. Neben einem Einleitungstext in die Umfrage und der Möglichkeit unterschiedliche Fragetypen zu stellen, bietet die Facebook-Umfrage auch multiple Antwortmöglichkeiten inklusive offener Antworten, die durch Video- und Bilddateien ergänzt werden können. Die Zielgruppe der Umfrage ist von Beginn an eingegrenzt, da die Möglichkeit der Befragung nur in Facebook-Communities besteht. Zusätzlich kann vorab auch eingegrenzt werden, welche weiteren Informationen zum jeweiligen Teilnehmer dabei erhoben werden sollen (vgl. Facebook Ireland Limited o.J.; Gerber 2017). Twitter bietet das Umfragetool in weniger ausführlicher Form an. Hier kann eine Frage gestellt werden und bis zu vier, allerdings nur geschlossene Antwortmöglichkeiten vorgegeben werden, die dann zwischen mindestens fünf Minuten und maximal 24 Stunden online ist. Die Umfrageergebnisse und -auswertungen sind sofort einzusehen, die Umfrage selber wird aber im Gegensatz zu Facebook anonym durchgeführt (vgl. Twitter 2017). Auch Instagram hat dieses Voting-Tool kürzlich in seine Software integriert. Hier können die Nutzer in der eigenen Instagram-Story eine Meinungsumfrage schalten, die zwei Antwortmöglichkeiten vorgibt. Gleich nachdem die Meinungsumfrage online gestellt wurde, können die Ergebnisse in Echtzeit abgerufen werden. Die Umfrage kann nur in der Instagram-Story eingebaut werden und erlischt somit nach 24 Stunden wieder (vgl. Instagram 2017).

Diese Softwaremöglichkeiten sind leicht zu bedienen und weniger zeit- und kostenintensiv als Tools der klassischen Marktforschung. Die Umfragen auf Social Media sind allerdings aufgrund der beschränkten Möglichkeiten eher oberflächlich und im Umfang deutlich begrenzt. Das hat im Sinne der Marktforschung klare Auswirkungen auf die Repräsentativität der in Social Media erhobenen Umfragen. Dennoch ermöglichen diese Unternehmen in gewissem Grad den Zugang zu interessierten und somit relevanten Nutzern durch die aktive Abfrage von Meinungen und können so gleichzeitige eine Steigerung der Interaktion in und mit der Community erreichen (vgl. Gerber 2017).

4 Methoden der Beobachtung (Sekundärmarktforschung)

4.1 Social Media Screening

Social Media Screening durchsucht soziale Medien nach relevanten Quellen für die Beantwortung von Fragestellungen und wird häufig am Anfang eines Social Media Monitorings eingesetzt. Hierbei unterstützt das Screening bei der Festlegung der relevanten Keywords – z. B. Unternehmensname, Marke, Produkte, Dienstleistungen, verwendete Suchbegriffe und Themen der Zielgruppe, Branche, Wettbewerb etc. - sowie bei der Definition einer relevanten Quellenbasis. Im Rahmen des Screenings können beispielsweise Forendiskussionen, Blogbeiträge, Twitter-Tweets, Facebook-Posts etc. rund um die definierten Keywords betrachtet werden (vgl. Aßmann und Pleil 2014, S. 301; Aßmann und Röbbeln 2013, S. 314 ff.; Bernecker und Beilharz 2016, S. 56 ff.; Grabs et al. 2017, S. 134).

In der Praxis wird das Social Media Screening neben der Vorbereitung für das Monitoring häufig im Rahmen des Bewerbungsprozesses eingesetzt, um geeignete Mitarbeiter zu identifizieren und um das Verhalten von Bewerbern in den sozialen Netzwerken zu überprüfen (vgl. Brooks 2017). Die Grenzen zwischen Social Media Screening und Social Media Monitoring sind oftmals fließend. Social Media Screening kann als Teil des Social Media Monitoring aufgefasst werden. Social Media Monitoring hingegen ist ein regelmäßig stattfindender Überwachungsprozess.

4.2 Social Media Monitoring

Social Media Monitoring oder auch Social Listening ist eine spezielle Form des Web Monitoring und gilt heutzutage als unverzichtbar. Social Media Monitoring beschäftigt sich mit der systematischen Identifikation, Beobachtung, Erfassung, Verarbeitung und Analyse der von den Nutzern erstellten Inhalte (Verhaltensdaten) im Social Web. Hier wird das Social Web (z. B. Blogs, soziale Netzwerke, Foren, etc.) kontinuierlich beispielsweise nach aktuellen Themen, authentischen Meinungen und Kritiken in Bezug auf die festgelegten Keywords durchsucht. Aus technischer Sicht wird hierbei in den sozialen Medien nach festgelegten Keywords gecrawlt (vgl. Aßmann und Pleil 2014, S. 295 ff.; Zahn 2017, S. 253; Zahn 2014, S. 4 ff.; Bartels 2017; Scheffler 2014, S. 20; Bernecker und Beilharz 2016, S. 93).

Die Datenerhebung im Rahmen des Social Media Monitorings kann manuell oder auch automatisiert ablaufen. Das manuelle Monitoring erfolgt händisch und ist sehr zeitaufwändig. Das automatisierte Monitoring verwendet verschiedene Social Media Monitoring-Tools, die kostenlos oder kostenpflichtig zur Verfügung stehen (vgl. Aßmann und Röbbeln 2013, S. 303; Aßmann und Pleil 2014, S. 595 f.). Zu diesen zählen beispielsweise Talkwalker, Icerocket, Social Mention, Buzzsumo, Social Searcher, Brandwatch und Hootsuite. Die Darstellung der Daten erfolgt dabei größtenteils in sogenannten Social Media Dashboards (vgl. Grabs et al. 2017, S. 136 ff.).

Die bei der Datenerhebung anfallenden Daten aus Texten, Bildern etc. in den sozialen Medien sind unstrukturierte Daten, welche zunächst für eine weitere Social Media

Analyse (Datenanalyse) aufbereitet und bereitgestellt werden müssen. Aus den gewonnen Erkenntnissen werden abschließend Handlungsempfehlungen (Social Media Intelligence) formuliert (vgl. Aßmann und Röbbeln 2013, S. 303 ff.; Aßmann und Pleil 2014, S. 595 ff.; Zahn 2017, S. 253; Bundesverband Digitale Wirtschaft (BVDW) e.V. 2017, S. 11 ff.; Jaume 2014). In Abbildung 4 ist dieser vierstufige Monitoring-Prozess zusammenfassend abgebildet.

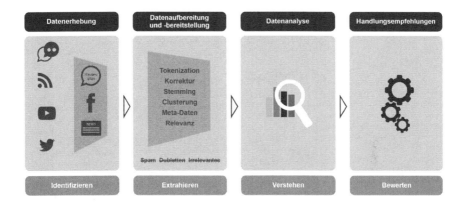

Abbildung 4: Social Media Monitoring Prozess

Quelle: Eigene Darstellung in Anlehnung an ForschungsWeb GmbH 2013

Die Aufgaben von Social Media Monitoring, welche auch als Gründe für die Nutzung angesehen werden können, sind weit gefasst. Das Monitoring eignet sich zu Beginn der Entwicklung einer Social Media Strategie für die Auswahl der zielgruppenrelevanten Kanäle (Social Media Nullmessung). Weiterhin können kritische Beiträge frühzeitig erkannt werden und auf mögliche Krisensituationen rechtzeitig reagiert werden. Zudem können Kunden(an)fragen gefunden und beantwortet werden, die Konkurrenz beobachtet und analysiert werden, Trends und Themen der Zielgruppe erkannt werden und Influencer identifiziert werden. Außerdem kann durch die Beobachtung der Kommunikation das Nutzverhalten, die Stimmungslage (Sentiment) und Tonalität der Konsumenten in einem für sie natürlichen Umfeld authentisch und unzensiert mitverfolgt werden (vgl. Aßmann und Röbbeln 2013, S. 308 ff.; Bernecker und Beilharz 2016, S. 243 ff.).

Die Sentiment-Analyse ermittelt die Stimmung in den sozialen Medien beispielsweise bezogen auf Produkte, Serviceleistungen, Kampagnen und Unternehmen. Sie ist eine Unterart des Text Mining und wird zur Messung der Tonalität in Texten und Extrahierung subjektiver Informationen aus Texten verwendet. Es lassen sich hierbei zwei Begriffe voneinander unterscheiden: Polarität und Intensität. Die Polarität gibt an, ob ein Sentiment positiv, negativ oder neutral ist. Die Intensität gibt an, ob die Tonalität in den Texten noch objektiv, schon subjektiv oder bereits vor Wut kochend ist. Insbesondere Sarkasmus, Ironie, Slang und Modeausdrücke erschweren Algorithmen, mit denen Emotionen klassifiziert werden, die Auswertung.

Abbildung5 stellt vereinfacht dar, wie im Rahmen der Sentiment-Analyse positive, negative und neutrale Wörter gezählt werden (vgl. Sterne 2011, S. 120 ff.; Facer 2017).

Abbildung 5: Sentiment-Analyse
Quelle: Facer 2017

Zusammenfassend ist festzuhalten, dass es notwendig ist, folgende Erfolgsfaktoren nicht zu vernachlässigen, um Social Media Monitoring erfolgreich einzusetzen: Identifikation der richtigen Kennzahlen, Konzentration auf das Wesentliche, Konsistenz und Regelmäßigkeit sowie die richtigen Schlüsse aus den Ergebnissen ziehen (vgl. Bernecker und Beilharz 2016, S. 255 ff.).

4.3 Social Media Analytics

Social Media Analytics ist klar von Social Media Monitoring abzugrenzen (siehe Abbildung6). Unterschiede bestehen vor allem in der Datenerhebung und in der Struktur der Daten. Während es sich bei Social Media Monitoring um unstrukturierte Daten handelt, liegen bei Social Media Analytics strukturierte Daten vor (vgl. Bundesverband Digitale Wirtschaft (BVDW) e.V. 2017, S. 7; Zahn 2017, S. 253). Zudem zielt das Social Media Monitoring darauf ab, sowohl das eigene Unternehmen als auch die Branche, die Konkurrenz etc. zu „überwachen"; hingegen zielt Social Media Analytics darauf ab, die Performance bzw. den Erfolg der eigenen Social Media Aktivitäten zu messen und wird daher häufig auch als Social Media Controlling bezeichnet (vgl. Budde 2014; Werner 2013, S. 3 ff.).

ABGRENZUNG DER BEGRIFFLICHKEITEN

BEGRIFF	METHODIK	METRIKEN / DATEN
Social Media Monitoring	- Grundlage: unstrukturierte, öffentliche Daten in Form von Textbeiträgen und immer häufiger auch Fotos und Videos - Beobachtung, Aggregation & Auswertung von Nutzerbeiträgen auf Social Media-Plattformen - Quantitative und qualitative Analyse der Daten zu Marken / Themen oder Produkten	- Textbeitrag - URL - Domain - Zeitstempel - Quellentyp - Autorenname - Tonalität / Sentiment - Metadaten wie z. B. Relevanzfaktoren (mozRank)
Social Media Analytics	- Erhebung von (häufig nur öffentlichen) Verhaltensdaten auf Social Media-Profilen bei Facebook, YouTube, Twitter oder Instagram & Co - Aggregation der Daten über API (Schnittstelle) der Plattformen - Click-Stream-Analysen	- Likes, Shares, Kommentare - Reichweite / Impressions - Views - Fans / Follower - Anzahl Nutzerbeiträge

Abbildung 6: Social Media Monitoring versus Social Media Analytics
Quelle: Bundesverband Digitale Wirtschaft (BVDW) e.V. 2017, S. 7

Social Media Analytics beinhaltet das Sammeln und die statistische Auswertung von Daten aus den sozialen Medien, wie die Anzahl Likes, Follower oder Kommentare. Auf Basis der Marketing- und Unternehmensziele werden sogenannte KPI's (Key Performance Indicator) definiert. Anhand dieser Indikatoren kann eine Aussage über den Wirkungsgrad einer Maßnahme getroffen werden. Somit können beispielsweise durch die Follower-Anzahl eines Unternehmens oder einer Marke Rückschlüsse auf das Kundenengagement gezogen werden (vgl. Bartels 2017).

5 Chancen und Herausforderungen

Social Media Research bietet Unternehmen und Marktforschungsinstituten interessante Möglichkeiten. Einerseits können Zielgruppen wesentlich leichter akquiriert werden und der dabei anfallende Zeit- und Kostenfaktor ist im Vergleich zur Marktforschung 1.0 wesentlich geringer (vgl. Bernecker und Beilharz 2016, S. 100). Zudem besteht die Chance, vorallem junge und mobile Zielgruppen zu erreichen, die zuvor nur schwer erreicht werden konnten. Die eben genannte Zielgruppe lässt sich in ihrer Umgebung, in den sozialen Medien, viel authentischer erforschen. Dadurch entstehen auch für die klassische Marktforschung Synergieeffekte, die beispielsweise die Aufnahme aller relevanten Aspekte für die Zielgruppe in einen Fragebogen begünstigt (vgl. Zahn 2014, S. 5 f.). Weiter liefert Social Media dem Konsumenten eine Plattform, um in direkten Dialog und Kontakt mit Unternehmen zu treten. Hier kann dieser Meinungen und Emotionen frei kommunizieren, womit Social Media Research authentische Daten ohne Verzerrung durch beispielsweise Befragungs- oder Laborsituation liefern kann. Für Unternehmen bietet Social Media Research außerdem den Vorteil der Datenverfügbarkeit in Echtzeit über das angebotene Produkt oder eine neu veröffentlichte Kampagne, ohne kosten- und zeitaufwändige Marktforschungsanalysen durchführen zu müssen. Marktforschung in Social Media ist nicht ortsgebunden und kann von beliebigen Orten mit Internetzugang durchgeführt werden, was die Durchführung merklich erleichtern kann. Auch sind Daten in Social Media langfristig gespeichert, was es der Forschung erleichtert eine rückwirkende Datenanalyse durchzuführen („Das Internet vergisst nichts") (vgl. Steffen 2014, S. 101 f.).

Gerade in Bezug auf den Grundsatz der Wissenschaftlichkeit der Vorgehensweise in der Marktforschung steht Social Media Research in der Kritik. Social Media Research eignet sich unter Umständen zwar für Datenerhebung in thematisch eng gefassten Zielgruppen, obwohl auch hier auf eine mögliche Verzerrung durch die Unterscheidung von aktiv-beitragenden Mitgliedern und nur passiv-nutzenden Mitgliedern der Community zu achten ist. Daher sind Diskussionsbeiträge und Meinungen in den sozialen Medien nicht repräsentativ. Social Media Research eignet sich nach dem Grundsatz der Wissenschaftlichkeit aber aufgrund fehlender, verlässlicher Metadaten nicht für weitläufige bevölkerungsrepräsentative Aussagen. Denn in den sozialen Medien liegen keine oder nur sehr wenige soziodemographische Daten der Diskussionsteilnehmer und Meinungsäußerer vor. Demnach muss im Fall einer Social Media Research klar kommuniziert und offengelegt werden, in welchem Rahmen die Befragungsergebnisse überhaupt als forschungsrelevant betrachtet und auch interpretiert werden dürfen (vgl. Knapp 2017, S. 166 f.; Steffen 2014, S. 102 f.).

Wie auch die klassische Marktforschung steht Social Media Research zusätzlich vor der Herausforderung, die drei Gütekriterien Reliabilität, Validität und Objektivität zu erfüllen. Objektivität gibt dabei an, dass die gewonnenen Ergebnisse unabhängig von der durchführenden Person der Messung erzielt wurden und somit andere Personen zum gleichen Ergebnis kommen. Reliabilität gewährleistet, dass die Ergebnisse unabhängig vom Ablauf der Messung gewonnen wurden und somit auch bei einer Wiederholung der Messung die gleichen Ergebnisse erzielt werden. Die Validität eines Ergebnisses stellt sicher, dass durch die Messung auch wirklich der zuvor definierte Untersuchungsgegenstand gemessen wird. Ein zentraler Punkt bei Befragungen ist zudem die Fragebogenkonstruktion. Dabei ist eine weitere Herausforderung die Messbarmachung (Operationalisierung) von nicht beobachtbaren Sachverhalten (Konstrukten) (vgl. Homburg 2017, S. 256 f.; Hoffmann und Akbar 2016, S. 23 f.).

Die konsequente und permanente Analyse von Social Media erfordert den Einsatz entsprechender Ressourcen. Die enormen Datenmengen, die sich im Kontakt mit Social Media Research und den einzelnen Methoden der Datensammlung ergeben, bringen eine umfangreiche und daher zeit- und kostenintensive Analyse mit sich. Die unzähligen Meinungsäußerungen, die über Social Media täglich publiziert werden, stellen Unternehmen auch im Bereich der Sentiment-Analyse vor Herausforderungen. Im Vergleich zur klassischen Marktforschung wird Social Media Research fast ausschließlich mit unmittelbaren und spontanen Emotionen konfrontiert. Auch Ironie und Sarkasmus werden gerne und häufig genutzt. Dies macht eine automatisierte Analyse der erhobenen Daten zusätzlich kompliziert. Die Masse an Daten muss automatisiert und permanent ausgewertet werden. Hier fallen beispielsweise Ungenauigkeiten und Fehler in der Wortanalyse oder Probleme bei der Relevanzbe-wertung und exakten Zuordnung zu den gewünschten Sachverhalten an (vgl. Schönebeck und Skottke 2017, S. 238 ff.; Kayser und Rath 2015, S. 125 f.).

6 Fazit

Social Media hat sich in Deutschland etabliert und ist aus dem Unternehmensalltag nicht mehr wegzudenken. Aus diesem Grund ist auch Social Media Research, speziell aber die Social Media Research Methoden der Beobachtung, nicht zu vernachlässigen. Unternehmen- die sich über die aktuelle Stimmungslage der Zielgruppe oder Konsumenten informiert halten möchten, kommen nicht umher, sich mit den Hintergründen von Social Media Screening und Monitoring, aber auch Social Media Analytics zu beschäftigen. Diese neue Art der Beobachtung kann die Marktforschung in ihrer klassischen Art nicht bieten. Weiter sind die Social Media Research Methoden der Befragung eine durchaus sinnvolle Ergänzung für einige Methoden der klassischen Marktforschung. Beispielsweise dann, wenn Social Media Research als Vorphase von klassischen Methoden genutzt wird, kann von einem Synergieeffekt gesprochen werden, der der gesamten Marktforschung zu Nutzen kommt. Die Social Media Research Instrumente können auf allen Social Media Plattformen angewandt werden, auf einem Kanal, wie auch kanalübergreifend.

Trotz der vielen Vorteile und Erleichterungen die Social Media Research mit sich bringt, gibt es doch klare Limitierungen. Deshalb kann Social Media Research – auf ihrem aktuellen Stand – keine klassische Marktforschung mit ihren etablierten Methoden ersetzen.

Quellenverzeichnis

Aßmann, S., Pleil, T. (2014): Social Media Monitoring, Grundlagen und Zielsetzungen, in: Zerfaß, A., Piwinger, M. (Hrsg.): Handbuch Unternehmenskommunikation, Strategie - Management – Wertschöpfung, Gabler, 585-604.

Aßmann, S., Röbbeln, S. (2013): Social Media für Unternehmen, Das Praxisbuch für KMU, Galileo Press (Galileo Computing), Bonn.

Bartels, J. (2017): Social Media: Monitoring, Analyse, Analytics – wo liegen die Unterschiede? Hg. v. contentmanager.de, JAKLAH Consult & Invest GmbH, www.contentmanager.de/social-media/social-media-monitoring-analyse-analytics-wo-liegen-die-unterschiede/, Zugriff am: 26.11.2017.

Bernecker, M., Beilharz, F. (2016): Social-Media-Marketing, Strategien, Tipps und Tricks für die Praxis, 4. Aufl., Johanna-Verlag, Köln.

Böhler, J., Erlach, A., Stahr, K., Vormann, H. (2015): Entwicklungslinien der betrieblichen Marktforschung in der Finanzindustrie, in: Keller, B., Klein, H.-W., Tuschl, S. (Hrsg.): Zukunft der Marktforschung, Entwicklungschancen in Zeiten von Social Media und Big Data, Springer Gabler, Wiesbaden, 223-251.

Brooks, C. (2017): Social Screening: What Hiring Managers Look For On Social Media, Keep It Clean: Social Media Screenings Gain in Popularity, Hg. v. Business News Daily, www.businessnewsdaily.com/2377-social-media-hiring.html, Zugriff am: 26.11.2017.

Budde, L. (2014): Social-Media-Analytics: 8 Tools zur Analyse deiner sozialen Aktivitäten, Hg. v. t3n digital pioneers, yeebase media GmbH, t3n.de/news/social-media-analytics-tools-529797/, Zugriff am: 26.11.2017.

Bundesverband Digitale Wirtschaft (BVDW) e.V. (Hrsg.) (2017): Social Media Monitoring in der Praxis, Grundlagen, Praxis-Cases, Anbieterauswahl und Trends, www.bvdw.org/fileadmin/bvdw/upload/publikationen/social_media/Leitfaden_Social_Media_Monitoring_2017.pdf, Zugriff am: 26.11.2017.

Facebook Ireland Limited (Hrsg.) (o.J.): Publish Engaging Surveys On Facebook, apps.facebook.com/my-surveys/?ref=u2u /, Zugriff am: 25.11.2017.

Facer, C. (2017): Twitter Sentiment Analysis Example, Hg. v. Displayr, www.displayr.com/sentiment-analysis-simple/, Zugriff am: 25.11.2017.

ForschungsWeb GmbH (Hrsg.) (o.J.): Social Media Analyse, www.forschungsweb.com/leistungen/social-media-analyse/, Zugriff am: 25.11.2017.

ForschungsWeb GmbH (Hrsg.) (2013): Social Media Monitoring - Eine Einführung in Analysemöglichkeiten, Einsatzbereiche und Anwendungsfelder, Monitoring-Prozess, image.slidesharecdn.com/socialmediamonitoring-eineeinfhrungin-analysemglichkeiteneinsatzbereicheundanwendungsfelder-130912053847-phpapp02/95/social-media-monitoring-eine-einfhrung-in-analysemglichkeiten-einsatzbereiche-und-anwendungsfelder-3-638.jpg?cb=1397456947, Zugriff am: 26.11.2017.

Gerber, C. (2017): Wie Sie Facebook Umfragen erstellen können, Hg. v. Communicate and Sell, Ebner Verlag GmbH & Co. KG, Ulm, www.communicateandsell.de/social-media/wie-sie-facebook-umfragen-erstellen-koennen/, Zugriff am: 25.11.2017.

Grabs, A., Vogl, E. Bannour, K.-P. (2017): Follow me! Erfolgreiches Social Media Marketing mit Facebook, Twitter und Co., 4. Aufl., Rheinwerk Computing, Bonn.

Gruner, R.L. (2017): Crowdsourcing – no substitute for old school market research, Hg. v. Westburn Publishers Ltd. Journal of Marketing Management, www.jmmnews.com/crowdsourcing-no-substitute-old-school-market-research/, Zugriff am: 25.11.2017.

Gruner, R.L., Power, D. (2017): What's in a crowd? Exploring crowdsourced versus traditional customer participation in the innovation process, in: Journal of Marketing Management 33 (13-14), 1060-1092.

Hoffmann, S., Akbar, P. (2016): Konsumentenverhalten, Springer Fachmedien, Wiesbaden.

Homburg, C. (2017): Marketingmanagement, Strategie - Instrumente - Umsetzung – Unternehmensführung, 6. Aufl. 2017, Springer Fachmedien, Wiesbaden.

Ihl, C., Piller, F. (2010): Von Kundenorientierung zu Customer Co-Creation im Innovationsprozess, in: Marketing Review St. Gallen 27 (4), 8-13.

Instagram (Hg.) (2017): Introducing Polls in Instagram Stories, instagram-press.com/blog/2017/10/03/introducing-polls-in-instagram-stories/, Zugriff am: 25.11.2017.

Jaume, J. (2014): Was ist der Unterschied zwischen Social Listening, Analyse und Intelligence? Hg. v. Brandwatch, www.brandwatch.com/de/2014/01/unterschied-zwischen-social-listening-analys-und-intelligence/, Zugriff am: 26.11.2017.

Kaiser, C., GfK Verein (2014): Soziale Medien als Mittel der Produktgestaltung (Co-Creation), in: König, C. Stahl, M., Wiegang, E. (Hrsg.): Soziale Medien, Gegenstand und Instrument der Forschung, Springer (Schriftenreihe der ASI - Arbeitsgemeinschaft Sozialwissenschaftlicher Institute), Wiesbaden, 171-194.

Kayser, S.; Rath, H.H. (2015): Marktforschung 2.0, Authentische Meinungen in Echtzeit erschließen, in: Keller, B., Klein, H.-W., Tuschl, S. (Hrsg.): Zukunft der Marktforschung, Entwicklungschancen in Zeiten von Social Media und Big Data, Springer Gabler, Wiesbaden, 121-134.

Knapp, F. (2017): Normen und Richtlinien für die Online-Marktforschung im Kontext aktueller Trends, in: Theobald, A. (Hrsg.): Praxis Online-Marktforschung, Grundlagen - Anwendungsbereiche – Durchführung, Gabler, Wiesbaden, 165-173.

Magerhans, A. (2016): Marktforschung, Eine praxisorientierte Einführung, Springer Gabler, Wiesbaden.

Müller-Peters, H. Lübbert, C. (2015): Bitte forschen Sie weiter! Ein Rück-, Ein- und Ausblick auf die Marktforschung, in: Keller, B., Klein, H.-W., Tuschl, S. (Hrsg.): Zukunft der Marktforschung, Entwicklungschancen in Zeiten von Social Media und Big Data, Springer Gabler, Wiesbaden, 1-13.

Scheffler, H. (2014): Soziale Medien, Einführung in das Thema aus Sicht der Marktforschung, in: König, C., Stahl, M., Wiegang, E. (Hrsg.): Soziale Medien, Gegenstand und Instrument der Forschung, Springer (Schriftenreihe der ASI - Arbeitsgemeinschaft Sozialwissenschaftlicher Institute), Wiesbaden, 13-27.

Schönebeck, B., Skottke, E.-M. (2017): „Big Data" und Kundenzufriedenheit: Befragungen versus Social Media? In: Gansser, O., Krol, B. (Hrsg.): Moderne Methoden der Marktforschung, Kunden besser verstehen, Springer Fachmedien (FOM-Edition, FOM Hochschule für Oekonomie & Management), Wiesbaden, 229-245.

Steffen, D. (2010): Marktforschung und Web 2.0, in: Bär, M., Borcherding, J., Keller, B. (Hrsg.): Fundraising im Non-Profit-Sektor, Marktbearbeitung von Ansprache bis Zuwendung. Gabler Verlag / GWV Fachverlage, Wiesbaden, 271-282.

Steffen, D. (2014): Verknüpfung von Daten aus Sozialen Medien mit klassischen Erhebungsmethoden, in: König, C., Stahl, M., Wiegang, E. (Hrsg.): Soziale Medien, Gegenstand und Instrument der Forschung, Springer (Schriftenreihe der ASI - Arbeitsgemeinschaft Sozialwissenschaftlicher Institute), Wiesbaden, 97-110.

Sterne, J. (2011): Social Media Monitoring. Analyse und Optimierung ihres Social Media Marketings auf Facebook, Twitter, YouTube and Co., Mitp-Verlag, Heidelberg.

Twitter, Inc. (Hg.) (2017): Twitter Umfragen, Twitter Hilfe-Center, support.twitter.com/articles/20174533, Zugriff am: 25.11.2017.

Ullrich, C.G., Schiek, D. (2015): Forumsdiskussionen im Internet als reaktives Instrument der Datenerhebung, in: Schirmer, D., Sander, N., Wenninger, A. (Hrsg.): Die qualitative Analyse internetbasierter Daten, Methodische Herausforderungen und Potenziale von Online-Medien, Springer Fachmedien, Wiesbaden, 133-159.

Werner, A. (2013): Social Media - Analytics & Monitoring, Verfahren und Werkzeuge zur Optimierung des ROI, Dpunkt, Heidelberg.

Wübbenhorst, K. (o.J.a): Definition nicht reaktive Messverfahren, Gabler Wirtschaftslexikon, Hg. v. Springer Fachmedien Wiesbaden GmbH, wirtschaftslexikon.gabler.de/Definition/nicht-reaktive-messverfahren.html, Zugriff am: 01.12.2017.

Wübbenhorst, K. (o.J.b): Definition reaktive Messverfahren, Gabler Wirtschaftslexikon, Hg. v. Springer Fachmedien Wiesbaden GmbH, wirtschaftslexikon.gabler.de/Definition/reaktive-messverfahren.html, Zugriff am: 01.12.2017.

Zahn, A.-M. (2014): Status Quo der Social Media Forschung, in: marktforschung.dossier (Hrsg.): Social Media, Ein Hype in der Krise? Köln, 4-11, www.marktforschung.de/fileadmin/user_upload/Redaktion/marktforschung.dossier/marktforschungdossier_SocialMedia_Januar-2014.pdf, Zugriff am: 19.11.2017.

Zahn, A.-M. (2017): Einsatz von Social Media Monitoring für die Marktforschung, in: Theobald, A. (Hrsg.): Praxis Online-Marktforschung, Grundlagen - Anwendungsbereiche – Durchführung, Gabler, Wiesbaden, 253-268.

Social Customer Service

Sabrina Herrmann und Pia Katharina Katz

1 Einleitung

Über traditionelle Kanäle wie Telefon oder E-Mail, jedoch zunehmend auch über Twitter, Facebook und Instagram, geben Kunden ihre Meinungen, Kommentare und Beschwerden ab. Dabei kommunizieren sie ihr Anliegen genau in dem Social Media Kanal, in dem sie sich gerade aufhalten. Kundenservice über Social Media Kanäle (nachfolgend „Social Customer Service" genannt) haben viele Unternehmen mittlerweile für sich entdeckt, so dass Social Customer Service längst kein neuer Trend in der digitalen Kommunikation mehr darstellt. Der grundlegende Unterschied zum klassischen Kundenservice ist der offene und sichtbare Servicedialog, über dessen Qualität positiv wie auch negativ frei und öffentlich diskutiert wird. Bedingt durch die Häufigkeit, Intensität und Selbstverständlichkeit der Nutzung von Social Media haben sich die Qualität und Quantität von Social Customer Service nachhaltig verändert. Ein vernetzter Kunde äußert seine Beschwerde oder seinen „Hilferuf" über seinen präferierten Kanal und lässt dem Unternehmen hier kaum eine Wahl bezüglich Social Customer Service. Unternehmen stehen vor der Herausforderung, nicht nur den „rebellischen" Kunden zu sehen, sondern auch den Mehrwert zu erkennen, der durch Social Customer Service generiert werden kann.

Im Rahmen dieses Kapitels wird erörtert, inwieweit der Kundenservice in Social Media einen Nutzen für Unternehmen stiften kann. Hierfür wird zu Beginn die Bedeutung des Kundenservice näher betrachtet, um herauszufinden, inwiefern sich Social Customer Service im Unternehmen einsetzen lässt. Ziel ist es, anhand diverser praxisnaher Beispiele aufzuzeigen, auf welche Erfolgsfaktoren Unternehmen besonderen Wert legen sollten, um guten Social Customer Service zu betreiben und wie die daraus resultierende Kundenzufriedenheit gemessen werden kann. Im Rahmen einer Gegenüberstellung von Möglichkeiten und Grenzen werden die gewonnenen Erkenntnisse abgebildet, um abschließend ein Fazit ziehen zu können.

2 Bedeutung von Social Customer Service

Bis 2014 hat der Großteil der deutschen Unternehmen Kundenservice in Social Media noch stark vernachlässigt, sodass die Interaktion vor allem von Seiten des Marketings und der Public Relations stattgefunden hat (vgl. Simmet 2014a). Heute sieht die Mehrheit der Unternehmen das Potenzial für den Einsatz digitaler Technologien neben der Kundenakquise vor allem beim Kundenservice (vgl. Humpert 2017). „Bedingt durch die wachsenden Ansprüche der Kunden sind Service und Support über Social-Media-Kanäle für die meisten Unternehmen heute zu einem „must-have" geworden." (Kreutzer et al. 2015). „Im Zuge des Social Media-Marketing versuchen Unternehmen, soziale Medien zur Erreichung eigener Marketing-Ziele nutzbar zu machen." (Dimension Data 2015, S. 5). So kann beispielsweise die Erhöhung der Kundenzufriedenheit aber auch eine Kostensenkung Ziel des Einsatzes von Social Media Kanälen sein. Die Telekom-Tochter T-Systems setzt Social Media beispielsweise für das Beschwerdemanagement bei B2B-Großkunden ein, um die kostenintensiven Telefon-Hotlines zu entlasten (vgl. Humpert 2017). Allgemein betrachtet, kann der Kundenservice und damit auch Social Customer Service einen Wettbewerbsvorteil darstellen. „Guter Kundenservice reduziert Absprünge, treibt die Loyalität an und verfügt über die Möglichkeit, den Kundenwert zu steigern, indem zusätzliche Produkte und Dienstleistungen verkauft werden." (Meehan 2016). Die Fluggesellschaft KLM erkannte beispielsweise den Messenger als bevorzugten Kommunikationskanal ihrer Kunden und nutzt diesen als Kontaktpunkt zur Flugbuchung (vgl. Hutter 2016).

Die folgende Abbildung 1 verdeutlicht die Signifikanz von Social Customer Service in der heutigen Zeit.

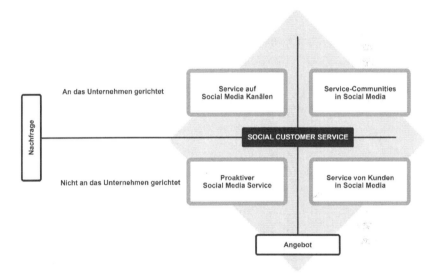

Abbildung 1: Social Customer Service als neuer Basis-Trend in der digitalen Kommunikation
Quelle: In Anlehnung an Simmet 2014a

Social Customer Service besteht aus den Komponenten „Service auf Social-Media-Kanälen", „Service-Communities in Social Media", „Proaktiver Social Media Service" und "Service von Kunden in Social Media". Welche Art von Service benötigt wird, hängt von Angebot und Nachfrage ab. Als Angebot kann ein Service durch das Unternehmen oder ein Service durch den Kunden vorliegen (vgl. Simmet 2014a). Die Nachfrage ist entweder an das Unternehmen oder nicht an das Unternehmen gerichtet. Wird die Nachfrage des Kunden an das Unternehmen gerichtet, so kann dieses direkt mit dem Kunden über die entsprechenden Social Media Kanäle in Verbindung treten und einen Service zur Problembehebung anbieten. Der Service kann ebenso in sogenannten Service-Communities erfolgen. Dort beschäftigen sich Kunden mit auftretenden Problemen anderer Kunden. In der Regel sind dies keine reinen Self-Service Communities, da die Diskussionen von Moderatoren geführt werden. Die Vielzahl von Mitgliedern in den Communities und die damit verbundene Schwarmintelligenz erhöht die Reaktionsgeschwindigkeit und kann sich positiv auf die Kundenzufriedenheit auswirken. Wird die Nachfrage des Kunden nicht an das Unternehmen gerichtet, so kann dieses durch einen proaktiven Service auf den Social Media Kanälen auftretende Probleme im Vorfeld identifizieren und dem Kunden einen Lösungsansatz zur Verfügung stellen. Es kann ein Service von Kunden in Foren und unabhängigen Communities angeboten werden, wodurch das Unternehmen gänzlich aus dem Problembehebungsprozess herausgehalten wird (vgl. Simmet 2014a).

3 Erfolgsfaktoren für Social Customer Care

Für guten Kundenservice gibt es weder offline noch online ein Patentrezept. Social Customer Service ist eine neue Form des Kundenservice. Dennoch sind die Erfolgsfaktoren, die nachfolgend aufgeführt und diskutiert werden, nicht ausschließlich für Social Media von höchster Relevanz. In der Literatur gibt es eine Vielzahl von Faktoren, die als Erfolgsfaktoren für Social Customer Service bezeichnet werden. Im Rahmen dieses Beitrages werden die relevantesten Faktoren für Social Customer Service herausgearbeitet und entsprechend evaluiert.

3.1 Lösungsqualität

Ein fundamentaler Faktor für erfolgreichen Kundenservice ist die Lösungsqualität. Für Unternehmen ist es hier daher unerlässlich, die Bedürfnisse der eigenen Kunden zu kennen. Hinsichtlich des Beschwerdemanagements ist es notwendig, die Beschwerde nicht nur anzunehmen, sondern genau zu hinterfragen, um zu erkennen, welches Kernproblem der Kunde hat (vgl. Marketing Resultant GmbH 2016). Wurde dieses Kernproblem identifiziert, so muss sensibel herangegangen werden, um einen geeigneten Lösungsansatz zur Behebung des Problems zu definieren (vgl. tellyou 2011). Nur wenn das Kernproblem erkannt und die Bedürfnisse des Kunden evaluiert wurden, kann eine bestmögliche Lösungsqualität garantiert werden. Die Interaktion mit dem Kunden zur Identifikation des Kernproblems stellt damit einen wichtigen Bestandteil dar, um nähere Informationen zur Beschwerde oder zur Anfrage zu erhalten (vgl. Marketing Resultant GmbH 2016). Ein gutes Beispiel für eine angemessene Interaktion mit dem Kunden, um zur gewünschten Lösung zu kommen, ist der Kundenservice von KLM. Der Fluggast stellt KLM etwa die Frage, ob es möglich ist, eine Posterrolle mitzuführen. Um eine adäquate Antwort liefern zu können und so bestmögliche Lösungsqualität zu gewährleisten, bittet der Kundenservice von KLM den Fluggast um nähere Informationen zu Umfang und Größe der Posterrolle. Nachdem KLM die verschiedenen Möglichkeiten abgewogen hat, wird dem Kunden ein Lösungsvorschlag unterbreitet, sodass die Kundenzufriedenheit deutlich steigt, was am Antwort-Post des Kunden zu erkennen ist (vgl. Abb. 2).

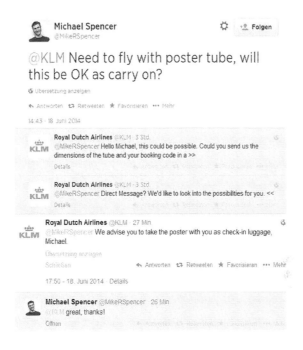

Abbildung 2: Lösungsorientierter Kundenservice am Beispiel KLM

Quelle: Spencer 2014

Durch die Interaktion mit den Kunden wird diesem das Gefühl vermittelt, dass das Unternehmen sein Anliegen verantwortungsbewusst bearbeitet und er dem Unternehmen wichtig ist (vgl. Richter 2018). Das Ernstnehmen von Anfragen und Beschwerden ist ein weiterer wichtiger Aspekt (vgl. Marketing Resultant GmbH 2016). Eine qualitativ hochwertige Lösung muss der Kunde als solche registrieren; diesbezüglich spielen eine Vielzahl von Faktoren eine Rolle. Auch scheinbar banale irrelevante Anfragen und Beschwerden müssen von Unternehmen entsprechend ernst genommen werden, sodass diese einer verantwortungsbewussten Abwicklung unterzogen werden. Dies vermittelt dem Kunden das Gefühl, dass die angebotene Lösung zu seinen Bedürfnissen passt, wodurch die Wahrscheinlichkeit der Zufriedenstellung erhöht wird (vgl. Marketing Resultant GmbH 2016).

3.2 Eigenaufwand

Der Eigenaufwand des Kunden ist ein essentieller Baustein für erfolgreichen Social Customer Service. Hat der Kunde ein Anliegen, sei es lediglich eine Anfrage oder eine Beschwerde, bedarf es seiner Initiative, um dieses dem Unternehmen gegenüber zu kommunizieren (vgl. tellyou 2011). Handelt es sich um eine Beschwerde, ist es von besonders hoher Relevanz den Eigenaufwand des Kunden so gering wie möglich zu halten, da der Kunde durch Einreichen seiner Beschwerde häufig negativ gegenüber dem Unternehmen eingestellt ist (vgl. Eishofer 2015).

Zur Reduktion des Eigenaufwandes des Kunden zählt der möglichst geringe Zeitaufwand, den der Kunde im Rahmen des Reklamations- bzw. Beschwerdeprozesses aufwenden sollte. Kunden sind häufig nicht gewillt, sich mit langwierigen Reklamations- bzw. Beschwerdeprozessen auseinanderzusetzen. Sie möchten ihr Problem lediglich kommunizieren und schnellstmöglich einen Lösungsvorschlag bekommen, ohne in den Beschwerdeprozess involviert zu werden (vgl. Heymann-Reder 2011, S. 19). Das Problem mit einem Produkt oder einer Dienstleistung stellt an sich schon ein Ärgernis für den Kunden dar, weswegen er nicht gewillt ist, viel Zeit für eine Lösungsfindung aufzuwenden (vgl. Eishofer 2015).

Ein weiterer Aspekt zur Reduktion des Eigenaufwandes des Kunden ist die Verminderung von Unsicherheit und Stress. Ein Stressfaktor stellt beispielsweise eine eingeschränkte Erreichbarkeit dar, denn dann fühlt sich der Kunde genötigt, sich an bestimmte, vorgegebene Uhrzeiten zu halten um einen Ansprechpartner zu erhalten (vgl. Smith 2016). Auch eine Kommunikation in einer Fremdsprache stellt beispielsweise einen Stressfaktor für den Kunden dar. Wird dem Kunden nicht ermöglicht, (v. a. bei internationalen Unternehmen), sich in seiner Muttersprache auszudrücken, so wird dies vom Kunden als erhöhter Eigenaufwand und Stress empfunden. Des Weiteren löst eine Kommunikation in einer Fremdsprache Unsicherheit beim Kunden aus, da etwaige sprachliche Barrieren entstehen können (vgl. Kreutzer und Hinz 2010).

Ein gutes Beispiel wie sich der Stress und Unsicherheit beim Kunden verringern lässt, liefert erneut die holländische Fluggesellschaft KLM. Durch ihren Kundenservice, der via Social Media 24/7 für die Fluggäste verfügbar ist, können diese davon ausgehen, dass ihnen innerhalb kürzester Zeit geantwortet wird. Auch wird bereits angezeigt, wie lange der Fluggast in etwa auf seine Antwort zu warten hat. Außerdem bietet KLM seinen Kundenservice in zehn verschiedenen Sprachen an, was das Problem der Sprachbarrieren in vielen Fällen lösen dürfte, da dadurch die für die Fluggäste von KLM relevantesten Sprachen abgedeckt sein dürften.

Abbildung 3: Aktuelle Reaktionszeiten von KLM als Twitter-Headerbild

Quelle: Maier 2014

Als dritter essentieller Bestandteil zur Reduktion des Eigenaufwandes ist die Kontaktsuche mit dem Kunden zu nennen. Der Kunde möchte, nachdem er einmalig sein Anliegen an das Unternehmen herangetragen hat, nicht ständig nach dem aktuellen Stand seines Anliegens fragen. In diesem Zuge ist es die Aufgabe des Unternehmens proaktiv auf den Kunden zuzugehen, um weitere Informationen bezüglich des Anliegens zu erhalten und dem Kunden entsprechendes Interesse an seinem Anliegen zu signalisieren (vgl. Eishofer 2015). Der Kunde befindet sich in einer Position, in der er lediglich reagieren muss, was ihm das Gefühl eines geringeren Eigenaufwandes vermittelt.

3.3 Individualität

Der Kunde ist auch in den Social Media kein anonymer, digitaler Internetnutzer, sondern muss als eigenständiges Individuum und als Mensch wahrgenommen werden. Aus diesem Grund ist es essentiell, dass Kundenwünsche ernst genommen werden und für jedes Anliegen eine individuelle Lösung ausgearbeitet wird, die auf die Bedürfnisse des jeweiligen Kunden zugeschnitten ist (vgl. Eishofer 2015).

Gut umgesetzt wurde der Kundenservice im Hinblick auf Individualität und Kundenbegeisterung von JetBlue Airways. Ein Fluggast postete bei der Ankunft in Boston, dass er sich von JetBlue eine Willkommensparade wünsche. JetBlue organisierte daraufhin einige Flughafenmitarbeiter, die zusammen mit der Familie eine Willkommensparade boten. Dies wurde wiederum auf Twitter gepostet mit der Randbemerkung, es sei eine Kleinigkeit, um sich an JetBlue zu erinnern (vgl. Abb. 4).

Bei allgemeinen Floskeln und standardisierten Maßnahmen neigt ein Kunde dazu, sich übergangen zu fühlen, was seine Einstellung gegenüber dem Unternehmen gravierend beeinflussen kann. Wird jedoch das Beispiel von JetBlue betrachtet, so erkennt man, dass mittels geringen Aufwandes von Seiten des Unternehmens, die

Kundenbegeisterung erlangt werden kann. Begeisterte Kunden neigen außerdem dazu, ihre positiven Erlebnisse mit anderen Nutzern der Community zu teilen, um besondere Erfahrungen publik zu machen.

Abbildung 4: Beispiel für individuelle Reaktion auf einen Twitter-Post

Quelle: Burrows 2014

Hinsichtlich der Individualität müssen ebenso die Bedürfnisse und Wünsche der Zielgruppe erkannt werden, um gezielte Maßnahmen im Rahmen von Social Customer Service anzustreben. Es ist daher für Unternehmen unerlässlich zu wissen, in welchen Social Media Kanälen die Zielgruppe präsent ist, welches Medium den bevorzugten Kommunikationskanal hinsichtlich der Beschwerden darstellt und welcher Kanal von der Zielgruppe zur Äußerung von Anregungen und Wünschen genutzt wird (vgl. Smith 2016). Durch diese Identifikation kann ein Unternehmen gezielt Social Customer Service betreiben und so seine Ressourcen bündeln.

Eine aktive Kundeneinbindung fördert die Interaktion der Kunden mit dem Unternehmen, sodass diese animiert werden, ihre Bedürfnisse und Wünsche zu äußern und dem Unternehmen Optimierungspotenziale aufzeigt werden (vgl. Wünderlich 2014). Dies geschieht beispielsweise über die Einbindung von Kunden in die Entwicklung neuer Ideen, etwa neuer Geschmacksrichtungen bei Starbucks.

Abbildung 5: Beispiel für Einbindung von Kunden in Entwicklungsprozesse

Quelle: Starbucks 2018

Der Kunde wird aktiv in das Unternehmen eingebunden, sodass ihm durch sein Engagement das Gefühl eines wertvollen Kunden vermittelt wird (vgl. Knöchel und North 2018). Die Tonalität bei der Kundenansprache ist in den Social Media ein ausschlaggebender Faktor. Jeder Internetnutzer kommuniziert auf seine eigene Art und Weise, in seiner eigenen Sprache, mit seiner eigenen Ausdrucksweise. Für Unternehmen ist es bei der Reaktion auf Beschwerden oder Anfragen unerlässlich exakt die Tonalität des Kunden zu treffen (vgl. Firsching 2017). Die für den Social Customer Service verantwortlichen Mitarbeiter müssen entsprechend geschult werden, um ein Kunden-Anliegen in der entsprechenden Tonalität zu erwidern (vgl. tellyou 2011). Aus diesem Grund gilt es herauszufiltern, ob das Anliegen des Kunden formell oder informell vorgetragen wurde. Wurde diese Tonalität herausgefiltert, müssen die geschulten Mitarbeiter darauf passend reagieren.

3.4 Bearbeitungsdauer

Bearbeitungsdauer und die nachfolgend angesprochene Reaktionsgeschwindigkeit müssen von Unternehmen klar unterschieden werden. Die Bearbeitungsdauer bezeichnet die Dauer vom Zeitpunkt des Einreichens des Anliegens bis zur Lösung bzw. Behebung des Anliegens. Eine lange Bearbeitungsdauer wird vom Nutzer und dadurch häufig von der Community als besonders negativ aufgefasst. Dies wirkt sich schädlich auf das Unternehmensimage sowie die Wahrnehmung des Unternehmens in Social Media aus.

Ein Negativ-Beispiel hierfür stellt etwa British Airways dar. Ein verärgerter Fluggast twitterte abends gegen 20 Uhr „Fliegen Sie nicht mit British Airways. Der Kundenservice ist entsetzlich." Die Antwort von British Airways erfolgte jedoch erst am darauffolgenden Tag mit dem Hinweis, dass der Kundenservice via Twitter lediglich zwischen 9 und 17 Uhr zur Verfügung steht. Für einen verärgerten Kunden, der sich eine schnelle Bearbeitung seines Anliegens wünscht, ist dies ein inakzeptables Vorgehen. Der Kunde bleibt ohne angemessene Entschädigung dem Unternehmen gegenüber negativ eingestellt und verärgert. Auch schädigt es allgemein das Unternehmensimage, da sich der verärgerte Tweet einen halben Tag unbeantwortet auf Twitter halten konnte, ohne dass sich British Airways dazu hätte äußern können.

Abbildung 6: Negativbeispiel - wie schlechter Kundenservice in Social Media das Image eines Unternehmens beschädigen kann

Quelle: Süddeutsche Zeitung 2013

Ein fester Ansprechpartner hat innerhalb der Bearbeitung eines Anliegens einen positiven Einfluss auf den Social Customer Service (vgl. tellyou 2011). Sollte dieser nicht mit ihm in Kontakt treten können, ist eine Vertretung oder ein Ersatz für die verbleibende Bearbeitungszeit unabdingbar. Der Ansprechpartner bedarf einer entsprechenden Kompetenz, welche voraussetzt, dass er vom Unternehmen geschult und auf die Situationen vorbereitet wurde (vgl. tellyou 2011). Innerhalb des Bearbeitungszeitraums sollte der Prozess in so wenigen Schritten wie möglich ablaufen. Für den Kunden bedeutet es gleichermaßen einen zusätzlichen Eigenaufwand und ein steigendes Stresslevel, endet sein Anliegen in einer Endlosschleife, in der er von Mitarbeiter zu Mitarbeiter weitergereicht wird. Dies wirkt sich negativ auf seine Einstellung gegenüber dem Unternehmen aus. Die Lösung sollte bestenfalls bei der ersten Unterbreitung gegenüber dem Kunden seinen Anforderungen entsprechen. Dies verhindert eine erneute Kontaktaufnahme hinsichtlich desselben Lösungswunsches von Seiten des Kunden (vgl. Hilsenbeck und Kersting 2008).

Im Rahmen der Bearbeitung des Anliegens bzw. der Beschwerde des Kunden muss der Prozess dem Kunden gegenüber so einfach wie möglich vermittelt werden. Von Seiten des Unternehmens sollte der Kunden nicht in komplexe Prozesse involviert werden, um ungeduldige und negative Äußerungen des Kunden zu vermeiden und zu verhindern, dass er den Lösungsvorschlag ablehnt. Der Kunde erwartet, dass er lediglich in den Prozess involviert wird, sofern es um seine konkrete Lösung geht (vgl. Stauss und Seidel 2014).

3.5 Reaktionsgeschwindigkeit

Im Gegensatz zur Bearbeitungsdauer, bezeichnet die Reaktionsgeschwindigkeit den Zeitraum von der Kommunikation des Anliegens des Kunden bis zur Reaktion des Unternehmens auf dieses Anliegen (vgl. Piekenbrock 2018). Diese Reaktion muss nicht im ersten Schritt eine Lösung beinhalten. Vielmehr geht es darum, dass dem Kunden vermittelt wird, dass sein Anliegen umgehend und mit hoher Priorität bearbeitet wird. Im Social Customer Service ist die Bedeutung der Reaktionsgeschwindigkeit gegenüber traditionellen Kanälen deutlich gestiegen. Beinahe 50 % aller befragten Internetnutzer gaben an, dass sie eine Antwort auf ihren Post innerhalb der ersten Stunde erwarten (vgl. Maier 2014). Diese Erwartungshaltung verdeutlicht die Bedeutung hinsichtlich Erreichbarkeit und Reaktionsfähigkeit.

Positive Vorbilder sind in dieser Hinsicht erneut die Airlines JetBlue und KLM. Diese reagieren umgehend auf von Fluggästen erstellten Posts oder Tweets. Dabei ist es für die Fluggesellschaft zweitrangig, ob es sich um einen negativen Post, eine Anfrage oder lediglich einen allgemeinen Beitrag handelt. Von Bedeutung ist, dass mit dem Kunden sofort eine Interaktion zustande kommt, welches ihm das Gefühl von Wichtigkeit vermittelt und ihm damit einen hohen Stellenwert innerhalb des Unternehmens einräumt (vgl. Abb. 7 und 8).

Abbildung 7: Beispiel 1 einer schnellen Reaktion auf eine Kundenanfrage via Twitter

Quelle: McRoy 2012

Abbildung 8: Beispiel 2 einer schnellen Reaktion auf eine Kundennachricht via Twitter

Quelle: Echeverria 2016

Das Social Listening beinhaltet die Überwachung sämtlicher Kanäle und Konten, um die Interaktion der Kunden untereinander und mit der Unternehmensseite zu beobachten. Dies ermöglicht dem Unternehmen im Falle einer unerwünschten Kommunikation, welche sich negativ auf das Image des Unternehmens auswirken kann, einzugreifen. Es ist daher von besonderer Relevanz, diese Interaktion in Echtzeit zu überwachen, um schnellstmöglich eingreifen zu können (vgl. Newberry 2017).

Eine im Vorfeld definierte Deeskalationsstrategie für Beschwerde- und Reklamationsfälle ermöglicht den Mitarbeitern, sich an einem Leitfaden zu orientieren, um schnell und kompetent auf ebensolche Beschwerden und Reklamationen reagieren zu können. Diese Deeskalationsstrategie kann nur bedingt standardisiert sein, da andernfalls die individuelle Kundenansprache nicht mehr gewährleistet werden kann. Im Hinblick auf unangenehme bzw. negative Posts sollten Mitarbeiter geschult werden, um ihnen einen gewissen Handlungsrahmen aufzuzeigen. Durch diesen Handlungsrahmen wird es Mitarbeitern ermöglicht zu intervenieren und ggf. negative Posts umgehend zu relativieren (vgl. TWT Digital Group 2013).

4 Messung der Kundenzufriedenheit

Bei Beachtung aller Erfolgsfaktoren kann eine hohe Kundenzufriedenheit erzielt werden. Wie diese gemessen werden kann, wird anhand des Strukturgleichungsmodells in Abbildung 9 dargestellt. Dieses wurde in Anlehnung an Bock et al. 2013 erstellt. Je nach Unternehmen oder Branche ist es unterschiedlich, auf welchem Erfolgsfaktor der Fokus liegt. Um die Kundenzufriedenheit zu messen, wird die Gewichtung intern festgelegt. Je nach Erfüllungsgrad des einzelnen Erfolgsfaktors und der Gewichtung ergibt sich dessen Auswirkung auf die Kundenzufriedenheit. Aus dieser resultieren sogenannte Ergebniseffekte. Diese stellen die Kundenbindung, die Mund-zu-Mund Propaganda sowie die Kundenausschöpfung dar.

Abbildung 9: Strukturgleichungsmodell
Quelle: Eigene Darstellung in Anlehnung an Bock et al. 2013

Eine hohe Kundenzufriedenheit wirkt sich positiv auf diese Ergebniseffekte aus. Die emotionale Bindung des Kunden mit dem Unternehmen wird durch eine steigende Kundenzufriedenheit gestärkt. Der Kunde ist dem Unternehmen gegenüber positiv eingestellt und verhält sich mit zunehmender Kundenbindung loyal. Ein zufriedener Kunde ist gewillt, seine positiven Erfahrungen mit dem Unternehmen weiterzugeben. Dieser Faktor ist im Kontext von Social Media von zentraler Bedeutung, da die „Mund-zu-Mund Propaganda" durch Teilen positiver Erfahrungen neue Dimensionen erreicht. Eine hohe Kundenzufriedenheit ermöglicht dem Unternehmen eine erhöhte Kundenausschöpfung. Ein zufriedener Kunde bietet im Rahmen von Cross- und Up-Selling Maßnahmen großes Potenzial. Zufriedene Kunden werden in vielen Fällen zu Wiederkäufern, wodurch es Unternehmen ermöglicht wird, den Kunden entlang des Kundenlebenszyklus in allen Phasen auszuschöpfen. Für eine hohe Kundenzufriedenheit ist es nicht ausreichend, in Social Media präsent zu sein oder einen der Erfolgsfaktoren zu berücksichtigen. Ausschlaggebend ist, wie das Unternehmen die Qualitätsfaktoren auf operationaler Ebene kombiniert und ausgestaltet. Bei optimaler Umsetzung dienen diese Erfolgsfaktoren dazu, sich ein Alleinstellungsmerkmal zu verschaffen, um sich von der Konkurrenz abzuheben.

5 Möglichkeiten und Grenzen

5.1 Möglichkeiten

Eine Vielzahl an Möglichkeiten ergibt sich durch die gezielte Kundenansprache im Zusammenspiel mit der Realtime-Reaktion im globalen Umfeld. Durch den Realtime-Support kann ein Unternehmen alle seine Kunden auf einmal erreichen und die Informationen in Echtzeit gleichzeitig verteilen. Der Realtime-Support „[...] bewahrte das Team für den digitalen Kundendienst Comcast vor Hunderten von Anrufen und trug dazu bei, dass das Unternehmen nicht mit Vorwürfen wegen eines Problems überschwemmt wurde, dass es gar nicht verursacht hatte." (Bernoff und Schadler 2011). Heutzutage wird von den Kunden eine sofortige Reaktion der Unternehmen erwartet und dieses ist so maßgeblich an der Schaffung von Kundenzufriedenheit beteiligt. Eine Studie von Brandwatch hat diese Erkenntnis bestätigt. „64 % der Verbraucher erwarten einen Kundendienst in Echtzeit, unabhängig vom gewählten Kanal und für 78 % aller Verbraucher spielt das Image des Kundendienstes eine wichtige Rolle bei der Kaufentscheidung." (Meehan 2016).

Des Weiteren können Unternehmen heutzutage auf verschiedene Monitoring Tools zurückgreifen. Bei Social Listening werden Online-Konversationen von automatisierten Tools abgehört und die Verläufe hinsichtlich der Äußerungen über die Marke, Wettbewerber, Produkte und anderer für das Unternehmen relevante Themen und Begriffe überwacht. Die daraus resultierenden Informationen und Erkenntnisse werden daraufhin analysiert und bilden die Grundlage für die zukünftigen Strategien des Unternehmens. „Das Spektrum möglicher Maßnahmen reicht von der Interaktion mit einem zufriedenen Kunden bis zum Strategiewechsel bei der Markenpositionierung." (Newberry 2017). Die Corporate Blogs der Unternehmen stellen ein weiteres Kommunikationsmittel dar, deren Verbreitung und Relevanz in den letzten Jahren deutlich anstiegen. Diese Plattform wird als Instrument im Bereich der Kundenservices verwendet, um schnell auf Fragen und Konversationen zu den Dienstleistungen oder Produkten des Unternehmens einzugehen (vgl. Kreutzer et al. 2015). In bestimmten Branchen werden Social Media zudem durch spezielle Communities ergänzt so etwa nutzt das Unternehmen Bosch die „Bob Community" als Internet-Plattform für Experten aus Handwerk und Industrie. Kunden und Nutzer können sich hier gegenseitig austauschen und Lösungen für ihre spezifischen Probleme finden (vgl. Kreutzer et al. 2015). Die verschiedenen Möglichkeiten eröffnen „Chancen eines ganzheitlichen Kundenverständnisses, das wiederum die Basis für den weiteren Ausbau der Kundenbeziehungen im Sinne des Customer-Relationship-Managements darstellt." (Simmet 2014b). Aus diesem Grund nimmt die Bedeutung von Social Customer Service stetig zu und Unternehmen investieren verstärkt in diesen Bereich.

5.2 Grenzen

Die Grenzen von Social Customer Service spiegeln sich im Change-Management wider. Trotz der zunehmenden Nachfrage nach Social Customer Service darf der Telefonservice und die bisher genutzten traditionellen Kanäle nicht vernachlässigt werden. Eine Sensibilisierung der Kunden ist daher von großer Bedeutung. Social Customer Service muss offensiv angeboten und kommuniziert werden. Die modernen Kommunikationskanäle sind mit einem hohen Aufwand verbunden, die unternehmensindividuell in das Verhältnis zum Nutzen gesetzt werden müssen. Je nach Kundenprofil sind die Anforderungen unterschiedlich und nicht jede Personengruppe ist mit den modernen Kommunikationsmitteln und den Social Media vertraut. Das Unternehmen muss zudem über die benötigten Ressourcen, beispielsweise Personal und gezielte Weiterbildungsangebote, verfügen. „Nur 36 Prozent der Unternehmen bilden Mitarbeiter in Sachen Social Media weiter" (Tropf 2017). Die komplexen Social Media Center sind für den stetigen Austausch zwischen Unternehmen und Kunden zuständig und sollten daher nicht von unwissenden Mitarbeitern besetzt werden.

Auch die negativen Auswirkungen von schlecht umgesetztem Social Customer Service müssen bedacht werden. Insbesondere der Missbrauch und die schnelle Verbreitung von negativen Erfahrungen mit dem Unternehmen sind zu berücksichtigen. Für diese Fälle empfiehlt sich die Erstellung eines Krisenplans, um im Ernstfall schnell handeln zu können. Die Marke kann nicht vor jedem Schaden bzw. Shitstorm geschützt werden, allerdings kann die Beschädigung doch in Grenzen gehalten werden, sofern das Unternehmen gut darauf vorbereitet ist (vgl. Bernoff und Schadler 2011).

Der offene Umgang mit Kritik und eine schnelle Reaktionszeit können Shitstorms in Social Media verhindern oder zumindest in Grenzen halten. „Bis heute fürchten viele Unternehmen die öffentliche Kritik der Nutzer in den Social Media." (Kreutzer et al. 2015). Auch datenschutzrechtliche Themen spielen eine kritische Rolle, wie beispielsweise aktuell die Verwendung von WhatsApp zeigt. Aus diesem Grund wird meist auf andere Kanäle zurückgegriffen (vgl. Vogt 2017).

6 Fazit und Ausblick

Im ersten Teil dieses Beitrages wurde die Bedeutung von Kundenservice in Social Media näher betrachtet. In diesem Zuge wurden der Mehrwert von Social Customer Care sowie die signifikante Ausrichtung in Unternehmen erörtert. Der Fokus dieses Beitrages lag auf der Definition und Erläuterung von Erfolgsfaktoren für ein kundenorientiertes Social Customer Service. Mithilfe eines Kundenzufriedenheitsmodells wurde anhand der zuvor herausgearbeiteten Erfolgsfaktoren aufgezeigt, wie die Kundenzufriedenheit gemessen und bewertet werden kann. Die gewonnenen Erkenntnisse wurden anschließend im Hinblick auf Möglichkeiten und Grenzen gegenübergestellt.

Es ist zu beachten, dass die Bedeutung des Kundenservice nicht mit Beginn von Social Media gestiegen ist. Kundenservice ist bereits vor Einführung der Social Media zentraler Faktor für eine hohe Kundenzufriedenheit gewesen. Im Zuge von Social Media haben sich jedoch die Dynamik und das Verhalten der Verbraucher verändert. Die Erfolgsfaktoren gelten daher nicht ausschließlich für Social Customer Service, sondern sind im Allgemeinen als Qualitätsindikatoren für guten Kundenservice zu betrachten. Um einen detaillierten Einblick in die Messung der Kundenzufriedenheit zu erhalten, bedarf es ausführlicher Untersuchungen. Im Rahmen dieses Beitrages wurde die Kundenzufriedenheit lediglich im Zusammenhang mit den bereits erwähnten Erfolgsfaktoren betrachtet. Eine Vielzahl weiterer Aspekte, denen in diesem Kapitel keine Beachtung geschenkt werden konnte, wirkt in der Praxis auf die Kundenzufriedenheit ein.

Durch den Wandel zu einer immer stärker digitalisierten und globalisierten Welt wird sich der Kunde hinsichtlich der Social Media weiterhin seinen präferierten Kanal für seine Reklamation suchen. Es gilt, den Kunden kontinuierlich diesen zu würdigen und zu aktivieren, um so den Mehrwert für einen langfristigen Erfolg zu generieren. Social Customer Service nimmt mit seinen einzelnen Komponenten einen zunehmend steigenden Stellenwert in der digitalen Kommunikation zwischen Unternehmen und Kunden ein und wird zweifellos auch zukünftig ein wichtiger Bestandteil des Kundenservice sein.

Quellenverzeichnis

Bernoff, J., Schadler, T. (2011): Empowered - die neue Macht der Kunden: Wie Unternehmen und ihre Mitarbeiter Facebook & Co. nutzen können, München.

Bock, A., Ebner, W., Rossmann, A. (2013): Telekom hilft - Kundenservice via Social Media. In: Marketing Review St. Gallen, Vol. 3.

Burrows, A. (2014): https://twitter.com/alexa_burrows/status/471413389655150592, Zugriff am: 01.06.2018.

Dimension Data (2015): 2015 global contact centre benchmarking report: summary report.

Echeverria, J.A. (2016): https://twitter.com/jaea74?lang=de, Zugriff am: 01.06.2018.

Eishofer, A. (2015): Beschwerden via Social Media? Tauchen Sie nicht einfach unter, nutzen Sie das Feedback!, https://www.eishofer.com/beschwerdemanagement-facebook-krisenmanagement-3/, Zugriff am: 17.01.2018.

Firsching, J. (2017): Social Media Brand Voice – Einheitliche Tonalität für Inhalte, Community Management & Kundensupport, http://www.futurebiz.de/artikel/social-media-brand-voice/, Zugriff am: 17.01.2018.

Heymann-Reder, D. (2011): Social Media Marketing: Strategien für Sie und Ihr Unternehmen, 1. Auflage, s.l.

Hilsenbeck, T., Kersting, J. (2008): Der Umgang mit Beschwerden: Grundlegende Informationen für soziale Einrichtungen und Hilfen für den Projektstart. In: Psychotherapie, Supervision, Coaching.

Humpert, M. (2017): Chancen der Digitalisierung werden zu selten genutzt, Berlin.

Hutter, T. (2016): Facebook: KLM und Facebook Messenger heben gemeinsam ab!, http://www.thomashutter.com/index.php/2016/03/facebook-klm-und-facebook-messenger-heben-gemeinsam-ab/, Zugriff am: 10.01.2018.

Knöchel, M., North, K. (2018): Kundeneinbindung im Innovationsprozess - Methoden, Wiesbaden.

Kreutzer, R. und et al. (2015): B2B-Online-Marketing und Social Media: Ein Praxisleitfaden, Wiesbaden.

Kreutzer, R., Hinz, J. (2010): Möglichkeiten und Grenzen von Social Media Marketing. In: Institute of Management Berlin at the Berlin School of Economics, Vol. 58, Nr. 12.

Maier, S. (2014): 10 Tipps für erfolgreichen Kundenservice in Social Media, https://blog.socialhub.io/kundenservice-social-media-10-tipps/#3-seid-schnell, Zugriff am: 30.01.2018.

Marketing Resultant GmbH (2016): Die digitale Zukunft des Kundenservice: Top-Experten beleuchten die Entwicklung des digitalen Kundenservice und zeigen Ihnen Lösungen für Ihr Contact Center.

Meehan, N.K. (2016): Neuer Guide: Social Media Kundenservice, https://www.brandwatch.com/de/2016/04/neuer-guide-social-media-kundenservice/, Zugriff am: 10.01.2018.

Newberry, C. (2017): Social Listening - um was es geht, warum es für Sie wichtig ist und wie man es richtig macht, https://blog.hootsuite.com/de/social-listening-richtig-gemacht/, Zugriff am: 10.01.2018.

Piekenbrock, D. (2018): Reaktionsgeschwindigkeit, http://wirtschaftslexikon.gabler.de/ Definition/reaktionsgeschwindigkeit.html, Zugriff am: 30.01.2018.

Richter, M. (2018): Kundenzufriedenheit und Kundenbindung durch "außergewöhnliche" Kundenorientierung und -betreuung, http://www.marketing-und-vertrieb-international.com/marketing/kundenzufriedenheit-kundenbindung-kundenbetreuung.htm, Zugriff am: 10.01.2018.

Simmet, H. (2014a): Das neue Social Care: Vier Aktionsfelder für den Kundenservice in den sozialen Netzwerken, https://hsimmet.com/2014/02/01/das-neue-social-care-vier-aktionsfelder-fur-den-kundenservice-in-den-sozialen-netzwerken/, Zugriff am: 10.01.2018.

Simmet, H. (2014b): Trends im digitalen Kundenservice, https://hsimmet.com/2014/09/21/trends-im-digitalen-kundenservice/, Zugriff am: 10.01.2018.

Smith, K. (2016): 7 Schritte für einen besseren Social Media Kundenservice, https://www.brandwatch.com/de/2016/04/7-schritte-fuer-einen-besseren-social-media-kundenservice/, Zugriff am: 17.01.2018.

Spencer, M. (2014), https://twitter.com/mikerspencer?lang=de, Zugriff am: 01.06.2018.

Starbucks (2018): What's your Starbucks idea?, https://ideas.starbucks.com/, Zugriff am: 01.06.2018.

Stauss, B., Seidel, W. (2014): Beschwerdemanagement: Unzufriedene Kunden als profitable Zielgruppe, 5. Aufl., München.

Süddeutsche Zeitung (2013): Negativ-Reklame via Twitter: Shitstorm gegen British Airways.

tellyou (2011): Zehn goldene Regeln für guten Kundenservice, https://www.marketing-boerse.de/Fachartikel/details/Zehn-goldene-Regeln-fuer-guten-Kundenservice/33011, Zugriff am: 10.01.2018.

Tropf, T. (2017): Jedes zweite Unternehmen hat Richtlinien für Social Media, Berlin.

TWT Digital Group (2013): Shitstorms: Effektives Konfliktmanagement im Social Web, https://www.twt.de/news/detail/shitstorms-effektives-konfliktmanagement-im-social-web.html, Zugriff am: 30.01.2018.

Vogt, M. (2017): Whatsapp-Nutzung im Kundenservice, https://www.ccw.eu/blog/whatsapp-nutzung-im-kundenservice/, Zugriff am: 10.01.2018.

Wünderlich, N.V. (Hrsg.) (2014): Innovationsmanagement durch Social Media, Paderborn.

Social CRM

Christine Matt und Nina Berger

1 Einleitung

„Wir dürfen Kunden nicht mehr bei ihren bevorzugten Aktivitäten unterbrechen, sondern wir müssen selbst eine dieser bevorzugten Aktivitäten sein" (O. V.; o. J.). Dieses Zitat von Craig Davis und J. Walter Thompson bringt den Wandel der gegenwärtigen Marktsituation zum Ausdruck. Mit zunehmender Verbreitung der Social Media Kanäle, hat sich das Kommunikationsverhalten von Kunden und Interessenten verändert. Social Media Plattformen wie Facebook, Twitter oder Snapchat bieten Möglichkeiten, Meinungen in Echtzeit mit Freunden, Bekannten und Unternehmen zu teilen. Dieser Trend fordert Unternehmen dazu auf, ihre Geschäftsmodelle zu überdenken und neu auszurichten. Während Unternehmen in der Vergangenheit Informationen zu Dienstleistungen, Serviceangeboten, Produkten oder allgemeine Unternehmensinformationen über klassische Werbeformen oder Direktmarketingaktivitäten gestreut haben (vgl. Greve 2011, S. 17), wählt der Kunde heute selbst den Kommunikationskanal aus und ist auf den sozialen Plattformen aktiv. Dies verschafft den Unternehmen die Chance, direkt mit den Kunden in Dialog zu treten und die Beziehung zu intensivieren. Um dieses Potenzial optimal zu nutzen, ist es notwendig, das klassische CRM an die Besonderheiten von Social Media anzupassen (vgl. Greve 2011, S. 16). Im Rahmen des vorliegenden Beitrages wird daher beschrieben, welche Herausforderungen die Systemanpassung mit sich bringt und inwiefern der Return on Invest (ROI) gerechtfertigt werden kann.

Ziel des vorliegenden Beitrages ist es, einen Überblick darüber zu schaffen, welche Möglichkeiten und Herausforderungen der Implementierung eines Social CRM Systems sich gegenüberstehen. Hierzu werden verschiedene Kanäle betrachtet, Chancen und Risiken anhand von Fallbeispielen evaluiert und Ansätze zur Erfolgsbewertung vorgestellt.

Nach dieser Einleitung erfolgt im zweiten Kapitel eine Einführung in die konzeptionellen Grundlagen, um ein einheitliches Verständnis zu schaffen. In diesem Kapitel wird das Konzept mit seinem Wirkungsgefüge skizziert sowie Kanäle für die praktische Realisierung betrachtet. Das dritte Kapitel widmet sich dem Kundenlebenszyklus und evaluiert den Mehrwert, welcher durch den Einsatz von Social CRM geschaffen wird. Kapitel 4 befasst sich mit einem konkreten Fallbeispiel, um die aktuelle Umsetzung in der Praxis zu verdeutlichen. Im letzten Kapitel erfolgt eine abschließende Zusammenfassung, in welcher die Chancen und Risiken aufgezeigt und Handlungsempfehlungen zur Erfolgsmessung gegeben werden.

2 Konzeptvorstellung Social CRM

2.1 Ausgangssituation

Unternehmen sind in Zeiten der Digitalisierung auf der Suche nach neuen Lösungen, um den Kundenanforderungen gerecht zu werden. In der heutigen Zeit hat „(...) transparente und digitale Kommunikation in Form von Social Media (...)" immer stärker an Bedeutung zugenommen (vgl. O. V.; o. J.). Die Wünsche, Meinungen und Empfehlungen der Kunden spielen in Unternehmensentscheidungen eine immer signifikantere Rolle, da die Kunden höhere Erwartungen haben und der Wettbewerbsdruck steigt (vgl. O. V.; o. J.). Unternehmen können sich daher nicht mehr ohne weiteres auf die Loyalität ihrer zufriedenen Kunden verlassen. Es werden Markenbotschafter benötigt. Um diese zu gewinnen, müssen gezieltere Informationen der Kunden gesammelt werden, und Unternehmen sind gefordert, ständig mit ihren Kunden im Dialog zu stehen. Social CRM ist eine mögliche Strategie, wie Unternehmen zu einer bevorzugten Aktivität ihrer Kunden werden und die Beziehung zu diesen langfristig aufrechterhalten können (vgl. O. V.; o. J.).

2.2 Begriffserklärung und Abgrenzung

Das Social CRM beschreibt eine Strategie, welche das klassische Customer Relationship Management (CRM) in das Social Web integriert (vgl. de.ryte.com, o. J.). Dabei stehen Kundenservice und Kundenbindung im Vordergrund. Allerdings ersetzt Social CRM nicht das klassische CRM (vgl. Ueberholz 2013). Unternehmen, die Social CRM betreiben, konzentrieren sich auf die aktiven Nutzer und Kunden in den jeweiligen Social Media Kanälen. Durch die Interaktion mit den Nutzern und dem direkten Dialog werden Daten auf den jeweiligen Social-Media-Plattformen gesammelt, welche der Optimierung des eigenen Services dienen. Neben einem besseren Verständnis über den Markt und die Zielgruppen möchten Unternehmen vor allem folgende Ziele erreichen: Die Kundenzufriedenheit erhöhen, den Umsatz steigern und die Kosten, die durch Kundenbetreuung anfallen, senken. Zum anderen wird durch Social CRM den Kundenbeziehungen eine soziale Komponente hinzugefügt, wodurch die Beziehungen zu den Kunden intensiviert und gestärkt wird (vgl. O. V.; o. J.). Ebenso möchten die Unternehmen ihren Bekanntheitsgrad erhöhen und die Markenidentifikation bei den Nutzern und Kunden fördern. Voraussetzung für eine erfolgreiche Anwendung von Social CRM ist dabei, dass die betrieblichen Prozesse an die Rahmenbedingungen des Social Web angepasst und mit den neuen Prozessen verknüpft werden (vgl. Zimmermann et al. 2012).

2.3 Anwendungssystem von Social CRM

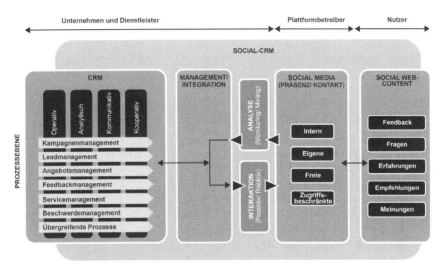

Abbildung 1: Wirkungsgefüge des Social CRM
Quelle: Alt und Reinhold 2012, S. 512

„Das Social CRM lässt sich nach vier Akteuren und fünf Aufgabenbereichen einteilen." (Alt und Reinhold 2016, S. 12). Die vier Akteure sind Nutzer bzw. Kunden, welche auf den Social Media Plattformen aktiv sind, Plattformbetreiber, Unternehmen sowie teilweise externe Dienstleister. Die Unternehmen stellen entweder eigene Social Media Plattformen bereit, wie zum Beispiel Foren oder Blogs auf ihrer Website oder die Unternehmen sind auf relevanten Plattformen externer Dienstleister aktiv und definieren somit den Ort der Interaktion mit dem Kunden (vgl. Alt und Reinhold 2016, S. 12). Daran knüpfen die fünf Aufgabenbereiche an und werden nun folgend anhand der oben aufgeführten Abbildung 1 näher erläutert.

Der erste Aufgabenbereich ist die Präsenz der Unternehmen in den jeweiligen Social Media Kanälen und damit auch Ausgangspunkt der Interaktion mit den Nutzern und Kunden. Im Vordergrund stehen die Informationserstellung, Informationsverteilung sowie die Vernetzung mit Kunden und Interessenten. Der zweite Aufgabenbereich ist die Analyse der Quellen und damit die „(...) Generierung von Wissen aus den Social Media." (Alt und Reinhold 2016, S. 12). Die relevanten Daten aus der Interaktion mit den Nutzern und Kunden müssen für die Weiterverwendung im CRM identifiziert werden. Dieses Monitoring kann unter anderem über ein vorgegebenes Vokabular oder Stichwortportfolio erfolgen, und das System sucht gezielt nach Begriffen bei Dialogen zwischen Nutzern und Unternehmen (vgl. Alt und Reinhold 2016, S. 14). Der dritte Aufgabenbereich ist die Interaktion. Es wird dabei zwischen pro- und reaktivem Kontakt zu den Social Media Nutzern unterschieden. Beispielsweise kann es sich bei einem proaktiven Kontakt um eigene Postings handeln oder das gezielte Versenden von Nachrichten einer Kampagne. Ein reaktiver Kontakt kann die Beantwortung einer Serviceanfrage von Seiten der Kunden sein (vgl. Alt und Reinhold 2016, S. 15). Der vierte Aufgabenbereich stellt die Abstimmung mit den betrieblichen CRM-Abläufen in den Fokus, was in Abbildung 1 auf der linken Seite dargestellt ist. Hier sind das operative, das analytische und das kommunikative sowie das kooperative CRM zu nennen (vgl. Alt und Reinhold 2016, S. 15). Es wird hier sichergestellt, dass die Interaktionen zwischen Kunden und Unternehmen in den Social Media Plattformen in den jeweiligen Kundenprofilen festgehalten werden, um den Service des Unternehmens insgesamt zu optimieren und gezielter auf Kundenbedürfnisse einzugehen (vgl. Alt und Reinhold 2016, S. 15). Des Weiteren dient vor allem die Verknüpfung mit den kommunikativen und kooperativen CRM-Abläufen dazu, eine zeitnahe Reaktion auf Kundenanfragen, Ereignisse oder relevante Diskussionen etc. sicherzustellen und ausreichend Content bereitzustellen (vgl. Alt und Reinhold 2016, S. 15). Der fünfte Aufgabenbereich ist schliesslich zum einen die Integration des Social CRM in betriebliche Strukturen. Zum anderen die strategische und operative Steuerung und Kontrolle von Verwaltungs- und Ablauffunktionen sowie von Aktivitäten in den Social Media Kanälen durch das Management (vgl. Alt und Reinhold 2016, S. 15).

2.4 Kanalauswahl

Plattformen von externen Dienstleistern werden oftmals für Social CRM verwendet. Diese Social Media Plattformen können in vier Kategorien unterteilt werden:

- Interne Social Media Plattformen,
- unternehmenseigene Social Media Plattformen,
- freie Social Media Plattformen und
- zugriffsbeschränkte Social Media Plattformen.

Im Folgenden werden beispielhaft Kanäle der jeweiligen Kategorien und deren Möglichkeiten im Rahmen von Social CRM vorgestellt.

Interne Social Media Plattformen

Unternehmen setzen verstärkt auf Social Business. Die Studie Enterprise 2.0 des Social Media Institutes fand so etwa heraus, dass durch den Einsatz von interner Social Media in erster Linie die Kommunikation zwischen den Mitarbeitern verbessert, die Zusammenarbeit vereinfacht und eine offene Unternehmenskultur vorgelebt wird (vgl. Groll 2013). Interne Social Media läuft über „sich selbstorganisierende Kollaborationssoftware" ab, das heißt, die Plattform passt sich individuell den jeweiligen Nutzergruppen an und wird speziell auf deren Bedürfnisse zugeschnitten (vgl. Groll 2013). So benötigen die verschiedenen Abteilungen etwa in einem Unternehmen andere Features. Intern werden oft Foren und Social Wikis verwendet, in welchen die Mitarbeiter ihr eigenes Wissen einbringen oder Fragen stellen können. Dadurch wird der sogenannte Bottom-up Ansatz verfolgt (vgl. Groll 2013). Infolgedessen wird der soziale Austausch unter den Mitarbeitern gefördert und Prozesse können schneller bearbeitet werden.

Unternehmenseigene Social Media Plattformen

Unternehmenseigene Plattformen werden bevorzugt zur Kundenbindung eingesetzt (vgl. Alt und Reinhold 2016, S. 55). Unternehmen profitieren von eigenen Plattformen, da sie diese eigenständig steuern und kontrollieren können. Weiterhin kommt ein Unternehmen auf diese Weise enger in Kontakt mit ihrer jeweiligen Kunden- oder Zielgruppe. Allerdings ist die Generierung einer eigenen Plattform auch sehr ressourcenaufwändig. Diese erfordert intensive Pflege und Kontrolle, ebenso muss das Unternehmen regelmäßig Social Web Inhalte liefern und proaktiv mit den Nutzern und Kunden in Interaktion treten.

Freie Social Media Plattformen

Social Media Plattformen wie Twitter, YouTube oder Pinterest werden auch als freie Social Media Plattformen bezeichnet und dienen in erster Linie der Interessentengewinnung (vgl. Alt und Reinhold 2016, S. 55). Die Reaktionszeit sollte hier kurzgehalten werden und der kommunikative Austausch mit der Community im Vordergrund stehen (vgl. Greve 2011, S. 38 f.). In diesen Kanälen können schnell viele Nutzer erreicht werden, was sich insbesondere sehr gut zur Vorankündigung von neuen Produkten eignet, welche in absehbarer Zeit in den Markt eingeführt werden (vgl. Jaax und Backovic 2016).

Zugriffsbeschränkte Social Media Plattformen

Plattformen wie Facebook, Linked-In oder Google Plus können als zugriffsbeschränkte Social Media Kanäle eingeordnet werden, weil Daten nur für registrierte Nutzer sichtbar sind (vgl. Störing 2011). Beispielsweise gibt Xing Kontaktdaten und Arbeitgeber so nur an angemeldete Nutzer weiter. In diesen Kanälen können persönliche Profile erstellt werden und es ist möglich festzulegen, wer die entsprechenden Inhalte und Postings sehen darf. So können Unternehmen die Reichweite und die Zielgruppe im Voraus spezifisch definieren.

3 Der Kundenlebenszyklus

Primäres Ziel des Kundenbeziehungsmanagements ist es, Beziehungen zu bestehenden und potenziellen Kunden zu analysieren, intensivieren und für das eigene Beziehungsmanagement zu nutzen (vgl. Greve 2011, S. 17). Die Kundenbeziehung lässt sich im Wesentlichen in drei Phasen gliedern: Akquisition, Bindung und Rückgewinnung (vgl. Abbildung 2). Jede Phase ist durch unterschiedliche Herausforderungen gekennzeichnet. Für eine erfolgreiche Realisierung von Social CRM Maßnahmen in der Praxis, empfiehlt es sich daher, unterschiedliche Marketingaktivitäten in der jeweiligen Phase anzuwenden.

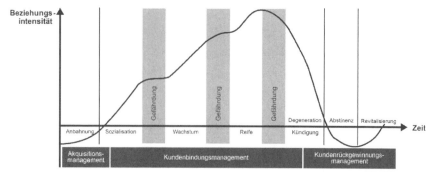

Abbildung 2: Die Phasen des Kundenlebenszyklus
Quelle: Eigene Darstellung in Anlehnung an Greve 2011, S. 18

3.1 Das Akquisitionsmanagement

Unter Akquisitionsmanagement werden alle Maßnahmen, die zur Anbahnung einer potenziellen Geschäftsbeziehung führen, zusammengefasst. Ziel ist es, Kunden, die bisher keinen Bedarf hatten oder ihren Bedarf durch Marktbegleiter gedeckt haben, zu erreichen. Durch den Einsatz von Social Media werden insbesondere potenzielle Zielgruppen erschlossen, die über klassische Medien nicht aktiviert werden konnten oder über die klassische Marktforschung unzureichende Informationen lieferte (vgl. Greve 2011, S. 18). Im Akquisitionsmanagement wird zwischen zwei unterschiedlichen Zielgruppen differenziert.

Die Unwissenden: Diese Nutzer haben kein Interesse an dem Unternehmen und kennen dessen Leistungsangebot nicht. Durch Banner Ads oder Retargeting kann die Zielgruppe der „Unwissenden" aktiviert werden. Des Weiteren lassen sich die „Unwissenden" durch positives Kommunikations- und Weiterempfehlungsverhalten anderer Social Media Nutzer, z. B. aus der Freundesliste des persönlichen Profils, für das werbetreibende Unternehmen begeistern.

Die Unaktivierten: Im Vergleich zu den „Unwissenden" hat die Zielgruppe der „Unaktivierten" eine positive Einstellung gegenüber dem Unternehmen, jedoch kein konkretes Kaufinteresse. Die „Unaktivierten" werden insbesondere durch Sales Promotions z. B. bei Twitter erreicht. Potenzielle Kunden fragen über Social Media Rabattprogramme nach. Beispielsweise verkaufen Flugairlines wie Jetblue oder United Airlines erfolgreich günstige Tickets über Social Media Plattformen. Besonders profitabel ist es für Unternehmen, wenn Social Media Nutzer ihre positiven Produkterfahrungen mit Freunden, Bekannten und anderen Nutzern teilen. Lobende Meinungsbilder der Nutzer unterstützen dann indirekt die Akquisitionsbemühungen des Unternehmens (vgl. Greve 2011, S. 17).

3.2 Das Kundenbindungsmanagement

Das Ziel, eine nachhaltige Kundenbindung aufzubauen, ist eine strategische Aufgabe für Unternehmen. Nach der Pareto Regel erbringen bei vielen Unternehmen 20% der Kunden 80% des Umsatzes (vgl. Holland 2016, S. 344). Der Erstkauf eines Kunden gibt dabei in der Regel wenig Aufschluss über sein Ertragspotenzial. Durch eine langfristige Kundenbindung kann das Ertragspotenzial identifiziert und optimal ausgeschöpft werden. Daher gilt für Unternehmen, bestehende Kundenpotenziale durch Wiederholungskäufe, Zusatz und erhöhter Folgekäufe auszubauen (vgl. Holland 2016, S. 344). Unter dem Kundenbindungsmanagement werden folglich alle Aktivitäten zusammengefasst, die zur Sicherung und Intensivierung der Kundenbeziehung beitragen. Durch systematische Planung, Durchführung und Kontrolle sämtlicher auf den Kundenstamm ausgelegter Maßnahmen versuchen Unternehmen, die Geschäftsbeziehung zu ihren Kunden dauerhaft zu sichern. Bezogen auf Social CRM werden sowohl Bestandskunden als auch unaktivierte Nutzer bei der Auslegung der Marketingmaßnahmen berücksichtig (vgl. Greve 2011, S. 19).

Ein geeignetes Instrument zur Kunden- und Nutzerbindung sind Communities, wie beispielsweise Fan Pages auf Social-Media-Plattformen. Nutzer und Unternehmensvertreter können sich hier im direkten Dialog austauschen, wodurch der Kunde an seinen individuellen Bedürfnissen abgeholt wird. Zusätzlich haben Unternehmen die Möglichkeit, unternehmensinduzierte Tweets beziehungsweise Promoted Tweets einzusetzen, um Impulse für das Wiederkaufs- bzw. Zusatzkaufverhalten zu geben (vgl. Greve 2011, S. 19). Ein weiteres Instrument ist der Location Based Service wie z. B. Foursquare oder Facebook Places. Durch das Orten der Position von Smartphones wird dem Nutzer z. B. das virtuelle Einchecken in Restaurants oder Einzelhandelsgeschäften ermöglicht. Aus Anwendersicht von Social CRM ist dabei relevant, dass der Kunde durch das Einchecken an einen Ort oder Produkt gebunden wird. In der Praxis werden außerdem Instrumente wie Treuepunkte z. B. Meilen bei Flugairlines, Rabattprogramme bei Shops oder Exklusivveranstaltungen als Entlohnung für aktive Kunden eingesetzt (vgl. Greve 2011, S. 19).

3.3 Das Kundenrückgewinnungsmanagement

Im Vergleich zum Akquisitionsmanagement und dem Kundenbindungsmanagement, basiert das Kundenrückgewinnungsmanagement auf einer sehr emotionalen Ebene und spielt bislang bei den Social CRM Aktivitäten eher eine untergeordnete Rolle. Es wird hier zwischen vier Arten von ehemaligen Kunden unterschieden, zum einen Kunden, die aktuell keinen Bedarf haben, zum anderen Kunden, die aufgrund eines besseren Preis-Leistungsangebots gewechselt haben. Die dritte Gruppe sind unzufriedene Kunden und die letzte Kategorie sind Kunden, die aus strategischen Gründen abgewandert sind. Die „strategischen Abwanderer" haben die Geschäftsbeziehung beendet, um neu zu verhandeln und bessere Konditionen zu erzielen (vgl. Klähn 2015, S. 62). In jedem Fall empfiehlt es sich Direktmarketingmaßnahmen bzw. den direkten Dialog mit dem betreffenden Kunden zu suchen, da Rückholaktionen

Beziehungsarbeit sind und der Kunde eine emotionale Wiedergutmachung verlangt (vgl. Klähn 2015, S. 64). Doch ab welchem Zeitpunkt ist ein Kunde abgewandert? Unternehmen merken oft sehr spät oder gar nicht, dass ein Kunde verloren gegangen ist. Bei Produkten oder Dienstleistungen, die selten und unregelmäßig gekauft werden, ist es schwierig herauszufinden, ob der Kunde keinen Bedarf hat oder zur Konkurrenz gewechselt ist. Mithilfe einer Analyse der gängigen Kaufrhythmen des Kunden kann eine solche Erkenntnis gewonnen werden. Hierzu werden die Zielgruppeneigenschaften des aktuellen bzw. ehemaligen Kaufverhaltens untersucht. Auf Basis dieser Information, muss sich das Unternehmen entscheiden, ob sich eine Rückholaktion lohnt oder nicht (vgl. Klähn 2015, S. 63 f.). Je nach Größe des Kundenstamms setzen die Unternehmen auf unterschiedliche Methoden. Durch Social CRM kann Kundenrückgewinnung durch besondere Sales Promotions (vgl. Greve 2011, S. 19) oder automatisierter Ansprache einer größeren Anzahl von Kunden erfolgen. Hierzu ist es notwendig, die Kanalpräferenz der Zielkunden zu ermitteln. Per Mail, Display Werbung oder Printmailing können abgewanderte Kunden mit abgestimmten Inhalten über mehrere Kanäle hinweg erneut aufmerksam gemacht und zum Wiederkauf animiert werden (vgl. Klähn 2015, S. 65). Gleichzeitig kann durch positiv wahrgenommene Werbeaktivitäten auch einer etwaigen negativen Mundpropaganda vorgebeugt werden (vgl. Greve 2011, S. 19).

In jedem Fall empfiehlt es sich für Unternehmen, präventiv im Social Web nach Kundenaktivitäten und Interaktionen zu recherchieren. Kundenbeschwerden zu erkennen, bevor diese viral werden, verhindert eine negative Imagewirkung und hat gleichzeitig den Effekt, dass der Kundenservice positiv in Erinnerung beim Kunden bleibt (vgl. Alt und Reinhold 2016, S. 48)

4 Fallbeispiel Deutsche Telekom AG

4.1 Vorstellung Deutsche Telekom AG

Ein nahezu vollständig und erfolgreich umgesetztes Social CRM weist die Deutsche Telekom AG auf. Das Unternehmen bedient sowohl Privat- und Geschäftskunden und weist eine mehrjährige Erfahrung mit Social Media vor (vgl. O.V. 2017). So sind mehrere Bereiche des Unternehmens sowohl in internen, unternehmenseigenen, freien und zugriffsbeschränkten Social Media-Kanälen aktiv. Durch diese Aktivitäten werden verschiedene Ziele verfolgt. Nachfolgend werden die im Rahmen von Social CRM betriebenen Aktivitäten der Telekom AG vorgestellt, welche auf Neukundengewinnung sowie Kundenbindung und -pflege abzielen. Die Aktivitäten werden auf Basis der drei zuvor aus dem Kundenlebenszyklus heraus definierten Phasen, erläutert.

4.2 Social CRM bei der Deutschen Telekom AG

Die erste Phase im Kundenlebenszyklus ist das Akquisitionsmanagement (vgl. Greve 2011, S. 18). Durch zielorientierte Interaktionen auf den Social Media Plattformen sollen Neukunden aufmerksam gemacht und akquiriert werden. Die Telekom AG fokussiert das Thema Servicemanagement, insbesondere die Beratung. Das Telekommunikationsunternehmen lässt den Nutzern und potenziellen Kunden freie Wahl, zu welcher Zeit, über welchen Kanal und auf welche Art und Weise sie sich beraten lassen bzw. mit der Telekom AG in Kontakt treten möchten (vgl. Alt und Reinhold 2016, S. 47). Beispielsweise ist dies über Foren auf der Website, aber auch über „Social Media Service Center" (vgl. Alt und Reinhold 2016, S. 43) möglich. In diesen werden Live-Chats angeboten sowie Videos zu häufig gestellten Fragen gepostet. Ein ebenso wichtiges Instrument zur Kundengewinnung ist das Eventmanagement (vgl. Kiel und Bäuchl 2014, S. 31). Die Deutsche Telekom AG nutzt die verschiedenen Social Media Plattformen, um auf Events aufmerksam zu machen. Zum Beispiel die Campus Cooking Tour, ein Event, das über Facebook kommuniziert wurde (vgl. Abbildung 3). Diese richtet sich in erster Linie an Studenten, die sich kulinarisch verwöhnen und gleichzeitig am Campus von der Deutschen Telekom AG beraten lassen möchten. Die Telekom AG nutzt hierzu die jeweiligen Plattformen, um teilweise explizit ganz bestimmte Zielgruppen zu erreichen (vgl. Jaax und Backovic 2016). Weiterhin betreibt die Deutsche Telekom AG intensiv Markenmanagement auf den Social Media Plattformen. Die jeweiligen Posts sollen die Marke sowie deren Nutzen und Vorteile in den Vordergrund stellen und werden oft mit aufmerksamkeitserregenden Bildern hinterlegt. Die Implementierung des Angebotsmanagements in den Social Media ist ebenfalls ein erfolgreiches Instrument zur Kundengewinnung. Die Telekom AG macht durch Posts in den jeweiligen Plattformen auf Sondereditions oder auf besonders günstige Produktangebote aufmerksam. Ziel ist es, Interessenten zu erreichen, welche nicht durch das Standardproduktprogramm gewonnen werden können. Die Telekom setzt dabei auf die sogenannte Verknappungsstrategie, indem sie bestimmte Produkte oder Angebote nur in einer begrenzten Stückzahl in den Kanälen promotet (vgl. Hochland 2013).

Abbildung 3: Social Media Event-und Produktmanagement der Telekom AG

Quelle: O.V. 2017

Der Service spielt auch im Rahmen des Kundenbindungsmanagements, eine große Rolle bei der Telekom AG. Das Unternehmen gründete hierzu die „Telekom hilft!"-Community, eine „(…) umfangreiche Wissensdatenbank zu unterschiedlichen Themenbereichen mit über 1,4 Mio. beantworteten bzw. gelösten Kundenanfragen" (Alt und Reinhold 2016, S. 43). Kunden können in dieser Community Fragen stellen und auch für Geschäftskunden hat die Telekom AG eine separate Dialog-Plattform eingerichtet (vgl. Kein 2014). Dort können diese mit anderen betroffenen Kunden sowie mit Servicemitarbeitern der Telekom in Kontakt treten. Die Telekom AG kann somit zeitnah, professionell und ausführlich auf die einzelnen Anliegen und Verbesserungsvorschläge eingehen und reagieren (vgl. Kein 2014).

Im Privatkundensektor bietet die Telekom AG direkte Kontaktmöglichkeiten mit einem Servicemitarbeiter über Live- oder Videochats an. Zu häufig gestellten Anfragen, auch Hot Topics genannt, hat das Unternehmen „Telekom Hilfe"-Videos generiert, die den Kunden schnell umfassende Antworten auf Problemstellungen geben sollen. Des Weiteren ist regelmäßiges Kundenfeedback für das Unternehmen wichtig, um Prozesse und Service kontinuierlich zu optimieren und auf die Bedürfnisse der Kunden einzugehen. Um einen positiven Eindruck bei den Kunden zu hinterlassen, setzt die Deutsche Telekom AG auf eine möglichst zügige und qualitativ hochwertige Beantwortung von Kundenanfragen (vgl. Alt und Reinhold 2016, S. 48). Zusätzlich fördert die Telekom AG im Rahmen des Community Managements das Gemeinschaftsgefühl und den Austausch von Nutzern mit gleichen Interessen (vgl. Klamerski o. J.). Dazu wurde die Kampagne mit dem Slogan „Erleben was verbindet" ins Leben gerufen und aktiv in verschiedenen Social Media Kanälen ausgespielt, wie beispielsweise auf Facebook oder Flickr. Bei Letzterem wird die kreativere Community angesprochen, welche dazu aufgefordert wird, zu regelmäßig vorgegebenen Themen, eigene Bilder oder Beiträge zu posten und zu teilen (vgl. Alt und Reinhold 2016, S. 43).

„Neben den CRM-Kernprozessen trägt der Social Media Einsatz zu übergreifenden Prozessen bei." (Alt und Reinhold 2016, S. 54). So nutzt die Deutsche Telekom AG die Informationen und Daten aus der Interaktion in den Kanälen, um Markttrends und Meinungsbilder abzuleiten. Diese werden zur Entscheidungsfindung, teilweise auch auf Managementebene, hinzugezogen und verwendet.

Kundenrückgewinnungsmanagement spielt innerhalb von Social Media eher eine untergeordnete Rolle. Auch die Deutsche Telekom AG ist hier weniger aktiv. Dennoch versuchen geschulte Service-Mitarbeiter der Telekom frühzeitig Indikatoren in aktiven Dialogen zu identifizieren und diesen entgegenzuwirken, bevor diese viral werden (vgl. O. V. 2015). Ebenso wird besonders intensiv auf unzufriedene Kunden eingegangen und versucht, diese zu besänftigen und positiv zu stimmen, um Beschwerden präventiv entgegenzusteuern (vgl. Alt und Reinhold 2016, S. 48).

5 Herausforderungen

Social CRM ist ein erfolgsversprechendes Tool, welches zur Stärkung der Kundenbindung eingesetzt werden kann. Jedoch ist die Implementierung mit erheblichem Aufwand verbunden. Die folgende Tabelle liefert eine Übersicht über die größten Herausforderungen, die mit der Einführung eines Social CRM Systems in Zusammenhang stehen.

HERAUSFODERUNGEN	BESCHREIBUNG
Schnelle Reaktionszeit	Die Halbwertszeit von Social Media Einträgen ist sehr kurzfristig und ohne nachhaltige Wirkung. (Hutter 2010) Die Nutzer verlangen eine Reaktion nahezu in Echtzeit (Davis und Thompson O. J.) hinsichtlich der Informationsbereitstellung als auch der Veränderungen von Inhalten. (Kreutzer 2011, S. 1)
Anzahl der Kundenkontaktkanäle steigt	Durch die Verknüpfung des Social CRM mit dem betrieblichen CRM steigt die Zahl der zu überwachenden Kanäle. Die Komplexität des Beziehungsmanagements wird infolge der Echtzeit Überwachung zudem erhöht. (Greve 2011, S. 21)
Konsistente Strategie	„Die [...] Glaubwürdigkeit von Unternehmen, Marken und Angeboten wird nur dann erreicht, wenn die Kommunikation in den sozialen Medien sich konsequent an den Kriterien: Ehrlichkeit/ Authentizität, Offenheit/ Transparenz, Relevanz und Kontinuität/ Nachhaltigkeit ausrichtet und dabei eine Kommunikation auf Augenhöhe entsteht." (Kreutzer 2011, S. 17)
Ressourcenaufwand	Ein umfangreiches Social CRM bringt einen hohen Zeit-, Geld-, Personal-und Schulungsaufwand mit sich. Mitarbeiter brauchen klare Richtlinien für die Kommunikation innerhalb von Social-Media-Angeboten um auf Konversationen adäquat reagieren zu können und müssen dahingehend zu Experten ausgebildet werden. Darüber hinaus müssen verschiedene Kanäle gleichzeitig betreut werden. Inwiefern es für die Unternehmen nutzbringend ist diese Ressourcen einzusetzen, hängt von der jeweiligen Größe und Art ab. (Greve 2011, S. 19)
Datenschutz	Die werbliche Nutzung personenbezogener Daten verpflichtet Unternehmen dazu die Betroffenen aufzuklären woher die erhobenen Daten stammen. Diese Informationen müssen in der betrieblichen CRM-Datenbanken gespeichert werden um gegebenenfalls eine Rückverfolgung der Datenherkunft vornehmen zu können. Die Erhebung, Verarbeitung und Nutzung personenbezogener Daten sind nur zulässig, soweit diese gesetzlich erlaubt oder angeordnet ist oder der Betroffene eingewilligt hat. (Kraska 2012)
Großes Datenvolumen	Durch den Einsatz von Social CRM erhalten Unternehmen direktes Kundenfeedback, welches zentral gesammelt und ausgewertet werden muss, um schließlich einen Nutzen daraus ziehen zu können. Je nach Größe des Unternehmens, fallen hierbei unterschiedliche Datenmengen an. (de.ryte o. J.) Die Schwierigkeit für Unternehmen besteht darin, aus der Datenvielfalt relevante Informationen zu ziehen. Hierzu müssen die erhobenen Daten strukturiert, ausgewertet und Parameter festgelegt werden, um wertvolle Informationen von weniger wertvollen unterscheiden zu können. (Bayer 2012)
Systemintegration	Die Integration der Social CRM-Software in die betrieblichen CRM Systemarchitektur ist eine besondere Herausforderung. Das betriebliche CRM muss in der Lage sein sich mit den Daten aus den Social-Media-Plattformen zu verknüpfen. Zusätzlich ist es notwendig eine Software zum Messen der Aktivitäten zu integrieren, damit sich Nutzerdaten intern und extern sammeln und konsolidieren lassen. (Greve 2011, S. 21)

Tabelle 1: Herausforderungen im Rahmen der Implementierung eines Social CRM

Quelle: eigene Darstellung

5.1 Chancen

Social CRM bedeutet, im jeweiligen Kanal des Kunden präsent zu sein. Der Kunde ist es gewohnt, jegliche Informationen mit wenigen Klicks zu erhalten, zu teilen oder zu kommentieren. Dies fordert die Unternehmen dazu auf, ihre Geschäftsmodelle und insbesondere die Kundenansprache an diese Gewohnheiten anzupassen und neu auszurichten (vgl. de.ryte o. J.). Der Einsatz von Social CRM lässt eine solche Prozessveränderung entstehen. Der Kunde kommt aus Eigeninitiative zum Unternehmen, während das Unternehmen zur richtigen Zeit und im richtigen Kanal den Kunden erreicht. Dies schafft dem Unternehmen die Möglichkeit, die Kaufintention des Kunden zu stärken sowie offene und kaufhemmende Fragen abzufangen. Gleichzeitig können potenzielle Kunden und Interessenten die öffentlichen Dialoge zwischen bestehenden Kunden und dem Unternehmen mitlesen, was wiederum den Abverkauf positiv beeinflussen kann (vgl. Grabs et al. 2017, S. 58).

Ein starkes Argument bei den Überlegungen zum Geschäftsnutzen von Social CRM ist auch der ganzheitliche Mehrwert über verschiedene Abteilungen hinweg. Der Vertrieb, das Marketing und der Kundenservice profitieren durch die zusätzlichen Funktionen von einer durchgängigen Datenstruktur, in deren Mittelpunkt der einzelne Kunde steht. Zudem erzielt jede Abteilung für sich noch eigene Vorteile (vgl. Davis und Thompson o. J.).

Der **Vertrieb** profitiert von höheren Wiederkaufs- und Weiterempfehlungsraten, da aus Kunden Markenbotschafter werden. Dies führt im Allgemeinen zu einer Umsatzsteigerung.

Das **Marketing:** Durch den Einsatz von Social CRM kann einerseits die Reichweite ausgebaut und andererseits die Kosten gesenkt werden. Gleichzeitig lässt sich die Erfassung von Kundenaktivitäten verbessern.

Der **Kundenservice:** Durch die Erfassung personalisierter Kundendaten über verschiedene Kanäle und Geschäftsfunktionen hinweg hat der Kundenservice die Möglichkeit, individuelle Serviceangebote anzubieten und besser auf die Belange der Kunden einzugehen (vgl. Davis und Thompson o. J.).

Social CRM birgt außerdem Chancen hinsichtlich der langfristigen Sicherung der Qualität. Mithilfe von Social CRM gewinnen Unternehmen Informationen über Kunden- und Produktbewertungen, Verhaltensweisen sowie über die Reichweite und Wahrnehmung der Marke. Anhand der gewonnenen Erkenntnisse aus dem Kundenfeedback und Meinungsbildern können Produktfeatures, Kundenservice und Unternehmensprozesse an die Kundenwünsche angepasst und hierdurch die Kundenbeziehung proaktiv gestärkt werden (vgl. de.ryte o. J.). Die Firma Lego lässt beispielsweise von Kunden neue Prototypen und Baukästen entwerfen, welche per Abstimmungsverfahren in die Massenproduktionen überführt werden. Durch Beobachtung und Research wird ein neues Produktangebot, auf Basis von Kundenwünschen, abgeleitet. Der Kunde wird dabei aktiv in die Produktentwicklung einbezogen. Diese Vorgehensweise kann sich zudem positiv auf die Wahrnehmung eines Produktes oder einer Marke auswirken (vgl. O. V. 2013).

5.2 Risiken

Die Beziehungspflege via Social Media kostet Ressourcen in Form von Zeit, Geld und Personal. Inwiefern es sich für ein Unternehmen lohnt, in Social CRM zu investieren, hängt von dessen Größe und Art ab. Zum einen ist die Implementierung mit einem hohen Investitionsaufwand verbunden, zum anderen braucht es personelle Ressourcen für die Betreuung der verschiedenen Kanäle, aber auch im Bereich Controlling und IT, um einen reibungslosen Ablauf zu garantieren und Erfolgsmessungen durchführen zu können. Weiterhin ist die Systemintegration sehr umfangreich, weshalb die betrachteten Unternehmen vermehrt in einzelne Funktionsbereiche wie Analyse und Management investieren und sich zunächst auf die teilautomatisierte Analyse von Social Media konzentrieren (vgl. Alt und Reinhold 2016, S. 55). Die vollständige Etablierung von Social CRM wird daher eine Zukunftsaufgabe für Unternehmen sein.

5.3 Erfolgsmessung

Die Systemintegration und Restrukturierung kundenbezogener und nutzerbezogener Prozesse sind komplex (vgl. Greve 2011, S. 21). In der Regel gibt es keine direkte Wirkungsbeziehung zwischen der erbrachten Social CRM Aktivität des Unternehmens und der Reaktion der Nutzer, was eine Erfolgsmessung schwierig gestaltet (vgl. Greve 2011, S. 20). Unternehmen, die über die Einführung von Social CRM nachdenken, müssen daher geeignete Kennzahlen finden, welche den Return on Investment (ROI) rechtfertigen (vgl. Greve 2011, S. 20).

Eine Erfolgsmessung lohnt sich in verschiedene Richtungen durchzuführen. Zum einen sollte gewährleistet werden, dass Nutzer, die über Social CRM Maßnahmen gewonnen werden, mit dem aktuellen Kundenstamm abgeglichen werden. Dies ermöglicht eine Zuordnung der Nutzer in die entsprechende Phase des Kundenlebenszyklus. Weiterhin empfiehlt es sich, indirekte Wirkungseffekte positiver oder negativer Mundpropaganda zu ermitteln. Hierzu sollten partizipative Unterhaltungen in den Social Media Kanälen überwacht werden.

Entscheidend für Erfolgsmessung ist zudem die Evaluierung der aufbereiteten Social Media Angebote. Unternehmen müssen stetig prüfen, ob der Inhalt der Angebote relevant für die angesprochene Zielgruppe ist und welche Kanäle den größten Erfolgsbeitrag liefern. Mithilfe von Kennzahlen wie Share of Voice (sie definiert den relativen Anteil an Nennungen des Unternehmens in Social Media Netzwerken in Relation zum Gesamtmarkt) oder Zielgruppenaktivität kann eine Aussage über den Mehrwert durch die Integration von Social Media getroffen werden.

Nicht zuletzt gilt es den Einfluss der Unternehmensfürsprecher zu untersuchen, um die möglichen Effekte aus positiver Mundpropaganda dieser Fürsprecher beurteilen zu können (vgl. Greve 2011, S. 20).

6 Zusammenfassung

Die Betrachtung und Analyse der Anwendungen von Social CRM hat gezeigt, dass sich Unternehmen durch die Verknüpfung des klassischen CRM mit Social Media neue Möglichkeiten bieten. Beispielsweise können Kunden akquiriert und Zielgruppen erschlossen werden, welche nicht durch die betrieblichen CRM-Abläufe allein erreicht werden können. Der Einsatz eines Social CRM Systems ermöglicht den Unternehmen einen direkten Austausch mit den Kunden und potenziellen Interessenten. Kundenanfragen und Beschwerden werden in Echtzeit auf den Social Media Plattformen entgegengenommen und bearbeitet. Dies gelingt jedoch nur unter der Voraussetzung, dass die jeweiligen Unternehmen ihre Zielgruppe kennen, sich die Kommunikationsziele vor Augen halten und mit Social Media vertraut sind. Auf der anderen Seite ist die Implementierung von Social CRM aber auch mit einigen Herausforderungen verbunden. Einige davon konnten bereits von Unternehmen bewältigt werden, aber die vollständige Implementierung von Social CRM ist bisher noch keinem Unternehmen gelungen. In Zukunft wird sich das Social CRM aufgrund der Dynamisierung der Märkte und der steigenden Kundenanforderungen weiterentwickeln und signifikant an Bedeutung gewinnen. Unternehmen sehen aufgrund der Wettbewerbssituation immer mehr die Notwendigkeit, ihre Kunden in den präferierten Kommunikationskanälen anzusprechen, langfristig zu binden und in ganzheitliche Tools zu investieren. In Anbetracht der vorgestellten Fallbeispiele überwiegen die Vorteile, die Social CRM mit sich bringt. Die Kundenzufriedenheit erhöht sich und der eigene Service profitiert von der direkten Interaktion mit den Kunden im Social Web.

Quellenverzeichnis

Alt, R., Reinhold, O. (2016): Social Customer Relationship Management, Springer Gabler, Berlin.

Bayer, M. (2012): Auf der Suche nach der richtigen Social-CRM-Strategie, www.computerwoche.de, Zugriff am 21.02.2018.

Davis, C. Thompson, J. W. (o. J.): Social CRM – Informierte Entscheidungen führen zu zufriedenen Kunden, www.salesforce.com, Zugriff am 21.02.2018.

Grabs, A., Bannour, K.P., Vogl, E. (2017): Follow me! Erfolgreiches Social Media Marketing mit Facebook, Twitter und Co., 4. Aufl., Galileo Computing, Bonn.

Greve, G. (2011): Social CRM: Ganzheitliches Beziehungsmanagement mit Social Media, in: Marketing Review St. Gallen, Heft 5, 16-21.

Groll, T. (2013): Firmen nutzen Social Media für Mitarbeiterkommunikation, www.zeit.de, Zugriff am 21.02.2018.

Hochland, S. (2013): Event-Marketing – Mit diesen Tipps gelingt es Ihnen garantiert!, www.experto.de, Zugriff am 21.02.2018.

Holland, H. (2016): Dialogmarketing Offline- und Online-Marketing, Mobile – und Social Media Marketing, 4. Aufl., Vahlen, München.

Hutter, T. (2010): Word of Mouth als Treibstoff von Social Media, www.thomashutter.com, Zugriff am 21.02.2018.

Jaax, L., Backovic, L. (2016): So finden Sie den passenden Social-Media-Kanal, www.impulse.de, Zugriff am 21.02.2018.

Kiel, H., Bäuchl, R. (2014): Eventmanagement – Konzeption, Organisation, Erfolgskontrolle, Vahlen, München.

Kien, M. (2014): Lithium: Telekom startet neue Community, www.funkschau.de, Zugriff am 21.02.2018.

Klähn, A. (2015): Kunde, komm bald wieder! in: acquisa, Heft 3, 62-65.

Klamerski, M. (o. J.): Community Manager vs. Social Media Manager – Wo liegt der Unterschied?, www.socialmediaakademie.de, Zugriff am 21.02.2018.

Klauer, H. (2017): Es gibt nicht den einen Kanal, in: Horizont, Heft 45, 14-15.

Kraska, S. (2012): Datenschutz bei CRM und Social-Media, www.gruenderszene.de, Zugriff am 21.02.2018.

Kreutzer, R.T. (2011): Social-Media-Guidelines- damit Social-Media-Marketing überzeugen kann, in: Der Betriebswirt, Heft 3, 15-21.

Mack, D., Vilberger, D. (2016): Social Media für KMU, Springer Gabler, Wiesbaden.

O. V. (2013): Social CRM führt zu neuen Geschäftsmodellen, www.absatzwirtschaft.de, Zugriff am 21.02.2018.

O. V. (2015): Social CRM bei der Deutschen Telekom AG, www.vico-research.com/, Zugriff am 21.02.2018.

O. V. (o. J.): Führender europäischer Telekommunikations-Anbieter, www.telekom.com, Zugriff am 21.02.2018.

O. V. (o. J.): Social CRM, de.ryte.com, Zugriff am 21.02.2018.

O. V. (o. J.): Was ist Social CRM?, www.salesforce.com, Zugriff am 12.11.2017.

O.V. (2017): Telekom erleben, www.facebook.com/telekomerleben/, Zugriff am 21.02.2018.

Störing, M. (2011): Unter der Social-Media-Lupe, www.heise.de, Zugriff am 21.02.2018.

Ueberholz, O. (2013): Social CRM, http://der-socialmediamanager.de, Zugriff am 21.02.2018.

Zimmermann, J., Eisenbeis, S., Tachilzik, T. (2012): Social CRM in sechs Schritten, http://www.marke41.de, Zugriff am 21.02.2018.

Unternehmensinterne Social Media Nutzung

Noelle Reichert

1 Einführung

Die Bedeutung moderner Informationstechnologien, etwa hinsichtlich der Kommunikation und der Informationssuche, steigt für Internetnutzer stetig. Dies verdeutlicht u. a. die zunehmende Anzahl an aktiven Nutzern in Social Media. Für das Jahr 2018 wird der Gebrauch von Social Media Anwendungen für 46,31 Millionen Deutsche prognostiziert. Innerhalb der folgenden drei Jahre soll diese Zahl bereits um zwei Millionen ansteigen (vgl. Statista 2017). Durch die häufige Verwendung von Social Media haben sich die Internetnutzung sowie die Kommunikationsgewohnheiten der User gewandelt (vgl. BITKOM 2012, S. 3; Zerres et al. 2015, S. 1).

Dieser Wandel ist nicht nur auf das Privatleben beschränkt, sondern wirkt sich gleichermaßen auch auf den Arbeitsalltag aus (vgl. Rossmann et al. 2016, V). Einerseits ist dies in Bereichen der Außendarstellung von Unternehmen, wie dem Marketing und Recruiting, spürbar. Andererseits werden mittels Social Media Anwendungen auch interne Prozesse, wie die Kommunikation, der Wissensaustausch und die Zusammenarbeit, zukunftsorientiert ausgerichtet (vgl. Koch und Richter 2009, VII). Verwendet ein Unternehmen Social Media Tools und hat somit den damit einhergehenden Wandel in der Unternehmenskultur initiiert, wird dieses auch als „Social Enterprise" oder „Enterprise 2.0" bezeichnet (vgl. BITKOM 2015, S. 47; Bächle 2016, S. 3). Zu den elementarsten Unterschieden zwischen traditionellen Unternehmen und einem Enterprise 2.0 zählt, dass streng hierarchische Strukturen abgebaut und den Mitarbeitern mehr Verantwortung übertragen wird. Hierunter fällt beispielsweise die eigenverantwortliche Erstellung von Inhalten durch die Mitarbeiter (vgl. Bächle 2016, S. 18). Die hierarchische Organisation wandelt sich hin zu einer lernenden Wissensorganisation, in der Wissen als Gemeingut angesehen wird und kein Führungsinstrument ist. Daher wird auch die unidirektionale Kommunikation aufgefächert und es entstehen mehrdimensionale Kommunikationswege (vgl. Bächle 2016, 18 f.; Dückert und Hormess 2008). Auf dieser Basis wandert der Fokus auf die Zusammenarbeit und weg von der reinen Verarbeitung von Inhalten und Informationen. Um diese Zusammenarbeit im gesamten Unternehmen zu fördern, wird das Abteilungsdenken abgebaut und die Vernetzung innerhalb von Communities gefördert. Die Mitarbeiter organisieren sich selbst und haben eine Verantwortung gegenüber den Teams, in welchen sie tätig sind (vgl. Bächle 2016, S. 18 f.; Dückert und Hormess 2008).

Im Rahmen dieses Beitrages werden zunächst die wichtigsten Ziele und Herausforderungen der internen Nutzung von Social Media skizziert. Auf dieser Grundlage wird ein Handlungsmodell beschrieben, welches eine erfolgreiche Realisierung ermöglicht und dabei die wichtigsten Erfolgskriterien beleuchtet. Danach werden die primären, Social Media Kanäle, die intern Anwendung finden, vorgestellt. Abschließend wird eine Fallstudie einer erfolgreichen Umsetzung präsentiert. Der Beitrag bietet somit, im Spiegel der Notwendigkeit einer zukunftsorientierten Ausrichtung von Unternehmen, einen Überblick über Chancen, Herausforderungen und Strategien für den internen Einsatz von Social Media.

2 Einsatzmöglichkeiten und damit verbundene Chancen und Ziele

Neben der bekannten Nutzung von Social Media im Vertrieb, Marketing und Recruiting, als Teil der externen Kommunikation, werden verschiedene Tools auch in internen Bereichen erfolgreich eingesetzt. Hierzu zählen vor allem die interne Kommunikation und die Förderung der Zusammenarbeit sowie der Koordination. Abgeleitet aus diesen drei Bereichen resultieren insbesondere Einsatzmöglichkeiten im Projektmanagement (vgl. BITKOM 2015, S. 47; Bächle 2016, S. 28; Zerres et al. 2015, S. 1).

Die Hauptziele des internen Einsatzes von Social Media sind Effizienz-, Effektivitäts- und Produktivitätssteigerung. In diesem Sinne sollen Kosten verringert, Zeit eingespart und die Qualität verbessert werden (vgl. Mack und Vilberger 2016, S. 28). Mithilfe verschiedener Social Media Anwendungen sind diese Ziele erreichbar, da Prozesse optimiert und definiert werden. Zudem sind die Anwendungen im Bereich der Mitarbeitermotivation und Fehlervermeidung einsetzbar (vgl. Mack und Vilberger 2016, S. 28).

Besonders im Bereich der Kommunikation werden Prozesse beschleunigt. Bevor Social Media populär wurde, dienten Kalender, Foren, das Intranet und besondere E-Mails der internen Kommunikation. Innerhalb eines visionären Unternehmens erfüllen diese Mittel jedoch nicht mehr die Kommunikations- und Kooperationsanforderungen. Im Gegenteil, sie hindern Kommunikation sogar. Dies verdeutlicht die zunehmende E-Mail-Flut in Unternehmen, durch welche Mitarbeiter zunehmend belastet werden (vgl. Prinz 2014, 4 f.). Die Nutzung von Social Media kann eine schnelle und bequeme unternehmensweite Kommunikation ermöglichen. Indem synchrone Kommunikation, welche via E-Mail ausgeschlossen ist, gesteigert und dadurch der Austausch zwischen den Mitarbeitern gefördert wird (vgl. Prinz 2014, S. 5). Dies ist durch die moderne und benutzerfreundliche Gestaltung der Kommunikationsmittel möglich (vgl. BITKOM 2015, S. 47). Kommunikationsprozesse werden zudem durch die bessere Vernetzung beschleunigt. Beispielsweise stellen Mitarbeiter ihre Fragen mithilfe eines Gruppenchats oder Forums mehreren Personen eines Fachbereichs gleichzeitig. Hierdurch entfällt die mühevolle Suche nach der Person, welche die Frage beantworten kann (vgl. Kolassa 2014, S. 51).

Auf dem Gebiet der Zusammenarbeit und Koordination eröffnet sich Unternehmen eine weitere Chance, etwa durch die Einführung eines wirksamen Wissens- und Informationsmanagements. Dies ist ein entscheidender Erfolgsfaktor im Informationszeitalter, da es die „Nutzung und Aktivierung des in der Organisation vorhandenen Wissens" ermöglicht (vgl. BITKOM 2015, S. 47; Bächle 2016, S. 33). Dessen ungeachtet stehen oftmals mehr als einem Viertel der Angestellten wichtige Informationen zur Erfüllung ihrer Tätigkeiten nicht zur Verfügung (vgl. Haufe.de 2014, S. 17). Unter Verwendung der passenden Social Media Anwendungen werden diese Informationen allen Mitarbeitern eines Unternehmens bereitgestellt (vgl. Prinz 2014, S. 5).

Ein weiteres Potential findet sich in der Motivations- und Zufriedenheitssteigerung der Mitarbeiter (vgl. Mack und Vilberger 2016, S. 28). Durch die Modernisierung hin zu einem Social Enterprise ist es möglich wertvolle Mitarbeiter zu halten. Zum einen, da zeitlich und räumlich verteiltes Arbeiten einfacher realisierbar ist und so die Vereinbarkeit von Beruf und Familie erleichtert wird. Dies wird beispielsweise durch ortsunabhängige Meetings via Videokonferenz ermöglicht (vgl. BITKOM 2015, S. 48; Bächle 2016, S. 33). Zum anderen finden sich die Mitarbeiter durch die Vorstellung und Vernetzung innerhalb von Social-Media in Interessens- oder Expertennetzwerken. Auf Basis dieser Vernetzung ist funktions- und organisationsübergreifende Zusammenarbeit möglich. Durch den Abbau von strengen Hierarchien und dem herkömmlichen Silo-Denken, also dem Denken in einzelnen Abteilungen, entstehen Motivation und Innovation. Die Grundlage hierfür ist das Zusammentreffen von Mitarbeitern mit unterschiedlichem Background und Wissen (vgl. Prinz 2014, S. 5; BITKOM 2015, S. 48; Kolassa 2014, S. 51).

3 Herausforderungen und Risiken

Wie jede Umstrukturierung innerhalb eines Unternehmens bringt auch der Wandel hin zu einem Social Enterprise Herausforderungen und Risiken mit sich. Eines der größten Potentiale, weshalb die Neustrukturierung scheitert, besteht in der Annahme, dass Social Media nebenbei eingeführt werden kann und zum Selbstläufer wird. Ohne eine sinnvolle Strategie und einem Nutzenversprechen gegenüber den Mitarbeitern bleiben Social Media Tools unbeachtet (vgl. BITKOM 2015, S. 51).

Des Weiteren besteht häufig die Annahme, Social Media sei stets kostenlos. Für die Etablierung und Pflege sind jedoch personelle Ressourcen, Expertenwissen und somit ausreichendes Budget dringend erforderlich. Daher ist es für Unternehmen notwendig, Kosten und Nutzen zu kalkulieren und sich auf dieser Basis bewusst für oder gegen den internen Einsatz von Social Media zu entscheidet und gegebenenfalls die nötigen Mittel bereitzustellen (vgl. BITKOM 2015, S. 51).

Neben den genannten Risiken besteht die Gefahr, dass die Akzeptanz für die interne Nutzung von Social Media nicht geschaffen wird. Es werden diverse Plattformen eingeführt, die Kommunikationskultur im Unternehmen bleibt jedoch unverändert. Ist dies der Fall, kann kein Mehrwert aus der Einführung gezogen werden. Der Wandel wird häufig dann nicht vollzogen, wenn den Mitarbeitern der Nutzen und konkrete Einsatzmöglichkeiten nicht verdeutlicht werden (vgl. BITKOM 2015, S. 51; Kolassa 2014, S. 52). Ein weiterer Faktor, der die Akzeptanz mindert, liegt in der fehlenden Unterstützung des Topmanagements. Ist diese nicht gegeben, fehlt es an Authentizität und Transparenz in der Kommunikation gegenüber den Mitarbeitern und demotiviert diese. Hierzu kommt es beispielsweise, wenn Social Media per Bottom-up-Ansatz eingeführt wird (vgl. Kolassa 2014, S. 53; BITKOM 2015, S. 51). Ähnlich verhält es sich bei der Nutzung der Kanäle als reiner Top-down-Informationskanal. Wenn Feedbackfunktionen wie das Kommentieren nicht gestattet werden, verlieren Social Media Werkzeuge eine wichtige Komponente und gleichzeitig den Mehrwert für die Mitarbeiter (vgl. BITKOM 2015, S. 51).

Diese Risikofaktoren zeigen, wie wichtig es ist, vor der internen Einführung von Social Media hierarchische, organisatorische und kulturelle Hürden zu bedenken und diese durch eine sinnvolle und ganzheitliche Strategie, Kommunikation und Einbeziehung der Mitarbeiter abzubauen (vgl. Kolassa 2014, 52 f.; BITKOM 2015, S. 51).

4 Vorgehensmodell für eine erfolgreiche Realisierung

Damit die Einführung von Social Media in der internen Nutzung erfolgreich ist, muss ein Einführungsprozess angestoßen werden. Für einen solchen Prozess existiert keine Musterlösung, die sich auf alle Unternehmen gleichermaßen anwenden lässt (vgl. Göhring und Niemeier 2016, S. 114). Praxisnahe Herangehensweisen für die Initiierung und Etablierung von Social Media innerhalb einer Organisation orientieren sich beispielsweise an der Softwareentwicklung oder dem Change-Management (vgl. Back et al. 2012, S. 136; Göhring und Niemeier 2016, S. 113 f.; Zerres et al. 2015, S. 7). Aus diesen Ansätzen lassen sich die erfolgsentscheidenden Phasen „Analyse und Strategie", „Planung und Vorbereitung" sowie „Monitoring und Pflege" ableiten.

Innerhalb der ersten Phase werden grundlegende Fragen zum Nutzen und der Umsetzbarkeit geklärt. So muss das Unternehmen sich darüber klar werden, inwiefern mithilfe der internen Nutzung von Social Media erhebliche Wettbewerbsvorteile geschaffen werden können. Zudem muss die Frage beantwortet werden, ob das Unternehmen für einen Wandel in den Bereichen Führung, Kommunikation und Zusammenarbeit bereit ist (vgl. Göhring und Niemeier 2016, S. 115). Die Antworten finden sich in Analysen des aktuellen Kommunikationsverhaltens und Informationsmanagements ebenso wie in der Akzeptanz bereits eingesetzter Software (vgl. Zerres et al. 2015, 7 f.). Auf dieser Basis lassen sich sowohl die Notwendigkeit als auch die Realisierbarkeit ableiten. Im Anschluss muss eine konkrete Strategie mit Zielen definiert werden, welche den Erfolg der Einführung bezeugen. Wie bereits beschrieben, zählen hierzu insbesondere Geschäftsprozessoptimierung, Kostenreduktion, Steigerung der Zusammenarbeit und besseres Wissensmanagement (vgl. Göhring und Niemeier 2016, S. 118).

Daneben müssen mögliche Risiken identifiziert werden, die eine erfolgreiche Einführung der Social Media Anwendungen gefährden. Um die verschiedenen Einflussfaktoren zu ermitteln und ihre Auswirkung auf das Projekt einzuordnen, wird eine sogenannte Kraftfeldmatrix genutzt. Die folgende Darstellung der Matrix (vgl. Abb. 1) stellt Misserfolgsbarrieren und Erfolgsfaktoren den Erfolgsbarrieren und den Misserfolgsfaktoren gegenüber (vgl. Göhring und Niemeier 2016, S. 121 f.; Niemeier, J. 2013).

Abbildung 1: Matrix zur Analyse von Erfolgsfaktoren und -barrieren

Quelle: Göhring 2015; Niemeier 2013

Im Rahmen der Planung werden zunächst Ressourceneinsatz und Verantwortlichkeiten geklärt. Das Unternehmen muss ausreichend qualifiziertes Personal und finanzielle Mittel für den Prozess bereitstellen. Da es sich um eine unternehmensweite Kulturveränderung handelt, ist es sinnvoll Verantwortliche aus mehreren Unternehmensbereichen zu definieren (vgl. Göhring und Niemeier 2016, S. 117 f.). Anschließend müssen diese sowohl die Erwartungen als auch die Anforderungen an die Social Software definieren und ein oder mehrere passende Tools auswählen. Die Entscheidung kann anhand eines Pilotprojektes evaluiert werden (vgl. Zerres et al. 2015, S. 7 f.). Hierbei ist empfehlenswert, auf die bereits existierende Infrastruktur Rücksicht zu nehmen und beispielsweise zunächst bei bereits genutzten Softwareunternehmen nach einer passenden Lösung zu recherchieren.

Wurde die Social Media Anwendung ausgewählt, beginnt die Vorbereitungsphase. Der erste Schritt ist das Erarbeiten von Verhaltensrichtlinien. In diesen definieren die Verantwortlichen sowohl die Umgangsformen als auch die gewünschten Informationen und deren Aufbereitung (vgl. Zerres et al. 2015, S. 9). Um eine einheitliche Nutzung und somit eine klare Struktur der Inhalte zu gewährleisten, empfiehlt es sich, Templates und Vorlagen in die Tools einzupflegen. Des Weiteren werden von den Projektmitgliedern bereits erste Texte und Medien platziert. Diese dienen den Mitarbeitern als Orientierung, besonders direkt nach der Einführung geben sie ihnen Sicherheit (vgl. Zerres et al. 2015, S. 9).

Um Widerstände während der Etablierung zu reduzieren, ist es nötig, die Mitarbeiter frühzeitig zu informieren. Bei dieser Aufklärung müssen Nutzen sowie konkrete Einsatzmöglichkeiten klar vermittelt werden (vgl. BITKOM 2015, S. 51). Neben den üblichen Informationskanälen sind hierfür Schulungen ein geeignetes Mittel. Innerhalb dieser werden neben der reinen Funktionalität der Templates und Anwendungen ebenfalls konkrete Vorteile aufgezeigt (vgl. Zerres et al. 2015, S. 9).

Im Zuge der Einführung von Social Media Anwendungen müssen zudem rechtliche Implikationen betrachtet werden. Hierzu zählt der datenschutzrechtliche Aspekt. Das deutsche Recht sieht vor, dass eine Speicherung oder Verwendung personenbezogener Daten ausschließlich nach ausdrücklicher Zustimmung des jeweiligen Betroffenen erfolgen dürfen. Diese Zustimmung kann bei erstmaliger Nutzung über die Einwilligung in eine Datenschutzerklärung stattfinden (vgl. Ulbricht 2016, S. 145 f.).

Neben dem Datenschutz muss die Datensicherheit gewährleistet werden. Daher besteht die Pflicht Zugangskontrollen mittels Nutzername und Passwort ebenso wie ein Rechtemanagement einzusetzen. Mithilfe des Rechtemanagements werden Mitarbeitern Rollen zugewiesen, welche Zugriffs-, Eingabe- und Weitergabebeschränkungen regeln (vgl. Ulbricht 2016, S. 147; Zerres et al. 2015, S. 5).

Ist die Vorbereitungsphase, in welcher die Mitarbeiter während Schulungen erste Berührung mit der Social Media Anwendung hatten, abgeschlossen, wird diese für alle zugänglich gemacht. Nach der Einführung und Etablierung kann das Projekt „Social Media in der internen Nutzung" nicht als abgeschlossen betrachtet werden. So gilt es Verantwortliche zu bestimmen, welche für die Pflege der Inhalte zuständig sind. Zu dieser Pflege gehören die Strukturierung von Inhalten sowie die Rechtevergabe. Zusätzlich muss ein zentraler Support für Fragen und Verbesserungsvorschläge eingerichtet werden (vgl. Zerres et al. 2015, S. 9).

Im Zuge der kontinuierlichen Verbesserung ist es notwendig, dass ein Monitoring aller Anwendungen stattfindet. Dieses kontrolliert die Einhaltung der Verhaltensrichtlinien gleichermaßen wie die Erfüllung der Strategieziele. Im Sinne der Wirtschaftlichkeit werden wenig genutzte Anwendungen eliminiert und im Gegenzug stark nachgefragte weiter optimiert (vgl. Zerres et al. 2015, 9 f.).

Wird der gesamte Prozess gewissenhaft durchlaufen, so werden entscheidende Erfolgsfaktoren beachtet. Dies sind beispielsweise die Integration der Anwendung in die Geschäftsprozesse, die Kommunikation des Nutzens, dass die Software an das Unternehmen angepasst wird und dass der Kulturwandel initiiert wird (vgl. Bächle 2016, S.136 f.; BITKOM 2015, S. 50).

5 Mögliche Social-Media-Kanäle für die interne Nutzung

Im Folgenden werden Social Media Werkzeuge vorgestellt, welche sich für die interne Nutzung in den drei Einsatzbereichen Kommunikation, Zusammenarbeit und Koordination eignen (vgl. Abbildung 2). Der Fokus liegt dabei nicht auf einer detaillierten technischen Beschreibung, sondern vielmehr auf den Vorteilen, die das Unternehmen aus der Anwendung ziehen kann.

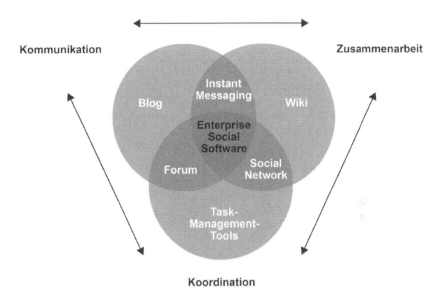

Abbildung 2: Anwendungsklassen von Social Media Werkzeugen
Quelle: Bächle 2016, S. 29

5.1 Unternehmensblog

Zu Beginn wurde der Blog als Online-Tagebuch eingeführt; inzwischen dient er als Publikationsplattform von journalistischen oder literarischen Inhalten (vgl. Mack und Vilberger 2016, S. 21). Die Artikel eines oder mehrerer Autoren werden chronologisch angeordnet und sind, anders als bei einem Wiki, nicht in eine Informationssammlung integriert, sondern eigenständig. Ein Beitrag kann multimedial aufbereitet und von Lesern kommentiert werden (vgl. Prinz 2014, S. 7). Innerhalb eines Unternehmens kann ein Blog für Bekanntgaben der Führungsebene, Expertenmitteilungen oder eine Art Mitarbeiterzeitung, welche wichtige Nachrichten bereitstellt, genutzt werden. So werden via Blogs Informationen weiteregegeben, die ansonsten per E-Mail-Verteiler versendet würden. Blogs bieten u. a. den Vorteil, dass Mitarbeiter, die dem Unternehmen später beigetreten sind, die Einträge nachverfolgen können (vgl. Prinz 2014, S. 7).

Nachdem sich das Format Blog etabliert hatte, wuchs das Bedürfnis der Nutzer nach einer einfacheren Kommunikationsmöglichkeit, mit deren Hilfe keine ausführlichen Beiträge verfasst werden müssen. Auf Basis dieses Bedürfnisses entstanden Microblogs. Ziel ist es, schnell Aktivitäten, Fragen oder Informationen mit vielen anderen Nutzern zu teilen. Im Gegensatz zu einem E-Mail-Verteiler werden Empfänger nicht konkret ausgewählt. Die Nachrichten werden dem gesamten Netzwerk des Autors innerhalb der Anwendung veröffentlicht (vgl. Prinz 2014, S. 8). Unternehmen nutzen Microblogs, um die Mitarbeiter über wichtige Themen und Ereignisse zu informieren oder um Fragestellungen an eine größere Personengruppe zu stellen, welche per Kommentar beantworten werden (vgl. Prinz 2014, S. 8).

5.2 Instant Messaging und Präsenzawareness

Instant Messaging Formate dienen einer schnellen synchronen Kommunikation und bieten eine Anzeige der Online-Präsenz der Teilnehmer. Diese zeigt einem Benutzer, ob die Person, welcher er schreiben möchte, erreichbar ist. Die Präsenzanzeige unterstützt zudem bei der telefonischen oder persönlichen Kontaktaufnahme mit einem Kollegen. Mithilfe von Instant Messaging Systemen kann der E-Mail-Verkehr innerhalb eines Unternehmens reduziert werden. Es werden beispielsweise kurze Frage-Antwort-Dialoge oder schnelle Abstimmungen über ein solches Tool getätigt (vgl. Prinz 2014, S. 9). Einige Systeme bieten darüber hinaus die Möglichkeit Gruppen für Diskussionen zu bestimmten Themen zu erstellen. Gleichzeitig werden einige dieser Tools auch für Audio- oder Videokonferenzen genutzt (vgl. Prinz 2014, S. 9).

5.3 Unternehmenswiki

Ein Wiki ist eine Webseite, welche ihren Nutzern den Zugang zu Informationen ermöglicht. Neben dem reinen Lesen, editieren Nutzer die Informationen selbstständig. Ziel der Plattform ist daher, dass die Nutzerschaft gemeinsam Wissen sammelt und verständlich aufbereitet (vgl. Prinz 2014, 5 f.; Koch und Richter 2009, 38 f.). Hierzu werden Texte, Fotos und weitere Medien verwendet, die den Wissenstransfer unterstützen. Wikis setzten auf einfach verständliche Online-Editoren mit welchen die Inhalte schnell veröffentlicht werden können. Damit der Prozess des Editierens effizient ist, besitzen die Editoren keine Layoutfunktionen oder komplexen Freigabe- und Zugriffsrechte. Die Kontrolle der Inhalte erfolgt durch die Nutzer selbst, indem sie die Artikel gegenseitig prüfen. Durch die flachen Eintrittshürden sollen Leser dazu animiert werden, selbst Artikel zu editieren und im Diskurs weiterzuentwickeln (vgl. Prinz 2014, S. 5 f.; Koch und Richter 2009, S. 38).

Wikis sind für Unternehmen insbesondere für das Wissensmanagement, welches die Strukturierung und Dokumentation von Wissen und Erfahrungen der Mitarbeiter umfasst, nützlich. Ebenso bilden sie einen zentralen Ort an welchem Informationen zugänglich sind. Innerhalb eines Wikis werden daher auch Prozessabläufe und Protokolle im Rahmen des Projekt- oder Abteilungsmanagements verwaltet (vgl. Prinz 2014, S. 6; Koch und Richter, S. 38 f.). Damit die Einführung eines Wikis erfolgreich ist, müssen sowohl der Nutzen wie auch die Benutzung für die Mitarbeiter ersichtlich sein, da die Einführung eines Wikis zu Beginn ein Mehraufwand für die Mitarbeiter bedeutet (vgl. Koch und Richter 2009, S. 39).

5.4 Social Network

Social Network-Software stellt die Basis für die Entwicklung von Communities dar, indem sie die Etablierung und die Pflege von zielgerichteten Beziehungen online ermöglicht. Diese Plattformen können sowohl geschäftlich als auch privat genutzt werden. In Deutschland sind diese beiden Bereiche getrennt, so wird für das private Netzwerk beispielsweise Facebook und für das berufliche die Plattformen Xing oder LinkedIn genutzt (vgl. Bächle 2016, S. 30 f.).

5.5 Task-Management-Tools

Ein Task-Management-Tool unterstützt insbesondere Projektgruppen bei der Verteilung und Organisation ihrer Aufgaben. Mithilfe dieses Werkzeugs kann die Projektplanung und -überwachung zum Beispiel unter Verwendung von Meilensteinen, Ganttdiagrammen und Kanban-Tafeln erfolgen (vgl. planeview.com 2018; ansana.com o.J.). Die Anwendung Projectplace von Planeview integriert zudem einen Gruppenchat und eine File-Sharing Funktion (vgl. planeview.com 2018). Das Tool Ansana generiert automatisch Projektberichte, die das Verhältnis von erledigten gegenüber noch ausstehenden Aufgaben visualisieren. Daneben bietet es eine Auswahl an vordefinierten Prozessen wie „Produkteinführung" oder „Redaktioneller Kalender", um Mitarbeitern in allen Geschäftsbereichen mit Vorlagen zu unterstützen (vgl. ansana.com o. J.).

5.6 Forum

Ein Forum dient als Diskussionsplattform. Mitglieder verfassen Beiträge zu einem bestimmten Thema, diese werden von anderen Mitgliedern gelesen und beantwortet. Häufig werden Foren zu bestimmten Themenbereichen erstellt und mithilfe von Unterforen gegliedert. Beiträge zu einer bestimmten Fragestellung werden zusammengefasst und als thread oder topic bezeichnet (vgl. Bächle 2016, S. 28; Mack und Vilberger 2016, S. 124). Ein Unternehmen kann diese Anwendung beispielsweise im Rahmen eines Hilfe-Forums einsetzten. Es ist wichtig, dass die Beiträge richtig verwaltet werden und hierdurch schnell auffindbar sind. Diese Ordnung ist zum Beispiel mittels Rechtebeschränkungen und speziellen Rollen wie Moderatoren und Administratoren möglich (vgl. Mack und Vilberger 2016, S. 124).

5.7 Enterprise-Social-Software

Die Begriffe „Social-Business-Software" oder „Social Intranet" stehen synonym für Enterprise-Social-Software (vgl. Bächle 2016, S. 31 f.). Ein solches System verbindet unterschiedliche Social Software innerhalb einer Oberfläche und schafft hierdurch eine ganzheitliche Verbesserung in den Bereichen Kommunikation, Zusammenarbeit und Koordination. Durch diesen umfassenden Ansatz eignet sich das Tool insbesondere für die Unterstützung der Arbeit von informellen und formellen Gruppen wie beispielsweise Projektteams (vgl. Bächle 2016, S. 31 f.). Zu den bekanntesten dieser

Softwarelösungen gehört IBM Connections und Microsofts SharePoint (vgl. Drakos et al. 2015).

Der bekannte MIT-Forscher McAfee formulierte sechs Kriterien, welche entscheidend für den Erfolg und Nutzen einer ganzheitlichen Social Media Anwendung in der internen Anwendung sind. Diese Kriterien sind unter dem Akronym SLATES bekannt (vgl. Bächle 2016, S. 9 f.; Mack und Vilberger 2016, S. 68)

- **Search** – Die Software benötigt eine Suchfunktion, welche das Auffinden von Inhalten und Informationen erleichtert.
- **Links** – Diese Bedingung ermöglicht eine Vernetzung, um Inhalte zu strukturieren und die Suchfunktion zu verbessern.
- **Authoring** – Eine elementare Bedingung ist, dass der Nutzer selbst Inhalte erzeugen kann.
- **Tags** – Diese Funktion bietet die Möglichkeit, Inhalte beispielsweise mithilfe von Schlagwörtern zu kategorisieren.
- **Extensions** – Dem Nutzer sollen inhaltsbezogene Empfehlungen nach seinen Bedürfnissen bereitgestellt werden.
- **Signals** – Wurden neue Inhalte in die Software eingefügt, so ist es notwendig, dass dies dem Nutzer mitgeteilt wird.

6 Fallstudie zur internen Nutzung von Social Media

Mithilfe der externen Nutzung von Social Media konnte die Deutsche Telekom AG bereits Erfolge verzeichnen. So zeigen viele positive Kommentare, dass beispielsweise das Serviceportal *telekom.hilft*, welches auch auf Facebook, Twitter und YouTube vertreten ist, die Nutzerzufriedenheit fördert (vgl. telekom.de). Vergleicht man die Anzahl an Online- und Social Media Beiträgen der Aktiengesellschaft mit denen der DAX-30-Unternehmen, so steht die Deutsche Telekom im Frühjahr 2017 auf dem vierten Platz. Die 93.840 Beiträge innerhalb von sechs Wochen bezeugen die hohe Social Media Aktivität des Unternehmens (vgl. Brandwatch 2017).

Parallel zur externen Verwendung hat die Telekom bereits 2007 begonnen, Social Media intern zu etablieren. Initiiert wurde dies mit einem internen Blog, Wikis und Netzwerken, welche die Kommunikation verbesserten. Um die Zusammenarbeit konzernweit und somit standortübergreifen zu optimieren, wurde 2014 schließlich das *Telekom Social Network (TSN)* eingeführt (vgl. Vollmar 2013). Diese Social Collaboration Plattform hatte bereits 2015 100.000 Mitglieder und ist damit zu einem wichtigen Bestandteil der Digitalisierung im Konzern geworden. (vgl. telekom.com/de 2015). Die eingesetzte Social Software dient der Verbesserung von Kommunikation, Wissensmanagement und Zusammenarbeit. Es werden beispielsweise Gruppen erstellt, Wissen via Wiki ausgetauscht und gemeinsam Dokumente bearbeitet (vgl. Vollmar 2013; telekom.com/de 2015). Ziel ist es, über Hierarchien und Bereichsgrenzen hinweg, eine Vernetzung und ein Dialog auf Augenhöhe stattfinden zu lassen (vgl. telekom.com/de 2015) Diese neue Art der Kommunikation wird mit den Attributen „(...) direkter, authentischer und schneller" (telekom.com/de 2015) beschrieben.

Zum Erfolg der Plattform trägt die Unterstützung der Führungsebene bei, so berichtete der ehemalige Vorstand René Obermann von Veranstaltungen und Dienstreisen und stellte sich Diskussionen. Durch diese Offenheit wurde er für die Mitarbeiter greifbarer (vgl. Vollmar 2013) Daneben begann die Telekom, frühzeitig das Interesse bei den Mitarbeitern zu wecken und diese über den Nutzen aufzuklären, beispielsweise durch Imagevideos und Blogbeiträge (vgl. Grabmeier 2014; Vollmar 2013). Gleichzeitig hat die Telekom für ihre Mitarbeiter in Guidelines nicht nur den externen sondern auch den internen Umgang und Mehrwert von Social Media beschrieben (vgl. telekom.com/de 2009).

Um das Interesse weiterhin zu fördern und die Anwendung benutzerfreundlich zu halten, verfolgt die Deutsche Telekom das Prinzip der ständigen Beta-Version. Dieses Prinzip verfolgt den Ansporn, die Software stets weiterzuentwickeln und noch besser an die Bedürfnisse der Mitarbeiter anzupassen. Aus diesem Grund werden die Mitarbeiter dazu angehalten, Verbesserungsvorschläge zu melden, welche anschließend geprüft und umgesetzt werden (vgl. Vollmar 2013).

7 Bewertung

Die vielfältigen Einsatzgebiete und Chancen, welche sich aus dem internen Einsatz von Social Media ergeben, bieten Unternehmen die Möglichkeit, sich zukunftsorientiert aufzustellen. Insbesondere die Nutzung von Social Media Anwendungen in den Bereichen interne Kommunikation, Zusammenarbeit und Koordination eröffnen Potentiale in der Prozessoptimierung und dem Projektmanagement. Risiken und Barrieren dürfen zwar nicht vernachlässigt werden, jedoch stellen sie auch keinen Hinderungsgrund dar. Rechtliche Hürden können ebenso abgebaut werden wie Bedenken und Widerstände von Mitarbeitern. Hierbei sind eine durchdachte Strategie sowie eine ausreichende Analyse- und Planungsphase entscheidend. Zu den wichtigsten Erfolgskriterien zählen die Anpassung der Anwendungen an die internen Prozesse des Unternehmens und die frühzeitige Kommunikation des Nutzens an die Mitarbeiter. Daneben ist die Bereitstellung von genügend Ressourcen relevant, hierzu zählen insbesondere Mitarbeiter mit Expertise oder externe Fachkundige.

Auch wenn in jedem Unternehmen gewisse Voraussetzungen für den Einsatz von Social Media vorhanden sind, muss immer im Einzelfall betrachtet werden, wie diese am besten genutzt werden können. Die Einschätzung muss individuell anhand der eigenen Unternehmenskultur, Strategie und Mitarbeitern getroffen werden. Da Vernetzung und Kommunikation allerdings den Alltag der Menschen bestimmen, ist es notwendig einen Kulturwandel hin zu mehr Transparenz und Zusammenarbeit zu befürwortet.

Quellenverzeichnis

ansana.com (o.J.): Der einfachste Weg, um Teamprojekte und Aufgaben zu managen, https://asana.com/de/product, Zugriff am: 20.01.2018.

Bächle, M. (2016): Wissensmanagement mit Social Media. Grundlagen und Anwendungen, De Gruyter Oldenbourg, Berlin.

Back, A., Gronau, N., Tochtermann, K. (2012): Web 2.0 und Social Media in der Unternehmenspraxis. Grundlagen Anwendungen und Methoden mit zahlreichen Fallstudien. 3. Aufl., Oldenbourg, München.

BITKOM (2012): Social Media in deutschen Unternehmen, https://www.ihk-nordwestfalen.de/blob/msihk24/Aktuelles/PR-Tipps-fuer-Unternehmen/3551696/48d9a596a38b41e87b9466949407b3a6/Social-Media-in-deutschen-Unternehmen---BITKOM-data.pdf, Zugriff am: 21.01.2018.

BITKOM (Hrsg.) (2015): Social Media. Leitfaden, 3. Aufl., https://www.bitkom.org/noindex/Publikationen/2015/Leitfaden/Social-Media-Guidelines/150521-LF-Social-Media.pdf, Zugriff am: 08.12.2017.

Brandwatch (2017): Ranking der DAX-30-Unternehmen nach der Anzahl der Beiträge in Online- und Social Media im Jahr 2017, https://de.statista.com/statistik/daten/studie/757157/umfrage/beitraege-zu-den-dax-30-unternehmen-in-online-und-social-media/, Zugriff am: 27.12.2017.

Drakos, N., Gotta, M., Mann, J. (2015): Magic Quandrant for Social Software in the Workplace. Gartner, https://www.project-consult.de/files/Gartner_Magic_Quadrant_for_Social_Software_in_the_Workplace_2015.pdf, Zugriff am: 11.04.2018.

Dückert, S., Hormess, M. (2008): Enterprise 2.0 - Neues Denken statt neue Technologie, http://www.community-of-knowledge.de/beitrag/enterprise-20-neues-denken-statt-neue-technologie/, Zugriff am: 11.04.2018.

Göhring, M. (2015): Die Performancematrix für Enterprise 2.0, http://www.centrestage.de/2015/04/14/die-performancematrix-fuer-enterprise-2-0/, Zugriff am: 11.04.2018.

Göhring, M., Niemeier, J. (2016). Erfolgreiche Praktiken zur Einführung von Enterprise Social Networks, in: Rossmann A., Stei, G., Besch, M. (Hrsg.): Enterprise Social Networks. Erfolgsfaktoren für die Einführung und Nutzung - Grundlagen, Praxislösungen, Fallbeispiele. Springer Fachmedien, Wiesbaden, 113-130.

Grabmeier, S. (2014): Enterprise 2.0 bei der Deutschen Telekom AG, https://www.youtube.com/watch?v=kHOiynlK4Nk, Zugriff am: 27.12.2017.

Haufe.de (2014): Produktiver Umgang mit Wissen in Unternehmen, Studie 2014, http://www.haufe.de/unternehmensfuehrung/haufe-studie-wissen-in-unternehmen_14_225916.html, Zugriff am: 11.04.2018.

Koch, M., Richter, A. (2009): Enterprise 2.0. Planung Einführung und erfolgreicher Einsatz von Social Software in Unternehmen, Online-Ausg., Oldenbourg, München.

Kolassa, D. (2014): Social Business - die 10 goldenen Regeln, in: Rogge C., Karabasz R. (Hrsg.): Social Media im Unternehmen - Ruhm oder Ruin. Erfahrungslandkarte einer Expedition in die Social Media-Welt, Springer Vieweg, Wiesbaden, 49-55.

Mack, D., Vilberger, D. (2016): Social Media für KMU. Der Leitfaden mit allen Grundlagen, Strategien und Instrumenten, Springer Gabler, Wiesbaden.

Niemeier, J. (2013): Wirksames Change Management für Enterprise 2.0-Projekte, http://www.centrestage.de/2013/07/25/wirksames-change-management-fuer-enterprise-2-0-projekte/, Zugriff am: 16.04.2018.

planeview.com (2018): Get work done all in one place, http://www.planview.com/products/projectplace/, Zugriff am: 20.01.2018.

Prinz, W. (2014): Konzepte und Lösungen für das soziale Intranet, in: Rogge C. und Karabasz R. (Hrsg.): Social Media im Unternehmen - Ruhm oder Ruin. Erfahrungslandkarte einer Expedition in die Social Media-Welt, Springer Vieweg, Wiesbaden, 1-17.

Rossmann, A., Stei, G., Besch, M. (Hrsg.) (2016): Enterprise Social Networks. Erfolgsfaktoren für die Einführung und Nutzung - Grundlagen, Praxislösungen, Fallbeispiele, Springer Fachmedien, Wiesbaden.

Statista (2017): Anzahl der monatlich aktiven Nutzer von sozialen Netzwerken in Deutschland in den Jahren 2015 und 2016 sowie eine Prognose bis 2022 (in Millionen), https://de.statista.com/statistik/daten/studie/554909/umfrage/anzahl-der-nutzer-sozialer-netzwerke-in-deutschland/, Zugriff am: 21.01.2018.

telekom.com/de (2009): Grundsätze der Deutschen Telekom für die Nutzung von Social Media, https://encrypted.google.com/url?sa=t&rct=j&q=&esrc=s&source=web&cd=1&cad=rja&uact=8&ved=0ahUKEwiPkJ-Qy6rYAhVP6aQKHY mbC68QFggrMAA&url=https%3A%2F%2Fwww.telekom.com%2Fresource%2 Fblob%2F428712%2F839b9ff981b07455360d4213ed6f6aff%2Fdl-social-media-grundsaetze-data.pdf&usg=AOvVaw18GXUxNKOwmjELZopGhQCD, Zugriff am: 27.12.2017.

telekom.com/de (2015): Medieninformation: Intranet goes social, https://www.telekom.com/de/medien/medieninformationen/detail/intranet-goes-social--100-000-telekom-mitarbeiter-nutzen-social-collaboration-plattform-fuer-information--dialog-und-zusammenarbeit-349278, Zugriff am: 27.12.2017.

telekom.de (o.J.): Telekom hilft Community, https://telekomhilft.telekom.de, Zugriff am: 28.01.2018.

Ulbricht, C. (2016): Rechtliche Implikationen und Handlungsempfehlungen für Enterprise Social Networks, in: Rossmann A., Stei, G., Besch, M. (Hrsg.): Enterprise Social Networks. Erfolgsfaktoren für die Einführung und Nutzung - Grundlagen, Praxislösungen, Fallbeispiele, Springer Fachmedien, Wiesbaden, 143-153.

Vollmar, L. (2013): Eindeutig erwünscht - soziales Netzwerken am Arbeitsplatz. Blog.Telekom, https://www.telekom.com/de/blog/konzern/artikel/eindeutig-erwuenscht---soziales-netzwerken-am-arbeitsplatz-62760, Zugriff am: 27.12.2017.

Zerres, C., Jonas, H., Rahnenführer, K., Weber, B. (2016): Ziele, Herausforderungen und Anwendungsprozess für Social-Media im Projektmanagement, Hg. v. C. Zerres, https://marketingzerres.files.wordpress.com/2017/02/ 20151102_beitrag_social_media_im_pm.pdf, Zugriff am: 11.04.2018.

Innovationsmanagement in Social Media

Christina Leuchtweis

1 Einführung

In Zeiten des technischen Fortschritts und einer Globalisierung des Wettbewerbs erhöhen nicht nur die sich stetig verkürzenden Produktlebenszyklen den Leistungsdruck auf die Unternehmen, sondern auch die zunehmend spezifischen Ansprüche der Kunden. Um dennoch auf den heutigen Märkten bestehen zu können, müssen die Unternehmen stetig neue kreative und innovative Lösungen entwickeln, um den Bedürfnissen und Wünschen der Kunden gerecht zu werden (vgl. Thommen et al. 2017, S. 54).

Fakt ist jedoch, dass eine Vielzahl dieser innovativen Lösungen nie die Marktreife erreicht. Im Bereich der Investitionsgüter wird von Flopraten in Höhe von 20% bis 40% berichtet und im Konsumgüterbereich liegen die Zahlen sogar zwischen 30% und 90% (vgl. Reichwald et al. 2007, S. 15). Dabei ist die erfolgreiche Umsetzung von Innovationsprojekten entscheidend für den wirtschaftlichen Erfolg eines Unternehmens. Deshalb besteht ein zentrales Bestreben im Innovationsmanagement darin, mögliche Quellen für kreative Ideen zu erschließen, um die Gefahr von nicht marktfähigen Leistungen zu verringern (vgl. Hettler 2012, S. 239).

Gleichzeitig hat die Entwicklung der Informationstechnik in den letzten Jahren dazu beigetragen, dass sich Innovationsprozesse nicht mehr ausschließlich innerhalb der Unternehmensgrenzen abspielen, sondern auch das externe Marktumfeld durch interaktive Beziehungen miteinbezogen wird (vgl. Weiber und Pohl 2017, S. 44 f.).

Ziel dieses Beitrages ist es aufzuzeigen, welche Möglichkeiten sich für Unternehmen durch die Integration von Social Media zur Optimierung ihrer Innovationsprozesse bieten. Dabei gliedert sich der Beitrag in folgende Abschnitte auf:

Zu Beginn erfolgt eine Einführung in die Grundlagen des Innovationmanagements. Dabei wird auf die Entwicklung vom geschlossenen zum offenen Innovationsprozess eingegangen. Im zweiten Teil werden die Möglichkeiten und Vorgehensweisen von Social Media zur Integration in den Innovationsprozess vorgestellt und anhand praktischer Beispiele erläutert. Insgesamt wird das Thema durch das Aufzeigen von Vorteilen und Risiken abgerundet und mit einem Fazit abgeschlossen.

2 Innovationsmanagement

2.1 Grundlagen

Innovationsmanagement beinhaltet alle unternehmerischen Aktivitäten, die bei der Koordination des Innovationsprozesses, von der Auffindung einer Idee bis zu deren systematischen Verwirklichung als Innovation am Markt, anfallen (vgl. Tintelnot et al. 1999, S. 4 f.). Dieser Innovationsprozess teilt sich in fünf Phasen auf, welche durch die folgende Abbildung 1 veranschaulicht werden:

Abbildung 1: Die Phasen des Innovationsprozesses
Quelle: Eigene Darstellung in Anlehnung an Reichwald et al. 2007, S. 21

In der ersten Phase geht es zunächst darum, Ideen zu sammeln und zu bewerten. Daraus werden die besten Ideen ausgewählt und in Konzepte umgewandelt. Diese bilden die Basis für die Entwicklung von Versuchsmodellen und Prototypen, welche in Phase vier anhand von Produkt- und Markttests evaluiert werden, bevor sie als finales Endprodukt in den Markt eingeführt werden (vgl. Blohm 2013, S. 14).

2.2 Vom geschlossenen zum offenen Innovationsprozess

Während sich die Aktivitäten des Innovationsprozesses früher ausschließlich innerhalb der Unternehmensgrenzen abgespielt haben und z. B. die Entwicklung neuer Ideen rein auf die Vorschläge der Abteilung Forschung und Entwicklung zurückzuführen war, lässt sich mittlerweile beobachten, dass immer mehr Unternehmen ihre Innovationsprozesse für den Zutritt externer Marktakteure öffnen (vgl. Blohm 2013, S. 16; Reichwald et al. 2007, S. 5 f.). Dieser Vorgang wird auch als Open Innovation bezeichnet (vgl. Weiber und Pohl 2017, S. 50). Das bedeutet, dass Unternehmen gezielt Impulse und Anregungen von unternehmensexternen Quellen nutzen. Dabei können alle Anspruchsgruppen eines Unternehmens wie beispielsweise Unternehmenspartner, Lieferanten, Kapitalgeber, Konkurrenten, Staat oder Kunden miteinbezogen werden (vgl. Disselkamp 2012, S. 43). Besonders Konsumenten und Interessenten stellen einen wichtigen Partner im Innovationsprozess dar, da sie im Endeffekt auch die Verwender der Innovationen sind (vgl. Weiber und Pohl 2017, S. 43).

3 Integration von Social Media im Innovationsmanagement

Laut einer Prognose des eMarketer aus dem Jahr 2017 wird die Anzahl an Social Media Nutzern bis im Jahr 2021 auf etwa drei Milliarden Nutzer ansteigen (vgl. eMarketer 2017). Im Sinne von Open Innovation bietet Social Media den Unternehmen damit zunehmend mehr Wege an, um vergleichsweise einfach in den Dialog und

Austausch mit externen Personengruppen zu gelangen (vgl. Seja und Narten 2017, S. 6 f.) und deren Wissen, Kreativität und Erfahrungen vorteilhaft in den Innovationsprozess einfließen zu lassen. Hierfür existieren zwei Vorgehensweisen, die sich in einem direkten oder indirekten Kontakt mit den externen Personengruppen unterscheiden (vgl. Noé 2013, S. 126).

3.1 Direkter Kontakt

Crowdsourcing ist ein Kunstwort bestehend aus „Outsourcing", Auslagerung und „Crowd", was für eine beliebige Personengruppe steht. Dabei geht es um die Übertragung von Aufgaben, die traditionell vom Unternehmen selbst durchgeführt werden, auf eine beliebige Gruppe von interessierten Menschen im Internet (vgl. Leopold 2015, S. 16). Die Zusammenarbeit zwischen den externen Personengruppen und den Unternehmen findet dabei überwiegend auf Social Media Kanälen statt (vgl. Weiber und Pohl 2017, S. 54 f.).

Mit Hilfe von Crowdsourcing können Unternehmen die Nutzer von Social Media aktiv in ihren Innovationsprozess einbinden, indem sie beispielsweise die User direkt nach Ideen, Empfehlungen und Verbesserungen befragen oder gemeinsam mit ihnen neue Konzepte beziehungsweise Produkte entwickeln (vgl. Kaschny et al. 2015, S. 104 f.). Außerdem können die User auch zur Bewertung oder Auswahl gemeinsam entwickelter oder vom Unternehmen vorgeschlagener Ideen aufgerufen werden (vgl. 2015, S. 16 f.).

Beim Einsatz dieser Methode setzen Unternehmen auf die kollektive „Weisheit der Vielen" (vgl. Hettler 2010, S. 237), denn durch die öffentliche Ausschreibung von Aufgaben auf einer Social Media Plattform ermöglichen Unternehmen jedem registrierten Nutzer den Zugang zum Innovationsprozess. Je nachdem welchen Kanal ein Unternehmen für das Vorgehen auswählt, kann hierdurch eine breite Masse sehr unterschiedlicher Personengruppen erreicht werden (vgl. Weiber und Pohl 2017, S. 54 f.). Dabei erfolgt die Mitarbeit auf Basis intrinsischer Motivation, da die Nutzer nicht zu einer Mitarbeit gezwungen werden (vgl. Hettler 2010, S. 237 ff.). Um die Anzahl und die Qualität der Teilnahme zu steigern, setzen Unternehmen hier oftmals Anreize ein. Diese können beispielsweise in Form von Anerkennung durch die Veröffentlichung der Idee oder mit der Vergabe von attraktiven Preisen sowie monetären Leistungen erzeugt werden (vgl. Kaschny et al. 2015, S. 104 f.).

3.2 Indirekter Kontakt

Die Verfügbarkeit verschiedenster Social Media Kanäle ermöglicht es Unternehmen, auch ohne direkte Kommunikation mit den Nutzern, deren Wissen und Meinungen in ihren Innovationsprozess einfließen zu lassen. Durch die systematische Beobachtung von User Generated Content, dem sogenannten Social Media Monitoring, wird die Menge an bereits vorhandenen und teilweise in Echtzeit neu hinzukommenden Beiträgen, Empfehlungen und Bewertungen in Form von Text-, Foto- und Videomaterial analysiert (vgl. Hettler 2010, S. 81 f.). Daraus lassen sich Rückschlüsse auf Interessen, Anforderungen und Wünsche potenzieller Kunden ziehen, die als Impulse für neue Ideen dienen (vgl. Kasper et al. 2010, S. 18). Diese Vorgehensweise ermöglicht es Unternehmen nicht nur, Vorschläge für neue Ideen abzuleiten, sondern auch bereits eingeführte Innovationen zu evaluieren (vgl. Burmann 2010, S. 354 f.). Das Besondere hierbei ist, dass die gesammelten Informationen unverfälscht sind, da die Betreffenden nicht wissen, dass ihre Meinungen zur Generierung und Bewertung von Innovationen genutzt werden (vgl. Noé 2013, S. 125). Das bedeutet, dass die sowohl positiven als auch negativen Meinungsäußerungen, im Gegensatz zur direkten Interaktion des Crowdsourcings, authentischer und wahrheitsgetreuer sind (vgl. Weiber und Pohl 2017, S. 60).

Grundsätzlich ist die Durchführung der systematischen Beobachtung von externen Meinungen über Social Media ein Zusammenspiel von aufeinander aufbauenden Prozessschritten. Unternehmen, die Social Media Monitoring betreiben möchten, müssen zunächst ihre Informationsbedürfnisse festlegen. Daraus werden Begriffe oder Thematiken abgeleitet, nach denen gesucht werden soll. Beispiele hierfür können der Name des eigenen Unternehmens, des Wettbewerbers oder thematische Schlüsselbegriffe, die in Verbindung mit den eigenen Leistungen stehen, sein. Im nächsten Schritt gilt es die Informationen zu sammeln und mit Hilfe geeigneter Darstellungen aufzubereiten, damit diese anschließend analysiert und interpretiert werden können (vgl. Kasper et al. 2010, S. 19). Generell lassen sich bei der Vorgehensweise des Monitorings zwei Methoden unterscheiden – das automatische und das manuelle Monitoring. Beim automatischen Monitoring werden die Inhalte im Social Media mit Hilfe von Softwareprogrammen durchsucht, wohingegen beim manuellen Monitoring die Beobachtung von Web-Spezialisten manuell ausgeführt wird und die Informationen anschließend durch Experten ausgewertet werden (vgl. Noé 2013, S. 201 ff.).

3.3 Social Media Kanäle

Neben den großen Plattformen wie Facebook, Twitter und Instagram existiert heutzutage eine kaum noch überschaubare Anzahl an interessensspezifischer Internetforen und Plattformen, die sich direkt oder indirekt mit einem Unternehmen oder dessen Produkten beschäftigen (vgl. Hettler 2010, S. 248). Teilweise sind diese ausschließlich darauf ausgerichtet, Problemlösungen für Innovationsvorhaben zu bearbeiten. Der Unterschied zu den klassischen sozialen Netzwerken besteht darin, dass innovationsrelevante Beiträge nicht als „Nebenprodukt" entstehen, sondern die Community originär auf die Generierung von Innovationen ausgerichtet ist (vgl. Piller et al., S. 84). Sofern die verschiedenen Online-Plattformen hinsichtlich der Bedeutung für ein Unternehmen und dessen Leistungen identifiziert werden können, bieten diese ein enormes Potenzial, Unternehmen im Innovationsprozess zu unterstützen (vgl. Hettler 2010, S. 248). Im Folgenden werden nun die verschiedenen Kanäle anhand eines Beispiels erläutert:

Facebook

Mit mittlerweile mehr als zwei Milliarden (Facebook 2018) Mitgliedern eignet sich Facebook, um schnell und einfach mit vielen Nutzern in Kontakt treten zu können. Diesen Gedanken hatte auch der Drogeriemarkt dm, als dieser über seine eigene Fanpage auf Facebook eine Crowdsourcing Kampagne startete, bei der die Community von dm zur gemeinsamen Entwicklung eines neuen Duschgels animiert wurde. Die Kampagne wurde in verschiedene Phasen eingeteilt, in welchen die Teilnehmer den Anlass, den Duft, den Produktname und die Gestaltung des Etiketts für das Produkt mitbestimmen konnten. Für die Abstimmung des Dufts wurden an insgesamt 750 Teilnehmer drei verschiedene Duftproben versendet. Diese konnten nun zu Hause ein für sie ideales Mischverhältnis herstellen und ihre Ergebnisse danach online einreichen. Auch das Design des Etiketts erfolgte mit Unterstützung von Balea. Die Mitentwickler erhielten einen Bastelbogen mit unterschiedlichen Vorlagen, auf denen sie ihre Ideen auf Papier bringen konnten. Alle Ergebnisse und Ideen wurden anschließend von Balea bewertet und eine Vorauswahl getroffen, aus welcher die Community bei einer finalen Abstimmung ihre Favoriten auswählen konnte. Knapp 3000 Nutzer haben sich mit über 16.000 Vorschlägen und Interaktionen an dem Projekt beteiligt. Das endgültige Duschgel erhielt den Namen „Eisschimmer" und hatte eine leicht würzige Geruchsnote. Das Produkt wurde nicht nur zum Verkaufsschlager, viele Teilnehmer an der Kampagne teilten online mit, dass sie stolz auf ihre Mitentwicklung waren (vgl. Innosabi o.J.).

Unternehmenseigene Plattform

Als Beispiel für eine vom Unternehmen initiierte Community ist die Plattform „Migipedia" (Migros-Genossenschafts-Bund o.J.a). Diese wird seit 2010 vom Schweizer Mischkonzern Migros verwaltet (vgl. Migros-Genossenschafts-Bund o.J.a), dessen Kerngeschäft im genossenschaftlichen Detailhandel liegt (Migros-Genossen-schafts-Bund o.J.b). Diese Community mit dem Motto „Auf Migipedia herrscht die Macht der Meinung" (Migros-Genossenschafts-Bund o.J.a) nutzt aktiv und sehr erfolgreich das Crowdsourcing-Prinzip. Mitglieder dieser Plattform haben die Möglichkeit, neue Ideen für Produkte einzureichen, sich als Produkttester zu bewerben oder Produkte der Migros zu bewerten und können dadurch mitbestimmen welche Artikel im Regal der Migros landen. Insgesamt entwickelte die Community bereits über 50 neue Produkte (vgl. Migros-Genossenschafts-Bund o.J.a). So wurde die Community beispielsweise dazu aufgerufen, Ideen für einen neuen Brotaufstrich einzureichen. Die Mitglieder mit den besten Ideen sollten dafür einen Migros Gutschein im Wert von 1.000 Franken erhalten (Migros-Genossenschafts-Bund 2015, Online). Unter allen Ideen wählte die Migros drei Geschmackssorten aus, die anschließend zur Abstimmung an die Community freigegeben wurde. Am Ende stimmte die Mehrheit für die Sorte Grillgemüse ab (vgl. Migros-Genossenschafts-Bund 2016).

Open Innovation Plattform

Ein Beispiel für eine unternehmensunabhängige Innovationsplattform ist „Innocentive". Hier können Unternehmen Fragestellungen und Probleme, die sie bei der internen Entwicklung von neuen Projekten haben, innerhalb der Community veröffentlichen und dadurch mehr als 380.000 Mitglieder aus über 200 verschiedenen Ländern zur Beteiligung aufrufen (vgl. INNOCENTIVE Inc. o.J.a). Den Erfindern von Ideen, welche die Problemstellung des Unternehmens lösen, winken Preisgelder in Höhe von mehreren tausend Euro. Beispielsweise suchte das Schweizer Unternehmen Roche über die Plattform nach einer Möglichkeit, die Qualität und Menge einer klinischen Probe besser messen zu können. Dafür wurde ein Preisgeld in Höhe von 20.000 USD ausgeschrieben. Insgesamt wurden 113 Vorschläge innerhalb von 60 Tagen eingereicht. Im Nachhinein war Roche nicht nur von den zahlreich eingereichten Lösungsideen begeistert, sondern auch von der besonders schnellen und günstigen Abwicklung, da ihre eigenen Mitarbeiter schon sehr lange an der Findung eines Lösungswegs beschäftigt waren (vgl. INNOCENTIVE Inc. o.J.b).

4 Bewertung

Im Folgenden werden sowohl die Vorteile als auch die Risiken der Nutzung von Social Media im Innovationsmanagement diskutiert:

4.1 Vorteile und Möglichkeiten

Perspektiven: In vielen Unternehmen herrscht ein gewisser Grad der Betriebsblindheit. Die Möglichkeit, mit Hilfe von Social Media externe Ideen zu nutzen, kann Unternehmen zu neuen Blickwinkeln verhelfen (vgl. Kaschny et al. 2015, S. 105).

Kosten: Unternehmen können auch Kosten vermeiden, da nicht nur die Präsenz auf den verschiedenen Social Media Kanälen oftmals kostenfrei ist, sondern auch die Mitarbeit tausender User. Dadurch bieten sich auch Unternehmen mit geringem Budget viele Chancen (vgl. Kaschny et al. 2015, S. 105). Und selbst wenn die Nutzung eines Kanals mit Kosten verbunden ist, sind diese im Gegensatz zu den Kosten für interne Mitarbeiter, die sich tage- oder montagelang mit der Entwicklung von Ideen beschäftigen, vergleichsweise niedrig - wie das Beispiel der Plattform Innocentive zeigt (vgl. INNOCENTIVE Inc. o.J.b).

Floprate: Da die User, die den Unternehmen über Social Media ihre Meinungen und Ideen präsentieren, zudem oftmals Kunden des Unternehmens sind, entwickeln sie die Ideen nicht nur für das Unternehmen, sondern auch für sich selbst. Das führt dazu, dass die Ideen, sofern sie als Produkte umgesetzt und realisiert werden, eine geringere Wahrscheinlichkeit haben, am Markt vorbei entwickelt zu werden (vgl. INNOCENTIVE Inc. o.J.b).

Kundenbindung: Ebenfalls kann die Nutzung von Social Media im Innovationmanagement dazu beitragen, die Bindung zu einem Unternehmen oder dessen Marke zu erhöhen, wenn die User das Gefühl haben, dass ihre Meinungen und Ideen von einem Unternehmen wertgeschätzt werden (vgl. Hettler 2010, S. 240 f.).

Viralität: Ein weiterer positiver Aspekt ist die Entstehung viraler Effekte. Der öffentliche Austausch zwischen Nutzern und Unternehmen kann die Aufmerksamkeit weiterer User auf sich ziehen. Das führt dazu, dass die Chancen von weiteren Beteiligungen am Innovationsprozess und die Bekanntheit des Unternehmens steigen (vgl. Hettler 2010, S. 240 f.).

4.2 Herausforderungen und Risiken

Offenheit: Eine grundlegende Voraussetzung für eine erfolgreiche Interaktion auf Social Media ist ein ehrlicher und offener Dialog. Das bedeutet, dass auch Unternehmen bestimmte Informationen öffentlich machen müssen. Dies ermöglicht Konkurrenten einen Einblick in das Vorhaben und in die Ideen eines Unternehmens (vgl. Hettler 2010, S. 252).

Kontrolle: Die Nutzung der kollektiven Intelligenz von Social Media Nutzern geht auch mit einem hohen Maß an Unverbindlichkeit einher und kann dadurch zu enormen Qualitätsschwankungen führen (vgl. Bächle 2016, S. 39).

Motivation: Bedeutend für die Gewinnung von qualitativen Ideen ist ein Mindestmaß an Motivation der Teilnehmer. Wenn die Nutzer nicht motiviert sind, Vorschläge abzugeben oder sich am Innovationsprozess zu beteiligen, führt das zwangsläufig zu schlechten oder gar keinen Lösungen (vgl. Bächle 2016, S. 39).

Diversifikation: Sind die Meinungen der Teilnehmer zu unterschiedlich, kann es außerdem schwierig werden, eine beste Lösungsmöglichkeit für eine Problemstellung herauszuarbeiten und zu entwickeln (vgl. Bächle 2016, S. 39).

Rechtliche Risiken: Im Rahmen der kollektiven Kreativität und Ideengewinnung entsteht geistiges Eigentum. Hier spielt nicht nur das Urheberrecht eine bedeutende Rolle, sondern auch die Frage danach, wer das Risiko trägt, sollten die Ergebnisse bewusst oder unbewusst die Rechte von Dritten verletzen. In solchen Fällen können Forderungen nach Schadensersatz oder Ansprüche auf Unterlassung den Erfolg deutlich verringern oder sogar ganz vernichten (vgl. Hettler 2010, S. 254).

5 Fazit

Sowohl die globalen als auch die wirtschaftlichen Entwicklungen haben zu einer Veränderung der Märkte geführt. Unternehmen müssen sich zunehmend an den Bedürfnissen potenzieller Kunden orientieren, um langfristig erfolgreich zu sein. Gute Innovationen benötigen allerdings viele Ideen. Denn Tatsache ist, dass die Nutzung mehrerer Millionen Köpfe besser ist, als die Anzahl, die einem Unternehmen durch interne Mitarbeiter zur Verfügung steht.

Durch Open Innovation haben Unternehmen nun die Möglichkeit, neben internen Ideen, auch externe Wissensquellen zu nutzen. Damit kann das Innovationsmanagement ganz neue Dimensionen erreichen.

Die Nutzung von Social Media macht es Unternehmen dabei vergleichsweise einfach, eine Vielzahl an Menschen auf schnellem Wege zu erreichen, um deren Wissen und Meinungen in den Innovationsprozess einfließen zu lassen. Bewiesen wird das Potenzial von Social Media im Innovationsmanagement durch erfolgreiche Beispiele wie der Drogeriemarktkette dm, dem Pharmaunternehmen Roche und dem Mischkonzern Migros.

Auf der anderen Seite sollten die potenziellen Risiken und Herausforderungen, die mit der Nutzung von Social Media einhergehen, nicht unterschätzt werden. Unternehmen müssen ausreichend Zeit und Fachwissen für die Umsetzung einplanen, um mögliche Probleme frühzeitig erkennen und dementsprechend angemessen entgegenwirken zu können. Denn durch eine sorgfältige Planung können mögliche Herausforderungen relativiert werden.

Letztendlich können Unternehmen durch die zunehmende Digitalisierung und die kontinuierlich steigende Nutzung Sozialer Medien auch zukünftig von den Vorteilen einer Einbindung externer Personengruppen über Social Media profitieren und ihre Innovationsprozesse dadurch optimieren.

Quellenverzeichnis

Bächle, M. (2016): Wissensmanagement mit Social Media. Grundlagen und Anwendungen, Walter de Gruyter GmbH, Berlin/ Boston.

Blohm, I. (2013): Open Innovation Communities. Absorptive Capacity und Ideenbewertung, Springer Fachmedien, Wiesbaden.

Burmann, C., Arnhold, U., Becker, C. (2010): User Generated Branding – Wie Marken vom kreativen Potenzial der Nutzer profitieren, in: Amersdorffer, D., Bauhuber, F., Egger, R., Oellrich, J. (Hrsg.): Social Web im Tourismus. Strategien – Konzepte – Einsatzfelder, Springer Verlag, Berlin Heidelberg, 347-362.

Disselkamp, M. (2012): Innovationsmanagement. Instrumente und Methoden zur Umsetzung im Unternehmen, 2. Aufl., Springer Gabler Fachmedien, Wiesbaden.

eMarketer (2017): Social Network Users and Penetration Worldwide, https://www.emarketer.com/Chart/Social-Network-Users-Penetration-Worldwide-2016-2021-billions-change-of-internet-users/208943, Zugriff am: 10.01.2018.

Facebook (2017): Anzahl der monatlich aktiven Facebook Nutzer weltweit vom 3. Quartal 2008 bis zum 3. Quartal 2017 (in Millionen), https://de.statista.com/statistik/daten/studie/37545/umfrage/anzahl-der-aktiven-nutzer-von-facebook/, Zugriff am: 10.01.2018.

Hettler, U. (2010): Social Media Marketing. Marketing mit Blogs, Sozialen Netzwerken und weiteren Anwendungen des Web 2.0, Oldenbourg Wissenschaftsverlag GmbH, München.

INNOCENTIVE Inc. (o.J.a): About Us, https://www.innocentive.com/about-us/, Zugriff am: 10.12.2017.

INNOCENTIVE Inc. (o.J.b): Extended Case Study, https://info.innocentive.com/hubfs/case-studies/new/roche-case-study.pdf, Zugriff am: 10.12.2017.

Innosabi GmbH (o.J.): Crowdsourcing innovation case study, https://innosabi.com/akademie/innovation-case-studies/balea-eisschimmer/, Zugriff am: 19.11.2017.

Kaschny, M., Nolden, M., Schreuder, S. (2015): Innovationsmanagement im Mittelstand. Strategien, Implementierung, Praxisbeispiele; Springer Gabler Verlag, Wiesbaden.

Kasper, H., Dausinger, M., Kett, H., Renner, T. (2010): Social Media Monitoring Tools, in: Frauenhofer Institut für Arbeitswirtschaft und Organisation IAO (Hrsg.): Frauenhofer Verlag, Stuttgart, http://wiki.iao.fraunhofer.de/images/studien/fraunhofer_marktstudie_social_media_monitoring_tools_2010.pdf, Zugriff am: 29.11.2017.

Leopold, J. (2015): Open Innovation und Crowdsourcing. Neue Perspektiven des Innovationsmanagements, in: Bröckermann, R. (Hrsg.): Praxisorientierte Personal- und Organisationsforschung, Band 20, Rainer Hampp Verlag, München u. Mering.

Migros-Genossenschafts-Bund (o.J.a): Über Migipedia, https://community.migros.ch/m/%C3%9Cber-Migipedia/ct-p/migipedia-de-about, Zugriff am: 11.12.2017.

Migros- Genossenschafts-Bund (o.J.b): Organigramm, https://www.migros.ch/de/migros-gruppe/organisation/organigramm.html, Zugriff am: 11.12.2017.

Migros- Genossenschafts-Bund (2015): Auf die Tube, fertig, Brot!, https://community.migros.ch/m/Auf-die-Tube-fertig-Brot/idb-p/Brotaufstrich, Zugriff am: 10.12.2017.

Migros- Genossenschafts-Bund (2016): Der Sieger der Brotaufstrich-Abstimmung steht fest, https://community.migros.ch/m/Crowdsourcing/Der-Sieger-der-Brotaufstrich-Abstimmung-steht-fest/ba-p/498266, Zugriff am: 10.12.2017.

Noé, M. (2013): Innovation 2.0. Unternehmenserfolg durch intelligentes und effizientes Innovieren, Springer Fachmedien, Wiesbaden.

Piller, F., Möslein, K., Ihl, C., Reichwald, R. (2017): Interaktive Wertschöpfung kompakt. Open Innovation, Individualisierung und neue Formen der Arbeitsteilung, Springer Fachmedien, Wiesbaden.

Reichwald, R., Meyer, A., Engelmann, M., Walcher, D. (2007): Der Kunde als Innovationspartner. Konsumenten integrieren, Flop-Raten reduzieren, Angebote verbessern, Betriebswirtschaftlicher Verlag Dr. Th. Gabler | GWV Fachverlage GmbH, Wiesbaden.

Seja, C., Narten, J. (2017): Creative Communities. Ein Erfolgsinstrument für Innovationen und Kundenbindung, Springer Fachmedien, Wiesbaden.

Thommen, J. P., Achleitner, A. K., Gilbert, D. U., Hachmeister, D., Kaiser, G. (2017): Allgemeine Betriebswirtschaftslehre. Umfassende Einführung aus managementorientierter Sicht, 8. Aufl., Springer Fachmedien GmbH, Wiesbaden.

Tintelnot, C., Meißner, D., Steinmeier, I. (Hrsg.) (1999): Innovationsmanagement, Springer Verlag, Berlin und Heidelberg.

Weiber, R., Pohl, A. (2017): Innovationen und Marketing, W. Kohlhammer Gmbh, Stuttgart.

Social Media Controlling

Christopher Zerres

1 Einführung

Social Media Maßnahmen nehmen eine immer wichtigere Rolle im Marketing und insbesondere in der Unternehmenskommunikation ein (vgl. Sheth 2018, S. 3-4; Grabs et al. 2017, S. 27). Die Maßnahmen reichen dabei von der eigenen Unternehmensseite auf Plattformen wie Facebook und YouTube über die Bereitstellung von Servicefunktionen bis hin zum Schalten von Anzeigen auf den jeweiligen Plattformen. Entsprechend dieser wachsenden Bedeutung steigt auch das Budget, welches für Social Media Aktivitäten bereitgestellt wird. Das wachsende Budget, aber auch die häufig hohe Außenwirkung von Social Media Maßnahmen führen gleichzeitig zu einer wachsenden Bedeutung des Controllings der in Social Media durchgeführten Maßnahmen.

Social Media Controlling hat dabei die wesentliche Funktion, die Effizienz und die Effektivität von Social Media-Maßnahmen sicherzustellen (vgl. Zerres und Litterst 2017). Es umfasst die Ermittlung des Informationsbedarfes, die Sammlung, Aufbereitung und adäquate Bereitstellung bzw. Verteilung von Informationen.

Im Vergleich zu vielen Maßnahmen der klassischen Kommunikation sind die Möglichkeiten des Controllings von Social Media Maßnahmen sowohl in der Praxis als auch in der Wissenschaft noch wenig etabliert bzw. erforscht. In den letzten Jahren sind allerdings einige sehr erfolgsversprechende Ansätze vorgestellt worden. Grundsätzlich zeigt sich eine große Vielfalt an unterschiedlichen Kennzahlen und Strukturierungsansätzen. Teilweise sind diese Ansätze widersprüchlich und somit wenig hilfreich für die Messung des Erfolges von Social Media (vgl. Zaugg und Egle 2014). Häufig zeigt sich in der Praxis auch, dass Unternehmen beim Controlling der Social Media Aktivitäten keinem sinnvollen Prozess folgen.

Im vorliegenden Beitrag wird zunächst der Begriff des Social Media Controllings zu verwandten Konzepten abgegrenzt und eingeordnet. Hierauf aufbauend werden im Anschluss die zentralen Funktionen des Social Media Controllings vorgestellt und ein Prozess präsentiert, der eine systematische und sinnvolle Kontrolle der Social Media Aktivitäten ermöglicht. Im Mittelpunkt des Beitrages steht die Vorstellung verschiedener Ansätze des Social Media Controllings aus Wissenschaft und Praxis sowie die Systematisierung dieser in einem zusammenfassenden Modell. Abschließend werden einige wichtige Komponenten von Social Media Monitoring Software skizziert.

2 Begriffsabgrenzung, Funktionen und Prozess

Zu dem Begriff bzw. zum Verständnis des Social Media Controllings liegen in Wissenschaft und Praxis teilweise sehr unterschiedliche Auffassungen vor. Insbesondere findet häufig keine klare Abgrenzung zum Konzept des Social Media Monitorings statt. Die folgende Abbildung gibt exemplarisch einen Überblick der jeweiligen Begriffsauffassungen.

Social Media Controlling	Social Media Monitoring
Social Media-Controlling umfasst die Ermittlung des Informationsbedarfes, die Sammlung, Aufbereitung und adäquate Bereitstellung bzw. Verteilung von Informationen. Es übernimmt hierbei eine Koordinationsfunktion zwischen verschiedenen Bereichen des Unternehmens. (Zerres und Litterst 2017, S. 193)	Beim *Social Media Monitoring* werden die sozialen Medien nach Informationen und Nutzerprofilen durchsucht, die für ein Unternehmen relevant sind. Hierfür erstellen Unternehmen eine Liste von Schlagworten (engl. Keyword Set), nach denen das Social Web durchsucht wird. Social Media Monitoring soll Unternehmen einen permanenten Überblick über aktuelle Themen, Meinungen, Meinungsbildnern (engl. Influencer), Kritikern, etc. in Bezug auf das eigene Unternehmen, deren Produkte und Dienstleistungen oder auch dem Wettbewerb geben. (https://www.onlinemarketing-praxis.de/glossar/social-media-monitoring)
Social-Media-Controlling umfasst die Planung, Messung, Steuerung und Kontrolle von Social Media Aktivitäten, sodass positive Effekte optimiert und Risiken frühzeitig erkannt werden. (Burger et al. 2013, S. 7)	Unter dem Begriff *Social Media Monitoring* (dt.: Soziale-Medien-Beobachtung) ist eine Methode von Unternehmen zur Identifikation, Beobachtung und Analyse von benutzergenerierten Inhalten (User-Generated-Content) in sozialen Netzwerken, wie Twitter und Facebook, zu verstehen. (https://www.advidera.com/glossar/social-media-monitoring/)
Zielsetzung beim *Controlling* der Social Media Aktivitäten eines Unternehmens ist es, Hilfestellung bei der Steuerung des Social-Media-Marketings zu leisten. Dabei kann es um die Auswahl des „optimalen" Social Media-Engagements nach Kanälen/ Medien gehen. Eine weitere Aufgabenstellung ist die Suche nach digitalen Meinungsführern für ein bestimmtes Themengebiet. Eine wichtige Hilfestellung für die Steuerung des Social Media Marketings bieten KPIs (Key Performance Indicators), die im Rahmen des Social Media Controllings festgelegt und in ihrer Entwicklung kontinuierlich beobachtet werden. (Rumler und Ullrich 2016, S. 99)	*Monitoring* includes listening, interpreting, and taking action on what people are saying or otherwise conveying (Rappaport, 2010). Monitoring can be defined as finding out what is expressed online, for example about a company's products and services, and should be a default social media function. (Zhang and Vos 2014)
Unter *Social Media Controlling* wird das Portfolio der Aufgaben, Methoden und In-	*Social Media Monitoring*, auch Social Listening genannt, ist der Begriff für die eher

strumente zur informationellen Sicherstellung der Planung, Steuerung und Kontrolle von Social Media Aktivitäten verstanden. (Zaugg und Egle 2014, S. 86)	qualitativ orientierte Inhaltsanalyse von Texten aus sozialen Medien. (Rumler und Ullrich 2016, S. 100)

Abbildung 1: Auswahl Begriffsauffassungen Social Media Controlling und Social Media Monitoring

Die Abbildung und die hier aufgeführten Begriffsauffassungen machen deutlich, dass es noch kein einheitliches Verständnis gibt und dass es inhaltlich starke Überschneidungen zwischen den beiden Bereichen gibt.

In diesem Beitrag wird Social Media Controlling definiert als:

Social Media-Controlling umfasst die Ermittlung des Informationsbedarfes, die Sammlung, Aufbereitung und adäquate Bereitstellung bzw. Verteilung von Informationen. Es übernimmt hierbei eine Koordinationsfunktion zwischen verschiedenen Bereichen des Unternehmens (Zerres und Litterst 2017).

Dieser Begriffsauffassung folgend ist somit das Social Media Monitoring Teil des Social Media Controllings (vgl. zu dieser Auffassung auch Thambimuthu et al. 2017, S. 62). Eine Betrachtung der Kernfunktionen des Social Media Controllings macht dies nochmal deutlich:

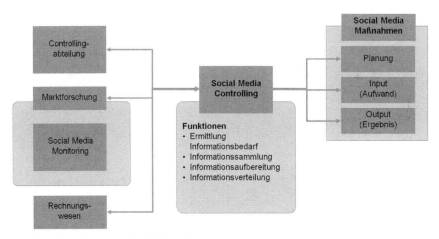

Abbildung 2: Funktionen des Social Media Controllings

Die zentralen Funktionen des Social Media Controllings sind somit:

- Ermittlung des Informationsbedarfes
- Sammlung der Informationen
- Analyse und Interpretation der Informationen
- Aufbereitung der Informationen
- Verteilung der Informationen

Das Social Media Monitoring hat dabei die wesentliche Funktion, die Informationen zu sammeln. Aus der Abbildung wird zudem deutlich, dass das Social Media Controlling zahlreiche Schnittstellen bzw. Berührungspunkte zu weiteren Bereichen in der Organisation aufweist. So ist das Social Media Controlling einerseits u. a. für die Informationsbeschaffung auf das Rechnungswesen und die Marktforschung angewiesen. Andererseits sind etwa die mit der Durchführung von Social Media Aktivitäten betrauten Abteilungen im Unternehmen auf die Informationen des Social Media Controlling angewiesen, da z. B. die Planung von Social Media Aktivitäten entsprechende Informationen voraussetzt. Gleichzeitig hat das Social Media Controlling auch die Funktion die Aktivitäten hinsichtlich Input und Output (Effizienz) zu bewerten und Optimierungsempfehlungen zu liefern.

Social Media Controlling sollte einem genau definierten Prozess folgen. Dieser Prozess umfasst die folgenden Schritte:

Abbildung 3: Prozess des Social Media Controllings

Ein zentraler Aspekt des Social Media Controllings und des zugrundeliegenden Prozesses ist die Definition von Zielen. Der Kerngedanke ist hier, dass genau definiert sein muss, für welches Ziel die Social Media Maßnahmen eingesetzt werden. Auf Grund der hohen Bedeutung dieser Phase im Prozess sollen hier zwei Zielsysteme kurz vorgestellt werden.

Ein sehr umfangreiches Zielsystem für Social Media Aktivitäten legt der BVDW vor.

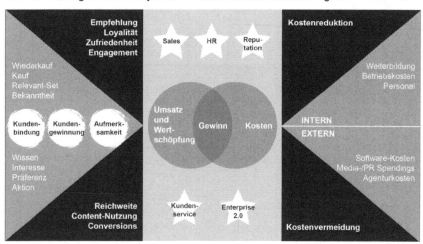

Abbildung 4: BDVW Zielsystem

Quelle: BDVW 2016, S. 5

Neben diesem Zielsystem wird in der Praxis häufig auf den sogenannten Funnel für eine Zieldefinition zurückgegriffen. Innerhalb des Funnels werden in der Regel drei bis fünf Ebenen unterschieden. Die nachfolgende Abbildung zeigt einen solchen Funnel mit den drei Stufen Awareness, Consideration und Conversion. Jede der einzelnen Ebenen kann mehrere entsprechende Ziele zu den jeweiligen Kategorien umfassen.

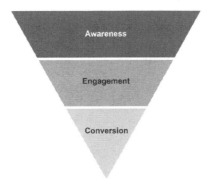

Abbildung 5: Funnel

Aufbauend auf der Zieldefinition werden in einem zweiten Schritt geeignete KPIs definiert. Hierzu bietet das nächste Kapitel des Beitrages einen umfassenden Überblick. Im Anschluss geht es um die Sammlung der zur Erfolgsmessung relevanten Daten. Hier kommen die verschiedenen Methoden der Marktforschung und insbesondere des Social Media Monitorings zum Einsatz. Hierzu gehören, je nach Zielsetzung, Methoden der Befragung, des Beobachtens und des Experiments. Die gesammelten Daten müssen dann analysiert und interpretiert werden. Dazu müssen vor allem auch die Daten für die verschiedenen Interessengruppen aufbereitet werden. Die Interpretation umfasst im Wesentlichen ebenso die Ableitung von Handlungsempfehlungen, die an die jeweiligen Abteilungen weitergegeben werden.

3 Übersicht und Systematisierung der Instrumente

Mittlerweile wurden sowohl in der Wissenschaft als auch in der Praxis verschiedene Ansätze entwickelt, die versuchen, Social Media Aktivitäten im Hinblick auf deren Erfolg zu messen. Die verschiedenen Ansätze weisen dabei vielfach Überschneidungen auf bzw. verwenden häufig nur eine unterschiedliche Bezeichnung für einen gleichen Sachverhalt. Darüber hinaus werden in einigen Ansätzen zwar durchaus sinnvolle Messbereiche vorgeschlagen, allerdings sind diese nur mit einem erheblichen Aufwand zu ermitteln. So bleibt es fraglich, ob diese Ansätze insbesondere für kleinere Unternehmen tatsächlich praxistauglich sind. In der nachfolgenden Abbildung werden einige dieser Ansätze kurz zusammengefasst.

Autor(en)	Kernbereiche
Altimeter Group	Aufteilung der Kennzahlen in vier Zielbereiche: Förderung von Dialog, Fürsprecherschaft fördern, Kundenservice unterstützen, Innovation ankurbeln
AMEG	Kennzahlen für die Bereiche Paid, Earned und Owned Media sortiert nach „Exposure", „Engagement", „Preference", „Impact" und „Advocacy"
Brickwedde (2015)	KPIs speziell für Recruitment Aktivitäten in Social Media
Bundesverband Digitale Wirtschaft (2016)	Auf Basis der gesetzten Strategieziele werden Ziele für entsprechende Maßnahmen vorgeschlagen und in der Folge, basierend hierauf, konkrete Kennzahlen für eine Messung präsentiert
Burger et al. (2013)	Framework für die gesamte Wertschöpfungskette. Dreistufiger Prozess: Definition strategischer Ziele, Ableitung konkreter Maßnahmen, Wirkungsmessung anhand von Kennzahlen zu a) Nutzung, b) Performance und c) Wirkung
Burmann, Dierks und Fink (2017)	Brand Purchase Funnel (Fünf Stufen zur Kontrolle der Wirkung von Marken: Brand Awareness, Brand familiarity, Brand consideration, Brand purchase und Brandloyalty. Durch die Aggregation der konsumentenspezifischen Informationen können Key Performance Indikatoren (KPIs) je Marke und Prozessstufe abgeleitet werden
Fiege (2012)	Balanced Scorecard erweitert um eine Social Media Perspektive
Heltsche und Jacob (2012)	Kennzahlensystem auf drei Ebenen: Kontext- und Netzwerkebene, Nutzerebene und Inhaltsebene
Hoffman und Fodor (2010)	Drei Kategorien: "Brand Awareness", "Brand Engagement" und "Word of Mouth"
Kamps und Schetter (2018)	KPIs für das Social Media Advertising
Kientzler (2017)	Content Performance Pyramide (KPIs zur Messung des Beitrages von Content zum Umsatz)
Kleine-Kalmer (2015)	Drei zentrale Größen: Infotainment, soziale Interaktionen und wirtschaftliche Anreize (Ansatz fokussiert auf Fanpages)
Köster (2012)	KPIs werden drei Ebenen zugeordnet. Die Ebenen unterscheiden sich nach dem Aufwand der Datenbeschaffung und des Impacts der Kennzahlen
Lampe (2011)	Drei Kategorien: "Attract", "Engage" und "Evangelize"
Martinez (2015)	Sieben KPIs für die folgenden Aspekte: Distribution of content on social media, Number of publications, Members of the community, Clicks to links, Community participation, Brand

	mentions on social media, Web visits from social channels
Owyang und Lovett (2010)	Vier Kategorien: "Share of Voice", "Audience Engagement", "Issues Resolution Rate" und die "Sentiment Ratio"
Schwede und Moeschler (2013)	Social Media 4x4 Scorecard: vier KPI Kategorien: Kommunikation & Branding, Service & Innovation, Vertrieb, Organisation
Spillecke (2013)	Social Media GRP (Zahl der Nutzerkommentare, die zu einem Unternehmen oder einem seiner Produkte gepostet werden und die jeweilige Reichweite der Postings, also die Zahl der Nutzer, die den jeweiligen Kommentar im Netz lesen. Hinzu kommt ein Wert für die Tonalität); Social Matics erlaubt auf Basis der Kennzahlen des Social Media GRP eine Einordnung des Social Media Marketing in Relation zu anderen Marketing Aktivitäten
Stich, Emonts-Holley und Senderek (2015)	Sechs Kennzahlkategorien für den Bereich Kundenservice: 1) Customer Experience, 2) Customer Interaction, 3) Customer Satisfaction, 4) Customer Activation, 5) Reach und 6) Finance.
Zaugg und Egle (2014)	KPIs werden 4Cs (Commerce, Content, Community, Customer Care) zugeordnet und wiederum jeweils in Nutzen KPIs und Kosten KPIs unterteilt
Zerres und Litterst (2017)	Plattformspezifische Kampagnen Kennzahlen und Kostenkennzahlen sortiert nach den jeweiligen Kampagnenzielen

Abbildung 6: Ausgewählte Kennzahlen und Kennzahlensysteme des Social Media Controllings

Im folgenden Abschnitt sollen einige Ansätze etwa näher vorgestellt werden.

Ansatz des Bundesverbandes für Digitale Wirtschaft

Der Bundesverband Digitale Wirtschaft schlägt einen sehr umfangreichen plattformunabhängigen Kennzahlen-Katalog vor (vgl. BVDW 2016). Die Grundlage des Modells liefern Erkenntnisse aus der Kommunikationserfolgsmessung, da Social Media Aktivitäten in der Regel kommunikativen Charakter aufweisen. So fließen etwa Erkenntnisse der Funnel-Logik und des oben erwähnten AMEC Modelles in das BVDW Modell mit ein (vgl. BVDW 2016, S. 6). Ähnlich wie in diesem Beitrag bereits vorgestellt, stellen die Basis des Modells die Ziele der Social Media Aktivitäten dar. Im Rahmen einer Zielhierarchisierung werden diese Ziele systematisiert. Hierbei wird unterschieden in Unternehmensziele, strategische Ziele und operative Ziele. Die wichtigsten strategischen Ziele sind (vgl. BVDW 2016, S. 7):

- Kundengewinnung
- Kundenbindung
- Kosten senken / Produktivität erhöhen
- Mitarbeitergewinnung
- Mitarbeiterbindung
- Akzeptanz in der Öffentlichkeit / Krisenfestigkeit

- Image-Verbesserung / Steigerung der Einnahme

Im Anschluss muss nun definiert werden, anhand welches Ereignisses festgestellt werden kann, ob das Ziel auch erreicht wurde. Hierbei handelt es sich um die Definition von KPIs. Eine zentrale Rolle im Modell spielen zudem die Methoden der Berechnung und Bewertung der Metriken, also die verschiedenen Methoden der Befragung, Experimente und Beobachtung (vgl. BVDW 2016, S. 9).

Auf der operativen Ebene ist im nächsten Schritt zu klären, wo die Messung stattfindet. Messungen lassen sich an folgenden Objekten durchführen (vgl. BVDW 2016, S. 10):

- Organisation
- Medienkanal
- Bezugsgruppen

Die folgende Abbildung veranschaulicht exemplarisch für das Maßnahmenziel Bekanntheit steigern mögliche Kennzahlen.

Strategieziel	Maßnahmenziel	KPI	Kennzahl für die Datenerhebung	Instrument	Messobjekt
Kundengewinnung	Bekanntheit steigern		Markenbekanntheit	Befragung	Bezugsgruppen
		Reichweite	Netto-Reichweite (Unique-User), Brutto-Reichweite (Impressions – oft unterteilt nach Organic, Paid), Views (Video-Aufrufe)	Webtracking/ Social Media Analytics	Medienkanal
			Reichweite innerhalb der Zielgruppe	Tracking	Medienkanal
			Anzahl bzw. Wachstumsrate (Growth of Fans, Followers, Advocates etc.)	Social Media Analytics	Medienkanal
			Werbeerinnerung (Aided or unaided Recall / gestützt und ungestützte Bekanntheit)	Befragung	Bezugsgruppen
		Aufmerksamkeit	Share of Buzz	Monitoring	Medienkanal
			Social-Media-Interaktionsrate (Likes, Shares, Kommentare, Bewertungen usw.) pro eigenem Kanal / Aktion oder pro Kanal	Social Media Analytics / Monitoring	Medienkanal
			Anzahl Nennungen	Monitoring	Medienkanal

Abbildung 7: Exemplarischer Auszug des Ansatzes des BVDW

Quelle: BDVW 2016, S. 11

4C Modell

Auf Basis der Unternehmensstrategie werden im Rahmen des Modells von Zaugg und Egle die Social Media Ziele abgeleitet (vgl. Zaugg und Egle 2014). Diese Ziele werden im Modell als 4 Social Cs bezeichnet, wobei diese für:

- Commerce (Verkaufsförderung),
- Content (Inhalt),
- Community (Kundenbindung) und
- Customer Care stehen.

Im Anschluss werden für die vier Bereiche Key Performance Indicators abgeleitet. Eine Zusammenfassung dieser KPIs bietet die nachfolgende Abbildung.

	COMMERCE	CONTENT	COMMUNITY	CUSTOMER CARE
Nutzen (monetär und nicht monetär)	- Referral Traffic - Anzahl Käufe - Ø Kaufpreis - Ø Kauffrequenz - Anzahl Gutscheinrückläufer bzw. Gesamtbetrag - Anzahl Ad Impressions - Ø TKP	- Opportunitätskosten im Vergleich zu Suchmaschinenmarketing - Anzahl veröffentlichte Beiträge - Anzahl wiederkehrender Kunden - Ø Verweildauer - Ø Interaktionen (z. B. Anzahl Klicks, Anzahl Kommentare, Anzahl Likes) - Ø Viralität (z. B. Anzahl Shares)	- Anzahl Nutzer einer Plattform - Anzahl Topnutzer - Ø Interaktion - Ø Viralität - Ø Aktivitätsgrad (z. B. Anzahl Beiträge / Nutzer) - Sentimentanalyse - Ø NPS	- Ø Antwortzeit - Anzahl Anfragen - Ø Viralität - Ø Kundenzufriedenheit - Ø NPS
Kosten	- Personalkosten - Mediabudget - Betrag der eingelösten Gutscheine	- Personalkosten - Mediabudget, um Reichweite zu gewinnen - Tools zur Erstellung	- Personalkosten - Mediabudget, um Fans, Follower, Visitors zu gewinnen - Nutzerincentives	- Personalkosten - IT-Kosten - Infrastrukturkosten

Abbildung 8: Übersicht der KPIs für die 4 Social Cs

Quelle: Zaugg und Egle 2014, S. 89

Modell nach Owyang und Lovett

Ein sehr viel zitiertes Kennzahlen Modell legen Owyang und Lovett vor. In dem Modell werden jeweils zu vier Bereichen, nämlich Dialog, Kundendienst, Markenbotschaft und Trends & Innovation Kennzahlen vorgeschlagen.

Abbildung 9: Übersicht Modell Owyang und Lovett

Exemplarisch soll im Folgenden auf die Kategorie „Dialog" näher eingegangen werden und hier die Kennzahlen vorgestellt werden.

Der Share of Voice umfasst das Verhältnis zwischen der Anzahl der Nennungen über die eigene Marke in Social Media und der Anzahl der Gesamtnennungen (eigene Marke + Konkurrenzmarken) an.

$$Share\ of\ voice\ = \frac{Anzahl\ der\ Nennungen\ \ddot{u}ber\ die\ eigene\ Marke}{Anzahl\ der\ Gesamtnennungen\ (eigene\ Marke + Konkurrenzmarken)}$$

Die Kennzahl Audience Engagement zeigt den Anteil der Nutzer an, die auf eine Social Media Kampagne eine Reaktion gezeigt haben, also diese zum Beispiel kommentiert oder weitergeleitet haben. Die Kennzahl ist somit ein wichtiges Indiz, ob Themen für Nutzer interessant waren und diese zu einer Reaktion bzw. Interaktion bewegt haben.

$$Audience\ Engagement\ = \frac{Kommentare + Verlinkungen\ zu\ konkreten\ Themen}{Alle\ Themen}$$

Mit der Kennzahl Conversation Reach wird erfasst, wie viele Nutzer sich über zum Beispiel die Marke, ein Produkt oder das Unternehmen äußern. Entsprechend muss in einem ersten Schritt eine Aktion (z. B. ein bestimmtes Keyword, eine Kampagne, ein Thema) bestimmt werden, für die die Kennzahl berechnet werden soll.

$$Conversation\ Reach = \frac{Anzahl\ der\ aktiven\ Nutzer}{Gesamtzahl\ der\ Nutzer}$$

Im Zusammenhang mit dieser Kennzahl muss immer auch die Tonalität der „Unterhaltungen" betrachtet werden. So kann es durchaus sein, dass sich eine große Anzahl Nutzer über ein Thema unterhalten bzw. auf dieses reagieren, die Äußerungen allerdings zumindest zum Teil eher negativ sind.

Content Performace Pyramide

Vor dem Hintergrund der wachsenden Bedeutung des Content Marketing legt Kientzler einen sehr interessanten Ansatz vor. Dieser zielt dabei speziell auf das Controlling von Content Marketing Aktivitäten, also auch auf Content Marketing in Social Media, ab. In einer Content Performance Pyramide erfolgt die Bewertung des Content auf drei Ebenen. Die Spitze der Pyramide stellen sogenannte umsatzrelevante Faktoren da, deren Metriken die Key Performance Indikatoren bilden. Anhand der Faktoren der anderen beiden Ebenen (Traffic-relevante Faktoren und User-relevante

Faktoren) können Hinweise für die Contentoptimierung gewonnen werden. Sie bilden die Grundlage für die KPIs der obersten Ebene. Die nachfolgende Abbildung zeigt die hier skizzierte Pyramide mit den entsprechenden Metriken.

Abbildung 10: Content Performance Pyramide

Quelle: Kientzler, F. (2017), https://suxeedo.de/content-marketing-roi/

Nachdem im vorangegangenen Teil ein Überblick über verschiedene Modelle erfolgte, soll nun ein Systematisierungsansatz vorgestellt werden. Ziel dieses Systematisierungsansatzes ist es, die verschiedenen Ansätze in Abhängigkeit der jeweiligen Schwerpunkte in ein Gesamtsystem einzuordnen. In diesem Zusammenhang ist es wichtig zu beachten, dass dieser keinen Anspruch auf Vollständigkeit hat.

Abbildung 11: Social Media Aktivitäten

4 Software

Die Sammlung der Daten bzw. Informationen stellt einen zentralen Schritt im Rahmen des Social Media Controlling Prozesses dar. Vor allem bei größeren Unternehmen wird hierfür häufig auf eine entsprechende Software zurückgegriffen. Dies ist auch darauf zurückzuführen, dass die großen Datenmengen ein manuelles Monitoring nahezu unmöglich machen. Im Laufe der letzten Jahre haben sich zahlreiche Anbieter mit unterschiedlich umfangreichen Produkten im Markt platziert. Die Auswahl eines solchen Tools sollte sich unbedingt an den Zielen des Social Media Controllings orientieren, d. h., was möchte das Unternehmen wissen bzw. welche Maßnahmen mit welchen Zielen kontrollieren.

In der folgenden Abbildung sind einige wichtige Anforderungen an ein Social Media Monitoring Tool zusammengefasst (vgl. für eine ausführliche Beschreibung der einzelnen Anforderungen Hoffmann und Zerres 2017, S. 27 ff.).

Abbildung 12: Anforderungen an Social Media Monitoring Tools

In der Praxis ist häufig zu beobachten, dass mehrere Social Media Monitoring Tools eingesetzt werden. Auch Grabs et al. weisen in ihrem Buch darauf hin, dass häufig eine Kombination an Tools notwendig ist, u. a. um Aussagen zu validieren und nochmals genauer zu untersuchen (vgl. Grabs et al. 2014, S. 133).

5 Schlussbetrachtung

Je nach Zielsetzung und Kanal haben sich eine Vielzahl unterschiedlichster Ansätze und Kennzahlen (KPIs) für ein Social Media-Controlling herausgebildet. Viele Plattformen selbst, aber auch externe Dienstleister, bieten umfangreiche Möglichkeiten an, das Engagement in Social Media zu kontrollieren und dessen Erfolg zu messen. Allerdings zeigt sich in vielen Fällen, dass etwa die Menge an Kennzahlen und / oder unzureichend formulierter Ziele ein Controlling erheblich erschweren. Darüber hinaus ist die Ermittlung einiger relevanter Zielgrößen, etwa der Kundenzufriedenheit, teilweise nur mit größerem Aufwand möglich, z. B. durch eine Befragung. Im Rahmen des vorliegenden Beitrages wurde zunächst ein Prozess vorgestellt, der Organisationen ein sinnvolles Vorgehen beim Controlling von Social Media Aktivitäten ermöglichen soll. Hierbei nimmt insbesondere die Definition der Ziele der Aktivitäten eine zentrale Rolle ein, da diese die Grundlage für ein adäquates Controlling darstellen.

Quellenverzeichnis

Bundesverband Digitale Wirtschaft (2016): Erfolgsmessung in Social-Media, Düsseldorf.

Burger, D., Herbholzheimer, C., Janssen, S., Sossong, A., Bevermann, F. (2013): Social-Media-Controlling. Strategieumsetzung im Spannungsfeld von Kundennähe und Kontrollverlust, in: Oliver Wyman (Hrsg.), München.

Burmann, C., Dierks, A., Fink, T. (2017): Brand Purchase Funnel, in: Zerres, C. (Hrsg.): Handbuch Marketing-Controlling, 4. Aufl., Springer Gabler, Heidelberg, 293-312.

Fiege, R. (2012): Social Media Balanced Scorecard, Springer-Vieweg, Wiesbaden.

Grabs, A., Bannour, K.-P., Vogl, E. (2017): Follow me! Erfolgreiches Social Media Marketing mit Facebook, Twitter und Co., Rheinwerk Verlag, Bonn.

Heltsche, M. (2012). Social Media im Kommunikations-Controlling: Monitoring und Evaluation (communicationcontrolling.de Dossier Nr. 6). Berlin/Leipzig: DPRG/ Universität Leipzig.

Hoffman, D.L., Fodor, M. (2010). Can You Measure the ROI of Your Social Media Marketing? MIT Sloan Management Review, 52(1), 41-49.

Hoffmann, L., Zerres, C. (2017): Social Media Monitoring, in: Zerres, C. (Hrsg.): Schriftenreihe „Arbeitspapiere zum Marketing und Management", Nr. 18, Offenburg.

International association for the measurement and evaluation of communication (Hrsg.): AMEC`s Social Media Measurement Framework. User Guide. https://www.social-media-measurement-framework.org/wp-content/uploads/2014/06/Social-Media-Measurement-Framework.pdf. Zugegriffen: 26.02.2018.

Kamps, I., Schetter, D. (2018): Performance Marketing, Springer Gabler, Wiesbaden.

Kientzler, F. (2017): Content Marketing ROI steigern: In 3 Stufen zum Umsatzplus. https://suxeedo.de/content-marketing-roi/. Zugegriffen: 26.02.2018.

Kleine-Kalmer, B. (2015). Brand Page Attachement. In C. Burmann, & M. Kirchgeorg (Hrsg.), Innovatives Markenmanagement, Band 55. Wiesbaden: Springer Fachmedien.

Köster, A. (2012). Social Media Erfolgsmessung: Schematische KPI Pyramide. http://www.monitoring-blog.de/2012/12/social-media-erfolgsmessung-schematische-kpi-pyramide/. Zugegriffen: 20. Oktober 2017.

Kumar, A., Bezawada, R., Rishika, R., Janakiraman, R., & Kannan, P.K. (2016). From Social to Sale: The Effects of Firm-Generated Content in Social Media on Consumer Behavior. Journal of Marketing, Vol. 80 (January 2016), 7-25.

Lampe, T. (2011). Social Media Maßnahmen richtig messen. In PRReport 08/2011, http://prreport.de/home/aktuell/news-public/article/4289-social-media-massnahmen-richtig-messen/. Zugegriffen: 20. Oktober 2017.

Martinez, I. (2015): 7 KPIs for your Social Media Analytics, https://www.launchmetrics.com/resources/blog/social-media-analytics, Zugegriffen: 10. Juni 2018.

Owyang, J., & Lovett, J. (2010). Social Media Analytics. A New Framework for Measuring Results in Social Media. http://de.slideshare.net/jeremiah_owyang/altimeter-report-social-marketing-analytics. Zugegriffen: 21. Oktober 2017.

Rumler, A., Ullrich, S. (2016): Social-Media-Monitoring und -Kontrolle, in: Arbeitsgemeinschaft für Marketing, PraxisWissen Marketing 1/2016, 94-112.

Sheth, J.N. (2018): How Social Media Will Impact Marketing Media, in: Heggde, G., Shainesh, G. (Hrsg.): Social Media Marketing, Palgrave Macmillian, 3-19.

Schwede, M, Moeschler, P. (2013): Social Media 4x4 Scorecard – Beta, http://mike.schwede.ch/search/int?filter=kpi, Zugegriffen: 25.04.2018.

Spillecke, D. (2013): Social Media ROI: Erfolge messen in sozialen Netzwerken, in: Controlling und Management Review

Stich, V., Emonts-Holley, R., Senderek, R. (2015): Social Media Analytics in Customer Service: A Literature Overview - An Overview of Literature and Metrics Regarding Social Media Analysis in Customer Service, in: Proceedings of the 11th International Conference on Web Information Systems and Technologies (WEBIST-2015), 335-344.

Thambimuthu, B., Klein, E., Asprion, P.M. (2017): Social Media Controlling, in: Tokarski, K.O., Schellinger, J., Berchtold, P. (Hrsg.): Zukunftstrends Wirtschaft 2020, Springer Gabler, Wiesbaden, 59-86.

Zhang, B., Vos, M. (2014): Social media monitoring: methods, benefits and difficulties for international companies. Corporate Communications: an International Journal, Vol. 19, Issue 4, 371–383.

Zaugg, A.D., Egle, U. (2014): Social Media Controlling – die 4 Social C., in: HMD – Praxis der Wirtschaftsinformatik, 50 (2013), 293, 86-92.

Zerres, C., & Litterst, F. (2017): Social Media-Controlling, in: Zerres, C. (Hrsg.): Handbuch Marketing-Controlling, 4. Aufl., Springer Gabler Verlag, Berlin.

Einführung und Überblick über die Möglichkeiten des Social Media Advertisings

Florian Litterst

1 Einführung und Begriffsabgrenzung

Wer sich heute mit Online Marketing beschäftigt, kommt an Social Media und den dort gebotenen Werbemöglichkeiten nicht vorbei. Social Media hat sich in den letzten Jahren vom reinen Kommunikationskanal zunehmend zu einem wichtigen Online Marketing- und Paid-Media-Kanal entwickelt. Große Reichweiten und genaue Möglichkeiten, die richtigen Zielgruppen mit Werbung anzusprechen, machen soziale Netzwerke zu einem innovativen Umfeld. Dazu kommt die Tatsache, dass die Nutzer viel Zeit innerhalb von Social Media verbringen. Entsprechend groß ist die Wahrscheinlichkeit, dass Werbetreibende dort ihre Zielgruppe erreichen können.

Vor allem der Platzhirsch Facebook hat in den letzten Jahren viel zu dieser Entwicklung beigetragen und bietet mit den eigenen Werbeprodukten für Unternehmen jeder Branche interessante Vermarktungsmöglichkeiten. Keine andere digitale Plattform kennt seine eigenen Nutzer so genau und bietet solch präzise und auch effektive Möglichkeiten, Zielgruppen zu erreichen. Es gibt bei Facebook (fast) nichts, was man nicht „targetieren" kann, um die eigenen Werbeanzeigen punktgenau bei der gewünschten Zielgruppe zu platzieren.

Durch den Zukauf des Photo-Sharing-Dienstes Instagram im Jahr 2012 konnte Facebook den eigenen Werbekosmos noch weiter ausbauen. Instagram wurde seitdem vollständig in das Werbenetzwerk von Facebook integriert und hat sich mittlerweile zu einer der wichtigsten mobilen Werbeplattformen mit über einer Milliarde aktiver Nutzer weltweit entwickelt. Durch die immer tiefere Integration von Instagram in die „Family of Apps" des Facebook-Kosmos und die Weiterentwicklung des Dienstes, konnte insbesondere bei jungen Zielgruppen die Reichweite erhöht und die Vormachtstellung am Markt – insbesondere gegenüber Snapchat – behauptet werden.

Der Micro-Blogging-Dienst Twitter fristet hierzulande dagegen eher ein Schattendasein. Die geringe Verbreitung im deutschsprachigen Raum führt dazu, dass Twitter bei vielen Werbetreibenden meist nur eine untergeordnete Rolle spielt. Auch haben die Werbeprodukte bzw. der Werbeanzeigenmanager von Twitter aktuell eine deutlich geringere Reife, als z. B. die Produkte von Facebook. Doch auch Twitter bietet interessante Werbemöglichkeiten für Unternehmen und sollte nicht unbeachtet bleiben, denn Twitter unterscheidet sich an einigen Stellen deutlich von anderen sozialen Netzwerken. Twitter ist ein ungefiltertes Echtzeit-Medium und ein Sammelbecken vieler Meinungsmacher aus allen gesellschaftlichen Bereichen (Journalisten, Politiker, Sportler usw.).

Begriffsabgrenzung

Unter Social Media Advertising versteht man die bezahlte Anzeigenschaltung bzw. das Einkaufen von Reichweiten innerhalb von sozialen Netzwerken wie z. B. Facebook, Instagram oder Twitter. Es handelt sich dabei um eine Teildisziplin des Online Marketings und kann grundsätzlich als eine Art Push Marketing gesehen werden, denn in erster Linie kann durch die Aussteuerung von Werbeanzeigen auf Facebook oder Instagram ein Bedarf für Produkte oder Dienstleistungen geschaffen werden. Im Gegensatz dazu, bietet z. B. Google mit den Anzeigen innerhalb der Suchergebnisse eine Werbeform, welche eine Pull-Maßnahme darstellt. In diesem Fall wird durch die Aussteuerung von Anzeigen ein bereits bestehender Bedarf abgefangen (der durch die Suchanfrage des Nutzers ausgedrückt wird). Dies stellt einen wichtigen Unterschied dar, der bei der Entwicklung von Werbestrategien für soziale Netzwerke berücksichtigt werden sollte.

Unabhängig von der Plattform bieten soziale Netzwerke sowohl bekannten Marken mit großen Werbeetats, als auch Unternehmen mit kleineren Budgets vielfältige Möglichkeiten, die eigenen Unternehmensziele (z. B. mehr Bekanntheit, Kundenanfragen oder Verkäufe) zu erreichen. Standardisierte Buchungsoberflächen, geringe Einstiegshürden, innovative Anzeigenformate, interessante Werbeumfelder (wie News Feeds oder Stories) oder nie dagewesene Targeting-Möglichkeiten sind einige Gründe, wieso die Nachfrage nach Social Media Advertising kontinuierlich steigt.

Für Unternehmen bieten soziale Netzwerke – allen voran Facebook – die wohl genauesten Targeting-Möglichkeiten im digitalen Werbemarkt. Aus diesem Grund können Werbeanzeigen zielgruppengerecht und mit wenigen Streuverlusten ausgesteuert werden. Insbesondere Facebook konnte im Laufe der Jahre eine bisher unerreichte Datentiefe über die eigenen Nutzer generieren. Diese Informationen stellt Facebook werbetreibenden Unternehmen (anonymisiert) zur Aussteuerung von Werbeanzeigen zur Verfügung. Die Targeting-Möglichkeiten für Werbeanzeigen innerhalb der sozialen Netzwerke basieren z. B. auf den demografischen Merkmalen, den Interessen oder dem Verhalten der Nutzer.

Auf der anderen Seite sind gut gemachte Werbeanzeigen innerhalb sozialer Netzwerke für Nutzer weniger störend, als beispielsweise bildschirmfüllende Display Banner auf einer Webseite, denn die Anzeigen werden in ein natives Umfeld (z. B. einen News Feed) eingebettet.

Der vorliegende Beitrag richtet sich an Marketingverantwortliche und -interessierte und soll einen ersten Überblick über die Möglichkeiten des Social Media Advertisings vermitteln und die wichtigsten Grundlagen vorstellen. Dazu werden einzelne Instrumente, wie z. B. die Targeting-Möglichkeiten von Facebook und Twitter, detailliert beleuchtet und am Ende des Beitrags eine ganzheitliche Kampagnenstruktur beispielhaft vorgestellt.

2 Fragmentierte Kaufentscheidungsprozesse als Herausforderung

Längst hat sich das Smartphone als das wohl wichtigste digitale Endgerät im Alltag vieler Menschen etabliert. Insbesondere die starke Durchdringung mit mobilen Geräten und die damit einhergehende geräteübergreifende Nutzung von digitalen Diensten haben in den letzten Jahren dazu beigetragen, dass die Komplexität von Kaufentscheidungsprozessen immer weiter gestiegen ist. Heutige Kaufentscheidungsprozesse sind fragmentiert und finden „Omni Channel" auf verschiedenen Kanälen und Geräten statt. Um als Unternehmen solche Kaufentscheidungsprozesse im eigenen Sinne beeinflussen zu können, ist es wichtig, an möglichst vielen Stellen dieses Prozesses präsent zu sein. Eine besondere Herausforderung dabei ist es, dass Customer Journeys (die Reise der Kunden zum Unternehmen bzw. Kaufabschluss) heutzutage nicht mehr linear stattfindet.

Welche Online-Marketing-Kanäle sollen von Unternehmen also eingesetzt werden? Auf welche Kanäle sollen sich Marketingverantwortliche fokussieren, um die eigene Zielgruppe so zielgerichtet wie möglich oder überhaupt erreichen zu können?

Dazu kommt, dass die Grenzen zwischen klassischen Branding- und Performance-Maßnahmen immer weiter verschwimmen. Unternehmen sollten nicht nur am Ende einer Customer Journey mit Performance-Maßnahmen Einfluss auf Kaufentscheidungen ausüben, sondern entlang der kompletten Customer Journey bzw. entlang des kompletten Marketing Funnels präsent sein.

Ein klassischer Funnel im Online Marketing unterteilt sich in die drei Phasen Awareness, Consideration und Conversion.

Abbildung 1: Darstellung eines klassischen Marketing Funnels im Online Marketing

Soziale Netzwerke bieten Unternehmen viele Möglichkeiten (Anzeigenformate, Targeting-Instrumente), um Zielgruppen entlang des kompletten Marketing Funnels in allen Phasen „begleiten" zu können. Hinzu kommt, dass soziale Netzwerke eine große Verbreitung auf so gut wie allen Endgeräten haben und entlang der kompletten Customer Journey präsent sind.

Unternehmen sollten ihre Werbestrategien für soziale Netzwerke idealerweise am eigenen Marketing Funnel orientieren und parallel dazu konzipieren. Wurde innerhalb eines Unternehmens noch kein Marketing Funnel entwickelt, sollte dieser zunächst erarbeitet werden. Am Ende dieses Beitrags wird zur Veranschaulichung der Aufbau einer ganzheitlichen Kampagnenstruktur für den Werbekanal Facebook vorgestellt, der einen kompletten Marketing Funnel abdeckt.

3 Überblick über die Möglichkeiten des Facebook Advertisings

Im Folgenden werden die Werbemöglichkeiten des Facebook-Kosmos detailliert vorgestellt. Die Erstellung von Werbekampagnen auf Facebook sollte grundsätzlich innerhalb des sogenannten „Werbeanzeigenmanagers" am Desktop erfolgen. Innerhalb des Werbeanzeigenmanagers findet außerdem die Überwachung, Analyse und Optimierung der Werbekampagnen statt.

3.1 Struktur und Aufbau einer Facebook-Werbekampagne

Bevor die ersten Werbeanzeigen erstellt werden, gilt es, sich mit der Struktur bzw. dem Aufbau einer Kampagne vertraut zu machen. Der Aufbau einer Werbekampagne auf Facebook untergliedert sich in drei Hierarchieebenen: Kampagnen-, Anzeigengruppen- und Anzeigen-Ebene.

- **1. Kampagnen-Ebene**: Bestimmt die Zielsetzung der Maßnahmen,
- **2. Anzeigengruppen-Ebene:** Definition der Zielgruppe, Laufzeit, Werbebudget und Auslieferungsoptimierung und
- **3. Anzeigen-Ebene:** Gestaltung der Werbeanzeigen durch Text-, Bild- oder Videoelemente.

Auf der Kampagnen-Ebene wird übergeordnet die grundlegende Zielsetzung der Werbemaßnahmen festgelegt. Mögliche Ziele können die Steigerung von Traffic, App-Installationen oder Conversions auf einer Webseite sein. Die an dieser Stelle ausgewählte Zielsetzung überträgt sich auf alle untergeordneten Ebenen. Auf der zweiten Ebene, der Anzeigengruppen-Ebene, werden die Zielgruppe(n), sowie die Laufzeit, das Budget und die Auslieferungsoptimierung der Werbeanzeigen festgelegt. Auf dieser Ebene kommen die Targeting-Möglichkeiten von Facebook, beispielsweise auf Basis von Interessen oder Verhalten der Nutzer, zum Einsatz. Die dritte Ebene einer Kampagne umfasst die Werbeanzeigen, welche wiederum immer einer bestimmten Anzeigengruppe angehören. Auf dieser Ebene wird der Text, das Bild oder das Video der Werbeanzeigen ausgewählt. Aufgrund dieses dreistufigen Aufbaus einer Kampagne, können für verschiedene Zielgruppen unterschiedliche Anzeigen erstellt werden und z. B. andere Anzeigenbilder für Frauen und Männer ausgesteuert werden.

Diese Struktur hilft Werbetreibenden, ihre Ziele klar im Blick zu behalten und die Kampagnen gemäß der einen, gewünschten Zielsetzung zu optimieren. Die Auswahl des Kampagnenziels ist der erste Schritt bei der Erstellung einer Kampagne innerhalb des Werbeanzeigenmanagers. Facebook bietet für alle Phasen des Marketing Funnels (Bekanntheit, Erwägung, Conversion) passende Kampagnenziele, zwischen denen ein Werbetreibender wählen kann (z. B. mehr Videoaufrufe, Traffic oder Conversions).

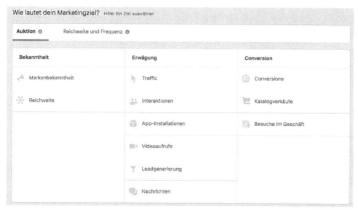

Abbildung 2: Die verschiedenen Kampagnenziele auf Facebook für die verschiedenen Stufen des Marketing Funnels

Ein Hinweis an dieser Stelle: Die Plattform Facebook entwickelt sich ständig weiter und befindet sich in einem dauerhaften Testing-Zustand. Aus diesem Grund können sich die verfügbaren Kampagnenziele bzw. die Darstellung des Werbeanzeigenmanagers immer wieder ändern. Die in diesem Beitrag vermittelten Informationen können als Grundlage allerdings immer wieder herangezogen werden.

Bevor eine Kampagne innerhalb des Werbeanzeigenmanagers angelegt wird, sollte sich ein Werbetreibender intensiv mit den verschiedenen Kampagnenzielen auseinandersetzen, denn das ausgewählte Kampagnenziel hat Auswirkungen auf das Anzeigenformat und die Auslieferungsoptimierung der Werbeanzeigen.

Nachfolgend einige erklärende Details zu den verschiedenen Optionen und Zielsetzungen:

- **Markenbekanntheit:** Vor allem für große Brands und Unternehmen geeignet, die beispielsweise neben TV-Buchungen auch auf Facebook die Markenbekanntheit erhöhen und den sogenannten Ad Recall steigern möchten.
- **Reichweite:** Ermöglicht es, Anzeigen an so viele Personen wie möglich mit individuellen Frequenzwerten ausliefern zu lassen (z. B. einmal alle fünf Tage).
- **Traffic:** Eignet sich dazu, Personen zu einem Ziel innerhalb oder außerhalb von Facebook zu leiten. Ein Ziel innerhalb von Facebook kann der Messenger und außerhalb eine Webseite oder App sein.

- **Interaktionen:** Eignet sich, um mehr Interaktionen mit Beiträgen einer Facebook- oder Instagram-Seite zu erhalten, mehr Fans für eine Facebook-Seite zu gewinnen oder mehr Veranstaltungszusagen zu generieren.
- **App-Installationen:** Mit diesem Ziel können die Downloads bzw. Installationen einer App (z. B. im iTunes oder Google Play Store) gesteigert werden.
- **Videoaufrufe:** Ermöglicht es, mehr Aufrufe für ein auf Facebook hochgeladenes Video zu erhalten.
- **Lead-Generierung:** Mit diesem Ziel können Werbetreibende mehr Leads (z. B. Newsletter-Abonnenten) mit speziell für diesen Zweck bei Facebook erstellten Formularen erhalten. Bei diesem Kampagnenziel wird keine externe Webseite für die Generierung von Leads benötigt, da das Eintragungsformular bei Facebook erstellt wird.
- **Nachrichten:** Dieses Ziel sorgt dafür, dass im Messenger mehr Unterhaltungen mit dem eigenen Unternehmen geführt werden. Sinnvoll ist der Einsatz dieses Kampagnenziels insbesondere für lokale Unternehmen mit kleineren Reichweiten (und entsprechend weniger Nachrichtenaufkommen) oder für Werbetreibende, die Chatbots für die automatisierte Beantwortung der Anfragen im Einsatz haben.
- **Conversions:** Dieses Ziel sorgt dafür, dass durch die Werbeanzeigen solche Personen auf Facebook angesprochen werden, die eine gewünschte Handlung auf einer Webseite oder in einer App vornehmen – z. B. etwas in einem Online Shop kaufen oder einen In-App-Kauf vornehmen. Voraussetzung ist, dass das Tracking dieser Conversions auf der Webseite oder innerhalb der App durch den Facebook Pixel oder das App-SDK stattfinden kann.
- **Katalogverkäufe:** Ermöglicht es z. B. Online-Händlern oder Reiseportalen auf Basis von Datenfeeds automatisiert ihr komplettes Produkt- oder Dienstleistungssortiment zu bewerben.
- **Besuche im Geschäft:** Eignet sich dazu, um mehr Personen in ein lokales Geschäft zu bringen.

Neben dem Aufbau und den Hierarchiestufen einer Kampagne, sollte sich jeder Werbetreibende mit den Möglichkeiten der verschiedenen Kampagnenziele vertraut machen. Die Wahl des richtigen Ziels bzw. Kampagnentyps trägt maßgeblich zum späteren Erfolg einer Kampagne bei. Ein Beispiel: Möchte ein Unternehmen mehr Verkäufe in einem Online Shop generieren, sollte als Kampagnenziel nicht „Traffic", sondern „Conversions" ausgewählt werden.

3.2 Überblick über die Targeting-Möglichkeiten

Facebook kennt die eigenen Nutzer aufgrund ihrer Handlungen innerhalb und außerhalb der Plattform sehr genau. Dieses Wissen können werbetreibende Unternehmen anonymisiert für die Ausspielung der eigenen Kampagnen bzw. Anzeigen nutzen. Durch die Integration in den Werbekosmos von Facebook stehen auch für Werbekampagnen auf Instagram übrigens dieselben Targeting-Möglichkeiten zur Verfügung.

Die verschiedenen Targeting-Möglichkeiten werden im Folgenden anhand der Einstellungsmöglichkeiten des Werbeanzeigenmanagers näher vorgestellt.

Abbildung 3: Die Zielgruppendefinition innerhalb des Werbeanzeigenmanagers bei Facebook

Custom Audiences

Custom Audiences sind benutzerdefinierte bzw. individuelle Zielgruppen jedes Werbetreibenden und ermöglichen es, Personen zu erreichen, die bereits eine Verbindung zum Unternehmen aufgebaut haben. Diese Verbindung kann über verschiedene Wege zustande gekommen sein. Die relevantesten Möglichkeiten von Custom Audiences sind:

- **Custom Audiences von einer Webseite:** Sobald der Facebook Pixel auf der Webseite eines Werbetreibenden eingebunden ist, besteht die Möglichkeit, die Besucher dieser Seite einer sogenannten Website Custom Audience hinzuzufügen. Anschließend können die Besucher der Webseite geräteübergreifend auf Facebook mit Anzeigen angesprochen werden, z. B. auch auf ihrem iPhone, nachdem sie mit einem Desktop-PC auf der Seite waren. Vor dem Einsatz des Facebook Pixels und dessen Möglichkeiten sollte jedes Unternehmen eine individuelle datenschutzrechtliche Betrachtung der Sachlage vornehmen.
- **Custom Audiences aus einer App:** Auch aus den Nutzern einer App kann eine Custom-Audience-Zielgruppe erstellt und für die Kampagnen eingesetzt werden. Voraussetzung hierfür ist, dass das Facebook Tracking in der App implementiert wurde.

- **Custom Audiences aus Interaktionen:** Mit Hilfe dieser Funktion kann ein Unternehmen benutzerdefinierte Zielgruppen auf Basis von Interaktionen mit Inhalten auf Facebook oder Instagram erstellen. Auf diese Weise können Personen zu Zielgruppen hinzugefügt werden, die sich Videos angesehen, mit Beiträgen interagiert oder eine Nachricht an das Unternehmen gesendet haben. Aus Datenschutzsicht ergeben sich hierbei weniger Herausforderungen, da die Datenerhebung innerhalb der Plattformen (Facebook und Instagram) stattfindet.

Lookalike Audiences

Lookalike Audiences sind ein Instrument, um die eigenen Reichweiten auf Facebook zu skalieren und mehr Personen zu erreichen, die ähnliche Merkmale haben, wie die eigenen Custom Audiences bzw. Kunden. Die Grundlage für die Erstellung einer solchen „Zwillingszielgruppe" bildet entweder eine frei wählbare Custom Audience oder die Fans einer Facebook-Seite. Facebook analysiert bei der Erstellung einer Lookalike Audience die Merkmale der Custom Audience und findet anschließend innerhalb der eigenen Datenbank weitere Nutzer, welche ähnliche Merkmale und Interessen haben, aber nicht in der Custom Audience enthalten sind.

Sowohl bei Custom, als auch bei Lookalike Audiences handelt es sich um datengetriebene Zielgruppen, auf die nur der Werbetreibende selbst Zugriff hat.

Targeting auf Basis von Standort, Demografie, Interessen oder Verhalten

Neben den datengetriebenen Zielgruppenmöglichkeiten können Werbetreibende ihre Zielgruppen auf Facebook auch auf Basis von Informationen der Plattform erstellen. Facebook verfügt über Informationen, wie z. B. den Standort oder demografische Merkmale und stellt diese jedem Werbetreibenden zur Verfügung. Diese Merkmale können entweder als ein einschränkendes Kriterium bei einer datengetriebenen Zielgruppe eingesetzt werden (z. B. nur die weiblichen Besucher einer Webseite aus Berlin) oder als alleiniges Targeting eingesetzt werden.

Als **Standort** kann ein Land, ein Bundesland, eine Stadt, ein Postleitzahlengebiet oder sogar eine genaue Adresse ausgewählt werden. Neben dem Standort kann die Zielgruppe durch Angabe von **Alter**, **Geschlecht** und **Sprache** weiter eingegrenzt werden. Mit Hilfe des **detaillierten Targetings** besteht außerdem die Möglichkeit, eine Zielgruppe auf Basis von Interessen (z. B. Lieblingsvereine) oder Verhalten (z. B. digitale Aktivitäten) weiter zu verfeinern. Hierbei können Merkmale sowohl ein-, als auch ausgeschlossen werden. Auf Basis der Option **Verbindungen** können Werbetreibende außerdem u. a. die Fans einer Facebook-Seite bei ihrer Zielgruppendefinition ein- oder ausschließen.

Die Bestimmung der Zielgruppendefinition innerhalb des Werbeanzeigenmanagers kann aufgrund der vielfältigen Möglichkeiten eine Herausforderung sein. Damit dieser Prozess möglichst effizient abläuft, empfiehlt es sich deshalb, mit sogenannten Buyer Personas zu arbeiten.

3.3 Entwicklung einer Buyer Persona für Facebook-Anzeigen

Je konkreter ein Werbetreibender weiß, wer sein idealer Kunde ist, desto zielgerichteter können die Targeting-Möglichkeiten bei Facebook im Werbeanzeigenmanager ausgewählt werden. Viele Unternehmen nutzen dazu häufig einfache Zielgruppendefinition, wie z. B.: Männer zwischen 25 und 35 Jahren, gesundheitsorientiert und mit Interesse an Reisen. Das ist ein guter Start und es entsteht direkt ein schemenhaftes Bild vom potentiellen Kunden des Unternehmens. Allerdings ist eine Zielgruppendefinition dieser Art eindimensional und berücksichtigt nicht viele Merkmale, die für die eigentliche Kaufentscheidung wichtig sind. Die Kunden bleiben „gesichtslos". Präziser als die Definition einer solchen heterogenen Zielgruppe, ist die Anwendung des Konzeptes der Buyer Persona.

Eine Buyer Persona ist eine fiktive Person, die den typischen bzw. idealen Kunden anhand verschiedener Merkmale definiert. So bekommt eine Zielgruppe ein konkretes Gesicht. Damit wird es einfacher, das Verhalten, die Bedürfnisse und die Probleme der idealen Kunden zu verstehen. Eine solche Buyer Persona ist tiefgründiger als eine klassische Zielgruppendefinition und gibt Werbetreibenden Einblicke in den Alltag und die Gefühlswelt der Kunden. Es handelt sich dabei um ein mehrdimensionales Abbild des idealen Kunden bzw. der idealen Kundin. Die Anzahl der Buyer Personas kann dabei je nach Unternehmen, Branche oder Produkt variieren.

Bezogen auf die Targeting-Möglichkeiten bei Facebook sind besonders folgende Fragestellungen interessant:

- Welche Zeitschriften oder Magazine sind für meine Zielgruppe relevant?
- Welche Webseiten oder Blogs besucht sie?
- Welche Marken, Produkte oder Mittbewerber spielen eine Rolle bei meinem idealen Kunden?
- Welche Software oder Tools werden eingesetzt?
- Gibt es Nischen-Facebook-Seiten oder sog „Longtail-Interessen" (z. B. "I love Cycling" oder "Fußball ist unser Leben")?
- Kennt meine Zielgruppe auch (weniger) bekannte Personen der Öffentlichkeit (z. B. "Mario Cipollini" statt "Lance Armstrong")?

Auf Basis dieser Überlegungen kann anschließend die Datenbank des Werbeanzeigenmanagers bei Facebook effizient durchsucht werden, um die richtige(n) Zielgruppen zu erreichen.

3.4 Platzierungsmöglichkeiten von Anzeigen innerhalb des Facebook-Kosmos

Die Werbeplattform Facebook entwickelt sich ständig weiter und auch die Anzeigenformate und Platzierungsmöglichkeiten für Anzeigen unterliegen einem ständigen Wandel. Angefangen mit Anzeigen in der „rechten Spalte" am Desktop-PC stehen Werbetreibenden mittlerweile viele verschiedene Platzierungsmöglichkeiten für ihre Anzeigen zur Verfügung.

Heute können Werbeanzeigen neben Facebook auch auf Instagram, dem Audience Network und dem Facebook Messenger platziert werden. Es ist davon auszugehen, dass Facebook auch in Zukunft immer weitere Platzierungsmöglichkeiten für Anzeigen entwickeln wird, um der kontinuierlich steigenden Nachfrage nach Werbeplätzen gerecht zu werden. Grundsätzlich optimiert Facebook die Aussteuerung der Anzeigen entlang aller gewählten bzw. verfügbaren Placements so, dass für den Werbetreibenden die niedrigsten Kosten generiert werden. Dabei werden (auf allen zur Verfügung stehenden Platzierungen) alle Chancen (z. B. für Link Klicks oder Conversions) berücksichtigt.

Facebook erkennt die verfügbaren Chancen entlang aller Platzierungen effizient – gleich, ob diese bei Facebook am Desktop im News Feed, auf Instagram oder innerhalb des Audience Networks auf einem Smartphone entstehen. Es ist zwar möglich, dass eine Platzierung in manchen Fällen nicht funktioniert, empfehlenswert ist es in den meisten Fällen trotzdem, mit der automatischen Platzierung zu starten, d.h. alle für den jeweiligen Kampagnentyp bzw. für das jeweilige Anzeigenformat zur Verfügung stehenden Platzierungen auszuwählen. Das Werbemittel kann und sollte in diesem Fall für die verschiedenen Platzierungen angepasst werden (z. B. durch den Upload eines quadratischen Bildformates für den Instagram Feed).

3.5 Tipps zur Gestaltung von Werbeanzeigen

Der Erfolg einer Werbekampagne bei Facebook hängt von verschiedenen Faktoren ab. Neben der Ansprache der richtigen Zielgruppe gehört die Gestaltung der Anzeigen zu einem der wohl wichtigsten Erfolgsfaktoren. Die wichtigsten Einflussfaktoren auf eine Anzeige, werden im Folgenden genauer betrachtet.

Die erste Aufgabe einer Anzeige bei Facebook ist es, den User dazu zu bringen, aufzuhören durch seinen Feed zu scrollen. Werbetreibenden muss es gelingen, mit ihren Anzeigen die Aufmerksamkeit der User auf sich zu lenken. Zwei Elemente helfen dabei besonders: Bilder und Videos. Bei der Gestaltung von Werbeanzeigen hilft es, sich vor Augen zu führen, weshalb Menschen soziale Netzwerke wie Facebook nutzen: Es geht immer um persönliche Verbindungen zwischen Menschen oder zwischen Menschen und Unternehmen – eine Tatsache, die bei der Anzeigengestaltung immer berücksichtigt werden sollte. Aus dieser Erkenntnis lassen sich folgende Gestaltungshinweise für Anzeigen ableiten:

- In der Regel funktionieren weniger professionell wirkende Fotos besser als Stock Photos oder High Quality Images.
- Anzeigenbilder, -videos oder -texte sollten die Zielgruppen auf einer persönlichen oder emotionalen Ebene ansprechen.
- Farbenfrohe und kontrastreiche Anzeigen erhalten mehr Aufmerksamkeit und dienen als „Daumenstopper" beim Scrollen durch den News Feed.

Facebook bietet mit dem „Relevanzfaktor" eine Metrik innerhalb des Werbeanzeigenmanagers, die als eine Art Stimmungsbarometer für Werbeanzeigen gesehen werden kann. Der Relevanzfaktor kann nach dem Start einer Kampagne auf der Anzeigenebene ausgewertet werden und liegt zwischen eins und zehn – wobei zehn der positivste Wert ist. Je höher der Relevanzfaktor, desto positiver wird die Anzeige eines Werbetreibenden innerhalb einer Zielgruppe aufgenommen. Facebook möchte auf diese Weise das Nutzungserlebnis der Plattform so hoch wie möglich halten. Aus diesem Grund werden die Anzeigen der Werbetreibenden bevorzugt, die positiv angenommen werden bzw. einen hohen Relevanzfaktor aufweisen. Werbetreibende sollten entsprechend den Relevanzfaktor regelmäßig überwachen und bei einem Relevanzfaktor unterhalb von sechs die Zielgruppenauswahl und/oder Anzeigengestaltung überprüfen.

4 Überblick über die Möglichkeiten des Twitter Advertisings

Die Plattform Twitter unterscheidet sich von anderen sozialen Netzwerken insbesondere durch ihren Echtzeit-Charakter. Für Werbetreibende bieten sich daher insbesondere Möglichkeiten des TV-Show- oder Keyword-Targetings an, da dies interessante Ansätze zur Vermarktung ihrer Produkte oder Dienstleistungen sind. Die wichtigsten Grundlagen zur Anzeigenschaltung bei Twitter sollen im Folgenden vorgestellt werden.

4.1 Grundlagen zu Werbeanzeigen bei Twitter

Um Werbeanzeigen bei Twitter schalten zu können, wird neben einem Nutzerprofil des Unternehmens ein Werbekonto benötigt, über welches die Erstellung und Auswertung der Werbemaßnahmen vorgenommen wird. Die Kampagnenstruktur bei Twitter besteht aus drei Ebenen: **Kampagnen**, **Anzeigengruppen** und **Anzeigen (Tweets)**, welche die Organisation der Werbekampagnen vereinfachen. Auf der Kampagnen-Ebene werden das gewünschte Marketing-Ziel und das Gesamtbudget der Kampagne festgelegt. Auf der Anzeigengruppen-Ebene werden u. a. das Targeting und die Platzierung festgelegt. Eine Anzeigengruppe kann – analog zum Aufbau von Facebook-Kampagnen – mehrere Anzeigen bzw. Tweets umfassen, die die unterste Ebene einer Werbekampagne darstellen.

Wie auch Facebook bietet Twitter im Werbeanzeigenmanager für verschiedene Marketing-Ziele entsprechende Kampagnentypen an. Für Werbetreibende ist wichtig zu verstehen, dass hinter jedem der verfügbaren Kampagnenziele ein anderer Kampagnentyp steckt. Die Auslieferung der Werbeanzeigen bzw. Tweets wird durch das vorgegebene Ziel und dem damit verknüpften Kampagnentypen bestimmt. Folgende Marketing-Ziele können heute bei Twitter ausgewählt werden:

- **App-Installationen**
- **Follower**
- **Tweet-Interaktionen**
- **Videoanzeigen**
- **Website Klicks oder Conversions**
- **Erneute App-Interaktionen**

- **Markenbekanntheit**

Diese Ziele lassen sich entlang des Marketing Funnels in die drei Phasen **Awareness** (Markenbekanntheit, Videoanzeigen), **Consideration** (Follower, Tweet-Interaktionen) oder Conversions (App-Installationen, Website Klicks, Conversions oder erneute App-Interaktionen) kategorisieren.

4.2 Überblick über die wichtigsten Targeting-Möglichkeiten

Die Targeting-Optionen innerhalb des Ads Managers bei Twitter erinnern an vielen Stellen an die Möglichkeiten bei Facebook (Standort, Demografie oder Sprache), bieten insgesamt allerdings weniger Filtermöglichkeiten.

Interessante, plattformspezifische Targeting-Funktionen bei Twitter sind:

- **Schlüsselwörter:** Auf diese Weise können Nutzer erreicht werden, die Tweets mit bestimmten Keywords verfasst haben.
- **Ereignisse bzw. Events**: Diese Option bietet die Möglichkeit, Zielgruppen auf Basis des Interesses an bestimmten Ereignissen bzw. Events (wie z. B. einer Weltmeisterschaft) zu erreichen.
- **Movie- und TV Show Targeting:** Auf diese Weise können Nutzer mit Anzeigen erreicht werden, die mit Fernsehsendungen oder Filmen interagiert bzw. dazu „getwittert" haben.
- **Follower Lookalikes**: Mit Hilfe dieser Option können Twitter-Nutzer angesprochen werden, die ähnliche Interessen haben, wie Follower bestimmter Accounts.

Twitter ist neben Facebook und Instagram eine weitere interessante Plattform, um Zielgruppen mit Hilfe von Social Media Advertising zu erreichen – auch wenn Twitter weniger Reichweite bietet und die Funktionalitäten aktuell weniger ausgereift sind. Twitter sollte daher vor allem als ergänzende Werbeplattform für Werbetreibende betrachtet werden, die schon erste Erfahrungen bei Facebook sammeln konnten und ihre Zielgruppe(n) bereits kennen.

5 Aufbau einer ganzheitlichen Kampagnenstruktur am Beispiel von Facebook

Anhand des Kanals Facebook soll im Folgenden beispielhaft eine ganzheitliche Kampagnenstruktur für einen Online Shop entwickelt werden, bei welcher die vorgestellten Instrumente und Werkzeuge entlang eines kompletten Marketing Funnels positioniert werden. Um einen besseren Überblick zu vermitteln, wie eine solche Kampagnenstruktur aussehen kann, wird zunächst jeweils eine Möglichkeit für ein Awareness- und Performance Setup aufgezeigt. Diese beiden Bausteine werden anschließend zu einer ganzheitlichen Kampagnenstruktur zusammengeführt. Die in diesem Beitrag aufgezeigten Kampagnenstrukturen haben sich in der Praxis vielfach bewährt, sollten allerdings immer auf das eigene Geschäftsmodell übertragen bzw. angepasst werden.

5.1 Awareness Setup

Der Aufbau eines beispielhaften Awareness Setups wird in der folgenden Abbildung dargestellt.

Kampagnenziel	Zielgruppe	Platzierungen
Markenbekanntheit, Reichweite, Videoaufrufe,	Interessen	Facebook, Instagram, Audience Network, Messenger
	Verhalten	
	Lookalike Audiences	

Abbildung 4: Bausteine eines Awareness Setups

Das Marketing-Ziel (Steigerung der Bekanntheit bzw. Awareness) kann dabei mit den Facebook-Kampagnenzielen Markenbekanntheit, Reichweite oder Videoaufrufe erreicht werden. Innerhalb dieser Kampagne sollten dann Targeting-Instrumente eingesetzt werden, welche sich für eine Neukundenansprache eigenen (z. B. Lookalike Audiences oder Zielgruppen auf Basis von Interessen bzw. Verhalten). Um die günstigsten Ergebnisse zu erhalten, sollte mit allen verfügbaren Platzierungen des Facebook-Kosmos gearbeitet werden.

5.2 Performance Setup

Das Performance Setup unterscheidet sich in die beiden Phasen Consideration und Conversion. In beiden Phasen ist das Ziel, mehr Verkäufe zu generieren. Für die Consideration-Phase eignen sich beispielsweise der Einsatz des Kampagnenziels „Conversions" und das Targeting von Custom Audiences auf Basis von Interaktionen mit der Facebook-Seite. In dieser Phase können allerdings auch Lookalike Audiences zum Einsatz kommen.

Kampagnenziel	Zielgruppe	Platzierungen
Conversions	Lookalike Audiences	Facebook, Instagram, Audience Network, Messenger
	Custom Audiences auf Basis von Interaktionen	
Conversions, Katalogverkäufe	Besucher der Webseite, letzte 14 Tage	Facebook, Instagram, Audience Network, Messenger
	Besucher der Webseite, letzte 30 Tage	

Abbildung 5: Beispiel für ein Performance Setup

In der Conversion-Phase liegt der Fokus auf Katalogverkauf- und Conversion-Kampagnen, welche die Online-Shop-Besucher mittels Retargeting erneut mit den angesehenen Produkten ansprechen.

Kampagnenziel	Zielgruppe	Platzierungen
Markenbekanntheit, Reichweite, Videoaufrufe	Interessen	Facebook, Instagram, Audience Network, Messenger
	Verhalten	
	Lookalike Audiences	
Conversions	Lookalike Audiences	Facebook, Instagram, Audience Network, Messenger
	Custom Audiences auf Basis von Interaktionen	
Conversions, Katalogverkäufe	Besucher der Webseite, letzte 14 Tage	Facebook, Instagram, Audience Network, Messenger
	Besucher der Webseite, letzte 30 Tage	

Abbildung 6: Darstellung einer ganzheitlichen Kampagnenstruktur am Beispiel Facebook

Zusammengefasst ergeben sich aus dem gezeigten Awareness- und Performance Setup folgendes ganzheitliches Kampagnen-Setup, welches in allen Stufen des Marketing Funnels Einfluss auf die Customer Journey der Zielgruppen des Unternehmens nimmt.

6 Schlussbetrachtung und Ausblick

Soziale Netzwerke bieten mit ihren Werbeprodukten für Unternehmen jeder Branche interessante Ansätze die eigenen Ziele zu erreichen. Marketingverantwortliche sollten sich mit den Vermarktungsmöglichkeiten der Plattformen beschäftigen und evaluieren, wie sie diese zielgerichtet für die eigenen Zwecke einsetzen können. Wichtig dabei ist eine konzeptionelle und strategische Herangehensweise. So sollten die geplanten Maßnahmen von den übergeordneten Unternehmens- bzw. Kommunikationszielen abgeleitet und entsprechende Key Perfomance Indicators (z. B. Steigerung des Umsatzes) festgelegt werden. Durch die Entwicklung von ganzheitlichen Kampagnenstrukturen auf Basis des individuellen Marketing Funnels können Unternehmen nachhaltige Werbeerfolge innerhalb sozialer Netzwerke erzielen.

Doch soziale Netzwerke unterliegen einem ständigen Wandel und gehören zu den dynamischsten Umfeldern des digitalen Marketings. Diese Dynamik stellt auf der einen Seite zwar eine Herausforderung dar, bietet auf der anderen Seite allerdings auch regelmäßig neue Chancen für Werbetreibende. Strategien sollten daher kontinuierlich überprüft und neue Ansätze (z. B. neue Targeting-Instrumente oder Anzeigenformate der Plattformen) immer wieder getestet werden.

Social Media und Compliance-Kommunikation

Dirk Drechsler und Julia Mager

1 Was bedeutet die Digitalisierung für die Kommunikation?

Sofern Klaus Schwab vom World Economic Forum digitale Megatrends der Zukunft definiert, die sich in Form von Internet of Things (IoT), Sensoren entlang von Wertschöpfungsketten, Blockchain-Technologie, Plattform-Ökonomien etc. zeigen, verändert sich natürlich die Art und Weise, wie Geschäfte im Rahmen dieser vierten industriellen Revolution betrieben werden (vgl. Schwab 2016, S. 33 f.). „The Fourth Industrial Revolution is a way of describing a set of ongoing and impending transformations in the systems that surround us, and which most of us take for granted every day. While it may not feel momentous to those of us experiencing a series of small but significant adjustments to life on a daily basis, it is not a minor change - the Fourth Industrial Revolution is a new chapter in human development, on par with the first, second, and third Industrial Revolutions, and once again driven by the increasing availability and interaction of a set of extraordinary technologies" (Schwab 2018, Pos. 192 ff.). Auch wenn man sich hinsichtlich der begrifflichen Verwendung von Revolution mit Bezug auf die aktuellen Geschehnisse einer anderen Meinung anschließen und bevorzugt den Begriff der digitalwirtschaftlichen Transformation verwenden kann (vgl. Drechsler 2018, S. 43 f.), so handelt es sich doch im Kern um Veränderungsprozesse. Auch die Frage, ob sich eher das eher zentralistische Modell der Plattform-Ökonomie oder die dezentrale Variante der Blockchain-Technologie durchsetzt, führt in jedem Fall zu anderen Formen des Wirtschaftens. Kommunikation ist dabei schon immer das Grundelement menschlichen Miteinanders und drückt das Gefühl einer Anteilnahme aus. Schließlich bestätigt das berühmte Zitat: "Man kann nicht nicht kommunizieren.", in Anlehnung an Watzlawick, den Mitteilungscharakter jedes einzelnen Verhaltens. Kommunikation steht somit im Mittelpunkt, wenn es um die Mitteilung einer Nachricht geht (vgl. Schulz von Thun 2010, S. 34). Das gilt für Unternehmen wie für alle anderen Formen des sozialen Miteinanders.

Wenn man sich die Begriffssequenz Daten - Informationen - Wissen aus dem Bereich der Datenanalysen vor Augen führt, wird schnell deutlich, dass die Abläufe nicht mit der Akkumulation von Wissensbeständen enden, sondern in Form kommunikativer Zyklen in die Interaktionen auf den diversen Ebenen gebracht werden müssen. Das verlängert die Sequenz auf fünf Begrifflichkeiten, namentlich Daten - Informationen - Wissen - Kommunikation - Dialog, wobei keine lineare, sondern eine eher netzwerkbasierte Struktur unterstellt werden darf. Damit sind Fragestellungen des Kommunikationsmanagements und des Kommunikationscontrollings angesprochen, um den aktuellen und zukünftigen Anforderungen zu entsprechen. Die Zeit vor der Existenz sozialer Medien und intensiven Nutzung des Internets war geprägt von einer Offline-dominierten Informationsaufnahme und -verarbeitung. Medien wie die Tageszeitung verschiedener politischer Couleur, Radio oder das Fernsehen genügten für den täglichen Bedarf. Charakteristisch für diese Informationslieferanten war und ist ein Qualitätsjournalismus unterschiedlicher Ausprägung, dessen Teilhabe von einer fundierten Ausbildung sowie Anstellung bei einem Medienanbieter nach wie vor abhängig ist. Das Mitreden beschränkte sich auf Leserbriefe oder Interviews. Der heutige Kommunikationsraum 2.0 ist geprägt von Meinungen eines Laienjournalismus ohne Rezensionsmöglichkeit, die auch unter der Bezeichnung Blogger bekannt sind, einem Wettbewerb um Aufmerksamkeit, der sich selten über einen längeren Zeitraum erstreckt und einer Vernetzung, die sowohl Zugang als auch Reaktion auf Medieninhalte „in-no-time" ermöglicht (vgl. Kirf 2018, S. 5 f.). Für Unternehmen hat das folgenschwere Implikationen. „In den Beschreibungen von normativen Grundlagen, Funktionen, Prozessen, Themenfeldern, Wirkungszusammenhängen sowie Leistungsportfolios von Unternehmenskommunikation ist ein gemeinsamer Kernpunkt die Pointierung der Gestaltung (H.i.O.) und Lenkung der Kommunikationsbeziehungen (H.i.O.) eines Unternehmens im Umgang mit all seinen Bezugsgruppen. Diese Interaktionen (H.i.O.) werden geprägt durch die zunehmende Ausdifferenzierung, Komplexität und Dynamisierung von Anspruchshaltungen, Interessenlagen, Aktionsbereichen, Kommunikationsbedürfnissen in ‚medialisierten' Öffentlichkeiten, die die Kommunikationsverhältnisse der zeitgenössischen (Medien-) Gesellschaft prägen" (Kirf 2018, S. 9).

Die strategische Kommunikation steht in einem unmittelbaren Zusammenhang zu den Organisationszielen sowie der öffentlichen Dimension von Meinungsbildung und Wirklichkeitskonstruktionen in der Informationsgesellschaft (vgl. Abb. 1). Dabei kümmert sich das Kommunikationsmanagement um Planung, Umsetzung und Evaluation konkreter Kommunikationsaktivitäten, während das Kommunikationscontrolling als Unterstützung wirkt sowie transparente Prozesse und die Zielerreichung sicherstellt. Der erste Bereich trägt Ergebnis- und der zweite Bereich Transparenzverantwortung (vgl. Zerfaß und Dühring 2016, S. 50 f.). Diversifiziert betrachtet unterscheiden sich zwei Ausprägungen mit Bezug auf deren Anspruchsgruppen. Externe Kommunikation adressiert hierbei beispielsweise Kunden, interne Kommunikation wird vorzugsweise für den betriebsinternen Austausch mit Mitarbeitern verwendet (vgl. Bruhn 2015, S. 17 ff.). Interne Kommunikation versteht sich hierbei vermehrt als organisatorische Bezeichnung der zuständigen Einheit im Unternehmen. Der Begriff der Mitarbeiterkommunikation drückt vielmehr die interaktive Ansprache aus (vgl. Einwiller et al. 2008, S. 223). Schließlich orientiert sich die Mitarbeiterkommunikation an der Vision des Unternehmens und unterhält das Ziel, dessen Erfolg durch beinflussbare Maßnahmen zu fördern (vgl. Einwiller et al. 2008, S. 224). Es ist außerdem zu beobachten, dass die Bedeutung der Mitarbeiterkommunikation weiter zunimmt (vgl. Bruhn 2015, S. 7 ff.; Einwiller et al. 2008, S. 225). Eine mögliche Erklärung findet sich in der Entwicklung des Arbeitsverhältnisses. Von einer einst sehr starren Herangehensweise, die eine alleinige ausführungsorientierte Arbeitsweise bevorzugte, hin zu einer individualisierten Entwicklung, in der eine welt- und werteorientierte Arbeitsweise Mittelpunkt des Arbeitsverhältnisses darstellt und in der die Arbeitnehmer ihren Arbeitsplatz zunehmend als „Ort der Selbstgestaltung und -verwirklichung" (Thüsing 2015, S. 2) sehen (vgl. Köllmann 1969, S. 78; Thüsing 2015, S. 1 f.; Bund et al.,

2013, o. S.). Während die Kommunikation vor der intensiven Nutzung von Social Media eher konsumorientiert ausgelegt war, ist heute das Bedürfnis nach Teilhabe sehr stark ausgeprägt. Auch die Tatsache, dass die Vernetzung im Privatbereich in das Unternehmen hineinreicht, trägt dazu bei, dass Mitarbeiter nicht nur eindimensional mit Informationen versorgt werden möchten.

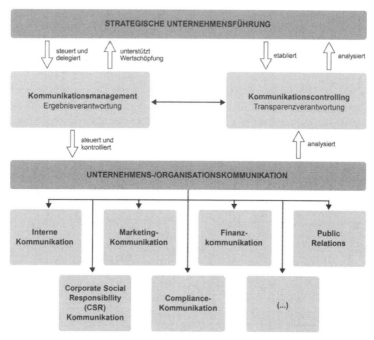

Abbildung 1: Unternehmenskommunikation im Gesamtkontext
Quelle: Eigene Darstellung in Anlehnung an Zerfaß und Dühring 2016, S. 52

Diese Aspekte sind im Folgenden weiter zu untersuchen. Hinsichtlich der konkreten organisatorischen Ausdifferenzierung rücken die Interne Kommunikation sowie die Compliance-Kommunikation in den Fokus der Betrachtung.

2 Compliance-Kommunikation als interne Kommunikation

2.1 Unternehmenskommunikation in der Informationsgesellschaft

Die Kohärenz kommunikativer Maßnahmen sowie der Aufbau geeigneter Institutionen sind immer dann besonders wichtig, wenn das Verhalten von Unternehmen sowie deren Stellvertreter und Mitarbeiter für die Öffentlichkeit transparenter wird. Die Differenz zwischen Binnenstruktur und Außendarstellung wäre bestenfalls zu minimieren, um erklärungsbedürftige Diskrepanzen vorab zu vermeiden. Die Autoren möchten das nochmals mit einem aussagekräftigen Zitat unterstreichen: „Die Bedingungen der global vernetzten, technologisierten Kommunikationsgesellschaft haben sich (...) dramatisch verändert. Kommunikation ist in jeder Form schneller, komplexer und unüberschaubarer geworden. Reaktionszeiten sind auf ein Minimum verkürzt, Erwartungen von Stakeholdern – seien es Kunden, Mitarbeiter oder Investoren – verändern sich permanent. Markenprofile oder auch die mühsam aufgebaute Unternehmensreputation insgesamt können rasch und massiv beschädigt werden. Auch die Wege der Einflussnahme haben sich verändert. Ein kritischer Blogeintrag oder Twitter-Tweet kann mehr anrichten, als eine negative Schlagzeile im ‚Spiegel'. Für Unternehmen ist es schwieriger geworden, dauerhaft Gehör und Vertrauen zu finden" (Griepentrog 2014, S. 9). Die disruptiven Prozessmuster der digitalwirtschaftlichen Transformation führen zu neuen kommunikativen Bedeutungsmustern, deren Rahmung mithilfe der folgenden zehn Empfehlungen angemessen zu begegnen ist (vgl. Barghop 2017, S. 9 ff.):

- Die obersten Führungskräfte müssen in der Treiber- und Führungsrolle bestärkt werden. Ansonsten entsteht ein Vakuum, dessen Konsequenz in einer inkonsequenten Verfolgung digitalwirtschaftlicher Ziele mündet.
- Die Unterstützung wichtiger Institutionen, wie die des Aufsichts- und Betriebsrats, sind notwendig und signalisieren eine Geschlossenheit der internen Linien.
- Die Beziehungen zum Kapitalmarkt erfordern eine intensive Beachtung, die in einer Unterstützung des Unternehmens münden sollte.
- Die digitalwirtschaftliche Transformation entspricht nicht mehr den traditionellen Change-Management Mustern, weswegen eine Neuorientierung zur Pflicht wird.
- Das bedeutet gleichermaßen eine Herausarbeitung und -stellung der neuen digitalen Führungs- und Prozessmuster.
- Die traditionellen Unternehmenswerte erfahren durch die Verbindung mit der Wertewelt von Start-ups und Generation Y eine Neufassung, um mit den Anforderungen der Entwicklungen auch über gelebte Mentalmodelle mithalten zu können.
- Das impliziert eine Auffrischung der Unternehmensmarke im Sinne einer digitalen Platzierung.
- Die Kommunikation von Digitalisierung darf nicht mit der Digitalisierung der Kommunikation verwechselt werden. Letzteres könnte zu einseitig den technischen Aspekt herausstellen.
- Die Unternehmenskommunikation sollte sich auf Innovationsformate einlassen und vertrautes Terrain verlassen.
- Der Unternehmenskommunikator nimmt eine zentrale Rolle bei der Unterstützung des Managements im Rahmen der digitalwirtschaftlichen Bemühungen ein.

Da die alten Prozessmuster aber noch existieren und selbst nach einem Platz in der neuen Digitalordnung suchen, ist ein Oszillieren zwischen den Referenzpunkten digitaler und analoger Welt sowohl crossmedial geprägt als auch komplementär verzahnt. Man könnte auch von einer Dualität von Referentialität und Algorithmizität sprechen, d. h. den erprobten, konventionellen Methoden und Ansätzen stehen neue automatisierte, digital gestützte Entscheidungs- und Gestaltungsverfahren gegenüber (vgl. Kirf 2018, S. 37).

2.2 Die interne Unternehmenskommunikation

Die interne Kommunikation, deren Hauptaufgabe in der Kommunikation mit den unternehmensinternen Stakeholdern liegt, muss die Komplexität der verschärften Rahmenbedingungen im Rahmen einer schwierigen, aber beherrschbaren Daueraufgabe meistern. Auch hier macht es Sinn, sich über bestimmte Eckpfeiler bewusst zu werden (vgl. Griepentrog 2014, S. 12):

- Die interne Kommunikation bewährt und entwickelt sich am besten als integraler Bestandteil des Kommunikationsmanagements. Ein ausbalanciertes Verhältnis zur externen Kommunikation ist von Vorteil.
- Die kohärente Gestaltung der Spielregeln aller Akteure und der Unternehmensbereiche entfaltet ihre Stärke durch ein abgestimmtes Zusammenwirken.
- Der zuvor genannte Punkt erfordert eine ebenso passgenaue und angemessene Infrastruktur im Sinne der finanziellen und personellen Ressourcen.
- Das Kommunikationsmanagement darf nicht nur im externen Bereich über den passgenauen Stil und die Darstellungsformen nachdenken, sondern ist durch die veränderten Anforderungen der Stakeholder auch ein internes Thema.
- Das Top-Management trägt die letztendliche Verantwortung für alle Unternehmensbereiche, so auch für die Kommunikation. Daher ist das Commitment der Führungsebene sowohl eine Bring- als auch eine Holschuld.

Die Zusammenführung der internen Kommunikation mit der Compliance-Kommunikation erfordert noch die Betrachtung eines weiteren Aspekts unternehmerischer Tätigkeit. Im Rahmen eines Kontrollmechanismus befasst sich die Compliance vor allem mit der Regelkonformität von internen und externen Richtlinien und Regelwerken (vgl. Lengauer und Ruckstuhl 2017, S. 1).

2.3 Corporate Governance und Compliance

Die Organisation von Regeltreue befindet sich im größeren Zusammenhang der Corporate Governance. Die vom Bundesministerium für Justiz im September 2001 eingesetzte Regierungskommission verabschiedete am 26. Februar 2002 den Deutschen Corporate Governance Kodex (DCGK) als neues und unternehmensexternes Instrument zur Verbesserung von Unternehmensführung und -kontrolle (vgl. Freidank 2012, S. 35). Der Kodex unterlag bereits mehreren Überarbeitungen und liegt zurzeit in der aktuellen Fassung vom 7. Februar 2017 vor. In diesem Sinn stellt der DCGK „wesentliche gesetzliche Vorschriften zur Leitung und Überwachung deutscher börsennotierter Gesellschaften (Unternehmensführung) dar und enthält international und national anerkannte Standards guter und verantwortungsvoller Unternehmensführung. Der Kodex hat zum Ziel, das deutsche Corporate Governance System transparent und nachvollziehbar zu machen. Er will das Vertrauen der internationalen und nationalen Anleger, der Kunden, der Mitarbeiter und der Öffentlichkeit in die Leitung und Überwachung deutscher börsennotierter Gesellschaften fördern" (Regierungskommission 2017, S. 1). Der Verweis auf die Compliance-Pflichten findet sich im Abschnitt zum Zusammenwirken von Vorstand und Aufsichtsrat (3.4), hinsichtlich der Aufgaben des Vorstands (4.1.3) und des Aufsichtsrats (5.2). In den Abschnitten geht es um einen angemessenen Informationsaustausch, die Einrichtung und Aufrechterhaltung von Compliance-Management-Systemen (CMS) sowie die Beratung, die regelmäßige Berichterstattung und die Kontrolle von Aktivitäten auf diesem Gebiet (vgl. Regierungskommission 2017, S. 4 ff.).

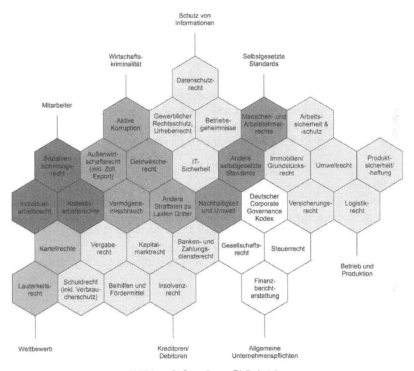

Abbildung 2: Compliance-Risikokatalog
Quelle: Eigene Darstellung in Anlehnung an DICO 2016

Das CMS stellt ein Grundgerüst dar, nach welchem Verhaltensmuster sich Mitarbeitende richten sollen. Damit spiegelt die Compliance das ursprüngliche Credo bzw. die ursprüngliche Kernbotschaft des Unternehmens wider. Gestützt von verankerten Strukturen und internen Prozessen kann so das Verständnis innerhalb des Unternehmens zu einer Unternehmenskultur wachsen. Anreize und Sanktionen stellen hierbei die Treiber für eine konsequente Umsetzung dar. Um eine in sich resiliente Unternehmenskultur zu etablieren und festigen zu können, sind regelmäßige Überprüfungen und Trainings notwendig, um nicht alltägliche Sondersituationen zur Regel werden zu lassen und ggf. Richtlinien an geänderte Umstände anzupassen (vgl. Lengauer und Ruckstuhl 2017, S. 326 f.). Das menschliche Fehlverhalten führt häufig zu Verstößen und so auch zum Bruch von Compliance-Richtlinien. In der Verantwortung stehen zunächst die Mitarbeitende selbst. Durch ein vorbildhaftes Vorleben der Führungsebene soll das Verständnis und das Bewusstsein gefördert werden, um so das intuitive, richtige Verhalten innerhalb des Compliance-Rahmens und damit auch innerhalb des Unternehmens überzeugt weitertragen zu können (vgl. Lengauer und Ruckstuhl 2017, S. 326).

Die Formulierung „Einhaltung von internen Richtlinien und externen Gesetzen" erscheint auf den ersten Blick recht uferlos, da dadurch nicht feststeht, welche normativen Aspekte damit angesprochen sind. Das Deutsche Institut für Compliance e.V. (DICO e.V.) hat sich darangemacht und 33 generische (d. h. allgemeine) Compliance-Felder (Abb. 2) identifiziert (vgl. DICO 2016).

Diese Strukturierung ist Bestandteil mehrerer Standards zum Compliance-Management im Sinne eines Compliance-Risikomanagements, wobei hier der Prüfungsstandard (PS) 980 des Instituts der Wirtschaftsprüfer für Grundsätze ordnungsmäßiger Prüfung von Compliance-Management-Systemen verwendet wird.

Das sieben-Punkte-Programm umfasst die folgenden Schritte (vgl. Laue und Kunz 2016, S. 5):

- die Compliance-Kultur,
- die Compliance-Ziele,
- die Compliance-Risiken,
- das Compliance-Programm,
- die Compliance-Organisation i.e.S.,
- die Compliance-Kommunikation und
- die Compliance-Überwachung und Verbesserung.

Die Compliance-Kommunikation muss organisatorisch im Unternehmen eingebettet werden sowie verschiedene Ausrichtungen berücksichtigen.

2.4 Die Compliance-Kommunikation

Die klare Trennung zwischen den unterschiedlichen Gegenstandsbereichen und Zielzonen der Compliance Kommunikation führt zu einer Differenzierung (Abb. 3) in eine Kommunikation (1) „von Compliance", (2) „über Compliance", (3) „für Compliance" und (4) „mit Compliance" (vgl. analog Wagner 2018, S. 245).

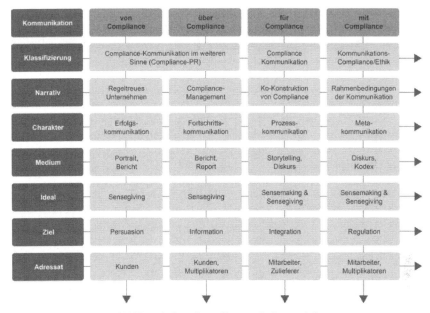

Abbildung 3: Compliance-Kommunikationsmodell
Quelle: Eigene Darstellung in Anlehnung an Wagner 2018, S. 245.

(1) Im Fall der Kommunikation „von Compliance" geht es um den Verkauf eines positiven Unternehmensbilds mit dem zentralen Narrativ einer regeltreuen Organisation. Unternehmen sind in der Informationsgesellschaft mehr denn je davon abhängig, Erfolge auf dem Compliance-Gebiet melden zu können, die in Form von Portraits oder Berichten vorliegen können. Die Sinngebung (Sensegiving) zusammen mit dem Ziel der Überzeugung von Stakeholdern adressiert primär die Kunden des Unternehmens.

(2) Die zweite Ausrichtung fokussiert das Compliance-Management mit den strategischen und operativen Maßnahmen des Unternehmens. Die Verantwortlichen kommunizieren den Fortschritt des Compliance-Managements über Berichte. Die Sinngebung basiert auf der Vermittlung von Informationen und stellt die Kunden und weitere Multiplikatoren in den Fokus. Hier entsteht ein Bezug zur Social Media Community.

(3) Die Nutzbarmachung von Kommunikation und die damit verbundenen Maßnahmen ist das konstituierende Merkmal der Kommunikation „für Compliance". Die Integration des CMS in die Gesamtorganisation rückt in den Mittelpunkt der Betrachtung. Die Kommunikation gestaltet sich prozessual und erfolgt dementsprechend in Form eines Storytelling oder Diskursen. Sinnstiftung und Sinngebung arbeiten am Ziel der Integration und berücksichtigen gleichermaßen Mitarbeiter und Zulieferer.

(4) Im letzten Abschnitt geht es ausgehend von der Compliance um ethische Fragestellungen in der Unternehmenskommunikation. Der Begriff „Compliance" tritt häufig in Zusammenhang mit ethischem Verhalten in Erscheinung. So soll das Wort im Folgenden genau definiert werden. Die Ethik versteht sich als die Lehre, die eine Unterscheidung zwischen einem übereinstimmenden und einem nicht-konformen Verhalten vornimmt. Die Basis stellt hierbei der gesellschaftliche und institutionale Einfluss. Ein mehrheitliches Verhalten einer Gesellschaft lässt so eine Skalierung konformer Manier ersichtlich werden. Dies fließt in die Beschreibung der Moral ein, dessen Ausgangslage eine normative Regelung beinhaltet und ebenfalls Teil der Ethik ist (vgl. Lin-Hi und Suchanek 2015). Ethische Grundelemente sind beispielsweise Ehrlichkeit, Fairness, Vertrauen, Transparenz, Anstand und Respekt (vgl. Lengauer und Ruckstuhl 2017, S. 1 f.). Der Umgang mit ethischen Ansichten ist nicht immer klar ersichtlich und stellt den Arbeitgeber sowie den Arbeitnehmer vor eine große Herausforderung. Schließlich haben Wertvorstellungen und gesellschaftliche Ansichten starken Einfluss auf die Reputation des Unternehmens. Handelt dieses gegen den moralisch vertretbaren Wertekodex einer Gesellschaft, schädigt es je nach Ausmaß sein unternehmerisches Handeln nachhaltig (vgl. Buff 2000, S. 194 f.). Die Rahmenbedingungen der Kommunikation werden über eine Metakommunikation mithilfe von Diskursen oder Kodizes gesetzt. Das damit verfolgte Ziel besteht somit in der Verhaltensregulation der Mitarbeiter und Multiplikatoren.

Menschliches Fehlverhalten ist jederzeit ein wahrzunehmendes Risiko, welches durch einen reflektierten und bewussten Umgang mit den Basiselementen der Ethik einhergeht. Auch der aktuelle Deutsche Corporate Governance Kodex soll Manager an einen ethisch vertretbaren Umgang erinnern und setzt diesen mit den Tugenden des „ehrbaren Kaufmanns" gleich, welche vor allem Vertrauen, Ehrlichkeit und Zuverlässigkeit widerspiegeln (vgl. Fockenbrock 2017). Wo (..) Organisationen mehrere Machtzentren etablieren, wo Entscheidungen in Netzwerken an unterschiedlichen Stellen zu treffen sind, immer da braucht es Koordinations- und Steuerungsmechanismen (und damit Governance), um bestimmte Zielsetzungen (etwas das der guten Unternehmensführung) erreichen können" (Rademacher und Möhrle 2014, S. 1256).

Eine dauerhafte und nachhaltige Kommunikation an und zwischen den beteiligten Abteilungen und Personen benötigt einen kontinuierlichen und kohärenten Prozess, um die Notwendigkeit von Compliance zu verdeutlichen. Dabei stellen Rückkopplungs- und Optimierungsprozesse sicher, dass Compliance-konformes Verhalten auf allen Unternehmensebenen möglich wird (vgl. Kohler 2016, S. 108). Die konkrete Ausgestaltung ist nicht Gegenstand von Standards, weswegen diese Aufgabe bei der Unternehmensleitung verbleibt, die die konkrete Umsetzung wiederum über nachgelagerte Stellen organisieren kann.

Sowohl die externe Kommunikation in Form des Bereichs Corporate Communications, die interne Kommunikation, die Kommunikation von Wandelprozessen (Change Communication) als auch die Vermittlung von Werten sowie der Unternehmensidentität stehen in Bezug zur Compliance-Kommunikation.

Sofern ein Unternehmen einen Verhaltenskodex entwickelt hat, besteht die Aufgabe der Unternehmenskommunikation darin, diesen extern gegenüber den Stakeholdern inhaltlich zu vermitteln. Analog dazu leitet die interne Kommunikation gleiche Maßnahmen ein. Unterstützend begleitet die Change Communication den Informationsprozess und verstärkt das Verständnis, um die Notwendigkeit der Vorgaben verständlich zu machen. Die Zielsetzung besteht in der Akzeptanz der Vorgabe, woran letztendlich auch das Wertemanagement beteiligt ist. Dadurch entstehen unterschiedliche Schwerpunkte der Bereiche, um eine erfolgreiche Compliance-Kommunikation zu gewährleisten.

Die Informationsgesellschaft bedingt den Sachverhalt, dass Kommunikation zu einem omnipräsenten Bestandteil des Privat- Arbeitslebens geworden ist. Mitarbeiter und Führungskräfte kommunizieren mit und über soziale Medien und Unternehmen sind Teil der neuen Art von Berichterstattung. Die Kompetenzzuordnung, wer sich äußern darf, ist aufgeweicht. Nichtsdestotrotz ist der Umgang damit und die Reaktion darauf Gegenstand regulierungsnotwendiger Bereiche (vgl. Frank 2018, S. 22 f.).

3 Die Herausforderung Social Media

3.1 Social Media als digitale Kommunikationsform

So hat auch die Kommunikation andere Formen angenommen. Im Zeitalter von Generation Y ist die Benutzung von Social-Media-Kanälen keine Seltenheit und tangiert daher das Arbeitsverhältnis nachhaltig. Eine Studie des Bundesverbandes der digitalen Wirtschaft bestätigt zudem, dass rund 38 % der befragten 100 Unternehmen Social-Media-Maßnahmen einsetzen (vgl. Siwek 2014, S. 6). In diesem Hinblick ist zu erwähnen, dass die Budgetierung und Ressourcenplanung in Bezug auf Social-Media-Aktivitäten bei insbesondere kleinen und mittelständischen Unternehmen einen deutlichen Anstieg verzeichnet. 2017 kam in einer Evaluierung des Dienstleisters Clutch heraus, dass 58% der befragten Unternehmen eine Steigerung der Social-Media-Ausgaben anstreben (vgl. Ullrich 2017, S. 6). Daraus lässt sich ableiten, dass die sozialen Netzwerke für Unternehmen einen wichtigen Kommunikationskanal darstellen, der in unterschiedlichen Aspekten genutzt werden kann. Die Anwendung kommt vor allem in den Bereichen Marketing, Vertrieb, HR, Entwicklungs- und Wissensmanagement vor, sodass Social Media beispielsweise für neue Distributionswege sorgt und dem Unternehmen so einen neuen Absatzweg eröffnet (vgl. Thüsing 2015, S. 2 f.).

Ein weiterer Anwendungsbereich stellt hierbei die Rekrutierung von neuen Mitarbeitern dar. Über die sozialen Netzwerke kann beispielsweise mithilfe von Filterfunktionen zielgenau nach potenziellen Kandidaten gesucht werden. Zusätzlich lässt sich schnell ein direkter Kontakt zum Kandidaten aufbauen (vgl. Bernecker und Beilharz 2012, S. 193).

Aber auch auf Arbeitnehmerseite ermöglicht die berufliche Nutzung von sozialen Netzwerken neue Möglichkeiten. Hierbei ist es gängig geworden, berufliche Kontakte nach ihrem Social Media Account zu fragen und sich über die berufliche Verbindung hinaus zu vernetzen. So stehen vor allem berufsorientierte Netzwerke wie Xing oder LinkedIn im Fokus, die das Arbeitsverhältnis von Arbeitnehmer und Arbeitgeber neu interpretieren (vgl. Thüsing 2015, S. 2 f.). Hierbei verschwimmen immer häufiger die klaren Abgrenzungen zwischen einer ausschließlich persönlichen Nutzung von Social-Media-Kanälen und der Tangierung bzw. Integration des Unternehmens in dessen Kommunikationsmaßnahme. Um einen Interessenskonflikt aus der Abwägung von Unternehmensinteressen und dem persönlichen Recht auf Selbstverwirklichung im Vorfeld zu definieren, hat das Aufsetzen von Social-Media-Richtlinien eine große Bedeutung (vgl. Thüsing 2015, S. 3).

Daraus ergibt sich vorerst schon ein grundsätzlicher Konflikt, der sich zwischen dem Schutz personenbezogener Daten[2] (Art. 8, GRC) und dem Recht auf freie Meinungsäußerung und Informationsfreiheit (Art. 11 Abs. 1 S. 2. GRC) erstreckt.

3.2 Social-Media-Richtlinien als Leitfaden und die Verbindung zum Code of Conduct

Unternehmen sind deshalb angehalten, Richtlinien aufzusetzen, die an die Bedürfnisse der Mitarbeiter angepasst sind. Eine durchgängige Verbreitung ist bislang noch nicht ersichtlich, da keine gesetzliche Regulierung eine Verpflichtung anspricht (vgl. Buggisch 2011). Eine Einführung einer solchen Richtlinie bringt viele positive Resultate mit sich. Die richtige Kombination aus einer eingängigen Kommunikationspolitik und dem Aufsetzen der Regularien ist für die Mitarbeitenden wegweisend. In dieser beschreibt das Unternehmen, wie es selbst und deren Mitarbeiter über die Social-Media-Kanäle interagieren möchte (vgl. Holmes 2012).

Ebenso schützt sich das Unternehmen vor aufkommenden Konfliktsituationen, die durch die Regelung der Verhaltensrichtlinie entkräftet werden können oder mindestens eine unterstützende Orientierungshilfe bietet. Schließlich bildet sie auch für alle Angestellte eine Grundlage und das Gerüst eines friedlichen und ethischen Miteinanders in den sozialen Netzwerken und regelt ebenso das Verhältnis zu Dritten, die über die Social-Media-Kanäle mit dem Unternehmen in Verbindung treten (vgl. Lelly und Fuchs 2010, S. 147 f.).

Die Grundlage für die Etablierung normativer Regeln besteht in den unternehmensinternen Grundsätzen, welche im Code of Conduct bzw. Code of Ethics festgesetzt sind. Diese dienen als Anhaltspunkt für die Erweiterung und Festigung von Verhaltensregeln innerhalb des Unternehmens und legen somit einen Grundstein für dessen Unternehmenskultur. Die Integrität der Sammlung sämtlicher Verhaltensregeln

---

[2] Die Charta der Grundrechte der Europäischen Union kodifiziert Grund- und Menschenrechte im Rahmen der Europäischen Union. Die europäische Datenschutzgrudverordnung erhält auf diese Weise die wichtigen Grundlagen. Ein analoger Zusammenhang besteht zwischen dem deutschen Grundgesetz und dem Bundesdatenschutzgesetz in seiner bisherigen Fassung.

wird durch eine glaubwürdige Untermalung durch die Geschäftsführung noch viel repräsentativer. Durch dessen Bekenntnis („tone from the top") ist eine Akzeptanz und eine Anwendung durch die Mitarbeiter wahrscheinlicher (vgl. Beglinger und Michel 2014, S. 6).

Häufig sind die unternehmensinternen Dokumente an internationale Standards angelehnt, sodass im Vergleich der unterschiedlichen Code of Conducts, gleiche bzw. ähnliche Punkte Anwendung finden. Beispielsweise kann hier der Global Compact genannt werden, mit dessen Prinzipienanerkennung sich jedes Unternehmen verpflichtet, zehn universelle Grundsätze wie beispielsweise Menschenrechte und Arbeitsnormen, Folge zu leisten (vgl. Lengauer und Ruckstuhl 2017, S. 343).

Social Media Guidelines stellen somit das Äquivalent zum allgemeingültigen Code of Conduct eines Unternehmens dar. Das Unternehmen definiert darin, wie es mit der Welt über Social Media interagieren will und wie es seine Mitarbeiter dazu befähigen wird (vgl. Holmes 2012).

3.3 Social Media Guidelines etablieren

Socia Media Guidelines richten sich nach den Ansprüchen und der Notwendigkeit des zugehörigen Unternehmens. Vorerst orientiert sich der Arbeitgeber an Maßnahmen und Regeln, die ein rechtstreues Verhalten am Arbeitsplatz unterstützen. So sollen die Risikofelder, die vor allem mit dem Verstoß von gesetzlichen Regelungen in Verbindung stehen, durch die Social-Media-Grundsätze ausgeschlossen werden.

Beispielsweise kann hier der Urheberrechtschutz genannt werden. Beim Herunterladen von Fotos, Videos oder Musikdateien von Social-Media-Plattformen durch einen Mitarbeiter kann ein Verstoß erfolgen, der möglicherweise auf die IP-Adresse des Unternehmens zurückzuführen ist. Daher sollten in den Richtlinien mögliche Zuwiderhandlungen bei gesetzlichen Vorschriften Beachtung finden (vgl. Lelley und Fuchs 2010, S. 149). Ebenfalls kann es auch Verstöße von Seiten einer Persönlichkeitsverletzung (z. B. § 823 Abs. 1 BGB i. V. m. Art. 1, 2 Abs. 1 GG) geben. Hierbei beziehen sich Beispiele auf Beleidigungen oder diskriminierende Inhalte (vgl. Lelley und Fuchs 2010, S. 149). Geht es beispielsweise um die Nennung von Kundendaten, so kommt die Datenschutzgrundverordnung (z. B. 5 Art. DSGVO, wo die Grundsätze für die Erhebung personenbezogener Daten geregelt sind) zu tragen. Die Rechtmäßigkeit der Datenerhebung ist in Art. 6 DSGVO kodifiziert.

Nutzen Mitarbeiter Social-Media-Kanäle über ein Unternehmensnetzwerk, führt das zu rechtlichen Risiken für die Organisation. Die Gefahr besteht darin, dass Mitarbeitende sich rechtswidrig im Netz verhalten, sodass beispielsweise Schadensersatzklagen gegen das Unternehmen gestellt werden (vgl. Lelley und Fuchs 2010, S. 149). Ein Zugriff auf Social-Media-Kanäle aus dem Unternehmensnetzwerk gefährdet so die Sicherheit auf Seiten der Informations- und Netzwerksicherheit einer Firma (vgl. Ernst 2011, S. 956 f.). Auch ohne einen eindeutigen Gesetzesbruch kann die Nutzung von Social Media einen negativen Einfluss auf die Arbeitsleistung der Mitarbeitenden haben. In einer Studie des Softwareunternehmens Sterling Commerce ist festgehalten, dass durchschnittlich jeder Mitarbeitende täglich bis zu 190 Minuten damit verbringt, im Internet für persönliche Zwecke zu surfen (vgl. Leffey und Fuchs 2011, S. 148).

Bewahrheiten sich diese Untersuchungen, wäre dies ein Verlust des allgemeinen Erfolgskurses des Unternehmens. Schließlich will kein Arbeitgeber seine Mitarbeiter für privates Surfen entlohnen und zusätzlich das Risiko eingehen, dass Mitarbeiter arbeitsrechtliche Verstöße begehen (vgl. Leffey und Fuchs 2011, S. 148). Es ist demnach zu empfehlen, Einschränkung zur privaten Nutzung von Social Media während der Arbeitszeit festzulegen.

3.4 Compliance Richtlinien aufsetzen

Eine effektive Richtlinie entsteht häufig aus der Zusammenarbeit der Beteiligten, für deren Nutzung die Social Media Guideline eingeführt wird. Die Mitarbeiter bieten beispielsweise eigens erlebte Situationen an, das Marketing definiert die operative Verbreitung innerhalb des Unternehmens; die IT schafft an der Umsetzung und ggf. Implementierung eines interaktiven Kommunikationskanals und die Rechts- oder Compliance-Abteilung stellt sicher, dass die Richtlinie die notwendigen regulatorischen Kriterien erfüllt (vgl. Holmes 2012).

Laut dem Bundesverband Informationswirtschaft, Telekommunikation und neue Medien e.V. (BITKOM) soll die Richtlinie definieren, welche Ziele das Unternehmen mit der Nutzung von Social Media verfolgt, welche Inhalte über welche Kanäle veröffentlicht werden können und welche Zielgruppe über Social Media angesprochen werden soll. Weiterhin liegt es im Interesse des Unternehmens, Verantwortlichkeiten klar festzulegen und Ansprechpartner zu kommunizieren (vgl. Faßnacht 2010, S. 3).

Einige wichtige und relevante Grundsätze für Social Media Richtlinien sind nachfolgend aufgeführt (vgl. Faßnacht 2010, S. 4 f.):

- Vertrauliche Betriebsdaten und Informationen unterliegen dem Betriebsgeheimnis und sind kein Bestandteil auf Social Media.
- Keine entwertenden Kommentare über das Unternehmen, Vorgesetzte oder Kunden.
- Öffentliche Äußerungen werden über die Pressestelle des Unternehmens kommuniziert.
- Auf die Einhaltung von rechtlichen Vorgaben (v. a. Wettbewerbs-, Marken- und Urheberrecht) ist hinzuweisen.
- Beiträge und Postings sollen überlegt verfasst werden und Respekt widerspiegeln.
- Eine Passwortregelung in Bezug auf Social Media Accounts ist festzulegen. (vgl. Social Media Guidelines, 2017)
- Social-Media-Inhalte sind eigenverantwortliche Verfassungen und verbleiben lange im Internet.
- Private Meinungen sollen kenntlich gemacht werden, um eine klare Kommunikation zu ermöglichen.

- Postings im Namen des Unternehmens, sollten einer gewissen Kontinuität und Qualität unterliegen.
- Die Einbindung des Betriebsrates ist für die Erstellung einer Social-Media-Richtlinie obligatorisch.

4 Umsetzung und Kommunikation der Compliance-Maßnahme

In unterschiedlichen Ausprägungen lässt sich eine Social Media Guideline in der Unternehmensstruktur etablieren. Hierbei kann sie als Anhang zum bestehenden Arbeitsvertrag ausgehändigt werden. Dies ist jedoch mit einem großen Verwaltungsaufwand verbunden, welches von Seiten des Unternehmens garantiert werden muss. Eine weitere Variante besteht in der Verbreitung über eine Betriebsvereinbarung (§§ 77 BetrVG) (vgl. Lelley und Fuchs 2010, S. 149 f.) Um den jeweiligen Geltungsbereich hierfür zu definieren sind Kriterien festzulegen, die bei der jeweiligen Regelung der Betriebsparteien erfüllt sein müssen, um die Betriebsvereinbarung anwenden zu können. Die Eingrenzungen erstrecken sich über persönliche, räumliche, sachliche und zeitliche Kriterien. Beispielsweise kann über ein zeitliches Kriterium festgelegt werden, dass ab einer gewissen Uhrzeit keine dienstlichen E-Mails auf das Diensttelefon geschickt bzw. empfangen werden können, um einen arbeitsrechtlichen Verstoß zu vermeiden (vgl. Thüsing 2015, S. 18 f.). Die praktische Umsetzung könnte sich aber als kompliziert herausstellen.

Ein intuitives Verhalten der Mitarbeitenden und ein Befolgen der aufgesetzten Social Media Guidelines kann nur durch eine eingängige Kommunikation erfolgen. Hierbei ist zu empfehlen, die Richtlinie in einem Bereich im Intranet zu platzieren und über regelmäßige Trainings in Form von Webinars oder Schulungen zu verbreiten (vgl. Holmes 2012).

5 Fazit

Sowohl die Unternehmensleitung als auch die Manager und weiteren Mitarbeiter müssen verstehen, dass Kommunikation in der Informationsgesellschaft zum Pflichtprogramm der Geschäftstätigkeit gehört. Insbesondere die neuen Medien erfordern eine erhöhte Sensibilität in der Anwendung. Jeder kann sich beteiligen, alle können mitlesen und jeder darf sich äußern. Die Reaktionszeit ist unmittelbar mit erheblichen Auswirkungen für die Organisation. Es ist nicht möglich, nicht zu kommunizieren...und auch nicht angeraten.

Quellenverzeichnis

Barghop, D., Deekeling, E., Schweer, D. (2017): Herausforderung Disruption: Konsequenzen und Erfolgsfaktoren für die Kommunikation, in: Barghop, D. (Hrsg.): Kommunikation in der digitalen Transformation, Springer Fachmedien, Wiesbaden, 5-19.

Beglinger, J., Michel, A. (2014): Grundzüge eines wirksamen Compliance-Managements, dossierpolitik economisuisse, SwissHoldings/economiesuisse, Zürich.

Bernecker, M., Beilharz, F. (2013): Social Media Marketing, Strategien, Tipps und Tricks für die Praxis, 3. Aufl., Johanna Verlag, Köln.

Bund, K., Heuser, U.J., Kunze, A. (2013): Wollen die auch arbeiten?, https://www.zeit.de/2013/11/Generation-Y-Arbeitswelt, Zugriff am: 05.04.2018.

Bruhn, M. (2015): Gegenstandsbereich und Theorien der Kommunikationspolitik, in: Kommunikationspolitik: Systematischer Einsatz der Kommunikation für Unternehmen, 8. Aufl., Verlag Franz Vahlen GmbH, München, 16-79.

Buff, H.G. (2000): Compliance - Führungskontrolle durch den Verwaltungsrat, Diss. Zürich, Zürich.

Buggisch, C. (2011): Deutsche Social Media Guidelines, https://buggisch.wordpress.com/2011/10/12/deutsche-social-media-guidelines/, Zugriff am: 01.05.2018.

Conner, C. (2012): Employees really do waste time at work, https://www.forbes.com/sites/cherylsnappconner/2012/07/17/employees-really-do-waste-time-at-work/#27a7365d5e6d , Zugriff am: 29.04.2018.

DICO e.V. (2016): Risikokatalog, URL: http://www.dico-ev.de/category/aktuelles/risikokatalog/, Zugriff am: 02.03.2018.

Drechsler, D. (2018): Digitale Sorglosigkeit – Risiken im Zeitalter der digitalen Transformation, in: Breyer-Mayländer, T. (Hrsg.), Das Streben nach Autonomie, Nomos, Baden-Baden, 31-65.

Einwiller, S., Klöfer, F., Nies, U. (2008): Mitarbeiterkommunikation, in: Meckel, M., Schmid, B.F. (Hrsg.): Unternehmenskommunikation, Gabler, Wiesbaden, 221-260.

Ernst, S. (2011) Social Networks und Arbeitnehmer-Datenschutz, in: Neue Juristische Online Zeitung, Heft 23, 953-958.

Faßnacht, C. (2010): Social Media Guidelines – Tipps für Unternehmen, BITKOM, https://www.bitkom.org/Bitkom/Publikationen/Social-Media-Guidelines-Tipps-fuer-Unternehmen.html , Zugriff am: 30.04.2018.

Frank, S. (2018): International Business To Go, Springer Fachmedien, Wiesbaden.

Freidank, C.-C. (2012): Unternehmensüberwachung, Die Grundlagen betriebswirtschaftlicher Kontrolle, Prüfung und Aufsicht, Vahlen, München.

Fockenbrock, D. (2017): Ehrbarer Kaufmann soll Leitbild für Manager sein, Corporate Governance, in: Handelsblatt, http://www.handelsblatt.com/unternehmen/management/corporate-governance-ehrbarer-kaufmann-soll-leitbild-fuer-manager-sein/19390132.html?ticket=ST-281481-IGyrmmwyB5ZL3WbEOPMI-ap2, Zugriff am: 01.0.2018.

Griepentrog, W. (2014): Weichenstellung für eine starke interne Kommunikation, in: Controlling & Management Review, Sonderheft 2, 8-13.

Grundei, J., Werder, A.v. (2016): Organisationale Verankerung der Kommunikation in Unternehmen, in: Bruhn, M. et al. (Hrsg.): Handbuch Strategische Kommunikation, Springer Fachmedien, Wiesbaden, 449-468.

Holmes, R. (2012): Social Media Compliance Isn't Fun, But It's Necessary, in: Harvard Business Review, https://hbr.org/2012/08/social-media-compliance-isnt, Zugriff am: 28.04.2018.

Kirf, B. (2018): Unternehmenskommunikation in Zeiten digitaler Transformation, in: Kirf, B. et al. (Hrsg.): Unternehmenskommunikation im Zeitalter der digitalen Transformation, Springer, wiesbaden, 1-54.

Köllmann, W. (1969): Geistige Grundlagen der Industrialisierung, in: Phyikalische Blätter 25 (2), DOI: 10.1002/phbl.19690250207, 78-79.

Kohler, J. (2016): Compliance-Kommunikation, in: KPMG AG Wirtschaftsprüfungsgesellschaft (Hrsg.): Das wirksame Compliance-Management-System, Ausgestaltung und Implementierung, 2. Aufl., nwb, Herne, 106-137.

Laue, J.C., Kunz, J. (2016): Ökonomische und rechtliche Bedeutung eines CMS nach IDW PS 980, in: KPMG AG Wirtschaftsprüfungsgesellschaft (Hrsg.): Das wirksame Compliance-Management-System, Ausgestaltung und Implementierung, 2. Aufl., nwb, Herne, 1-12.

Lelley, J. T., Fuchs, O. (2010): My Space is not Your Space, Einige arbeitsrechtliche Überlegungen zu Social Media Guidelines, in: CCZ – Corporate Compliance Zeitschrift, Heft 4, 147-150.

Lengauer, D., Ruckstuhl, L. (2017): Compliance, Schulthess, Zürich.

Lin-Hi, N., Suchaneck, A. (2015): Definition Ethik, https://wirtschaftslexikon.gabler.de/definition/ethik-34332/version-257836, Zugriff am: 02.05.2018.

Makowicz, B. (2014): Grundsätze der Compliance, in: Makowicz B., Wolffgang H.-M. (Hrsg.): Rechtsmanagement im Unternehmen, Praxishandbuch Compliance, Bundesanzeiger Verlag, Köln, 1-10.

Rademacher, L., Möhrle, H. (2014): Compliance Kommunikation, in: Zerfaß, A., Piwinger, M. (Hrsg.): Handbuch Unternehmenskommunikation, Springer Fachmedien, Wiesbaden, 1253-1268.

Regierungskommission Deutscher Corporate Governance Kodex (2017): Deutscher Corporate Governance Kodex; http://dcgk.de//files/dcgk/usercontent/de/download/kodex/170424_Kodex.pdf; Zugriff am: 20.06.2018.

Schach, A., Christoph, C. (2015): Compliance in der Unternehmenskommunikation, essentials, Springer Fachmedien, Wiesbaden.

Schwab, K. (2016): Die Vierte Industrielle Revolution, Pantheon Verlag, München.

Schwab, K. (2018): Shaping the Foruth Industrial Revolution, World Economic Forum, Cologny/Geneva, Kindle Edition.

Schulz von Thun, F. (2010): Miteinander reden 1: Störungen und Klärungen: Allgemeine Psychologie der Kommunikation, 48. Auflage, Rowohlt Taschenbuch Verlag.

Siwek, C. (2014): BVDW-Studie: Social Media in Unternehmen, Bundesverband Digitale Wirtschaft (BVDW) e.V., https://www.bvdw.org/themen/publikationen/ detail/artikel/bvdw-studie-social-media-in-unternehmen/, Zugriff am: 12.03.2018, S. 1-60.

Thüsing, G. (2015): Arbeitnehmerkommunikation zwischen Persönlichkeitsentfaltung und Unternehmensinteressen, in: Thüsing, G., Wurth, G. (Hrsg.): Social Media im Betrieb, Arbeitsrecht und Compliance, Beck Verlag, München, 1-18.

Ullrich, S. (2017): Social Media Advertising: Ohne Ziele geht nichts, Social Media Kompass 2017/2018, Bundesverband Digitale Wirtschaft (BVDW) e.V., https://www.bvdw.org/themen/publikationen/detail/artikel/social-media-kompass-20172018/, Zugriff am: 12.03.2018, 6-8.

Wagner, R. (2018): Interne Kommunikation, Mehr als CSR-PR: Wenn CSR und Compliance Sinn machen, in: Kleinfeld, A., Martens, A. (Hrsg.): CSR und Compliance, Management-Reihe Corporate Social Responsibility, Springer, Wiesbaden, 239-260.

Zerfaß, A., Dühring, L. (2016): Strategische Kommunikation - Zentrale Fragestellungen aus Sicht der Unternehmenskommunikation, in: Bruhn, M. et al. (Hrsg.): Handbuch Strategische Kommunikation, Springer Fachmedien, Wiesbaden, 49-74.

Teil 3: Big Data und Data Analytics

Data Analytics und Industrie 4.0

Dirk Drechsler, Christine Matt und Laura Vetterlein

1 Das Konzept Industrie 4.0 – Digitale Reform oder Transformation?

Intelligente Maschinen, smarte Anlagen – die Digitalisierung hat die Industrie längst erreicht. Maschinen, Menschen und Gegenstände kommunizieren in Echtzeit miteinander und tauschen Daten aus. Ein großes Ziel von Industrie 4.0 besteht darin, den Alltag des Menschen zu vereinfachen und die Produktion effizienter zu gestalten. Schon jetzt werden intelligente Roboter und informationsgesteuerte Gegenstände eingesetzt, um Produktionsprozesse zu verschlanken und Energie einzusparen.

Daneben reichen die Möglichkeiten und die Auswirkungen von Industrie 4.0 weit über die Unternehmensgrenzen hinweg. Durch die Echtzeit-Vernetzung wird eine Kommunikation von Maschine-zu-Maschine möglich. In der Produktion ersetzen autonome Steuerungsmechanismen die zentral organisierte Steuerungsinstanz oder die Organisationen integrieren externe Dienstleistungen in den Wertschöpfungsprozess. Das wirtschaftliche Leben wird vermeintlich einfacher. In der Konsequenz verändern sich Geschäftsmodelle, Produktportfolios der Hersteller, das (Online-)Nutzerverhalten der Gesellschaft und langfristig die Marktverhältnisse (vgl. Michel 2013).

Wer sich in Zeiten des digitalen Wandels vor der Veränderung verschließt, ist dem Risiko ausgesetzt, langfristig den Anschluss an den Wettbewerb zu verlieren. „Laut einer aktuellen Studie der Beratungsgesellschaft McKinsey kann das Internet der Dinge bis zum Jahr 2025 einen Mehrwert von 11 Billionen Dollar schaffen" (Laukemann 2016). Fest steht, die gegenwärtige Technologieentwicklung führt nicht zwingend zu wirtschaftlichem Erfolg solange die Rahmenbedingungen und die Strategien nicht klar definiert sind. Insbesondere kleine und mittelständische Unternehmen sind unsicher, welchen Nutzen sie durch digitale Geschäftsmodelle ziehen können und scheuen ggfs. den großen Investitionsaufwand (vgl. Fleisch et al. 2015, S. 444).

Ein Blick in die tägliche mediale Berichterstattung zeigt eine uneinheitliche Verwendung von Begriffen in Bezug auf den großen Überbegriff Digitalisierung. Die einen reden von digitaler Reform, andere hingegen bevorzugen den Begriff der Transformation. Geht man davon aus, dass es sich in beiden Fällen um einen Wandel, d. h. einen Veränderungsprozess handelt und diesen in die Ausprägungen geplanter und ungeplanter Wandel unterteilt, muss nur noch der Bezug zu den oben genannten Schlagwörtern hergestellt werden.

Abbildung 1: Veränderungsmatrix
Quelle: Eigene Darstellung in Anlehnung an Drechsler 2018a, S. 43

Abbildung 1 konkretisiert die Zusammenhänge. Während eine Transformation die vollständige Umgestaltung des Verfügungs-, Planungs- und Koordinationssystems, d.h. aller Ordnungselemente eines bestehenden Systems umfasst, steht die Reform nur für eine Veränderung von Einzelteilen (vgl. Peter 1997, S. 256). Ein geplanter Wandel steht dementsprechend für eine planvolle und beabsichtigte Vorgehensweise, während der ungeplante Wandel dem Gegenteil entspricht (vgl. Bea und Göbel 1999, S. 415). Aus der 2x2-Matrix ergeben sich vier Optionen der zukünftigen Entwicklung. Sicherlich bedarf es weiterer Untersuchungen, welche der Möglichkeiten konkret zutrifft, aber aus der gegenwärtigen Perspektive spricht viel für einen geplanten transformativen Wandel für Unternehmen, die sich entweder frühzeitig darauf vorbereiten und ausreichend digitale Kapazitäten aufbauen. Zum anderen und insbesondere für kleinere oder mittelständische Unternehmen könnte sich die anhaltende Situation eines ungeplanten transformativen Wandels ergeben. Die Bundesregierung versucht über das Weißbuch Digitale Plattformen (vgl. BMWi 2017, S. 41) den eher zerstörerischen Tendenzen der angelsächsischen Disruption das Konzept der (gesteuerten oder planvollen) digitalen Transformation entgegenzuhalten. Auch die Bildung digitaler Hubs verteilt über ganz Deutschland kann in diesem Sinn interpretiert werden (vgl. Bitkom 2017b).

2 Die vierte industrielle Revolution und ihre Ausprägungen

„The Fourth Industrial Revolution is a way of describing a set of ongoing and impending transformations in the systems that surround us, and which most of us take for granted every day. While it may not feel momentous to those of us experiencing a series of small but significant adjustments to life on a daily basis, it is not a minor change – the Fourth Industrial Revolution is a new chapter in human development, on par with the first, second and third Industrial Revolutions, and once again driven by the increasing availability and interaction of a set of extraordinary technologies."

(Schwab 2018, Pos. 173-177). Klaus Schwab, der Gründer des World Economic Forums, gibt mit dieser Aussage zu verstehen, dass die vierte industrielle Revolution etwas völlig Neues darstellt. Insofern deckt sich diese Aussage mit der Argumentation aus dem vorangegangenen Kapitel. Das gesellschaftspolitische Konzept der vierten industriellen Revolution steht für eine wirtschaftshistorische Deutung der Vorgänge, während die Industrie 4.0 analog zum Taylorismus vergangener Tage die Realisation in der ökonomischen Sphäre beschreibt. Auch wenn Schwab den Begriff Revolution wählt, meint er doch sicher damit den der Transformation, da das neue Kapitel in der Entwicklung des Menschen eben nicht nur Einzelbereiche, sondern alle Bereiche betrifft. Die Autoren beenden aber an dieser Stelle die sprachliche Differenzierung und kehren zurück zu den praktischen Inhalten und Implikationen.

Im Vergleich zu den bisherigen verläuft die vierte industrielle Revolution mit exponentieller Geschwindigkeit. Die neuen Technologien bringen noch leistungsfähigere Technologien auf den Markt. Insbesondere die signifikante Weiterentwicklung der Informationstechnologie ist ein wesentlicher Erfolgsfaktor. Dabei konkurrieren unterschiedliche Ansätze, wie die Geschäftsmodelle und Unternehmen zukünftig aufgebaut sein sollten. Eine Silicon-Valley-Sicht zukünftiger Geschäftsmodelle wurde von einem Forscher der Singularity University, Salim Ismail (2014), entwickelt. Dieser bezeichnet sein Konzept als Exponentielle Organisation (engl. Exponential Organisation oder ExO) und illustriert den Aufbau mit einem Rückgriff auf das menschliche Hirn.

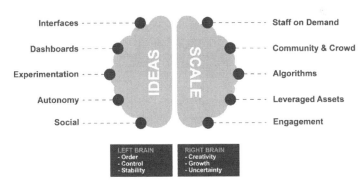

Abbildung 2: Die exponentielle Organisation
Quelle: Eigene Darstellung in Anlehnung an Ismail 2014, Pos. 678

Den Unternehmen wird implizit die Notwendigkeit einer massiven Transformationsabsicht (engl. Massive Transformation Purpose oder MTP) implizit bzw. als gegeben unterstellt. Die gewählte Metapher zeigt deutlich den damit beabsichtigten Entwicklungspfad auf. Letztendlich soll die Organisation im Sinn einer künstlichen Intelligenz agieren. Für Zwecke dieser Abhandlung ist der Teilaspekt Algorithmen (engl. Algorithm) auf der rechten Gehirnhälfte, die für Kreativität, Wachstum und (den Umgang mit) Unsicherheit steht, von besonderer Bedeutung. Der Forscher verdeutlicht konkret, welche Aspekte er darunter subsumiert: „Machine Learning is the ability to accurately perform new, unseen tasks, built on known properties learned from training or historic data, and based on prediction (...) Deep Learning is a new and exciting subset of Machine Learning based on neural net technology. It allows a machine to discover new patterns without being exposed to any historical or training data." (Ismail 2014, Pos. 902-904). Die Sammlung von großen Datenmengen dient den Methoden des maschinellen Lernens als Grundlage für die Entwicklung neuronaler Netze, die letztendlich eigenständig Probleme lösen können. Der Bezug zur künstlichen Intelligenz sowie zu smarten, sich selbst steuernden und regulierenden Organisationen ist offensichtlich. Das Modell beinhaltet noch weitere, durchaus kritisch zu hinterfragende Aspekte, die aber nicht weiter behandelt werden.

Während die Silicon-Valley-Sicht eher Dienstleistungs-orientiert ist, beschäftigt man sich in Deutschland mit der digitalen Ausgestaltung komplexer Produktionsstrukturen, was seit der Hannover Messe 2011 mit dem Label Industrie 4.0 versehen wurde. Im Gegensatz zum oben angeschnittenen Modell nehmen die deutschen Wissenschaftler eine andere, eher technische Perspektive ein. Die Autoren verstehen darunter eine konkretere Ausgestaltung, wie die unternehmerischen Ziele unter Anwendung digitaler Systeme erreicht werden sollen.

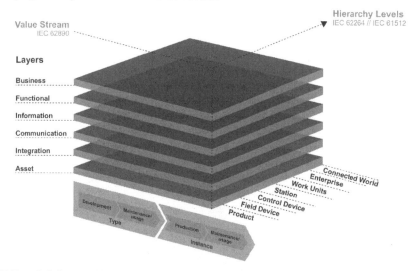

Abbildung 3: Referenzarchitekturmodell Industrie 4.0
Quelle: Eigene Darstellung in Anlehnung an Adolphs et al. 2015, S. 7

Das RAMI-4.0 ist eine Service-orientierte Architektur, die alle Elemente und IT-relevanten Komponenten zu einem Schichten- und Lebenszyklusmodell zusammenführt. Die erste Achse entspricht der Hierarchie der Fabrik und verbindet die smarte Fabrik (engl. Smart Factory) mit der Herstellung ebenso smarter Produkte (engl. Smart Products) über eine Anbindung an die vernetzte Geschäftswelt (engl. Connected World). Die (IT-)Architektur steht für die zweite Achse und überführt reale Dinge aus der physischen Welt (engl. Asset Layer) über mehrere informationstechnische Schichten (engl. Integration, Communication, Information und Functional Layer) in die Organisation und Geschäftsprozesse (engl. Business Layer). Letztendlich steht der wirtschaftliche Aspekt des Modells in Form des Produktlebenszyklus für die dritte Achse (vgl. Plattform Industrie 4.0 2016). In der Schnittmenge aller drei Achsen stehen die Daten, die für Auswertungen verwendet werden. In Folge können Daten in Echtzeit bereitgestellt und ausgetauscht werden. Die permanente Vernetzung von Menschen, Maschinen und Gegenständen und deren digitalen Darstellung wird auch als Internet der Dinge (IOT) bezeichnet (vgl. Hausladen 2017, S. 29).

Ein weiteres zentrales System, welches bei Industrie 4.0 entscheidend zum Tragen kommt, ist das der Cyber Physischen Systeme (CPS). Die CPS sind ein Oberbegriff für gemeinsam operierende Systeme. Diese technologischen Entwicklungen ermöglichen dezentrale Steuerungsstrukturen in der Produktion. Maschinen und Bauteile sind in der Lage sich selbst zu organisieren und werden smart. Dies eröffnet weitreichende Möglichkeiten, wie etwa die Vernetzung von Maschine-zu-Maschine-Kommunikation, die Verwendbarkeit entstehender Datenströme im B2B-Umfeld oder die Integration zusätzlicher Dienstleistungen in das Produktportfolio. Gerade in Zeiten steigender Kundenanforderungen wird eine smarte Fertigung wichtiger denn je (vgl. Felsch et al. 2017, S. 10). Der Wunsch des Kunden nach stetig neuster Technologie und individuellen Produkten führt dazu, dass sich Produktlebenszyklen verkürzen. Die Dynamisierung der Märkte, welche insbesondere durch die steigende Markttransparenz und den zunehmenden Onlinehandel begünstigt wird, sorgt außerdem dafür, dass der Kunde eine kürzere Lieferzeit seiner Produkte verlangt. Die Unternehmen stehen vor der Herausforderung dem Kunden eine größere Variantenvielfalt in kürzerer Zeit und in kleineren Losgrößen bereitzustellen (vgl. Schilling 2016, S. 69).

Unternehmen und Supply Chains sind angesprochen, sich mehr denn je diesen Herausforderungen zu stellen, um global wettbewerbsfähig zu bleiben. Darüber hinaus muss ein schonender und gezielter Ressourceneinsatz fokussiert werden, da Energien und Ressourcen zunehmend knapper und damit teurer werden (vgl. Felsch et al. 2017, S. 10). Die Vernetzung der Arbeitsorganisation geht mit einer Veränderung der Wertschöpfungsprozesse einher. Die Organisationen brechen traditionelle Unternehmensprozesse auf und fassen diese zu digitalisierten Prozessketten zusammen. Die Integration der Produkt- und Produktionsdaten erfolgt über die Bereichsgrenzen des Unternehmens hinweg horizontal in die Unternehmensprozesse hinein. Ebenso ist es unabdingbar, den Kunden und die Lieferanten in den Wertschöpfungsprozess einzubinden (vgl. August et al. 2017, S. 49). Auf diese Weise können Fertigungsprozesse auftragsbezogen zu einem individuell angepassten Prozess kombiniert und das Ziel der kundenorientierten Fertigung erreicht werden (Schilling 2016, S. 71).

Eine kluge Verbindung der Silicon-Valley-Sicht mit dem RAMI-4.0 könnte Verzerrungen im Gesamtaufbau ausgleichen und die technische Seite der Digitalisierung stärker mit dem Kontext verbinden.

Nichtsdestotrotz stehen die Industrie 4.0 und die damit einhergehende Digitalisierung der Produktion an erster Stelle der Agenda innerhalb der Fertigungsbranche (vgl. Zehl 2017). Um die evolutionäre Entwicklung einer „Smart Factory", d. h. einer vollständig digital vernetzten Wertschöpfungskette nachhaltig umzusetzen, gilt es, die sechs wesentlichen Prinzipien der Industrie 4.0 zu berücksichtigen.

- Interoperabilität
  - Das Prinzip der Interoperabilität beschreibt die Kommunikation zwischen Cyber-physischen Systemen (CPS), Internet of Things (IoT) und dem Menschen. Es muss gewährleistet sein, dass die Zusammenarbeit sowie der Informationsaustausch über Dritte nahtlos stattfinden kann. Abhängig von dem jeweiligen Geschäftsmodell gilt es daher, die Interoperabilität zunächst zu schaffen bzw. weiter auszubauen (vgl. Bitkom 2017a).
- Virtualisierung
  - Unter Virtualisierung versteht man im Zusammenhang mit Industrie 4.0 die Transformation sämtlicher Prozesse innerhalb der intelligenten Fabrik in virtuelle Simulationsmodelle. Dadurch können Prozesse anhand vorhandener Sensordaten aus der physischen Welt permanent optimiert werden (vgl. Reschke 2016).
- Dezentralisation
  - Den Cyber-physischen Systemen soll eine autonome Entscheidungsgewalt in den Produktions- und Logistikprozessen zukommen. Dadurch wird gewährleistet, dass die „kundenindividuelle Massenfertigung" ohne große Verzögerungen durchgeführt werden kann (vgl. Reschke 2016).
- Echtzeit-Fähigkeit
  - Das Prinzip der Echtzeit-Fähigkeit beschreibt die Möglichkeit einer stetigen Sammlung, Analyse und Auswertung der Daten und damit einhergehenden Anpassungen innerhalb der Wertschöpfungskette (vgl. Khan et al. 2017, S. 2).
- Serviceorientierung
  - Das Prinzip der Serviceorientierung bezieht sich auf die Nutzung von CPS in Verbindung mit menschlichen Dienstleistungen, die dazu dienen sollen, Entscheidungsträger, Betreiber und Kunden zu unterstützen. Beispiele für die Dienstleistungen sind hierbei die Informationsbeschaffung bzw. die Informationsaufbereitung (vgl. Khan et al. 2017, S. 2).
- Modularität
  - Die Modularität beschreibt die flexible Anpassungsfähigkeit einer intelligenten Fabrik, durch das Hinzufügen bzw. Wegnehmen einzelner Module. Auf veränderte Anforderungen kann somit problemlos reagiert werden (vgl. Reschke 2016).

Alle Bemühungen greifen auf den gleichen Rohstoff zurück: Die Daten. Da es aber ungleich mehr sind, als traditionell verarbeitet wurden, bedarf es neuer Kenntnisse, Technologien und Managementfähigkeiten, um die angemessene und optimale Verwendung zu gewährleisten.

3 Big Data im Kontext von Industrie 4.0

Die treibende Technologie im Rahmen der vierten industriellen Revolution und innerhalb der Industrie 4.0 sind Big Data-Anwendungen, welche Geschäftsmodelle, Prozesse und Produkte optimieren sowie zukünftig vollständig automatisieren werden. Innerhalb einer smarten Fabrik spielt die Aufbereitung der Daten, die sowohl strukturiert als auch unstrukturiert vorliegen, eine tragende Rolle. Mögliche Anwendungsfelder finden sich in allen Unternehmensbereichen (vgl. Liebhart 2016). An dieser Stelle offenbart sich der Fokus bzw. Unterschied zwischen angelsächsischen oder eher an Produktionsprozessen orientierten Digitalkonzepten. Erstere rücken den Käufer, Konsumenten oder schlicht das Individuum in die Betrachtung und verarbeiten die Charakteristika zu einem aussagekräftigen Gesamtprofil. In der Summe durchleuchten die Analysen die Absatzseite recht intensiv. Mehrheitlich werden personenbezogene Daten ausgewertet. Das zweite Konzept fokussiert stärker den Austausch nicht-personenbezogener Daten, wenn auch die Existenz und Behandlung personenbezogener Daten nicht verneint werden darf.

Gleichgültig welches Model im Mittelpunkt steht, sämtliche Organisationsformen agieren innerhalb der digitalen Ökonomien, deren dominante Ausprägungen in Form von Datenökonomien bestehen. Während die Arbeiten von Adam Smith (1723-1790) als Begründer der marktwirtschaftlichen Lehre im 18. Jahrhundert einen Selbstorganisationsprozess des komplexen Wirtschaftssystems postulieren mit dem Ziel, mittels der unsichtbaren Hand auf ein Gleichgewichtsniveau zurückzukehren (vgl. Mainzer 2008, S. 77), zeigen die aktuellen Entwicklungen einen anderen Mechanismus auf. Der Wissenschaftler der Oxford Universität, Ariel Ezrachi, geht davon aus, dass die unsichtbare von einer digitalen Hand abgelöst wird (vgl. o.V. 2017, S. 15). Das bedeutet, dass Data Mining und zukünftig die Entwicklungen auf dem Gebiet der künstlichen Intelligenz die Spielregeln und Funktionsweisen der Wirtschaft besser verstehen lassen (vgl. Drechsler 2018a, S. 55). Es bleibt aber sofort der fade Beigeschmack in Form einer Unsicherheit, wer sich dieser Kenntnisse bedienen kann und vor allem darf. In einer smarten Fabrik wird beispielsweise der Produktionsprozess soweit automatisiert, dass die intelligenten Produkte eindeutig identifizierbar sind und ihre Historie kennen. Das bedeutet, eine industrielle Fertigung kann bereits vollständig autonom stattfinden, da die intelligenten Produkte mit der Fertigungslinie kommunizieren und somit den Zielzustand permanent angeben. Bei dieser fortschrittlichen Produktion wird die Datenverarbeitung und Analyse zum zentralen Faktor des Erfolgs. Eine intelligente Fabrik kann ohne den Einsatz von Big Data also nicht realisiert werden (vgl. Liebhart 2016). Der Zugriff auf Daten wäre in diesem Fall anhand eigener Datensammlungen und -auswertungen möglich, sofern die Organisation über geeignete Ressourcen verfügt. Das wiederum ist abhängig von der Größe und der Schwerpunktsetzung der Organisation. Die Charakteristika, weniger eine Definition von Big Data verdeutlicht das.

Die Herausforderungen von Big Data werden von IBM mit den vier zentralen Eigenschaften Variety, Velocity, Veracity und Volume beschrieben (vgl. IBM 2017).

- Variety beschreibt die unterschiedlichen Formen, in denen die Daten vorliegen. Sie können strukturiert oder unstrukturiert sein, außerdem in Zwischenformen wie teilstrukturierten Daten vorliegen, die entsprechend umgewandelt werden müssen (vgl. IBM 2017).
- Die Velocity steht für die Geschwindigkeit, mit denen die Daten generiert werden. Die Herausforderung wird besonders deutlich, wenn man berücksichtigt, dass ein Auto beispielsweise 100 Sensoren besitzt, die Informationen zum Reifendruck, Ölstand oder sonstige Auskünfte zum Zustand des Fahrzeugs liefern. Diesen Datenstrom in Echtzeit zu verarbeiten ist eine zentrale Herausforderung von Big Data (vgl. IBM 2017).
- Eine weitere Herausforderung stellt die Veracity dar. Eine Studie von IBM ergab in diesem Zusammenhang, dass jeder dritte Entscheider eines Unternehmens nicht auf die vorliegenden Daten als Entscheidungsgrundlage vertraut. Es gilt, Unsicherheiten zu vermeiden und eine hohe Zuverlässigkeit der Daten zu erreichen (vgl. IBM 2017).
- Das Volumen ist die größte Herausforderung. Besonders im Einsatzfeld der Industrie 4.0 ist die Datenmenge aufgrund der zahlreichen Sensoren innerhalb der Cyber-physischen Systeme oder der IoT-Anwendungen extrem hoch. Ein Datenvolumen von 100 Terabytes wird in amerikanischen Unternehmen durchschnittlich erzeugt (vgl. IBM 2017).

Das organisatorische Pendant findet Big Data in Form des Data Mining. Letzteres kann entweder als Teil des 7-stufigen Prozesses namens „Knowledge Discovery from Data" (oder KDD) oder als Bezeichnung für die gesamten Aktivitäten auf diesem Gebiet gesehen werden (vgl. Han et al. 2012, S. 8). Der hier verwendete Begriff Data Analytics verengt die Sichtweise mehr auf die Methoden und Algorithmen.

Der Glaube an die Leistungsfähigkeit durch die Verfügbarkeit von besseren Verarbeitungs-, Speicher- und Analysekapazitäten stellt nicht nur etablierte Vorgehensweisen der Praxis, sondern ganze Wissenschaftsgebäude in Frage. „Only models, from cosmological equations to theories of human behavior, seemed to be able to consistently, if imperfectly, explain the world around us. Until now. Today companies like Google, which have grown up in an era of massively abundant data, don't have to settle for wrong models, they don't have to settle for models at all (…) The new availability of huge amounts of data, along with the statistical tools to crunch these numbers, offers a whole new way of understanding the world. Correlation supersedes causation, and science can advance even without coherent models, unified theories, or really any mechanistic explanation at all" (Anderson 2008). Die Frage, die es in diesem Zusammenhang zu beantworten gilt, lautet, ob die Auswertung von Daten alleine ausreicht, um wirtschaftliche Probleme zu lösen. Sämtliche hypothesengetriebenen Herangehensweisen und Modellbetrachtungen der Wirtschaft stehen im Gegensatz zur rein empirischen Vorgehensweise des Data Mining.

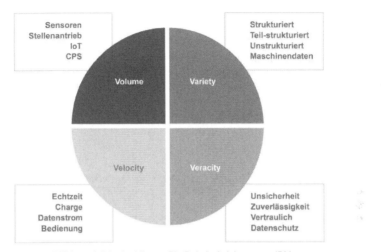

Abbildung 4: Die vier V's von Big Data in Anlehnung an IBM
Quelle: Eigene Darstellung in Anlehnung an IBM 2017

Spezialisten auf dem Gebiet quantitativer Methoden erkennen, dass die verwendeten parametrischen und nicht-parametrischen Techniken nicht durchweg neu sind, sondern entweder weiterentwickelt oder in der neuen Welt eines größeren Datenvolumens mit besserer Technologie angewendet werden. Insofern stellt sich natürlich die Frage, ob das im Zitat gemachte Versprechen dadurch vollumfänglich eingelöst wird. Diese Frage ist aber im Rahmen dieses kurzen Beitrags nicht zu beantworten, weswegen es nur bei einer Betrachtung der Methoden und deren Anwendungsfelder bleibt.

Die in Abbildung 5 gemachte Kategorisierung unterscheidet entlang des Wettbewerbsvorteils (niedrig bis hoch) und des Grades an Komplexität (niedrig bis hoch) verschiedene Methoden. Die drei großen Analysekategorien lauten dabei Deskription, Prädikation und Präskription:

- Deskriptive Analysen (Descriptive Analytics)
  - „Descriptive Analytics (H.i.O.) encompasses the set of techniques that describes what has happened in the past" (Camm et al. 2017, S. 5). Das kennen Generationen von Studenten aus den Statistik-Vorlesungen.
- Präskriptive Analysen (Prescriptive Analytics)
  - „Prescriptive Analytics differs from descriptive or predictive analytics in that prescriptive analytics (H.i.O.) indicates a best course of action to

take; that is, the output of a prescriptive model is a best decision" (Camm et al. 2017, S. 6). Hier wird es schon komplexer und anspruchsvoller. Die Methoden gehen über die Grundlagen hinaus und verlangen ein tieferes Verständnis von der Materie.
- Prädikative Analysen (Predictive Analytics)
  - „Predictive Analytics consists of techniques that use models constructed from past data to predict the future or ascertain the impact of one variable on another" (Camm et al. 2017, S. 6). Diese letzte Kategorie bietet viel Potenzial und ebenso viele Kritikpunkte. Letzteres ist ohne jeden Zweifel bei der ungerechtfertigten Auswertung personenbezogener Daten zulässig. Aber außerhalb des Datenschutzes gibt es noch viele weitere Daten, deren Betrachtung mehr Erfolg und weniger Probleme verspricht, sofern der Schutz unternehmenssensibler Daten gewährleistet ist.

Aus unternehmerischer Sicht spielt der Zweck-Methode-Algorithmus Zusammenhang eine entscheidende Rolle bei der Verwendung und Beurteilung von Datenauswertungen. Während der Zweck auf der obersten Unternehmensebene ansetzt, fällt die Entscheidung für eine Methode bei den Fachabteilungen.

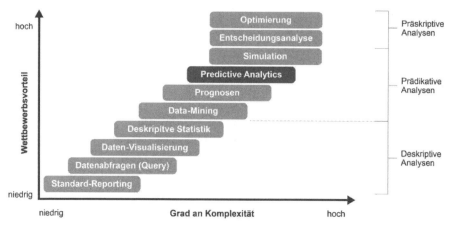

Abbildung 5: Data Analytics Spektrum
Quelle: Eigene Darstellung in Anlehnung an Camm et al. 2017, S. 11

Der Algorithmus ist dann immer Bestandteil der gewählten analytischen Technik (vgl. Drechsler 2018b, S. 257 f.). Der Zusammenhang ist nicht immer frei von Spannungen.

4 Erfolgsfaktor Industrie 4.0 – welche Bereiche profitieren?

Ein stetiger Rückfluss von Daten aus der Organisation sowie dem Umfeld besitzt generell den Vorteil, ein schnelleres Feedback für die eigene Geschäftstätigkeit zu erhalten. Verbunden mit den jeweils richtigen Auswertungsmethoden führt das zu einer stetigen Optimierung von Aufbau- und Ablauforganisation. Die Autoren sind sich bewusst, dass das metrische Selbst sowie der datengetriebene virtuelle Avatar wie ein Damoklesschwert über der gegenwärtigen Situation kreisen. Dennoch dürfen die positiven Eigenschaften beispielhaft genannt werden:

- In Folge des demografischen Wandels werden zunehmend ergonomische Arbeitsplätze benötigt. Hier setzt Industrie 4.0 an. Durch die effiziente Zusammenarbeit von Mensch und Maschine können Arbeiten umverteilt werden: Schwere und standardisierte Tätigkeiten, also einfache, sich wiederholende Arbeit, wird im Rahmen von Industrie 4.0 von der Maschine übernommen, während der Mensch sich kontrollierenden und steuernden Tätigkeiten widmet. Das heißt, der Mensch übt komplexe und tendenziell nicht reproduzierbare Abläufe aus. (vgl. Felsch et al. 2017, S. 11). Durch diese Weiterentwicklung wird der Mensch im Wertschöpfungsprozess in der positiven Konsequenz nicht überflüssig, sondern anderweitig in die Unternehmensprozesse eingebunden. Konkret bedeutet dies, dass Tätigkeitsbereiche und Arbeitsplätze umstrukturiert und durch den Wegfall repetitiver Arbeit inhaltlich aufgewertet werden.
- Die Vernetzung des Konzepts von Industrie 4.0 sieht zudem den Einsatz von neuen Technologien, wie etwa „Wearables", am Körper befestigte Computersysteme, Datenbrillen „Smart Glasses" oder beispielsweise „Smart Watches", zur Erhebung von Körperdaten, wie das Messen des Pulses oder der Schrittzahl beim Laufen, vor. Mit Hilfe dieser Medien kann der Arbeiter in der Produktion oder der Logistik mit seiner Umgebung in Echtzeit kommunizieren und sich permanent vernetzen. Hierdurch ist es möglich, dass Entscheidungen dezentral und autonom getroffen werden können (vgl. Felsch et al. 2017, S. 12). Gerade für die Gesamtproduktivität und die Rentabilität einer Organisation ist die dezentrale Organisationsform mitunter ein entscheidender Erfolgsfaktor. Der Mensch als flexibles und autonomes Wesen kann sein direktes Arbeitsumfeld sehr gut überblicken und basierend darauf, deutlich bessere Entscheidungen treffen, als ein zentrales System. Letzteres überblickt zwar die komplette Fabrik, übersieht möglicherweise aber lokale Details oder bewertet diese unzureichend (vgl. Kletti 2015, S. 6). Auf diese Weise kann sich die Produktionsgeschwindigkeit wie auch die Flexibilität in der Produktion deutlich erhöhen. Fertigungsprozesse werden auftragsbezogen zu einem individuell angepassten Prozess kombiniert und der Wunsch des Kunden nach Exklusivität, also eine kundenorientierte Fertigung in kleinen Losgrößen, entsprechen den neuen Realitäten (vgl. Schilling 2016, S. 71).
- Neben der Produktivitätssteigerung bringt das Konzept von Industrie 4.0 auch Kostensenkungspotenziale mit sich. Gerade durch die Reduzierung von Ausschuss im Bereich der Qualität oder die ständige Überprüfung der Füllständen von Schmierstoffbehälter per CPS im Bereich der Instandhaltung, kann eine Modernisierung der Fertigung erreicht werden (vgl. Hausladen 2017, S. 31). Ferner wird durch die Vernetzung der Produktionsanlagen eine Wartung der Maschinen aus der Ferne avisiert (vgl. Bauernhansl 2017, S. 34 f.). Damit ein-

her geht auch die Prävention von Maschinenausfällen. Anhand der vorhandenen Datenbasis werden Maschinen in der Fertigung im Vorfeld modelliert und die Arbeitsbelastung ermittelt. Durch den Einsatz der CPS in der Fertigung wird zugleich eine ständige Überprüfung der eingesetzten Werkzeuge gewährleistet, wodurch die Lebensdauer der Maschine mit hoher Genauigkeit prognostiziert und zugleich erhöht werden kann.

- Insbesondere werden Erfolge im Bereich der Logistik erwartet. Technologien, wie etwa RFID, kommen in der modernen Automatisierung zum Einsatz. Durch das Anbringen von Funkchips (Transponder) an der Ware, wird das Produkt zum Informationsträger. Logistikobjekte sind in der Lage, jederzeit Auskunft darüber zu geben, woher sie kommen und wofür sie bestimmt sind. Zugleich lassen sich alle Prozessschritte auf den Transponder speichern. Die Logistikobjekte können hierdurch den Logistik- und Produktionsprozess selbst steuern z. B. Transporte selbst anfordern oder erforderliche Arbeitsschritte in der Fertigung abrufen (vgl. Felsch et al. 2017, S. 11). Doch Unternehmen, welche RFID einsetzen, profitieren nicht nur von schlankeren Abläufen. Mithilfe von RFID ist es beispielsweise möglich, mit geringem Aufwand täglich eine Inventur durchzuführen und den Warenfluss genauestens erfassen zu können. Der Vorteil besteht in der Optimierung des Working Capital, d. h., es kommt zu einer Reduzierung der Sicherheitsbestände und somit der Bestandskosten bei gleichzeitiger Verbesserung der Warenverfügbarkeit.
- Begleitet wird die gegenwärtige Entwicklung von neuen Geschäftsmodellen, welche eine Delegation von Aufgaben an den Kunden und die Lieferanten vorsieht und diese somit vertikal in den Wertschöpfungsprozess des Unternehmens integriert. Die Produktentwicklung ist ein klassisches Beispiel für eine ausgelagerte Aufgabe. Der Kunde übernimmt ein Teil der Entwicklungsarbeit, wodurch die Marktforschung entlastet, die Markteinführungszeit verkürzt und die Produktqualität aufgrund genauer Kenntnis des Kundenwunsches, sichergestellt wird (vgl. August et al. 2017, S. 51).

5 Risiken

Ein erfolgreiches Unternehmertum oder die erfolgreiche Führung von Unternehmen besteht darin, sich diesen Herausforderungen im Zusammenhang mit Industrie 4.0 und Big Data zu stellen. Obwohl die Chancen immer dominieren, darf nicht vergessen werden, dass Unternehmen immer unter der Nebenbedingung von Risiken operieren. In dieser kurzen Abhandlung können solche Problemfelder lediglich angedeutet werden (vgl. McKinsey & Company 2017; Ernst & Young 2017):

- Eine McKinsey Studie belegt die Unsicherheit zahlreicher Unternehmen im Zusammenhang mit der Industrie 4.0. Lediglich 60% sehen sich angemessen vorbereitet für die damit einhergehenden Herausforderungen. Besonders kritische Faktoren stellen die mangelnden Kenntnisse der Mitarbeiter und Mitarbeiterinnen sowie die Datensicherheit dar.

- Die Gefahr von Cyberangriffen innerhalb einer komplett vernetzten Produktion muss eingedämmt werden. Hierzu bedarf es einer engen Verzahnung zwischen der IT und der Führungsebene.
- Neben den Sicherheitsbedenken ist der hohe Investitionsaufwand für viele Unternehmen ein Hindernis. Zwei Drittel der befragten Unternehmen der Ernst & Young Studie nennen diesen Faktor als Einstiegshürde. Ein weiteres zentrales Risiko, welches im Zusammenhang der Studie genannt wurde, ist der Fachkräftemangel. Eine vernetzte Produktion bedarf qualifizierter Arbeitskräfte mit dem notwendigen Know-How. Daraus folgt, dass die heutige Anzahl an Hilfskräften ohne Berufsausbildung in Zukunft drastisch abnehmen wird.
- Vor dem Hintergrund der neuen Anforderungen an die Arbeitskräfte müssen Industrieunternehmen ihren Arbeitskräften klare Vorgaben kommunizieren. Gemeinsam mit der Politik können notwendige Ausbildungsberufe entwickelt werden, die das Personal, auf die neuen Produktionsabläufe vorbereitet.

Die Risiken lassen sich auf die zwei Begriffe Datenschutz und Datensicherheit verdichten. Die Bemühungen auf supranationaler und nationaler Ebene zur Verbesserung des Umgangs mit Daten zeigen, dass der Gesetzgeber die Probleme der Zeit erfasst hat. Jetzt kommt es darauf an, dass der verantwortungsvolle Umgang auch die Unternehmen erreicht. Kein Gesetzgeber entwickelt oder verschärft Gesetze aus purer Laune und zum Selbstzweck. Der Anlass resultiert im Fall der Wirtschaft aus dem Verhalten der Akteure.

6 Die industrielle Revolution schreitet voran

Unternehmen befinden sich in einem stetigen Wettbewerb mit anderen Unternehmen. Insbesondere die disruptiven Entwicklungen in einigen Branchen verdeutlichen diesen Sachverhalt. Während es einigen Unternehmen gelingt, eine Führungsrolle einzunehmen, laufen andere hinterher. Das gilt für die aktuelle digitale Entwicklung in besonderem Maße.

Die globale Wirtschaft, Ökosysteme, Geschäftsmodelle, Organisationsformen und Arbeitsweisen ändern sich derart, dass gegenüber vielen insbesondere kleineren und mittelgroßen Unternehmen ein großer Veränderungsdruck aufgebaut wird. Das Risiko, aus dem Markt gedrängt zu werden oder sogar die eigene Existenzberechtigung zu verlieren, besteht ohne Zweifel. Es geht nicht mehr nur darum, die eigenen Produkte und Dienstleistungen an die Bedürfnisse der Kunden anzupassen, sondern die gesamte Geschäftstätigkeit auf die neuen Erfordernisse auszurichten. Die Integration eines Data Analytics Managements kann dabei Unterstützung bieten.

Problematisch wird es, wenn personenbezogene Daten nicht im Sinn der neuen europäischen Datenschutzverordnung gehandhabt werden oder Fragen des Eigentums an Daten ungeklärt sind. Die Konsequenzen sind unter Umständen kostspielig.

Nichtsdestotrotz schreitet die Entwicklung voran und ein Ende ist nicht absehbar. Schon aus diesem Grund ist eine Auseinandersetzung mit Themen wie Data Analytics angeraten.

Quellenverzeichnis

Adolphs, P. , Bedenbender, H., Dirzus, D., Ehlich, M., Epple, U., Hankel, M., Heidel, R., Hoffmeister, M., Huhle, H., Kärcher, B.,, Koziolek, H., Pichle, R., Pollmeier, S., Schewe, F., Walter, A., Waser, B., Wollschlaege, M. (2015): Referenzarchitekturmodell Industrie 4.0 (RAMI4.0), https://www.vdi.de/fileadmin/vdi_de/redakteur_dateien/gma_dateien/Statusreport_Referenzmodelle_2015_v10_WEB.pdf, Zugriff am: 07.05.2018.

Anderson, C. (2008): The End of Theory: The Data Deluge Makes The Scientific Method Obsolete, in: Wired, 23rd June 2008, https://www.wired.com/2008/06/pb-theory/, Zugriff am: 07.05.2018.

Bauernhansl, T. (2017). Industrie 4.0 - Im Spannungsfeld von Markt, Technik und Organisation, in: Organisationsentwicklung, Heft 2, 32-38.

Bea, F. X., Göbel, E. (1999): Organisation, Theorie und Gestaltung, Lucius und Lucius, Stuttgart.

Bitkom Bundesverband Informationswirtschaft, Telekommunikation und neue Medien e. V. (2017a): Bitkom Publikationen, https://www.bitkom.org/noindex/ Publikationen/2017/Leitfaden/170426-LF-Industrie-40-Interoperabilitaet-von-Use-Cases-Web.pdf, Zugriff am: 27.02.2018.

Bitkom Bundesverband Informationswirtschaft, Telekommunikation und neue Medien e. V. (2017b): Digital Hubs in Deutschland, https://www.bitkom.org/Presse/ Presseinformation/Digitalisierung-der-Leitbranchen-in-Deutschland-nimmt-Fahrt-auf.html, Zugriff am: 07.05.2018.

BMWi (Bundesministerium für Wirtschaft und Energie) (2017): Weißbuch Digitale Plattformen: Digitale Ordnungspolitik für Wachstum, Innovation, Wettbewerb und Teilhabe, Hirschen Group GmbH, Berlin.

Camm, J.D., Cochran, J.J., Fry, M.J., Ohlmann, J.W., Anderson, D.R. (2017): Essentials of Business Analytics, 2nd Edition, Cengage Learning, Australia.

Deng, B. (2015): Machine ethics: The robot's dilemma, https://www.nature.com/ news/machine-ethics-the-robot-s-dilemma-1.17881, Zugriff am 03.04.2018.

Drechsler, D. (2018a): Digitale Sorglosigkeit – Risiken im Zeitalter der digitalen Transformation, in: Breyer-Mayländer, T. (Hrsg.): Das Streben nach Autonomie, Reflexionen zum digitalen Wandel, Nomos Verlag, Baden-Baden, 31-65.

Drechsler, D. (2018b): Predictive Analytics – Eine etwas differenziertere Betrachtung eines kritischen Themas, in: Breyer-Mayländer, T. (Hrsg.): Das Streben nach Autonomie, Reflexionen zum digitalen Wandel, Nomos Verlag, Baden-Baden, 237-263.

Ernst & Young GmbH. (2017): Industrie 4.0 — das unbekannte Wesen? http://www.ey.com/Publication/vwLUAssets/EY-industrie-4-0-das-unbekannte-wesen/$File/EY-industrie-4-0-das-unbekannte-wesen.pdf, Zugriff am: 1.03.2018.

Han, J., Kamber, M., Pei, J. (2012): Data Mining, Concepts and Techniques, 3rd Edition, Elsevier/MK, Amsterdam.

Hausladen, I. (2017): Cyber-Physische Systeme in Produktion und Logistik – Anwendungsfelder, Herausforderungen und Lösungsansätze, in: Der Betriebswirt, Heft 1, 29-34.

IBM (2017): IBM Big Data Hub: IBM Big Data Hub Infographic, http://www.ibmbigdatahub.com/infographic/four-vs-big-data, Zugriff am: 28.02.2018.

Ismail, S. (2014): Exponential Organizations: Why new organizations are ten times better, faster, and cheaper than yours (and what to do about it), Diversion Books (Kindle Edition), New York.

Kletti, J. (2015): Industrie 4.0: MES ermöglicht Dezentralisierung, in: Digital Manufacturing, Heft 1, 6-7.

Laukemann, M. (2016): Industrie 4.0 und das Internet der Dinge – technischer Segen, rechtlicher Fluch? https://de.ryte.com/magazine/industrie-4-0-und-das-internet-der-dinge-technischer-segen-rechtlicher-fluch, Zugriff am: 03.04.2018.

Liebhart, D. (2016): Big Data Inside: Mit Big Data auf dem Weg ins Industrie 4.0 Zeitalter, https://www.bigdata-insider.de/mit-big-data-auf-dem-weg-ins-industrie-40-zeitalter-a-550209/, Zugriff am: 28.02.2018.

Mainzer, K. (2008): Komplexität, Wilhelm Fink, München.

McKinsey & Company (2017): McKinsey-Studie zu Industrie 4.0: Deutsche Unternehmen trotz wachsender Konkurrenz zuversichtlich, https://www.mckinsey.de/mckinsey-studie-zu-industrie-40-deutsche-unternehmen-trotz-wachsender-konkurrenz-zuversichtlich, Zugriff am: 01.03.2018.

Michel, S. (2013): Industrie 4.0: Segen oder Fluch? https://www.maschinenmarkt.vogel.de/industrie-40-segen-oder-fluch-a-401641/, Zugriff am: 03.04.2018.

O. V. (2017): Fuel of the future: Information is giving rise to a new economy - How is it shaping up? in: The Economist, 6th May 2017, The Economist, London, 13-16.

Peters, H.-R. (1997): Wirtschaftssystemtheorie und Allgemeine Ordnungspolitik, 3. Aufl., Oldenbourg Verlag, München und Wien.

Plattform Industrie 4.0 (2016): Referenzarchitekturmodel Industrie 4.0 - Eine Einführung, https://www.plattform-i40.de/I40/Redaktion/DE/Downloads/ Publikation/rami40-eine-einfuehrung.pdf?__blob=publicationFile&v=9, Zugriff am: 07.05.2018.

Reschke, S. (Mai 2016): Europäische Sicherheit und Technik, https://www.int.Fraunhofer.de/content/dam/int/de/documents/EST/EST_0516_Industrie_4-0.pdf, Zugriff am: 27.02.2018.

Schilling, K. (2016): Mittelstand 4.0 - mittelständische Unternehmen auf dem Weg zu Industrie 4.0 und Digitalisierung, in: IM+io Das Magazin für Innovation, Organisation und Management, Heft 3, 69-74.

Schwab, K. (2018): Shaping the Fourth Industrial Revolution, World Economic Forum, Geneva.

Zehl, S. (2017): Bitkom - Digitale Transformation, https://www.bitkom.org/ Themen/Digitale-Transformation-Branchen/Industrie-40/Vision-Industrie-40.html, Zugriff am: 27.02.2018.

Big Data Governance

Dirk Drechsler

1 Einleitung

Im Jahr 2017 titelte der Economist seine Ausgabe vom 6. Mai mit „The world's most valuable resource" und meinte damit die Daten einer globalisierten und digitalisierten Welt. Niemand wird heute bezweifeln, dass sich die Strukturen und Prozesse der Wirtschaft signifikant verändert haben und die Unternehmen noch längere Zeit in einer zeitlich nicht näher zu bestimmenden Übergangsphase verbleiben werden. Daten werden dabei eine entscheidende Rolle spielen.

Unternehmen arbeiten nach den wenig überraschenden Prinzipien, sich stetig fortzuentwickeln und besser zu werden, zumindest aber den erarbeiteten Status-quo beizubehalten. Die Entdeckung der Datenflüsse als eine Art neues Öl impliziert die Schaffung neuer Infrastrukturen, Geschäftsmodelle, Monopole, Politikstile und Ökonomien. Die aus den Daten resultierenden Netzwerkeffekte führen dazu, dass Kunden angelockt und dadurch erneut Daten generiert werden, was wiederum neue Kunden anlockt. Das prägt die Plattformökonomie in besonderer Weise und verdeutlicht, warum die gegenwärtigen Konzentrationsbemühungen mit solcher Härte vorangetrieben werden. Der Vorteil gegenüber dem Öl liegt in der Verwendungsmöglichkeit, die nicht auf einen Nutzer begrenzt, sondern frei von Konkurrenz ist. Die Anwendungs- und Auswertungsmöglichkeiten sind mannigfaltig und nicht auf eine Absicht hin eingeschränkt (vgl. o.V. 2017a, S. 14).

Die Daten entstehen nicht einfach so, sondern sind das Ergebnis täglicher Transaktionen im Sinne von Fluss- und Bestandswerten. Die sich immer weiter verbessernden Technologien tragen dazu bei, dass ziemlich jede Bewegung mit Anbindung an eine Form digitaler Technik eine Datenspur hinterlässt. „With the number of smart machines continuously helping us in our daily lives, we all became producers of data. Every time we buy a product, every time we rent a movie, visit a Web page, write a blog, or post on the social media, even when we just walk or drive around, we are generating data. And that data is valuable for someone who is interested in collecting and analyzing it." (Alpaydin 2016, Pos. 339). Das gilt aber nicht nur für Menschen, sondern auch für die Beziehung zwischen Menschen und Maschinen sowie zwischen Maschinen.

Der gesamte Umgang mit den Daten mit dem Ziel, Wissen im Sinne von Erkenntnissen daraus zu erzielen, bedarf eines strukturierten Vorgehens auf der Management- und der Governance-Seite. Dieser Beitrag setzt sich mit den beiden Seiten der wirtschaftlichen Gegebenheiten eines Unternehmens auseinander und fokussiert die Besonderheit im Umgang und der Kontrolle von Daten. Nur wer Unternehmen als gesamtheitliche Organisationen begreift und den Spartenegoismus sowie die korrelierende Abteilungsignoranz überwindet, kann langfristig in einer netzwerkgetriebenen Datenökonomie erfolgreich sein.

2 Von der Corporate Governance zur Data Governance

2.1 Vorüberlegungen zur Corporate Governance und deren Beziehungen zum Management

Die OECD beschreibt die Corporate Governance als „a set of relationships between a company's management, its board, its shareholders and other stakeholders. Corporate Governance also provides the structure through which the objectives of the company are set, and the means of attaining those objectives and monitoring performance are determined." (OECD 2015, S. 9). Das Zitat dürfte verdeutlichen, dass nur die Geschäftätigkeit und die damit verbundene Anbindung an die Umwelt selbst vorgeben, was die Corporate Governance zu kontrollieren und zu beraten hat. Wie das erfolgt, liegt im Aufgabenbereich der Personen, die mit dieser Überwachungsfunktion betraut wurden. Ausgehend vom Management bestehen daher Beziehungen zwischen den Aufsichtsgremien, den Shareholdern und weiteren Stakeholdern, die über eine Aufbau- und Ablauforganisation die Zielerreichung des Unternehmens unterstützen.

Das deutsche Corporate Governance System stellt darauf ab, mit dem Deutschen Corporate Governance Kodex (DCGK) wesentliche gesetzliche Vorschriften zur Leitung und Überwachung börsennotierter Unternehmen bereitzustellen. Der Inhalt entspricht Empfehlungen und Anregungen national und international anerkannter Standards für eine gute Unternehmensführung (vgl. Regierungskommission 2018). Auf der Grundlage der Verpflichtungen von Vorstand und Aufsichtsrat, des Handelns im Einklang mit den Prinzipien der Sozialen Marktwirtschaft für den Bestand und die Nachhaltigkeit des Unternehmens geht es im Kern immer um das Unternehmensinteresse, das sich wiederum aus der Geschäftstätigkeit ergibt (vgl. Regierungskommission 2017, S. 1). Denkt man diesen Ansatz weiter, besteht die Geschäftstätigkeit zum einen aus einem Handeln des Managements auf allen Ebenen der Organisation sowie der Rahmung desgleichen durch das Aufsichtsorgan der Aktiengesellschaft, namentlich Aufsichtsrat. Für die Zwecke dieses Beitrags sind die Verantwortungsbereiche der strategischen Ausrichtung und der Compliance relevant, die der Vorstand über sein Handeln betreibt und der Aufsichtsrat überwacht sowie beratend zur Seite steht.

Wie oben bereits erwähnt wird es sehr schnell deutlich, dass die Funktion sowie die Aufgaben des Aufsichtsrats von der Tätigkeit des Managements abhängen, d. h. nicht isoliert davon zu betrachten sind. Aus diesem Grund setzt der Fortgang der Betrachtung am Unternehmen und dessen Geschäftstätigkeit an.

Abbildung 1: Die Aufgaben aus dem DCGK

Quelle: Eigene Darstellung

Es liegt aber in der Natur der Sache, dass aus wissenschaftlicher Sicht mit der Zielsetzung, einen Überblick zu vermitteln, lediglich eine generische Betrachtung von Geschäftsmodellen möglich ist.

2.2 Die digitalwirtschaftliche Durchdringung der Geschäftswelt

Die in Abbildung 2 dargestellte Entwicklung von Computertechnologie und geschäftlichen Anwendungen bedeutet für die heutige Unternehmung eine immer stärkere Abhängigkeit von und Vernetzung mit der Informationstechnologie (IT), mit dem Effekt, dass sämtliche davon betroffene Bereiche wie beispielsweise die Lieferketten, Kundenbeziehungen, Support-Prozesse miteinander verbunden sind. Das bedeutet natürlich auch, dass die Organisationsformen mit den neuen Strukturen und Prozessen eine andere Ausrichtung erhalten. Die Technologie war zumindest vor dieser Zeit eher als eine Art Unterstützung für das Management zu sehen. Mittlerweile hat sich dieses Bild dahingehend verschoben, dass diese in einer Art symbiotischen Verhältnis zum Geschäftsmodell steht. Das bedeutet auch, dass die Möglichkeiten der Nutzung dieser Technologie ganz andere Perspektiven eröffnen. Damit sind die Datenflüsse und Datenbestände angesprochen, deren Existenz im Unternehmen noch zu betrachten und zu verorten sind.

Die Unternehmen stehen über Ökosysteme in Kontakt, d. h., ausgehend von einem dominanten Unternehmen in der Mitte des Netzwerks, gruppieren sich Lieferanten, Kunden, staatliche Stellen und weitere Stakeholder um das Unternehmen herum bzw. sind über andere Ökosysteme an weitere Unternehmen angeschlossen. Die digitalen Verbindungen funktionieren Web-basiert, d. h über eine Anbindung an das Internet. Mittlerweile dominieren Transaktionsformen über mobile Plattformen und das Cloud-Computing, d. h., die vormals stark lokalisierte Hardware erhält eine Flexibilisierung über das Auflösen dieser Bindung sowie dem Outsourcen von Kapazitäten, die man sich über einen Kauf entweder nicht leisten kann oder nicht leisten möchte. Das strategische Management hat nun die Aufgabe, das Unternehmensinteresse in diesem neuen Kontext zu gewährleisten bzw. weiterzuentwickeln.

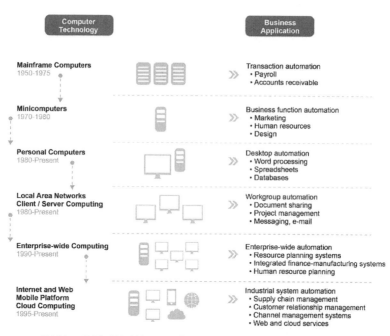

Abbildung 2: Die Entwicklung von Computer-Technologie und Anwendungen

Quelle: Eigene Darstellung in Anlehnung an Laudon und Traver 2018, S. 8

Es gibt immer extreme Vorreiter und Modelle, die nicht ganz frei von Kritik sind. Jedoch bieten diese Darstellungen die Möglichkeit, zumindest ein oder mehrere Szenarien im Sinne einer mentalen Denkübung intensiv zu erörtern. Die exponentielle Organisation von Ismail et al. (2014), die bereits als Beispiel in anderen Abhandlungen dieses Sammelbands dient, steht für eine solche Zukunftsbetrachtung mit Bezug zur Gegenwart (Abb. 3). Es soll nachfolgend nur der Aspekt aus dem Modell herausgezogen werden, der den Umgang mit Big Data und Data Analytics unmittelbar betrifft: Die Algorithmen.

Die Algorithmen bestimmen wesentlich die Geschäftstätigkeit dieser digitalen Organisationsform über das Machine bzw. Deep Learning. „Machine Learning is the ability to accurately perform new, unseen tasks, built on known properties learned from training or historic data, and based on prediction (...) Deep Learning is a new and exciting subset of Machine Learning based on neural net technology. It allows a machine to discover new patterns without being exposed to any historical or training data." (Ismail et al. 2014, Pos. 897 ff.). In beiden Fällen wird auf der Grundlage von oder mit Daten gearbeitet, um die Geschäftstätigkeit des Unternehmens zu verbessern.

Während (Roh-)Daten unternehmerische Ereignisse darstellen und weitgehend unstrukturiert sind oder in für Menschen verwendbare Formen gebracht wurden, sind

Informationen für Menschen bedeutungsvoll und nützlich. Diese entsprechen dann geordneten, strukturierten und systematisierten Daten. Das Wissen stützt sich auf den beiden zuvor genannten Komponenten ab und entspricht Konzepten, Erfahrungen und Einsichten, die als Kenntnisse und Fähigkeiten eines Individuums, einer Gruppe oder einer Organisation zur Problemlösung eingesetzt werden (vgl. Laudon et al. 2010, S. 662). Auch wenn die gegenwärtige von Technologie geprägte Rhetorik behauptet, die Lösung für alle Probleme gefunden zu haben, muss man aus der Perspektive der Wissenschaft widersprechen und eine Strukturierung der Herangehensweise fordern. Der Philosoph Karl Popper hat das Problem (wie viele seiner philosophischen Kollegen bereits vor Big Data) erkannt: „Wir können zunächst versuchen, eine Lösung des Problems zu erraten oder zu vermuten; und wir können dann versuchen, diese gewöhnlich auf etwas schwachen Füßen stehende Vermutung zu kritisieren. Manchmal widersteht eine Vermutung unserer Kritik und unseren experimentellen Prüfungen eine Weile. Doch in der Regel stellt sich bald heraus, daß (Sic!) sich unsere Vermutung widerlegen läßt (Sic!) oder daß (Sic!) sie unser Problem nicht oder nur teilweise löst; und wir finden, daß (Sic!) selbst die besten Lösungen – die der strengsten Kritik der glänzendsten und erfinderischsten Geister widerstehen konnten – bald Anlass zu neuen Schwierigkeiten, neuen Problemen geben" (Popper 1995, S. 270). Solange die künstliche Intelligenz also den Mitarbeitern, Managern und Führungskräften die Problemlösungen nicht abnimmt, bedarf es weiterhin einer Problemlösungskompetenz. Sofern in diesem Sinn der Prozess der Problemlösung mit Methoden des maschinellen Lernens oder Data Analytics-Verfahren organisiert wurde, spielen diese Kompetenzen eine exponierte Rolle im Strategieprozess sowie bei dessen Umsetzung in der Operative. Das Denken kommt immer noch vor dem Handeln.

Auch wenn man im Weiteren global und gesamtwirtschaftlich betrachtet von einer digitalen Transformation sprechen darf, können die Auswirkungen auf einzelne Unternehmen zurzeit noch unterschiedlich stark gelagert sein. Das mag an der Geschäftstätigkeit oder der Bereitschaft liegen, sich auf die aktuellen Trends einzulassen. Denkbar wären drei Ausprägungen von Big Data auf die Strategien (vgl. Cordon et al. 2016, S. 18 f.):

- Beim digitalen Fit (engl. Digital Fit) schöpft das Unternehmen einen Vorteil aus den Big Data Innovationen und ändert die Art und Weise des Wirtschaftens nicht wesentlich, obwohl Big Data Einzug hält. Insgesamt handelt es sich um Verbesserungen der bestehenden Strategie.
- Etwas anders gestalten sich die Beziehungen mit dem digitalen Masterplan (engl. Digital Masterplan), der eine Implementierung von Big Data in der Organisation bedeutet. Die digitale Ausrichtung ist Bestandteil der unternehmerischen Strategie, entspricht aber nicht dem Kern der Geschäftstätigkeit. Das geht über Verbesserungen hinaus und zielt auf eine Optimierung ab, indem intensiv mit diesen Methoden gearbeitet wird, um bestehende Ziele zu erreichen.

- Letztendlich transformieren Unternehmen die eigene Strategie mit einer digitalen DNA (engl. Digital DNA), die das Geschäftsmodell fundamental verändert. Die Unternehmensstrategie funktioniert nur noch über Big Data.

Potenzielle Szenarios (Abb. 3) können über zwei Treiber entwickelt werden: (1) Der Einfluss von Big Data auf das (digitalwirtschaftliche) Ökosystem und (2) der Einfluss von Big Data auf die Wertkette (vgl. Cordon et al 2016, S. 26 f.):

- Sofern sowohl das Ökosystem als auch die Wertkette nur wenig Einfluss verspüren, befindet man sich im Szenario der *Traditioners*. Die Big Data Aktivitäten führen zu keiner nennenswerten Revision der Strategie und der Operative.
- Das Szenario der *Omnichain* ist auf Unternehmen anwendbar, deren Wertkette vom Big Data Einsatz profitieren könnte. „An Omnichain is an ecosystem in which companies interact to complement each other's capabilities in view of delivering a product or service to the customer. Any player within the ecosystem can change and assume new positions fast" (Cordon et al 2016, S. 10). Das Ökosystem adaptiert, transformiert sich aber nicht.
- Das Szenario des *Marketeers Paradise* charakterisiert sich über eine hohe Auswirkung auf das Ökosystem, aber eine nur geringe Auswirkung auf die Wertkette. Das bedeutet, dass der Hauptertragsstrom der gleiche bleibt, während die meisten Faktoren, die dazu führen, digitalisiert ablaufen und in hohem Maß Big Data verwenden.
- Im letzten Szenario der *Amazoners* sind das Ökosystem und die Wertkette gleichermaßen hoch von Big Data Aktivitäten beeinflusst, d.h. sowohl der Weg zum Kunden als auch die Verflechtungen unterscheiden sich fundamental von der bisherigen Art des Geschäftemachens.

Etwas anwendungsbezogener und weniger modellorientiert als die Wissenschaftler vom IMD in Lausanne, Schweiz, drückt es Marr (2017, S. 23 ff.) aus. Ausgehend vom Gedanken, bessere Entscheidungen treffen zu können, verbessert sich das Verständnis des Kunden über ein Gesamtbild des Abnehmers. Dabei spielen Aspekte wie eine bessere Interaktion mit den Marktteilnehmern, eine frühzeitige Identifikation von Trends sowie ein Verständnis des Wettbewerbs eine entscheidende Rolle. Daran schließen sich Verbesserungen und Optimierungen hinsichtlich der Effizienz, Effektivität und Sicherheit der operativen Abläufe an. Letztendlich macht es auch Sinn, Daten als Vermögenswert zu betrachten, da dadurch eine angemessene und notwendige Behandlung dieser Ressource erfolgt.

2.3 Big Data, Data Mining und Data Analytics

Jede Abhandlung über Big Data kommt nicht ohne die vier Dimensionen aus, die von IBM Forschern entwickelt und allgemein als die 4V's bezeichnet werden: Volume (Skalierung der Daten), Variety (unterschiedliche Formen von Daten), Veracity (Unsicherheit von Daten) und Velocity (Analyse von Streaming-Daten). Ohne das hier erneut wiederholen zu wollen, eignen sich die Dimensionen dazu, den Unterschied zum bisherigen Umgang sowie die Verfügbarkeit von Daten zu charakterisieren (vgl.

IBM o.J.). Wenn man versucht, es mit eigenen Worten auszudrücken, dann handelt es sich um eine Vielzahl an Daten, die strukturiert und unstrukturiert vorliegen, durch neue und leistungsfähigere Speicher- und Verarbeitungskapazitäten bearbeitet werden sowie neben dem Einsatz leistungsfähiger Analyse-Systeme auch Datenanalysten erfordern, die sich mit den Auswertungsmethoden auskennen. Aber insbesondere der letzte Punkt ist nicht differenziert genug beschrieben.

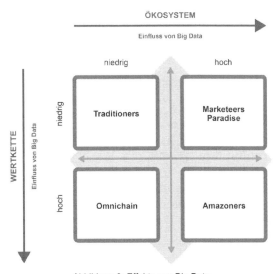

Abbildung 3: Effekte von Big Data

Quelle: Eigene Darstellung in Anlehnung an Cordon et al 2016, S. 26

Wer ausschließlich an Statistiker oder Programmierer denkt, liegt nur teilweise richtig. Der Umfang ist viel breiter und tiefer, als allgemein angenommen wird. Der eher vertikal spezialisierte Data Scientist bringt Kenntnisse aus einem oder mehreren der folgenden Gebiete mit (vgl. Granville 2014, S. 75 f.):

- Computerwissenschaftler mit Kenntnissen auf dem Gebiet der Algorithmen.
- Statistiker mit Fachkompetenz bezüglich Matrix-Algebra, Numerik, Regressionstechniken oder Maximum-Likelihood-Methode.
- Software-Ingenieure mit Wissen hinsichtlich Python-Coding.
- Datenbankspezialisten mit starken Modellierungshintergrund, Data Warehousing, Hadoop oder NoSQL Expertise.
- Prognosespezialisten (Predictive Modeler), den die Bayes-Statistik nicht fremd ist.

Das Pendant dazu bildet der eher horizontal spezialisierte Data Scientist ab, der ebenso breit aufgestellt ist, wie sein vertikal orientierter Kollege zuvor (vgl. Granville 2014, S. 76 f.):

- Prozess-Spezialist mit Six Sigma Kenntnissen.
- Erfahrung in der Entwicklung von Erfolgsstorys mit Bezug auf große und komplizierte Datensätze.
- Kenntnisse, reale Probleme zu identifizieren, diese mit den notwendigen Datensätzen in Verbindung zu bringen, die richtigen Datenbankstrukturen aufzubauen und zu verwenden sowie geeignete Metriken anzuwenden.
- Manager mit einer guten Intuition, die über reine theoretische Kenntnisse hinausgeht und sich mit Querschnittskompetenzen auf den vertikalen Gebieten vereint.
- Obgleich es viele statistische Auswertungs-Software gibt, sind Excel-Kenntnisse ebenfalls erforderlich.
- Weitere Wissensgebiete umfassen die Entwicklung von Dashboards, kreatives Denken und Handeln.

Auf allen drei wichtigen unternehmerischen Gebieten - Management, Technologie und Menschen - bedeutet Big Data eine völlig neue Analyse-Welt. Eine Projektion der weiteren Entwicklung mit den Bemühungen, die künstliche Intelligenz weiter zum Mittelpunkt zu machen, löst potenziell zum einen viele dieser Fähigkeiten in der Zukunft ab und schafft neue Herausforderungen. Aber diese Betrachtung wird hier nicht weitergeführt. Vielmehr ist es wichtig, dem allgemein als Buzzword deklarierten Begriff Big Data konkretere Umsetzungsformen hinzuzufügen.

Die Technik des Data Mining orientiert sich hinsichtlich seiner begrifflichen Festlegung an dem, was oben bereits zum Weg beginnend mit den (Roh-) Daten bis zum Wissen gesagt wurde. Data Mining „(Datenschürfen) ist die Extraktion von Wissen aus Daten" (Cleve und Lämmel 2016, S. 38). Während die eigentliche Datenanalyse weitgehend automatisiert ablaufen sollte, bedarf es intensiver Vorbereitungen des Datenmaterials durch den Datenanalysten. Neben dem eigentlichen Data Mining gibt es noch das Text und das Web Mining, auf das hier aber nicht eingegangen wird (vgl. Cleve und Lämmel 2016, S. 39).

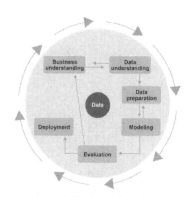

Abbildung 4: Der Data Mining Prozess
Quelle: Eigene Darstellung in Anlehnung an Witten et al. 2017

Der Data Mining Prozess CRISP-DM (Cross-Industry Standard Process for Data Mining) aus Abbildung 4 ist in sechs Stufen unterteilt (vgl. Taylor 2017), die in keiner linearen, sondern iterativen Beziehung zueinanderstehen, d.h., jede bereits behandelte Stufe kann von jeder beliebigen nachfolgenden Stufe angesteuert werden, sofern ein weiterer Klärungsbedarf besteht. Eine Problemstellung im Kontext eines analytischen Themas ist nur dann verständlich, sofern eine Einbettung in den unternehmerischen Bereich erfolgt. Ein Verständnis der Geschäftstätigkeit (engl. Business Understanding) thematisiert sowohl allgemeine als auch problembezogene Aspekte der Geschäftstätigkeit, der Organisation sowie verwandter Aspekte. Der dann folgende Umgang mit Daten bedarf auch eines Verständnisses, um welche Form von Daten es sich handelt. Damit ist nicht nur die Form (strukturiert, semi-strukturiert oder unstrukturiert) gemeint, sondern auch der Inhalt. Mit dem Verständnis der Daten (engl. Data Understanding) kann das eigentliche Mining oder Mining im engeren Sinn begonnen werden. Häufig liegen die Daten unvollständig, fehlerhaft oder mit großen Ausreißern vor. Die Vorbereitung der Daten (engl. Data Preparation) hilft dabei, die Ergebnisse zu verbessern, indem eine Bereinigung vorab durchgeführt wird. Die mathematisch-statistische Modellierung (engl. Modeling) bedient sich verschiedener Methoden aus dem deskriptiven, prädikativen und dem präskriptiven Bereich. Sofern Ergebnisse vorliegen, überprüft der Analyst die Berechnungen hinsichtlich Plausibilität, Validität und Angemessenheit der eingesetzten Methoden. Mit dieser Evaluierung (engl. Evaluation) hinterfragt das Management kritisch, ob mit dem Modell und den Daten Aussagen mit Bezug auf die eigentliche Fragestellung gemacht werden können. Im letzten Schritt wenden die verantwortlichen Mitarbeiter das Modell in der praktischen Problematik an und arbeiten damit (engl. Deployment). Die Anwendung dieser Vorgehensweise liegt im Kompetenzbereich des Analysten, weswegen auch andere Methoden wie SEMMA (Sample, Explore, Modify, Model, Assess) von SAS Anwendung finden könnten (vgl. Shmueli et al. 2016, S. 21).

Sowohl bei Big Data als auch beim Data Mining geht es um Wissen, dass aus den (Roh-) Daten herausgearbeitet werden muss. Das bedeutet, dass der Analyst, sofern man sämtliche technischen und organisatorischen Rahmenbedingungen außer Acht lässt, bestimmte analytische Techniken anwendet. Dadurch ist noch der Begriff Data Analytics oder Analytics zu bestimmen. „Analytics (H.i.O.) is the process of using computational methods to discover and report influential patterns in data" (Abbott 2014, S. 3).

Im wirtschaftlichen Bereich spricht man eher von Business Analytics, worunter „a field of study that uses data, computers, statistics, and mathematics to solve business problems" (Ragsdale, 2018, S. 1) verstanden wird. Im Kern geht es um die mathematisch-statistische Bearbeitung von geschäftlichen Fragestellungen unter Zuhilfenahme von Informationstechnologie. Die in Abbildung 5 verwendete Systematik unterscheidet Themen und Subthemen für eine weitere Zuordnung von Inhalten und Methoden. Auch hier sind weitere Unterscheidungen denkbar, auf die nicht weiter eingegangen wird. Tatsache ist, dass nun der Kern der Digitalisierungsentwicklung mit Blickrichtung Big Data erreicht ist.

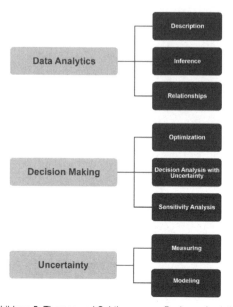

Abbildung 5: Themen und Subthemen von Business Analytics
Quelle: Eigene Darstellung in Anlehnung an Albright und Winston 2015, S. 5

Die Anwendung in Industrien und Unternehmen ist äußerst vielfältig und reicht von einer vorsichtigen Betrachtung bis zur kompletten Umsetzung, wie es oben bereits anhand der digitalen Strategie illustriert wurde. Beispielsweise wendet die Ölindustrie Big Data an, um Ölvorkommen und deren Gewinnung wirtschaftlicher realisieren zu können. Aber auch hier gibt es noch keine Unternehmen, die diese Techniken entlang der kompletten Wertschöpfungskette einsetzen (vgl. Hubik 2018, S. 19). Ein Unternehmen, das versucht, Big Data, Data Mining oder Business Analytics zum Schwerpunkt der Geschäftstätigkeit zu machen, ist gut beraten, einige Prinzipien zu formulieren, anhand derer die technologischen Investitionen die unternehmerischen Prioritäten reflektieren. Diese könnten wie folgt aussehen (Davenport und Harris 2017, S. 219):

- Ziel ist es, industrieller Marktführer zu werden, wobei neue Big Data Technologien und Methoden des maschinellen Lernens Anwendung finden.
- Die Risiken im Zusammenhang mit konfligierenden Informationsressourcen müssen reduziert werden.
- Applikationen sollten integriert werden, um der steigenden Bedeutung von analytischen Tätigkeiten unter Verwendung von unternehmensweit verstreuten Daten zu gewährleisten.

- Analytics muss zum integralen Bestandteil der Unternehmensstrategie sowie den organisatorischen Fähigkeiten gemacht werden.

Die Bedeutung solcher Formulierungen ist nicht zu unterschätzen, da nur dadurch die konkrete, an der unternehmerischen Geschäftstätigkeit ausgerichtete Corporate Governance möglich wird. Ansonsten verbleiben die Grundsätze guter Unternehmensführung im Bereich der Vorgaben, die für alle Unternehmen gelten. Der oben bereits hergestellte Zusammenhang zwischen der Corporate Governance und der Geschäftstätigkeit führt nun wieder zur Rahmung zurück. Allerdings geht es im Folgenden nicht darum, den großen Corporate Governance Zusammenhang nachzuzeichnen, sondern vielmehr um die konkrete Ausrichtung auf die Big Data Governance.

2.4 Data Governance, Big Data Governance und Business Analytics

Der primäre Informationsträger von analytischen Auswertungen sind die Daten, sowohl als Input als auch als Output. Die Daten lassen sich dabei unterscheiden in personenbezogene und nicht-personenbezogene Teile. Im ersten Fall konzentriert sich die öffentliche und wissenschaftliche Diskussion auf Fragen des Datenschutzes und im zweiten Fall auf Themen der Sicherheit unternehmenssensibler Daten. Beide Themen stellen keine disjunkten Mengen dar und weisen durchaus Überschneidungen auf. Die Corporate wie die (Big) Data Governance kümmern sich um beide Aspekte.

Entsprechend der oben gemachten Feststellung, dass das Management handelt, während die Kontrollorgane kontrollieren und beraten, sind zunächst die Zielsetzungen der Corporate Governance Institutionen herauszustellen. Diese bestehen aus vier Vorgaben (vgl. Gelinas et al. 2017, S. 236):

- Sicherung der strategischen Vorgaben
- Sicherung der unternehmerischen Effizienz und Effektivität
- Verlässlichkeit der internen und externen Berichterstattung
- Compliance mit externen und internen Vorgaben

Am Beispiel von Effizienz und Effektivität kann der Unterschied besonders deutlich herausgestellt werden, da es nicht um die organisatorische Umsetzung dieser beiden Prinzipien geht, sondern um die Sicherstellung sämtlicher Aktivitäten, um die damit verbundenen Zielsetzungen zu erreichen. Natürlich thematisiert die Corporate Governance das gesamte Unternehmen und nicht nur Fragestellungen bezüglich der Daten. Daher enthält Abbildung 6 einen konkreten Bezug und stellt Business Analytics in den Mittelpunkt der Betrachtung.

Die Data Governance geht konsequent von den Daten des Unternehmens aus und ermöglicht eine systematische Datenstandardisierung und eine integrierte Vorgehensweise, ein effizientes Management der Datenapplikationssysteme, die Entwicklung einer entsprechenden Aufbau- und Ablauforganisation, eine Formulierung von

Vorgaben sowie die Etablierung von Geschäftsprozessen (vgl. Kim und Cho 2017, S. 387). Die vier V's heben die Thematik auf eine neue Ebene und erfordern eine Big Data Governance. Korrespondierend kümmern sich die Verantwortlichen aus dem Bereich der Informations-Governance um die Sicherstellung der Datensicherheit im Sinne der Vertraulichkeit, Integrität und Verfügbarkeit von Daten. In der Schnittmenge der Aktivitäten verweilen die analytischen Aktivitäten, die auf beide Datenarten zurückgreifen. Insgesamt rekurrieren die speziellen Governance-Tätigkeiten auf die unternehmensweiten Corporate Governance Ziele. Globale Vorgaben und Spezialisierungen stehen in einem permanenten Austauschverhältnis.

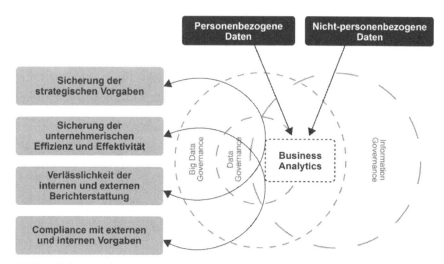

Abbildung 6: Business Analytics zwischen (Big) Data und Information Governance

Quelle: Eigene Darstellung

Der Zusammenhang wird verständlicher, wenn zunächst die Data Governance betrachtet und anschließend auf die Big Data Governance übergegangen wird. Aus wissenschaftlicher Sicht und letztendlich in der praktischen Umsetzung müssen sich die Verantwortlichen aber immer fragen, wieviel Neues das Label „Big" eigentlich bringt oder eine Re-Formulierung bestehender Bemühungen die aufwendige Neuerfindung bereits bekannter Sachverhalte vermeidet.

Die Anwendung von Standards erleichtert die Umsetzung von Vorgaben im Rahmen der Organsation. Der DAMA-DMBOK (DAMA Data Management Body of Knowledge) stellt die Data Governance in den Mittelpunkt eines Datenmanagements mit seinen insgesamt neun Teilaspekten (Abb. 7):

- Datenarchitektur-Management
- Datenentwicklung
- Data Operations Management

- Daten-Sicherheitsmanagement
- Referenz- und Masterdatenmanagement
- Data Warehousing und Business Intelligence Management
- Dokumenten- und Content-Management
- Metadaten-Management
- Daten-Qualitätsmanagement

Abbildung 7: Data Governance und Datenmanagement
Quelle: Eigene Darstellung in Anlehnung an DAMA 2009

Die neun Aspekte erfordern ein Rahmenwerk, dass es ermöglicht, sämtliche damit verbundene Ziele zu erreichen, wobei gleichzeitig die übergeordneten Governance-Ziele beachtet werden müssen. Jede Data Governance ist anders, da es keine verbindlichen Vorgaben für die Umsetzung gibt. Die Fokussierung könnte (1) Richtlinien, Standards und Strategien, (2) Datenqualität, (3) Datenschutz, Compliance und Sicherheit, (4) IT-Architektur und Integration, (5) Data Warehousing und Business Intelligence, (6) Management-Support etc. umfassen (vgl. Thomas 2017, S. 7 ff.). Grundsätzlich sind auch andere Mischformen denkbar. Die nachfolgenden Ausführungen skizzieren daher nur mögliche Optionen:

- Die für die Data Governance verantwortlichen Personen müssen sich eine Art Modus Operandi geben, d. h., über eine langfristige Festlegung von dem, was erreicht werden möchte, entsteht eine Art strukturierter Fahrplan i.S. einer Strategie über die Zeit hinweg. Ausgehend von den allgemeinen Zielen der Corporate Governance sollten Bereichsziele formuliert und in die Organisation getragen werden. Besonders erfolgversprechend sind solche Programme, die sich an der Mission und Vision des Unternehmens orientieren und beide Aspekte in den jeweiligen Governance-Bereich mit integrieren.
- Ein wirksames Data Governance-Programm lebt davon, dass es eine Organisation im Unternehmen gibt, die Verantwortlichkeiten und Befugnisse genau definiert. An der Spitze muss ein Verantwortlicher dafür sorgen, dass der Gesamtzusammenhang gewährleistet ist, während bereichsbezogen Mitarbeiter an der weiteren Konkretisierung arbeiten. Das bedeutet die Schaffung eines Data Governance Office (DGO) mit einem Chief Data Governance Officer (CDGO) sowie weiteren Data Stewards (DS). Innerhalb des DGO tagt ein regelmäßiges Gremium, welches sich mit der Organisation über sämtliche Sachverhalte mit Bezug zur Data Governance austauscht, Entscheidungen trifft und ggfs. auch Problemlösung betreibt.
- Ausgehend von einer Gesamtvorgabe für das Unternehmen entwickeln die Teilbereiche konkrete Standards und weitere Umsetzungshilfen, um die Anforderungen der Data Governance zu realisieren. Dabei gilt das Prinzip der zunehmenden Detaillierung.
- Da unternehmerische Aufgaben entweder routinemäßig oder projektbezogen ablaufen, müssen beide Arbeitsformen begleitet und überwacht werden. Gerade im IT-Bereich laufen viele Tätigkeiten über Projekte. An diesem Punkt überschneidet sich die Projekt- mit der Data Governance.
- Am Ende von Projekten oder am Ende eines jeden Geschäftsjahres macht es durchaus Sinn, die Governance-Aktivitäten zu evaluieren, um deren Zielerreichung festzustellen. Eine kritische Beurteilung liefert die Möglichkeit, weitere Optimierungen herbeizuführen. Sofern Metriken oder konkrete Audits durchgeführt werden, sollten die Ergebnisse im Rahmen des DGO diskutiert werden.

Die Beziehung Daten-Informationen-Wissen macht aus Daten bereits einen strategischen Unternehmenswert für das Unternehmen, obwohl die genaue buchhalterische Bewertung nicht zweifelsfrei und einfach möglich ist. Die schnellen und disruptiven Entwicklungen der Geschäftswelt erfordern aber bereits frühzeitig den sich über die Zeit verändernden Wert zumindest qualitativ einzuschätzen (vgl. Tallon 2013, S. 38).

Die analytischen Tätigkeiten könnten im Rahmen eines Big Data Management Prozessflusses (Abb. 8) bereits am Pre-Processing ansetzen. Das wurde oben bereits mit Bezug auf die CRISP-DM Methodik deutlich gemacht. Am Ende steht immer eine unternehmerische Entscheidung, deren Qualität von einer strukturierten Vorgehensweise abhängt sowie den Datenschutz als auch die Datensicherheit gewährleistet. „[A] specific problem should be tackled using a structured process, and an accurate question has to be posed at the beginning, but it is essential to be open and flexible to follow new unexpected paths and managing unanticipated consequences based on what data are telling" (Corea 2016, S. 8). Die Data Governance, die sich entsprechend der obigen Charakterisierung zu einer Big Data Governance weiterentwickeln muss, setzt bereits am Ausgangspunkt an. Aspekte wie das Management von Netzwerken oder Speicherkapazitäten wären bestenfalls in eine Technologie-Governance einzubetten, die entweder gleichberechtigt neben den weiteren Spezialisierungen steht oder als weitere Subkategorie im Rahmen der (Big) Data Governance behandelt wird. Während das Management die Formulierung der geeigneten Fragestellung vornimmt, sich eine strukturierte Vorgehensweise überlegt und diese befolgt sowie kreative Prozesse parallel laufen lässt, sichert die Governance, dass sowohl eine Beratung und Austausch stattfinden als auch sämtliche vorab definierten Ziele der Teilbereiche bezüglich der Einhaltung kontrolliert werden. Das bedeutet konkret, dass die Verfügbarkeit, Integrität, Vollständigkeit und Qualität der Daten gewährleistet sind. Der weitere Einsatz von Beschreibungs-, Erklärungs- und/oder Entscheidungsmodellen hängt wiederum von der Fragestellung ab, die zu anfangs formuliert wurde (vgl. Seiter 2017, S. 19). Vorab ist festzulegen, welche Methoden angemessen sind, wie Analytics betrieben werden soll, auf welche Weise dokumentiert wird und wie die Berichtswege gestaltet sein sollen. Die Governance berät im Vorfeld, im Laufe und überprüft am Ende des Prozesses.

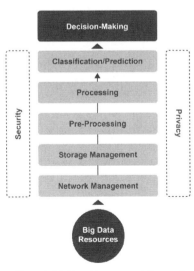

Abbildung 8: Big Data Management Prozessfluss

Quelle: Eigene Darstellung in Anlehnung an Siddiqa et al. 2016, S. 153

Etwas Formalisierter könnte analog zum Big Data Management Prozessfluss ein Big Data Governance Workflow (Abb. 9) unternehmensspezifisch entwickelt werden. Der Vorteil besteht in einem Soll-Konzept, das an bestimmten Stellen eine Orientierung erlaubt bzw. die weitere Vorgehensweise nochmals vor Augen führt.

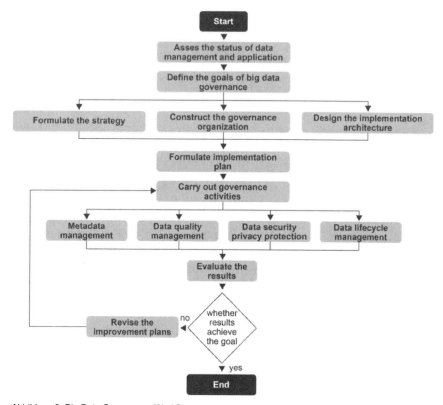

Abbildung 9: Big Data Governance Workflow

Quelle: Eigene Darstellung in Anlehnung an Zhang et al. 2017, S. 376

Der Ablauf beginnt mit einer Status-quo Analyse der bestehenden Datenmanagement-Aktivitäten sowie der Applikationen. Auf der Grundlage dieses Teils der Geschäftstätigkeit entwickelt das DGO die Big Governance Ziele. Die konkreten Aktivitäten bestehen dann (wie es oben bereits dargestellt wurde) in der Formulierung einer Strategie, dem Aufbau einer Governance Organisation und dem Design einer Implementierungs-Architektur. Daran schließt sich die Formulierung des Umsetzungsplans an. Die Ausführung der Governance-Aktivitäten zeigt sich dann in den Teilbereichen wie dem Meta-Datenmanagement, dem Daten-Qualitätsmanagements, im Management von Sicherheit und Datenschutz sowie im Management des Lebenszyklus von Daten. Alle Ergebnisse sollten abschließend einer Revision und je nach Zielerreichung einer erneuten Überarbeitung unterworfen werden.

3 Fazit

Die digitale Entwicklung bedeutet für viele Unternehmen einen Überlebenskampf, da viele der neuen Technologien entweder die alten Angebote überflüssig machen oder die Marktpräsenz einiger kluger Anwender verbessern. Dazu gehören sämtliche Aktivitäten auf dem Gebiet von Big Data inklusive der analytischen Auswertungen. Da die Anwendung aber nicht frei von Kritik und in keiner Weise einfach ist, bedarf es eines Rahmenwerks im Sinne einer Big Data Governance, um die kritischen Bereiche wie Datensicherheit und Datenschutz angemessen zu berücksichtigen. Wenn man auf den wirtschaftlichen Bereich sieht, sind es Themen der Effizienz und Effektivität, die gewährleistet sein müssen. Das Management benötigt sowohl einen Berater als auch Kontrollfunktionen, die ex-ante, prozessbegleitend oder ex-post eine Beurteilung der Praktiken durchführen. Das Zusammenspiel sollte bestenfalls nicht als Konfliktfall behandelt, sondern eher im Rahmen möglicher Synergien betrieben werden. Smarte Unternehmen haben das erkannt, andere arbeiten noch daran.

Quellenverzeichnis

Abbott, D. (2014): Applied Predictive Analytics, Principles and Techniques For The Professional Data Analyst, Wiley, Indianapolis.

Alpaydin, E. (2016): Machine Learning, The New AI, The MIT Press, Cambridge/Massachusetts und London/England.

Cleve, J., Lämmel, U. (2016): Data Mining, 2. Aufl., De Gruyter Oldenbourg, Berlin/Boston.

Cordon, C., Garcia-Milà, P., Vilarino, T.F., Caballero, P. (2016): Strategy is Digital, How Companies Can Use Big Data in the Value Chain, Springer, Switzerland.

Corea, F. (2016): Big Data Analytics: A management perspective, Studies in Big Data 21, Springer International Publishing, Switzerland.

DAMA International (2009): The DAMA Guide to the Data Management Body of Knowledge (DAMA-DMBOK), Technics Publications, Online-Ausgabe.

Davenport, T.H., Harris, J.G. (2017): Competing on Analytics, The new science of winning, Harvard Business Review Press, Boston.

Gelinas, U.J., Dull, R.B., Wheeler, P.R. (2017): Accounting Information Systems, 11th Edition, Cengage, Australia.

Granville, V. (2014): Developing Analytic Talent, Becoming A Data Scientist, Wiley, Indianapolis.

Hubik, F. (2018): Mit Bytes zu Barrels, in: Handelsblatt, 23.05.2018, Düsseldorf, 18-19.

IBM (o.J.): The Four V's of Big Data, http://www.ibmbigdatahub.com/infographic/four-vs-big-data, Zugriff am: 22.05.2018.

Ismail, S., Malone, M. S., van Geest, Y. (2014): Exponential Organizations: Why new organizations are ten times better, faster, and cheaper than yours (and what to do about it), Diversion Books, Kindle-Version, New York.

Kim, H.Y., Cho, J.-S. (2017): Data Governance Framework for Big Data Implementation with a Case of Korea, in: IEEE 6th International Congress on Big Data, 384-391.

Laudon, K.C., Laudon, J.P., Schoder, D. (2010): Wirtschaftsinformatik, Eine Einführung, 2. Aufl., Pearson, München et al..

Marr, B. (2017): Data Strategy, How to profit from a world of big data, analytics and the internet of things, Kogan Page, London et al..

OECD (Hrsg.) (2015): G20/OECD Principles of Corporate Governance, OECD Publishing, Paris, https://read.oecd-ilibrary.org/governance/g20-oecd-principles-of-corporate-governance-2015_9789264236882-en#page3, Zugriff am: 18.05.2018.

o.V. (2017): Briefing: The data economy, Fuel of the future, in: The Economist, London, May 6th, 13-16.

Popper, K.R. (1995): Objektive Erkenntnis, Ein evolutionärer Entwurf, 3. Aufl., Hoffmann und Campe, Hamburg.

Ragsdale, C.T. (2018): Spreadsheet Modeling and Decision Analysis, A Practical Introduction to Business Analytics, 8th Edition, Cengage, Australia.

Regierungskommission Deutscher Corporate Governance Kodex (2017): Deutscher Corporate Governance Kodex, https://www.dcgk.de//files/dcgk/usercontent/de/download/kodex/170424_Kodex.pdf, Zugriff am: 18.05.2018.

Regierungskommission Deutscher Corporate Governance Kodex (2018): Kodex, https://www.dcgk.de/de/, Zugriff am: 18.05.2018.

Seiter, M. (2017): Business Analytics, Effektive Nutzung fortschrittlicher Algorithmen in der Unternehmenssteuerung, Vahlen, München.

Shmueli, G., Bruce, P.C., Patel, N.R. (2016): Data Mining For Businerss Analytics, Concepts, Techniques AND Applications With XLMiner, 3rd Edition, Wiley, Hoboken.

Siddiqa, A. et al. (2016): A survey of big data management: Taxonomy and state-of-the-art, in: Journal of Network and Computer Applications, Volume 71, August 2016, 151-166.

Tallon, P. (2013): Corporate Governance of Big Data: Perspectives on Value, Risk, and Cost, in: Computer, Jun2013, Vol. 46 Issue 6, 32-38.

Taylor, J. (2017): Four Problems in Using CRISP-DM and How To Fix Them, https://www.kdnuggets.com/2017/01/four-problems-crisp-dm-fix.html, Zugriff am: 23.05.2018.

Thomas, G. (2017): The DGI Data Governance Framework, http://www.datagovernance.com/wp-content/uploads/2014/11/dgi_framework.pdf, Zugriff am: 24.05.2018.

Witten, I.H., Frank, E., Hall, M.A., Pal, C.J. (2017): Data Mining, 4th Edition, Morgan Kaufmann/Elsevier, Cambridge, Online-Ausgabe.

Zhang, S., Gao, H., Yang, L., Song, J. (2017): Research on Big Data Governance Based on Actor-Network Theory and Petri Nets, in: Proceedings of the 2017 IEEE 21st International Conference on Computer Supported Cooperative Work in Design, Wellington/Neuseeland, 372-377.

Data Analytics und Cyber-Risikomanagement

Dirk Drechsler

1 Einleitung

Der Schutz der digitalen Infrastruktur eines Unternehmens muss für das Top-Management sowie die nachgelagerten Führungsebenen zu einem sehr wichtigen Thema werden. Es reicht nicht aus, stetig die Bedeutung hervorzuheben, ohne wirklich wirksame Maßnahmen folgen zu lassen. Das betrifft nicht nur die organisationale Infrastruktur, sondern auch die angemessene Ausstattung der Abteilungen mit Spezialisten sowie weiteren Ressourcen.

Da sich die Informationstechnologie über das gesamte Unternehmen verteilt, fällt es oftmals schwer, den Überblick zu behalten. Das betrifft die sensiblen und personenbezogenen Daten, die Informations- und Kommunikationstechnologie als auch den menschlichen Faktor. Während die Geschäftstätigkeit vor der zunehmenden Bedeutung von Digitalkonzepten von der Informationstechnologie unterstützt wurde, besteht heute ein zunehmend symbiotisches Verhältnis zwischen den wirtschaftlichen und den digitalen Ökosystemen. Die Verwendung der biologischen Metapher steht sinnbildlich für diesen Zusammenhang (vgl. Drechsler 2018a, S. 54).

Diese netzwerkartigen Zusammenhänge stehen nicht nur für eine stetige Produktion, Austausch und Speicherung von Daten, sondern bieten aus Sicht von unternehmensinternen und -externen Angreifern eine Vielzahl von Schwachstellen. Die frühe Identifikation solcher Punkte ist eine Grundvoraussetzung für einen zukünftigen Unternehmenserfolg, weswegen sich dieser Beitrag mit einer Möglichkeit auseinandersetzt, das Problem in den Griff zu bekommen.

2 Vorüberlegungen zur Modellierung von Realitäten

Der Einzug von Big Data in Theorie und Praxis bedeutet nicht nur eine konsequente Orientierung an empirischen Daten, sondern auch die Infragestellung theoretischer Überlegungen. Aus der Sicht des Autors ist eine solche Vorgehensweise nicht nur unvollständig, sondern auch gefährlich. Zum einen erhält die Praxis, die die empirischen Daten liefert, durch eine theoretische Diskussion erst eine bestimmte Sinnhaftigkeit, während eine Theorie ohne Praxis schlichtweg im Bereich der Überlegungen verbleibt. Erst die stetige Oszillation zwischen Theorie und Praxis, wobei der Forscher seinen Startpunkt frei wählen kann, schließt approximativ die Schwächen beider Ansätze.

Die Theorien sowie die innerhalb dieser Denkgebäude verwendeten Begrifflichkeiten sind inhaltlich hoch aufgeladen und eine unreflektierte Verwendung von Terminologie sowie der Versuch, Anschlussmöglichkeiten zwischen den Ansätzen herzustellen, können - positiv formuliert - zu suboptimalen Ergebnissen führen. Das gilt insbesondere für Konzepte, die sich völlig gegensätzlich gegenüberstehen. Beispielsweise steht der Realismus für die folgende Annahme: „[R]eality exists independent of any human presence" (Jaccard und Jacoby 2010, S. 7). Das Kontrast-programm befindet sich in einem anderen wissenschaftlichen Gebäude: „[S]ocial constructionist (H.i.O.) perspective holds that reality is a construction of the human mind, that this construction is tied to a particular time and social context, and that what is considered reality changes as the social context changes" (Jaccard und Jacoby 2010, S. 7).

Dieser Beitrag geht insofern von einer konstruktivistischen Perspektive aus, als das, was als Realität bezeichnet, als von Menschen gemacht angenommen wird. Im Mittelpunkt stehen Konzepte, die durch eine Relationierung zu einem Modell verdichtet werden. Dabei unterscheidet der Autor zwischen einem Problem- und einem Modellbereich (vgl. Abb. 1), die wiederum unterschiedliche Aspekte behandeln.

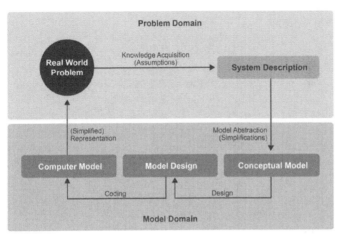

Abbildung 1: Prozess der Modellierung
Quelle: Eigene Darstellung in Anlehnung an Robinson 2014, S. 83

Der Problembereich (engl. Problem Domain) bildet den Ausgangspunkt der Betrachtung. Dort findet der Manager oder Wissenschaftler Probleme in der realen Welt, mit denen er sich auseinandersetzen möchte oder muss. Da die Realität in jeder Sichtweise komplex und nahezu unüberschaubar ist, verwendet man Annahmen, um insbesondere Unsicherheiten oder Vermutungen über die reale Welt zu modellieren, d. h. dadurch werden die Wissenslücken geschlossen, die nicht über Fakten abbildbar sind. Dieser Vorgang führt zur Systembeschreibung (engl. System Description). „The system description (...) describes the problem and those elements of the real world that relate to the problem" (Robinson 2014, S. 82). Wie das Zitat bereits zu verstehen gibt, handelt es sich um eine Deskription, d. h. eine dichte Beschreibung der Sachverhalte, denen man sich näher widmen möchte.

Die Eingrenzung des Problems bedeutet aber nicht, dass diese einfach in ein Modell übernommen werden kann. Vielmehr existiert noch ein hohes Maß an Komplexität, weswegen über den Vorgang einer modellbezogenen Abstraktion eine zusätzliche Vereinfachung vorgenommen wird. Im (Zwischen-) Ergebnis entsteht das konzeptionelle Modell. „The conceptual model (...) describes those parts of the system description that are included in the simulation model and at what level of detail" (Robinson 2014, S. 83 f.). In diesem Teilabschnitt werden die Ziele, die Inputs, die Outputs, der Inhalt/Sachverhalt, die Annahmen und Vereinfachungen beschrieben (vgl. Robinson 2014, S. 81). Die Vereinfachung im Sinne einer Simplifizierung (engl. Simplification) darf nicht mit einer Banalisierung verwechselt werden. Die Reduzierung auf bestimmte Ausschnitte der realen Welt hilft vielmehr, das Problem grundlegend zu verstehen, sofern alle anderen Bedingungen konstant gehalten werden. Das bezeichnet man in der Wissenschaft mit „ceteris paribus (c.p.)", was so viel bedeutet wie „unter ansonsten konstanten Bedingungen". Ausgehend von der konzeptionellen Modellierung besteht durchaus die Möglichkeit, iterativ weitere Bedingungen zu lockern, hinzuzufügen oder schlichtweg wegzulassen. Der Preis dafür besteht in einer höheren oder niedrigeren Komplexität mit einer höheren oder niedrigeren Erklärungskraft. Über den Schritt des Designs gelangt der Modellierer zur nächsten Stufe des Modell-Designs, das der folgenden Erläuterung entspricht: „[T]he design of the constructs and logic for the computer model (data, components, model execution etc.) in terms of the software being used" (Robinson 2014 und die dort angegebene Literatur, S. 83). Im letzten Schritt codiert der Modellierer im Rahmen der verwendeten Software und entwickelt das Computer-Modell: „[A] software specific representation of the conceptual model" (Robinson 2014, S. 83). Das Ergebnis besteht aus einer simplifizierten Repräsentation des eigentlichen Ausgangsproblems aus der realen Welt.

Solche komplexen Aufbereitungen von Problemlagen verbauen häufig unbewusst und unbeabsichtigt den Blick darauf, worum es im Modellierungsprozess eigentlich geht. Sehr zielgerichtet formuliert und an den pragmatischen Bedürfnissen der Geschäftswelt orientiert handelt es sich um einen dreistufigen Entwicklungsprozess der bei den (Roh-)Daten startet, zu Informationen übergeht und letztendlich mit weiteren Zugaben im Wissen endet.

- „Data is simply a collection of symbols representing that particular events occurred within particular contexts. The event symbols characterize the extension, duration, quality, quantity (...) of the event. However, it is wholly uninterpreted in nature" (Pyle 2003, S. 93).
- „Thus, information (H.i.O.) can be described as a communication of a summary of various similarities, differences, and relationships discovered in data, described within a particular context, that includes valid characteristics, erroneous characteristics, and repetition" (Pyle 2003, S. 95).
- „Knowledge (H.i.O.) (...) can be described as a set of operational recipes together with the contexts in which those recipes can become effective (...) what it's possible to do, and when it is appropriate to do it, to achieve particular results" (Pyle 2003, S. 97).

Wenn man bedenkt, dass Data Mining, ein etwas konkreterer Begriff für Big Data, auch „Knowledge Discovery from Data" oder KDD bedeutet, entsteht ein klares Bild von dem, was durch die Modellierung erreicht werden soll.

3 Von der realen Welt zum Computer-Modell

3.1 Die Probleme in der realen Welt

Zurzeit ist es fast egal, welche Risiko-Statistik herangezogen wird, denn jede enthält zumindest einen Hinweis darauf, dass die immer größer werdende Vernetzung in der Wirtschaft und die damit verbundenen Abhängigkeiten ein erhebliches Risikopotenzial beinhalten. Die digitalwirtschaftlichen Geschäftsmodelle basieren nicht nur auf einer informationstechnischen Verknüpfung, sondern gelangen über die Anbindung an das Internet in die so genannte Cyberwelt. Dementsprechend sind es nicht nur Probleme der IT-, sondern der Cyber-Sicherheit, die sich den Unternehmen mit einer unerbittlichen Härte offenbaren. Allzu oft vergessen die Vertreter des Top-Managements, dass Chancen immer wieder Risiken mit sich bringen.

Der Risikobericht des World Economic Forums (WEF) nennt unter den weltweiten Top 22 Risiken im Bereich der Geschäftstätigkeit insgesamt drei technologische Einzelrisiken, die aus Sicht von Unternehmenslenker erhebliche Probleme bereiten könnten: Cyberattacken (Platz 8), Betrug mit oder Diebstahl von Daten (Platz 17) und den Missbrauch von Technologie (Platz 22) (vgl. WEF 2018).

Der Horizon Scan Report 2018 des Business Continuity Institutes geht sogar darüber hinaus und nennt unter den Top 10 Bedrohungen für unternehmerische Lieferketten folgende Sachverhalte: Cyberattacken (Platz 1), Datenlecks (Platz 2) sowie Ungeplante IT- und Telekommunikationsausfälle (Platz 3) (vgl. The BCI 2018, S. 8).

Das deutsche Bundeskriminalamt (BKA) publiziert seit 2011 Bundeslagerbilder Cybercrime. Im aktuellen Bericht zum Bundeslagebild Cybercrime 2016 berichtet die Statistik unter anderem von 82.649 Fällen von Cybercrime im engeren Sinn[3], 253.290 Fällen mit dem Tatmittel Internet unter allen in der PKS (Polizeikriminalstatistik) erfassten Straftaten und 972 Fällen von Ransomware (vgl. BKA 2017).

Die empirischen Daten sprechen sowohl in historischer als auch prädikativer Hinsicht eine deutliche Sprache. Die Informationssysteme, die Informations- und Kommunikationstechnologien (IuK) sowie die Anbindung an den externen Geschäftskontext via Internet bieten offensichtlich viele Angriffspunkte.

3.2 Die Beschreibung des Systems und das konzeptionelle Modell

Die Informations- und Kommunikationssysteme eines Unternehmens sind für Angreifer dann ein leichtes Ziel, wenn diese Schwachstellen oder Verwundbarkeiten aufweisen. Mit dem CVSS-Scoring existiert eine Möglichkeit zur Einschätzung. Es stellt

---

[3] Hinsichtlich der rechtlichen Systematisierung verweist der Autor auf die Ausführungen im Bundeslagebild (vgl. BKA 2017, S. 4f.).

sich die Frage, über welche weiteren unabhängigen Variablen eine Beziehung hergestellt werden kann. Der Scoring-Wert errechnet sich über weitere Faktoren. Die Frage ist, ob ein Zusammenhang auch über den Traffic und die Anzahl an Schwachstellen einer Anwendung hergestellt werden kann.

In konzeptioneller Hinsicht erscheint es sinnvoll, eine generische Betrachtung eines Unternehmens (vgl. Abb. 2) vorzunehmen, die die informationelle und informationstechnische Infrastruktur zum Gegenstand hat.

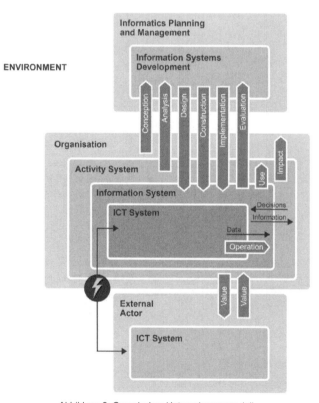

Abbildung 2: Generisches Unternehmensmodell
Quelle: Eigene Darstellung in Anlehnung an Beynon-Davies 2013, S. 11

Die (Gesamt-)Organisation im Sinn der Aufbauorganisation eines Unternehmens umfasst sämtliche vertikale Strukturen, die auf der Ebene des Top-Managements beginnen und sich bis zu den Mitarbeitern auf der operativen Ebene hinunterarbeiten. Darunter fallen auch sämtliche Entscheidungsbefugnisse, Zuständigkeiten und Verantwortlichkeiten in wirtschaftlicher Hinsicht. Die Durchführung der Geschäftstätigkeiten erfordert zusätzlich eine horizontale Ablaufstruktur, die mit Aktivitätssystem beschrieben wird. Hier befinden sich sämtliche primäre und sekundäre Unternehmensprozesse mit einer (sofern erforderlich) Anbindung an die Außenwelt. Da Unternehmen nicht mehr mit einem Paper-and-Pencil Ansatz arbeiten, sondern Informationssysteme einsetzen, bedarf es Mitarbeiter einer IT Planungs- und Management Abteilung, die solche Systeme entweder selbst entwickeln oder bei etablierten Anbietern einkaufen du auf die Bedürfnisse der Organisation anpassen. Das schließt auch die Data Governance und das Datenmanagement mit ein. Im Kern arbeiten die Informationssysteme mit einer gewählten Informations- und Kommunikationstechnologie (IuK-Technologie), die die (Gesamt-)Organisation und die Aktivitätssysteme in unterschiedlicher Intensität unterstützen. Je smarter die Systeme sind, desto mehr spricht man von Symbiose. Da die IuK-Systeme auch für den Austausch mit internen und externen Partnern verwendet werden, sind diese Verbindungen ebenfalls zu berücksichtigen.

Eine mögliche Taxonomie von Angriffsvektoren bildet die Gegenseite der generischen Unternehmensstruktur, auf die über Attacken eingewirkt wird. Die ENISA (European Union Agency for Network and Information Security) bietet über den Threat Landscape Report 2017 eine mögliche Klassifizierung. Insgesamt gibt es 13 verschiedene Angriffsvektoren, die den Kenntnisstand des Berichts wiedergeben. Man sollte diese Ergebnisse keinesfalls als abschließend betrachten, da die Kreativität der Angreifer äußerst groß ist. Dabei handelt es sich nicht nur um komplett neue, sondern auch um die Kombination bestehender Formen. In Abbildung 3 sind diese Angriffsvektoren zusammengestellt.

Im konzeptionellen Modell sowie in den oben aufgestellten generischen Darstellungen zeigt sich deutlich, wie groß die Komplexität noch an dieser Stelle ist, weswegen eine weitere Fokussierung erfolgt. Daher greift der Autor aus dem generischen Organisationsmodell die Software-Applikationen und aus der Taxonomie die Ausnutzung von Schwachstellen/schlechten Konfigurationen etc. heraus. Für diese Zwecke rekurriert der Autor auf eine wissenschaftliche Abhandlung, die sowohl einen möglichen Ansatz als auch inhaltliches Verbesserungspotenzial bietet. Aus Sicht des konzeptionellen Modells sind die Faktoren Ziele, Inputs, Outputs, Inhalt/Sachverhalt, Annahmen und Vereinfachungen zu bestimmen.

Das prädikative Regressionsmodell von Jaganathan et al. (2015) fokussiert inhaltlich den Zusammenhang zwischen einem Schwachstellen-Scoring und den Einflussgrößen *Anzahl von Schwachstellen* einer Software-Applikation und *durchschnittlicher Input Netzwerk-Verkehr* gemessen in Kilobytes pro Sekunde (KBPS). In Regressionsmodellen ist es üblich, den Verarbeitungsalgorithmus über eine abhängige Variable (Bezeichnung mit Y) und eine oder mehrere unabhängige Variablen (X_1 bis X_n) zu modellieren. Für die unabhängige oder Output-Variable wurde der CVSS-Score und für die unabhängigen bzw. Input-Variablen X_1 und X_2 die bereits oben genannten Einflussgrößen gewählt. Die Untersuchung geht der Fragestellung nach, ob es einen signifikanten statistischen Zusammenhang zwischen der abhängigen und den unabhängigen Variablen gibt und dadurch eine Aussage bezüglich der Schwachstelleneinschätzung gemacht werden kann.

Abbildung 3: Taxonomie der Angriffsvektoren

Quelle: Eigene Darstellung in Anlehnung an ENISA 2018, S. 99f.

Das bedeutet für den Algorithmus, dass dieser alleine über die beiden Einflussgrößen auf den CVSS-Score wirkt und die verbleibenden Faktoren im sogenannten Fehlerterm gebündelt werden. Inhaltlich wird für die unabhängige Variable X_1 die Annahme getroffen, dass hinter der Anzahl an Schwachstellen ein Bündel verschiedener Arten von Schwachstellen existieren kann, das nicht weiter im Modell spezifiziert wird. Die Autoren sprechen von bis zu 23 Kategorien. Diese starke Vereinfachung reduziert den Einfluss unterschiedlicher Schwachstellen auf ein einheitliches Niveau, d.h. diese wirkt nur über die Existenz, aber nicht über die Art. Hinsichtlich des multiplen Regressionsmodells werden noch die Annahmen der Linearität, der fehlenden Multikolinearität, der Homoskedastie und der Normalverteilung formuliert (vgl. Abb. 4).

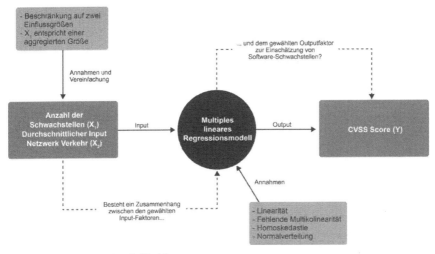

Abbildung 4: Das konzeptionelle Modell
Quelle: Eigene Darstellung in Anlehnung an Jaganathan et al. 2015, S. 1 ff.

Das konzeptionelle Modell weist einige Ansatzpunkte für eine Verbesserung auf, die zu diskutieren sind und sich nachfolgend auf das Specification Document von First (vgl. Abb. 5) beziehen (vgl. First o.J.).

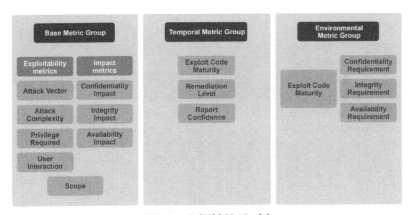

Abbildung 5: CVSS Metrik v3.0
Quelle: Eigene Darstellung in Anlehnung an First o.J.

Die Base Metric steht für die intrinsischen Charakteristika der Verwundbarkeit, die über die Zeit und die Nutzerumgebungen konstant sind. Für die Berechnung ist das der Pflichtbestandteil, während die beiden anderen Metriken, die Temporal Metric und die Environmental Metric optionale Komponenten darstellen. Die Temporal Metric Group bezieht sich auf Charakteristika der Schwachstellen, die sich über die Zeit, nicht aber bezüglich der Nutzerumgebungen ändern können. Letztendlich thematisiert die Environmental Metric Group Charakteristika, die aus den besonderen Nutzerumgebungen heraus resultieren. Das Specification Dokument nennt explizit Formeln zur Berechnung des CVSS Scores, wenn entweder der Pflichtbestandteil alleine oder in Kombination mit den optionalen Komponenten verwendet wird. Im Gegensatz zu einer Regressionsgleichung hat man es hier mit Identitäten oder definierten Zusammenhängen zu tun, d. h. der Score ist das Berechnungsergebnis der drei Gruppenfaktoren sowie dem spezifizierten mathematischen Zusammenhang. Die Regression stellt einen Zusammenhang zwischen abhängigen und unabhängigen Variablen her, der nicht in Form eines Berechnungsergebnisses besteht, sondern als Hypothese zu beweisen ist.

Insofern muss man natürlich die Frage stellen, ob die Wahl der unabhängigen Variablen einen geeigneten Ansatzpunkt für die Betrachtung liefert. Zunächst wäre die erste unabhängige Variable zu betrachten. Die Anzahl an Schwachstellen macht zwar quantitativ durchaus Sinn, muss aber vor dem Hintergrund einer Aggregation hinterfragt werden, die den individuellen und sicherlich unterschiedlich zu gewichtenden Schwachstellen überhaupt keine Beachtung schenkt. Dementsprechend werden die Schwachstellen nicht entsprechend ihrer Art berücksichtigt. Eine Gewichtung der Schwachstellen würde dem Modell eine differenziertere Betrachtung ermöglichen. Diese Daten liegen aber nicht vor.

Die zweite unabhängige Variable, der durchschnittliche Input Netzwerk Verkehr, stellt einen Zusammenhang zwischen der Menge an Datenflüssen und dem CVSS Score her. Implizit könnte angenommen werden, dass dadurch auch ein Rückschluss auf die Wichtigkeit der Anwendung gemacht wird. Allerdings bedeutet Häufigkeit nicht Wichtigkeit. Eine weitere Konkretisierung über die Bedeutung der Anwendung für das Unternehmen hätte einen weiteren Aufschluss ermöglicht. Bedauerlicherweise liegen diese Daten auch nicht vor.

Die Autoren Jaganathan et al. (2015) haben sich mit dem gewählten Regressionsmodell allerdings einer schwierigen Thematik genähert, da die Beziehungen zwischen den vielfältigen Variablen erst näher spezifiziert werden müssen. Da nur die vorliegenden Daten verwendet werden können, sollte noch die Modellspezifikation näher untersucht werden. Eine richtige Data Analytics Untersuchung startet mit einer explorativen Datenanalyse (Abb. 6), d. h. die Variablenbeziehungen werden 1:1 grafisch in einen Zusammenhang gestellt.

Es spricht viel dafür, dass ein linearer Zusammenhang zwischen dem CVSS Score und den jeweiligen unabhängigen Variablen besteht. Das Bestimmtheitsmaß (R^2) zeigt einen Wert von 96,18% bzw. 90,47%. Ein grafischer Hinweis liegt auch im engen Bezug von Punktewolke und Regressionsgerade in beiden Fällen vor.

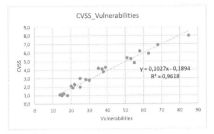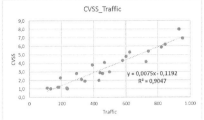

Abbildung 6: Explorative Datenanalyse
Quelle: Eigene Darstellung 2018

Da jede analytische Betrachtung eine Korrelationsanalyse beinhalten sollte, wird diese auch durchgeführt. Der Korrelationskoeffizient entspricht dem Quotienten aus Kovarianz zwischen zwei Variablen (Zähler) und dem Produkt der beiden Standardabweichungen von X und Y (Nenner) und berechnet sich über die folgende Formel [1]:

$$Correl\ (X,Y) = \frac{Cov\ (X,Y)}{StD\ (X) * Std\ (Y)}$$

Die Korrelationsmatrix hat zum Ergebnis:

	CVSS	Vulnerability	Traffic
CVSS	100,00%		
Vulnerability	98,07%	100,00%	
Traffic	95,12%	91,87%	100,00%

Tabelle 1: Korrelationsmatrix
Quelle: Eigene Darstellung 2018

Ausgehend von der CVSS-Spalte ist ersichtlich, dass der Zusammenhang zwischen CVSS und Vulnerability und CVSS und Traffic bei 98,07% bzw. 95,12% liegt. Auch die beiden unabhängigen Variablen stehen mit 91,8% in einem engen Verhältnis zueinander. Der Autor folgt daher zunächst den Ausführungen von Jaganathan et al. (2015) und vollzieht die Berechnung über das multiple lineare Regressionsmodell nach [2].

$$Y_i = \beta_0 + \beta_1 * X_1 + \beta_2 * X_2 + \varepsilon_i$$

Allgemein formuliert beginnt die Schätzung über ein multiples lineares Regressionsmodell mit (k+1)-Variablen [3].

$$Y_i = \beta_0 + \beta_1 * X_{1i} + \beta_2 * X_{2i} + \cdots + \beta_k * X_{ki} + \varepsilon_i$$

Der Regressionsparameter β_0 entspricht dem Schnittpunkt mit der Y-Achse (Ordinatenabschnitt) und die Regressionsparameter β_1 bis β_k den partiellen Steigungskoeffizienten. Das ergibt ein lineares Gleichungssystem der Form [4]

$$Y_1 = \beta_0 + \beta_1 * X_{11} + \beta_2 * X_{21} + \cdots + \beta_k * X_{k1} + \epsilon_1$$
$$(\ldots)\ (\ldots)\ (\ldots)\ (\ldots)$$
$$Y_n = \beta_0 + \beta_1 * X_{1n} + \beta_2 * X_{2n} + \cdots + \beta_k * X_{kn} + \epsilon_n$$

Dieses Gleichungssystem mit n-simultanen Gleichungen wird in die Vektoren-Schreibweise übertragen [5].

$$\begin{bmatrix} Y_1 \\ (:) \\ Y_n \end{bmatrix} = \begin{bmatrix} 1 & X_{11} & X_{21} & X_{31} & (\ldots) & X_{k1} \\ (:) & (\ldots) & (\ldots) & (\ldots) & (\ldots) & (:) \\ 1 & X_{1n} & X_{2n} & X_{3n} & (\ldots) & X_{kn} \end{bmatrix} * \begin{bmatrix} \beta_0 \\ (:) \\ \beta_k \end{bmatrix} + \begin{bmatrix} \epsilon_1 \\ (:) \\ \epsilon_n \end{bmatrix}$$

In Matrix-Schreibweise erhält man dann [6]

$$Y = X * \beta + \varepsilon$$

Für Zwecke der Parameterschätzung stellt man den empirischen Y-Werten die berechneten Y-Werte gegenüber. Diese Differenz wird theoretisch mit ε bezeichnet und steht für den Fehlerterm des Regressionsmodells [7].

$$\varepsilon_i = Y_i - \beta_0 - \beta_1 * X_{1i} - \beta_2 * X_{2i} - \cdots - \beta_k * X_{ki}$$

Da die Summe der Abweichungen immer und überall null beträgt, verwendet man die Summe der Abweichungsquadrate [8].

$$\sum_{i=1}^{n} \varepsilon_i^2 = \sum_{i=1}^{n} (Y_i - \beta_0 - \beta_1 * X_{1i} - \beta_2 * X_{2i} - \cdots - \beta_k * X_{ki})^2$$

In Matrix-Schreibweise bedeutet das [9]

$$\sum_{i=1}^{n} \varepsilon_i^2 = \varepsilon' \varepsilon = [\varepsilon_1 \quad (\ldots) \quad \varepsilon_n] * \begin{bmatrix} \varepsilon_1 \\ (:) \\ \varepsilon_n \end{bmatrix} = \varepsilon_1^2 + (\ldots) + \epsilon_n^2$$

Der Fehlerterm in Matrix-Schreibweise startet mit der Beziehung [10]

$$\varepsilon = Y - X * \beta$$

und ergibt für die Summe der Abweichungsquadrate [11]

$$\varepsilon' \varepsilon = (Y - X * \beta)' * (Y - X * \beta) = Y'Y - 2\beta'X'Y + \beta'X'X\beta = SAQ(\beta)$$

Die eigentliche Schätzung vollzieht der Autor nicht mit dem theoretischen, sondern mit dem empirischen Modell und ersetzt die griechischen durch lateinische Buchstaben [12]

$$e'e = (Y - X * b)' * (Y - X * b) = Y'Y - 2b'X'Y + b'X'Xb = SAQ(b)$$

Die Optimierung des multiplen linearen Regressionsmodells startet mit der Bildung der partiellen Ableitung nach dem Vektor der Regressionsparameter **b** [13].

$$\frac{\delta SAQ}{\delta b} = \begin{bmatrix} \delta SAQ/\delta b_0 \\ (:) \\ \delta SAQ/\delta b_k \end{bmatrix} = \frac{\delta}{\delta b}[Y'Y - 2b'X'Y + b'X'Xb] = 0$$

$$\Leftrightarrow \quad -2(Y'X)' + 2X'Xb = 0$$
$$\Leftrightarrow \quad X'Xb = (Y'X)'$$
$$\Leftrightarrow \quad (X'X)^{-1}(X'X)b = (X'X)^{-1}(Y'X)'$$
$$\Leftrightarrow \quad Ib = (X'X)^{-1}X'Y$$

Oben wurde im Rahmen der explorativen Datenanalyse bereits darauf hingedeutet, dass die globale Güte des Regressionsmodells über das Bestimmtheitsmaß berechnet wird [14].

$$R^2 = 1 - \frac{\sum_{i=1}^{n} e_i^2}{\sum_{i=1}^{n}(Y_i - \bar{Y})^2}$$

Obwohl viele Abhandlungen zur Regressionsanalyse in Data Analytics Lehrbüchern sich mit dieser Beurteilung zufriedengeben, empfiehlt es sich, die einzelnen Regressionsparameter mit einem statistischen t-Test zu überprüfen. Die Null- und Alternativhypothese lauten in diesem Zusammenhang [15]

$$H_0: \beta_j = 0 \text{ und } H_1: \beta_j \neq 0$$

Die Teststatistik und die Entscheidungsregel lauten im Fall eines zweiseitigen Tests [16]

$t = \dfrac{b_j}{s_{b_j}}$	Die Nullhypothese wird zugunsten der Alternativhypothese verworfen, wenn gilt:	$\lvert t \rvert > t_{\left(\frac{\alpha}{2}\right)}^{[n-(k+1)]}$

Tabelle 2: Teststatistik und Entscheidungsregel
Quelle: Eigene Darstellung 2018

Die Entscheidungsregel sagt aus, dass die Nullhypothese dann verworfen wird, wenn der Betragswert der errechneten Teststatistik größer ist als der tabulierte t-Wert aus der t-Statistik mit [n-(k+1)] Freiheitsgraden und für eine Irrtumswahrscheinlichkeit von $\frac{\alpha}{2}$. Das resultiert aus der Tatsache, dass der Test zweiseitig ist.

3.3 Das Modell-Design

Für das Modell-Design stehen nun verschiedene mathematische Zusammenhänge zur Verfügung, die nachfolgend miteinander verglichen werden. Die Modellspezifikation geht über die im Artikel von Jaganathan et al. (2015) gewählte Vorgehensweise hinaus [17].

- Modell 1: $Y_i = b_0 + b_1 X_1 + b_2 X_2$
- Modell 2: $Y_i = b_0 + b_1 X_1 + b_2 X_1^2 + b_3 X_2 + b_4 X_2^2$
- Modell 3: $Y_i = b_0 + b_1 X_1 + b_2 X_1^2 + b_3 X_2$
- Modell 4: $Y_i = b_0 + b_1 t_i + b_2 t_i^2$

Für jedes Modell werden im nächsten Abschnitt die Regressionsparameter, Bestimmtheitsmaße, t-Statistiken und Tabellenwerte der t-Statistik bestimmt.

3.4 Das Computer-Modell

Es stehen viele verschiedene und leistungsfähige Statistik Programme wie SPSS, EViews, RapidMiner zur Verfügung. Es genügt aber die Excel-Datenanalysefunktion, um die obigen Modelle zu überprüfen. Nachfolgend sind die Ergebnisse aufgeführt.

Modell 1:

Regressions-Statistik	
Multipler Korrelationskoeffizient	0,988915679
Bestimmtheitsmaß	0,97795422
Adjustiertes Bestimmtheitsmaß	0,975950058
Standardfehler	0,315266234
Beobachtungen	25

Tabelle 3: Regressionsstatistik Modell 1

Quelle: Eigene Darstellung 2018

	Koeffizienten	Standardfehler	t-Statistik
Schnittpunkt	-0,298323411	0,13500464	-2,209727088
X1	0,071741787	0,008391235	8,549609768
X2	0,002546121	0,000634826	4,010740133

Tabelle 4: Koeffizienten, Standardfehler und t-Statistik Modell 1

Quelle: Eigene Darstellung 2018

Für den Wert aus der t-Statistik gilt: df = 25-(2+1) = 22; α/2 = 0,025 => t = 2,074.

Modell 2:

Regressions-Statistik	
Multipler Korrelationskoeffizient	0,991093722
Bestimmtheitsmaß	0,982266765
Adjustiertes Bestimmtheitsmaß	0,978720118
Standardfehler	0,296554865
Beobachtungen	25

Tabelle 5: Regressionsstatistik Modell 2

Quelle: Eigene Darstellung 2018

	Koeffizienten	Standardfehler	t-Statistik
Schnittpunkt	-0,769702911	0,283068294	-2,719142082
X1	0,114220984	0,022502874	5,075839836
Sq(x1)	-0,000425463	0,000228753	-1,859923255
X2	0,001446522	0,001594052	0,907450037
Sq(x2)	6,15921E-07	1,48506E-06	0,414745306

Tabelle 6: Koeffizienten, Standardfehler und t-Statistik Modell 2

Quelle: Eigene Darstellung 2018

Für den Wert aus der t-Statistik gilt: $df = 25-(4+1) = 20$; $\alpha/2 = 0,025 \Rightarrow t = 2,086$

Modell 3:

Regressions-Statistik	
Multipler Korrelationskoeffizient	0,991016774
Bestimmtheitsmaß	0,982114247
Adjustiertes Bestimmtheitsmaß	0,979559139
Standardfehler	0,290649803
Beobachtungen	25

Tabelle 7: Regressionsstatistik Modell 3

Quelle: Eigene Darstellung 2018

	Koeffizienten	Standardfehler	t-Statistik
Schnittpunkt	-0,808161583	0,262123745	-3,083130008
X1	0,109236535	0,018646019	5,858437532
Sq(x1)	-0,000360343	0,000163047	-2,210060204
X2	0,002052166	0,000626482	3,275696414

Tabelle 8: Koeffizienten, Standardfehler und t-Statistik Modell 3

Quelle: Eigene Darstellung 2018

Für den Wert aus der t-Statistik gilt: $df = 25-(3+1) = 21$; $\alpha/2 = 0,025 \Rightarrow t = 2,080$

Modell 4:

Regressions-Statistik	
Multipler Korrelationskoeffizient	0,155089457
Bestimmtheitsmaß	0,02405274
Adjustiertes Bestimmtheitsmaß	-0,064669739
Standardfehler	2,09762523
Beobachtungen	25

Tabelle 9: Regressionsstatistik Modell 4

Quelle: Eigene Darstellung 2018

	Koeffizienten	Standardfehler	t-Statistik
Schnittpunkt	4,034086957	1,366434721	2,952271992
t	-0,157711631	0,242179143	-0,651218885
Sq(t)	0,006462282	0,009041824	0,714709958

Tabelle 10: Koeffizienten, Standardfehler und t-Statistik Modell 4

Quelle: Eigene Darstellung 2018

Für den Wert aus der t-Statistik gilt: df = 25-(2+1) = 22; α/2 = 0,025 => t = 2,074.

Im Ergebnis sieht man, dass das Modell 2 zwar ein besseres Bestimmtheitsmaß besitzt, aber nicht alle Regressionsparameter beibehalten werden können. Das Modell 3 hat ein sehr gutes Bestimmtheitsmaß und alle Regressionsparameter können beibehalten werden. Insofern ist das das beste multiple Regressionsmodell für die gewählten Input- und Outputfaktoren unter Berücksichtigung der oben gemachten Ausführungen hinsichtlich der Geeignetheit der Daten. Jetzt sollten noch abschließende Untersuchungen bezüglich der Multikollinearität und der Residuen durchgeführt werden.

Eine Multikollinearität oder Kollinearität liegt zwischen unabhängigen Variablen vor, wenn zwei oder mehr erklärende Variablen stark untereinander korreliert sind. Grafisch und unter Zuhilfenahme von Venn-Diagrammen sieht das wie in Abbildung 17 aus (vgl. Stocker o.J., S. 4). Durch die zunehmende Überlappung entsteht ein immer größer werdender Zusammenhang zwischen den unabhängigen Variablen. Zur Überprüfung bietet sich der sogenannte Variance-Inflation Factor (kurz: VIF) an, der über Hilfsregressionen berechnet werden muss (vgl. Bowerman et al. 2005, S. 224) [**18**]:

$$VIF_j = \frac{1}{1 - R_j^2}$$

Dabei entspricht R_j^2 dem multiplen Bestimmtheitsmaß eines Regressionsmodells, dass eine zuvor unabhängige Variable als abhängig definiert und die Regression im Zusammenhang mit den verbleibenden unabhängigen Variablen jeweils berechnet. Ausgehend von oben hergeleiteten Regressionsmodells [**19**]

$$Y_i = b_0 + b_1X_1 + b_2X_1^2 + b_3X_2$$

bedeutet das für die Hilfsregressionen [20]

$$X_1 = b_0 + b_1X_2 \rightarrow R_1^2$$
$$X_2 = b_0 + b_1X_1 \rightarrow R_2^2$$

Als Ergebnisse erhält man

j	R_j^2	VIF_j
1	0,8841	6,4144
2	0,8841	6,4144

Tabelle 11: VIF-Werte

Quelle: Eigene Darstellung 2018

Eine sehr hohe Multikollinearität (Abb. 7) wäre gegeben, wenn der größte VIF größer als 10 wäre und der Durchschnitt aller VIF-Werte stark von der Zahl 1 abweicht. Zumindest die erste Bedingung ist nicht gegeben, weswegen hier nicht weiter von einer Multikollinearität ausgegangen wird.

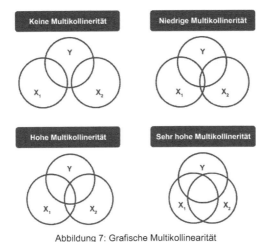

Abbildung 7: Grafische Multikollinearität

Quelle: Eigene Darstellung 2018

Eine Residualbetrachtung gibt Auskunft darüber, ob die Annahme einer konstanten Varianz bzw. Standardabweichung aufrechterhalten werden kann. Sofern die Y-Werte (x-Achse) und die Residuen-Werte (y-Achse) in ein Diagramm übertragen werden und die Darstellung keine ansteigenden oder abnehmenden Verläufe aufweist, kann man die Annahme beibehalten. In Abbildung 8 ist das für die Daten dargestellt:

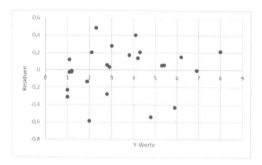

Abbildung 8: Residuenplot

Quelle: Eigene Darstellung 2018

Sofern die standardisierten Residuen ein Histogramm ergeben, dass approximativ normalverteilt ist (vgl. Abb. 9), kann die Annahme der Normalverteilung (vgl. Meuleman et al. 2015, S. 81) auch aufrechterhalten werden. Das ist hier auch gegeben.

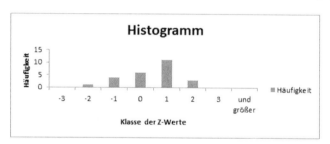

Abbildung 9: Approximative Normalverteilung

Quelle: Eigene Darstellung 2018

Insgesamt betrachtet ist das Regressionsmodell Nr. 3 angemessen, um die Zusammenhänge darzustellen.

4 Data Analytics für das strategische Cyber-Risikomanagement

Die oben geführte Diskussion hat aufgezeigt, dass das Modell einige Verbesserungsaspekte aufweist, die der Analyst beispielsweise durch eine geschickte Auswahl an Daten realisieren kann. Ansonsten wäre noch ein Zielwert für den CVSS-Score unternehmensseitig festzulegen, um positive wie negative Abweichungen innerhalb und außerhalb eines bestimmten Zielkorridors (vgl. Abb. 10) überprüfen zu können.

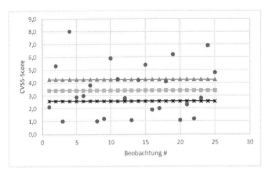

Abbildung 10: 95%-iges Konfidenzintervall um den Mittelwert des CVSS-Score

Quelle: Eigene Darstellung 2018

Die Berechnung des Mittelwerts auf der Grundlage historischer Daten liefert eine erste Einschätzung, wo sich der CVSS-Score einpendeln könnte. Unter Zuhilfenahme eines 95%-igen Konfidenzintervalls um den Mittelwert erhält der Risikoanalyst den Korridor, der nach oben und nach unten hin zu kontrollieren ist. Die Auswertung zeigt Werte, die insbesondere nach oben ausreisen. Eine Analyse dieser Werte gibt Auskunft darüber, ob sich die Situation hinsichtlich der Risiken verschlechtert. Natürlich sind die Werte entsprechend neuer Daten permanent anzupassen.

Quellenverzeichnis

Beynon-Davies, P. (2013): Business Information Systems, 2nd Edition, Palgrave/MacMillan, Basingstoke.

Bowerman, B., O'Connell, R.T., Koehler, A.B. (2005): Forecasting, Time Series, and Regression, 4th Edition, Brooks/Cole Cengage Learning, Australia.

Bundeskriminalamt (Hrsg.) (2017): Bundeslagebild Cybercrime 2016, https://www.bka.de/DE/AktuelleInformationen/StatistikenLagebilder/Lagebilder/ Cybercrime/cybercrime_node.html, Zugriff am: 09.05.2018.

Drechsler, D. (2018a): Digitale Sorglosigkeit – Risiken im Zeitalter der digitalen Transfor-mation, in: Breyer-Mayländer, T. (Hrsg.): Das Streben nach Autonomie, Reflexionen zum digitalen Wandel, Nomos Verlag, Baden-Baden, 31-65.

Drechsler, D. (2018b): Predictive Analytics – Eine etwas differenziertere Betrachtung eines kritischen Themas, in: Breyer-Mayländer, T. (Hrsg.): Das Streben nach Autonomie, Reflexionen zum digitalen Wandel, Nomos Verlag, Baden-Baden, 237-263.

ENISA (Hrsg.) (2018): ENISA Threat Landscape Report 2017, 15 Top Cyber-Threats and Trends, https://www.enisa.europa.eu/publications/enisa-threat-landscape-report-2017, Zugriff am: 09.05.2018.

First (Hrsg.) (o.J.): CVSS, Common Vulnerability Scoring System v3.0: Specification Document, https://www.first.org/cvss/specification-document, Zugriff am: 11.05.2018.

Jaccard, J, Jacoby, J. (2010): Theory Construction and Model-Building Skills, A Practical Guide for Social Scientists, The Guilford Press, New York.

Jaganathan, V., Cherurveettil, P., Sivashanmugam, P.M. (2015): Using a Prediction Model to Manage Cyber Security Threats, in: The Scientific World Journal, Vol. 2015, Article ID 703713, http://dx.doi.org/10.1155/2015/703713, Zugriff am: 09.05.2018, 1-5.

Meuleman, B., Loosveldt, G., Emonds, V. (2015): Regression Analysis: Assumptions and diagnostics, in: Best, H., Wolf, C.: The Sage Handbook of Regression Analysis and Causal Inference, Routledge, Los Angeles et al., 83-110.

Pyle, D. (2003): Business Modeling and Data Mining, Morgan Kaufmann Publishers, Amsterdam et al.

Robinson, S. (2014): Simulation, The Practice of Model Development and Use, 2nd Edition, Palgrave/MacMillan, Basingstoke.

Stocker, H. (o.J.): Kapitel 9: Multikollinearität, https://www.uibk.ac.at/ econometrics/ einf/kap08la.pdf, Zugriff am: 17.05.2018.

The Business Continuity Institute/TheBCI (Hrsg.) (2018): Horizon Scan Report 2018, https://www.thebci.org/asset/9889734F-2AD5-49A5-B1C4D149A333E871/, Zugriff am: 09.05.2018.

World Economic Forum (Hrsg.) (2018): Global Risks of Highest Concern for Doing Business, http://reports.weforum.org/global-risks-2018/global-risks-of-highest-concern-for-doing-business-2018/, Zugriff am: 09.05.2018.

Big Data und Learning Analytics

Dirk Drechsler, Meike Bähr und Miriam Feurer

1 Quantifizierte Bildung?

Der tägliche Blick in Tageszeitungen, populäre Magazine oder Fachzeitschriften vermittelt den Eindruck, dass das Thema Digitalisierung in allen Funktionsbereichen unserer Gesellschaft angekommen ist und sich dort mit rasanter Geschwindigkeit ausbreitet. Dieser Ausführung ist schlecht zu widersprechen, da die deutsche Politik und Wirtschaft zurzeit intensiven Bemühungen nachgehen, um mit der weltweiten Entwicklung Schritt halten zu können. Die Teilbereiche Big Data oder Data Analytics stellen keine allumfassende Neuerung dar, da schon immer analysiert, ausgewertet, gemessen und klassifiziert wurde – nur eben mit anderen oder geringeren Mitteln. Mit dieser Tatsache ist aber noch keine Bewertung verbunden, sondern schlicht die Erkenntnis, dass allen Beteiligten bewusst sein sollte, ein täglicher Datenlieferant zu sein. „Mit den zurzeit zu beobachtenden neuen Formen der Quantifizierung wird eine weitere Phase eröffnet, in welcher der Modus des Kalkulativen in einer Art Landnahmeprozess die gesamte soziale Ordnung zu erfassen scheint. Ein wesentlicher Antriebsmotor dabei ist der Ausbau der Technologien und Infrastrukturen zur Vermessung von Gesellschaft. Mithilfe immer neuerer Indikatoren, Ratingprozeduren, Leistungsmessungen und Abfrageinstrumente werden noch die letzten Winkel des sozialen Lebens ausgeleuchtet und zahlenmäßig lesbar gemacht" (Mau 2017, S. Pos. 438). Im Sinne einer zunehmenden Virtualisierung des sozialen Lebens entlang der korrespondierenden Felder entsteht eine Hyperrealität, deren konstitutives Kennzeichen in Form der Simulakra[4] besteht, die sich im Sinne Baudrillards postmoderner Soziologie über vier Arten von Bildern ausdrücken (vgl. Zima 2016, S. 114): Bilder mit einer tieferliegenden Wirklichkeit, maskierende und entstellende Bilder, Bilder, deren Aufgabe in der Maskierung der Abwesenheit einer solchen Wirklichkeit besteht und Bilder mit fehlendem Bezug zur Wirklichkeit. Letztere wären reine Simulakra. Die Relevanz dieser Unterscheidung erfährt in Bezug auf die Bemühungen, digitale Abbilder von Menschen im Sinne eines berechenbaren Datenprofils zu generieren, das Verhaltens-, Bewegungs- und Interessensmuster in vielfältiger Art und Weise möglich macht, eine neue Konnotation. Um es noch deutlicher auszudrücken, das „den Netzkulturen zugeschriebene Potenzial offener Partizipation sowie eines grenzenlosen und zensurfreien Informationsflusses erfährt durch den Fokus auf die unzulänglich und opak im Verborgenen arbeitende Software eine Umdeutung" (Bächle 2016, S. 28). Die Sachbezogenheit datenanalytischer Auswertungen und Klassifizierungen aus anderen Anwendungsbereichen steht nun eine Personenbezogenheit gegenüber. Es geht um Menschen und da müssen andere Kriterien gelten.

---

[4] „Ein Simulakrum ist ein Ding, das einem anderen Ding ähnlich ist. Dabei kann es sich um eine Vorstellung handeln. In der modernen Medientheorie wird diskutiert, ob Simulacren grundsätzlich an die Stelle von Originalen getreten sind." (Schulz o.J.).

Die Ergebnisse der Pisa-Studien, der Umbau eines ganzen Hochschulsystems mit neuen und international (zumindest vermeintlich) vergleichbaren Abschlüssen und permanente Leistungseinschätzungen bereits auf Grundschulebene erhöhen hypothetisch den Druck auf deutsche Bildungspolitiker, Maßnahmen mit Reichweite einzuführen. Da die Verwendung von Tablets und Smartphones im Privatbereich zur Standardausstattung fast aller Altersstufen gehört, liegt die Überlegung nahe, die neuen Technologien in den gesamten Bildungsprozess zu integrieren (vgl. Jülicher 2015, S. 1). Die internationale Vergleichsstudie "International Computer and Information Literacy Study" (ICILS) testet beispielsweise Schüler der achten Klasse auf computer- und informationsbezogene Kompetenzen wie die „Kompetenz (…) zur Nutzung von Technologien zur Recherche von Informationen (z. B. im Internet)" (Bundesministerium für Bildung und Forschung o.J.). Das Studienergebnis von Deutschland aus dem Jahr 2013 ist hierbei erschreckend. Bei der Computernutzung im Unterricht erreicht Deutschland einen der hinteren Plätze und sogar in Chile oder Thailand werden Computer häufiger genutzt (Spiewak 2014). Das sind weitere Argumente für eine Intensivierung der Bemühungen.

Birgit Eickelmann, Professorin für Schulpädagogik an der Universität Paderborn, verwundert dieses Ergebnis nicht. Zum einen ist der Einsatz digitaler Technologien kein Bestandteil der pädagogischen Ausbildung und zum anderen sind deutsche Schulen noch sehr schlecht ausgestattet (Spiewak 2014). Vielleicht fehlen in Deutschland sowohl das Gefühl der Dringlichkeit als auch die Erkenntnis, dass die Digitalisierung des Bildungsbereichs keine zusätzliche Belastung ist, sondern zur Lösung beiträgt (vgl. Dräger und Müller-Eiselt 2016).

An Hochschulen und Universitäten werden bereits Online Lernsysteme wie z. B. Moodle eingesetzt und große Datenmengen gesammelt. Allerdings werden diese Daten derzeit nicht genutzt und somit Potential vielleicht vergeudet. Grund dafür ist, dass die konventionellen Lernmethoden nicht darauf abgestimmt sind. In den USA ist das Thema bereits weiter vorangeschritten, sodass man von „personalisiertem Lernen", „Studienerfolg durch Big Data" oder auch von „Die Technik verändert die Rolle des Lehrers: vom Wissensvermittler zum Lernbegleiter" liest (vgl. Dräger und Müller-Eiselt 2016).

Die oben bereits formulierten kritischen Ausführungen deuten darauf hin, dass die physische Existenz durch die Existenz als informationeller Organismus in die n-dimensionale Vernetzung der informationellen Umgebung eingebettet ist (vgl. Floridi 2014, S. 94). Das Bildungswesen komplementiert die Anstrengungen auf seine Weise. Der Blick auf die Chancen einer Verbesserung von Bildungsanbietern und Lernenden darf die Risiken im Sinne eines Autonomieverlustes des Einzelnen nicht unberücksichtigt lassen.

2 Begriffsdefinition und Abgrenzung von Educational Data Mining und Learning Analytics

2.1 Educational Data Mining

Nach Romero und Ventura versteht man unter Educational Data Mining „die Anwendung von Data Mining (DM)-Techniken auf bestimmte Arten von Datensätzen, die aus Bildungsumgebungen stammen, um wichtige pädagogische Fragen anzugehen" (Peña-Ayala 2017, S. 2). Die Definition von Peña-Ayala weißt direkt darauf hin, dass es sich um eine Vielzahl verschiedener Daten handelt, die beim Educational Data Mining verwendet werden: „Data of interest is not restricted to interactions of individual students with an educational system (e.g., navigation behavior, input to quizzes and interactive exercises) but might also include data from collaborating students (e.g., text chat), administrative data (e.g., school, school district, teacher), demographic data (e.g., gender, age, school grades), and data on student affect (e.g., motivation, emotional states)" (Peña-Ayala 2014, S. 4).

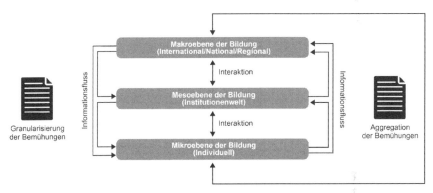

Abbildung 1: Granularisierung und Aggregation in der Bildung
Quelle: Eigene Darstellung in Anlehnung an Shum 2012, S. 3

Educational Data Mining ist notwendig, um Learning Analytics anzuwenden, da bereinigte und strukturierte Daten die Basis für Learning Analytics bilden. In Abbildung 1 zeigt sich aber, dass die Akteure in einem Verhältnis zueinanderstehen. Die Bewegungsrichtungen sind eindimensional im Sinne von Informationsflüssen und zumindest zweidimensional im Sinne von Interaktionen.

2.2 Learning Analytics

Learning Analytics wurde auf der 1st International Conference of Learning Analytics and Knowledge als "das Messen, Sammeln, Analysieren und Auswerten von Daten über Lernende und ihren Kontext mit dem Ziel, das Lernen und die Lernumgebung zu verstehen und zu optimieren" (Peña-Ayala 2014, S. 5) beschrieben. Der Horizon Report fokussiert sich mit seiner Definition etwas näher auf die genauen Ziele: Learning Analytics ist die „Interpretation verschiedenster Daten, die von Studierenden produziert oder für sie erhoben werden, um Lernfortschritte zu messen, zukünftige Leistungen vorauszuberechnen und potentielle Problembereiche aufzudecken" (Johnson et. al. 2012, S. 26).

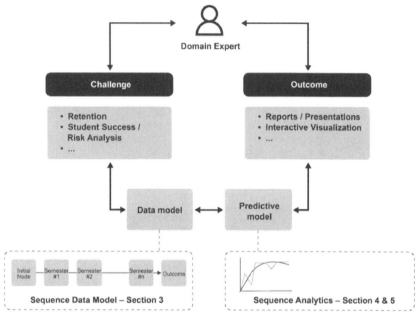

Abbildung 2: Knowledge-Discovery im Rahmen von Learning Analytics
Quelle: Eigene Darstellung in Anlehnung an Mahzoon et al. 2018, S. 57

Eine zielorientierte Anwendung analytischer Verfahren (vgl. Abb. 2) funktioniert immer nur über eine Zusammenarbeit zwischen einem Fachspezialisten (Domain Expert) und dem Datenanalysten. Das Verständnis im jeweiligen Bildungsbereich ist die Voraussetzung, um die Daten sowie deren Zusammenhang zu konstruieren bzw. deren Zusammenhang weiter untersuchen zu können. Entweder nähert man sich dem Bereich über ein Mining von Daten, was einer reinen empirischen Vorgehensweise entspricht oder die jeweiligen Herausforderungen und Problemlagen bilden den Ausgangspunkt. Dafür ist das fachspezifische Bildungswissen relevant. Die Datenmodellierung mit einer möglichen Berücksichtigung temporaler Strukturen schließt sich daran an. Jetzt rückt der Datenanalyst vermehrt in den Fokus, da dessen Expertise in der modellhaften Abbildung sowie Auswertung der Daten liegt. Am Ende sitzen beide Berufsgruppen zusammen und interpretieren die Ergebnisse in technischer (d.h. auf der Grundlage der aus den parametrischen oder nicht-parametrischen Verfahren gewonnen Erkenntnisse) und fachbezogener (d. h. mit Bezug zum relevanten Bildungsbereich) Hinsicht.

3 Learning Analytics Komponenten im Learning Analytics Prozess

Der Learning Analytics Prozess besteht aus verschiedenen Komponenten und ist in Abbildung 3 dargestellt (vgl. Peña-Ayala 2017, S. 7; Khalil und Ebner 2015).

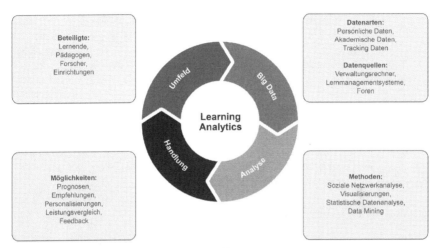

Abbildung 3: Learning Analytics Prozess mit seinen Komponenten

Quelle: Eigene Darstellung in Anlehnung an Peña-Ayala 2017, S. 5; Khalil und Ebner 2015; Roy und Singh 2017, S. 195

3.1 Generierung von Daten

Im ersten Schritt müssen die Daten aus dem Umfeld generiert werden. Das Umfeld bezeichnet die verschiedenen Gruppen, die bei Learning Analytics beteiligt sind. Alle Beteiligte haben ihre Vorteile und verschiedene Möglichkeiten zur Nutzung von Learning Analytics (vgl. Peña-Ayala 2017, S. 7 sowie Khalil und Ebner 2015).

(1) Lernende
- Die Lernenden stehen bei Learning Analytics im Mittelpunkt. Sie können beispielsweise ihre Leistung verbessern.

(2) Pädagogen
- Die Pädagogen profitieren von Learning Analytics in dem sie ihre Lehrmethoden verbessern können sowie den Studenten oder den Schülern jederzeit Echtzeit-Feedback geben können, da durch Learning Analytics die Daten jederzeit vorliegen.

(3) Forscher
- Forscher können mit Hilfe von Learning Analytics Kurse evaluieren sowie Kursmodelle verbessern.

(4) Einrichtungen
- Für Einrichtungen kann Learning Analytics den Entscheidungsprozess, um Bildungsziele zu erreichen, unterstützen.

3.2 Speicherung von Daten

Im zweiten Schritt müssen die generierten Daten aus dem Umfeld gespeichert werden. Hierfür ist es notwendig zu wissen, dass es verschiedene Datenarten gibt (vgl. Khalil und Ebner 2015):

- Persönliche Daten wie Name, Geburtsdatum, Adresse, E-Mail etc.
- Akademische Daten wie besuchte Kurse, Credits, Zertifikate, Noten etc.
- Interaktionsdaten: Daten aus den Foren beispielsweise aus einer Diskussion.
- Daten aus dem Tracking: Anzahl Logins, Mausklicks, welche Fragen gestellt wurden, Aktivitäten in sozialen Netzwerken (Beiträge, Kommentare etc.).

3.3 Analyse der Daten

Für die Datenanalyse kann zwischen quantitativen und qualitativen Methoden unterschieden werden. Generell sollte man immer quantitative und qualitative Methoden im sinnvollen Wechsel anwenden. Die Methoden sollten einfach sein, da Pädagogen keine ausgebildeten Datenanalysten sind (vgl. Khalil und Ebner 2015).

3.3.1 Quantitative Methoden

Zu den quantitativen Methoden zählen statistische Analysen, Visualisierungen sowie die Quantitative Soziale Netzwerkanalyse. Statistische Analysen können mit den bekannten Tools SPSS, IBM oder MATLAB durchgeführt werden. Hauptsächlich werden die Daten aus dem Tracking wie z.B. der Besucher einer Seite analysiert. Für einen schnellen Überblick eignen sich Visualisierungen. Pädagogen haben sofort einen Überblick darüber, wer welche Aufgabe wie gut erledigt hat. Lernende können parallel ihren Lernfortschritt einsehen. Beispielsweise können die Visualisierungen in Form von Scatterplots dargestellt werden. Die quantitative soziale Netzwerkanalyse betrachtet Beziehungen zwischen Objekten. So kann u.a. die Atmosphäre innerhalb einer Klasse analysiert werden (vgl. Khalil und Ebner 2015).

Der Anwendung quantitativer Methoden geht regelmäßig der Hinweis voraus, dass das Modell für Berechnungszwecke vereinfacht wurde. Die Komplexität, von dem was als Realität bezeichnet wird, besteht in der großen Anzahl miteinander verknüpfter Einflussfaktoren sowie der nichtlinearen Spezifizierung der Beziehung. Die Anwendung künstlicher neuronaler Netze (KNN) soll dazu beitragen, diese Probleme zu reduzieren, indem biologische Lernprozesse auf strukturentdeckende Datenanalyseverfahren angewendet werden.

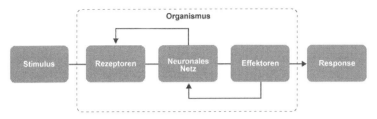

Abbildung 4: Das Stimulus-Organismus-Response-Modell
Quelle: Eigene Darstellung in Anlehnung an Backhaus et al. 2015, S. 297

Die Reizeinwirkungen im Sinne der Stimuli oder des Stimulus (vgl. Abb. 4) entsprechen systemexternen Informationen und repräsentieren den Ausgangspunkt der Informationsverarbeitung. Nach der Aufnahme des Inputs verarbeitet das neuronale Netzwerk die systemexternen Informationen durch eine Vielzahl von einfachen, vernetzten Elementen, die man als Neuronen bezeichnet. Das Wissen unterliegt dabei Lernprozessen, die eine verbesserte Lösung ermöglichen können, sofern gelernt wird. Über die Effektoren gelangen die verarbeiteten Informationen aus dem Organismus als Antwort oder Response in die weitere Interaktion.

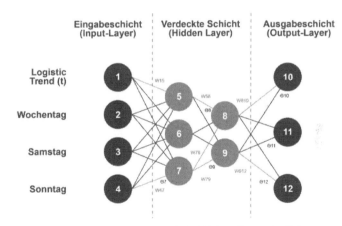

Abbildung 5: Grundstruktur eines dreischichtigen Neuronalen Netzes
Quelle: Eigene Darstellung in Anlehnung an Backhaus et al. 2015, S. 299, Shmueli 2016, S. 168

In einem vorwärts gerichteten, dreischichtigen neuronalen Netz, wie dem aus Abbildung 5, sind die Prädiktoren mit dem Output über Schichten miteinander verbunden. In jeder Schicht erfolgt eine Verarbeitung von Input-Informationen mit dem Ergebnis eines Outputs. Dabei ist der Output einer Schicht der Input der nächsten Schicht. Die drei Typen von Schichten sind die Input-Schicht, eine oder mehrere verdeckte Schichten und die Output-Schicht (vgl. Shmueli 2016, S. 166):

(1) Die Input-Schicht akzeptiert die Input-Variablen der Prädiktoren (numerisch oder binär).
(2) Eine oder mehrere verdeckte Schichten kreieren abgeleitete Variablen. Die Schicht erhält Inputs von der vorgelagerten Schicht, führt eine Berechnung auf der Grundlage dieser Inputs durch und generiert einen oder mehrere Outputs.
(3) Die Output-Schicht erhält Inputs von der letzten verdeckten Schicht und produziert Vorhersagewerte (numerisch oder binär).

Sofern eine Überwachung des gesamten Vorgangs stattfindet, spricht man von überwachten, ansonsten von nicht-überwachten Lernen. Entsprechend unterscheiden sich die Typen von KNN-Verfahren (vgl. Backhaus et al. 2015, S. 298 ff.). Technisch betrachtet, bilden die Knoten der verdeckten Schichten abgeleitete Variablen. Diese sind die gewichtete Summe der Inputs ($\Theta_j + \Sigma\ w_{ij}*x_j$), auf die Aktivierungsfunktionen angewendet werden. Gängige Funktionen sind lineare, exponentielle und s-förmige Funktionen (vgl. Shmueli et al. 2016, S. 253 ff.).

Die neuronalen Netze könnten sich in diesem Zusammenhang bezüglich des Lernangebots, bezüglich der Lehrenden oder bezüglich der Lernenden weiterentwickeln und Prognosen entwerfen. Selbstverständlich setzt das die Berücksichtigung von Datenschutzbestimmungen sowie ein entsprechender Umgang mit sensiblen Daten voraus.

3.3.2 Qualitative Methoden

Wie bereits erwähnt, sollten im Idealfall sowohl quantitative als auch qualitative Methoden verwendet werden. Qualitative Methoden sind die qualitative soziale Netzwerkanalyse und die Untersuchung von Emotional Intelligence. Bei der qualitativen sozialen Netzwerkanalyse werden ergänzend zur quantitativen sozialen Netzwerkanalyse Umfragen und Interviews durchgeführt und ausgewertet (vgl. Khalil und Ebner 2015). Je nach Menschenbild und Forschungsansatz bzw. Forschungsparadigma unterscheidet man zwischen strukturalistisch orientierten Theorien und den Rational Choice Ansätzen sowie dem Komplex an sozialkonstruktivistischen Sozialtheorien. Im Rahmen letzterer Theorien entstehen die Handlungsmuster erst im Laufe der Interaktionen (vgl. Stegbauer 2008, S. 13).

3.3.3 Datenanalyse mit dem LeMo Tool

Das Tool "LeMo" ist seit 2013 ein Open Source Projekt und eine webbasierte Anwendung, welche zur Datenanalyse verwendet werden kann. Vorteil von LeMo ist die „adaptive (…) Visualisierung der Daten und der nutzerfreundlichen Gestaltung der Analysen"(...) (Beuster et al. 2013, S. 246). Daten von Lernplattformen können mit oder ohne Login in die LeMo Datenbank importiert werden, wo sie dann vereinheitlicht werden. Bei LeMo gibt es verschiedene Analysemöglichkeiten, die durch eine Befragung von Dozenten und E-Learning-Anbietern herausgefunden wurden. Über Filter können weitere Anpassungen vorgenommen werden (vgl. Beuster et al. 2013,

S. 246 ff.). Zu den Analysen gibt es verschiedene Visualisierungsarten (vgl. Beuster et al. 2013, S. 245 ff.).

3.4 Handlung

Zum Schluss folgt als letzter Schritt die Handlung, für die es verschiedene Möglichkeiten gibt. Mit Hilfe von Learning Analytics können Prognosen, Empfehlungen, Personalisierungen, Leistungsvergleiche oder auch Reflexionen und Wiederholungen umgesetzt werden (vgl. Roy und Singh 2017, S. 195). Einige Beispiele von Einsatzmöglichkeiten in den USA folgen nun im nächsten Kapitel.

4 Fallbeispiele aus den USA

4.1 Studienerfolg durch Big Data – Software Degree Compass

An der Austin Peay State University können die Studenten bereits von Big Data profitieren. Mit Hilfe der Software Degree Compass werden die auf den Studenten passenden Kurse und Veranstaltungen vorgeschlagen. Hierfür werden die Leistungen von ehemaligen Studenten mit den bisher besuchten Veranstaltungen und absolvierten Prüfungen verglichen. Die Software hat mehr als 500.000 Datenpunkte und kann z. B. Arbeitszeiten von Studenten mit einberechnen, sodass ein Student beispielsweise am Dienstag von 12-14 Uhr keine Veranstaltung besuchen kann, da er jobben muss. Neben den Kursempfehlungen kann die Software auch Prognosen erstellen. Die Abschlussnote kann prognostiziert werden oder auch die Wahrscheinlichkeit, dass der Kurs bestanden wird. Dadurch kann der Degree Compass das Abbruchrisiko verringern (vgl. Dräger und Müller-Eiselt 2016).

4.2 New Classrooms

An der David-Boody-Schule in Brooklyn wurde für den Mathematik-Unterricht das Konzept „School of One/Teach to One: Math" entwickelt. Mit Hilfe der gemeinnützigen Organisation „New Classrooms" wurde somit ein neuer Ansatz zur Verbesserung des Mathematik-Unterrichts entwickelt. Der Ansatz funktioniert folgendermaßen: Am Ende des Tages macht jeder Schüler einen Test am PC. Über Nacht ermittelt der PC dann den jeweiligen Lern-Bedarf jedes Schülers und die dafür geeignete Methode. Somit bekommt jeder Schüler einen individualisierten Lernplan. Auch die Arbeitsatmosphäre und das Arbeitsumfeld haben sich gewandelt. Es wurden die Wände in den Klassenzimmern herausgerissen, sodass nun alle Schüler einer Stufe in einem großen Raum arbeiten, in dem jeder Schüler unterschiedlich lernt. Das Konzept zeigt Wirkung: Die Schüler der David-Boody-Schule haben sich im Mathematik-Unterricht um 20 % mehr gesteigert als der landesweite Durchschnitt (vgl. Dräger und Müller-Eiselt 2016).

5 Herausforderungen von Learning Analytics in Deutschland

5.1 Elementare Herausforderungen

In Bezug zu Learning Analytics steckt Deutschland noch in den Anfängen (vgl. Jülicher 2015). Der Hauptfokus liegt bisher auf der Methodik der Datenerfassung und -auswertung und nicht auf Ansätzen der Anwendung von Learning Analytics im realen Schul- bzw. Hochschulkontext. Demnach ist eine große Herausforderung, den Hauptfokus von Learning Analytics auf die praktische Anwendung in Schulen bzw. Hochschulen zu verlagern (vgl. o. V. 2016).

Eine weitere Herausforderung ist das Schaffen von politischen und rechtlichen Rahmenbedingungen. Bildungseinrichtungen brauchen Rechtssicherheit bei der Nutzung von Internet, digitalen Lernmaterialen und Geräten und müssen entsprechend ausgestattet werden. Zudem bedarf es einer Qualifizierungsoffensive für Lehrkräfte, um Learning Analytics zielführend einsetzen zu können (vgl. Dräger und Müller-Eiselt 2016). Hinzu kommt, dass frühzeitig und im Dialog mit allen Beteiligten tragfähige Strategien in Bezug zu dem Umgang, der Verknüpfung, der Auswertung und der Analyse von Bildungsdaten entwickelt werden müssen (vgl. Jülicher 2015, S. 3). Eine transparente, datenschutzkonforme Umsetzung stellt eine der größten Herausforderungen von Learning Analytics in Deutschland dar. Ein sicherer und effektiver Schutz der Daten aller muss gewährleistet sein (vgl. Jülicher 2015, S. 3).

5.2 Herausforderungen bei der Implementierung von Learning Analytics

Herausforderungen, um Learning Analytics in Deutschland zu implementieren, finden sich in drei Bereichen wieder: Didaktik, Technologie und Ethik (vgl. Abb. 7) (vgl. Van Trigt 2016, S. 4).

Im Bereich der Didaktik ist es wichtig, dass die Lehrenden für Learning Analytics bereit sind und sich darauf einlassen. Sie müssen lernen, wie sie mit der entsprechenden Software bzw. mit den entsprechenden Tools umgehen. Denn es wird erst dann ein didaktischer Mehrwert erzielt, wenn die Lehrenden die Daten nicht nur interpretieren, sondern auch im Rahmen ihrer Lehre auf die Ergebnisse reagieren können (vgl. Van Trigt 2016, S. 4). Technologisch betrachtet, bedarf es eines leistungsfähigen Systems, das die enormen Datenmengen verarbeiten kann. Dieses System bzw. diese Software müssen vor dem Zugriff Dritter geschützt werden. Technologische Herausforderungen haben zudem direkte Auswirkungen auf ethische Fragen. Systeme können nicht miteinander verbunden werden, ohne vorher zu bestimmen, inwieweit die jeweiligen Daten von Schülern, Studenten und Lehrenden verwendet werden dürfen. Demnach bedarf es eines technischen Kontrollsystems, mithilfe dessen die Einwilligung der Datenerhebung individuell erteilt werden kann (vgl. Van Trigt 2016, S. 5). In Zusammenhang mit Learning Analytics gibt es eine Reihe weiterer ethischer und rechtlicher Fragestellungen, für die zunächst Grundregeln geschaffen werden müssen. Niall Sclater, Consultant und Director an der Amsterdam Business School, hat sich mit Learning Analytics beschäftigt und 86 ethisch rechtliche Fragestellungen benannt (vgl. Van Trigt 2016, S. 5f.). Ihm zufolge sei die größte Herausforderung die Beantwortung der Frage, „are people ready to take decisions based on data?" (Van Trigt 2016, S. 6).

Die Betrachtung dieser Fakten zeigt auf, dass die Implementierung von Learning Analytics in Deutschland ein sehr langwieriger Prozess ist. Wichtig hierbei ist, Verantwortlichkeiten festzulegen, damit Learning Analytics auch nach erfolgreicher Implementierung ständig weiterentwickelt und optimiert werden kann.

6 Grenzen von Learning Analytics

In einer Studie konnten Khalil und Ebner acht Grenzen identifizieren, die die Anwendung von Learning Analytics einschränken (Abb. 6). Diese sind Privatsphäre, Zugriff, Politik, Sicherheit, Genauigkeit, Beschränkungen und Besitz (vgl. Khalil und Ebner 2015).

Abbildung 6: Grenzen von Learning Analytics

Quelle: Eigene Darstellung in Anlehnung an Khalil und Ebner 2015

(1) Privatsphäre
- Mit Hilfe von Learning Analytics können gefährdete Schüler und Studenten identifiziert werden. Dies führt zu dem Problem der Kennzeichnung als guter bzw. schlechter Schüler/Student. Hierbei stellt sich die Frage, wie mit den Daten umgegangen wird (vgl. Ebner 2017).

(2) Zugriff
- Die Authentifizierung stellt sicher, dass nur legitime Benutzer die Berechtigung haben, auf bestimmte Daten zuzugreifen und sie anzuzeigen. Hierbei stellt sich aber die Frage, wer hat bzw. wer sollte Zugriff auf die sensiblen Daten erhalten (vgl. Ebner 2017).

(3) Transparenz

- Transparenz im Sinne der Offenlegung von Informationen, d.h., inwieweit werden Schüler, Studenten und Dozenten darüber informiert, was mit ihren Daten passiert. Hierbei von großem Interesse ist vor allem, welche Daten gesammelt werden und wie diese ausgewertet werden (vgl. Ebner 2017).

(4) Politik
- Wie bereits erwähnt, müssen ethische Richtlinien geschaffen, eingeführt und eingehalten werden, um Learning Analytics anzuwenden. Eine Frage, die dabei geklärt werden sollte, ist z. B. die Frage wann und wie die gesammelten Daten gelöscht werden (vgl. Ebner 2017).

(5) Sicherheit
- Die Tools bzw. die Software, die für den Einsatz von Learning Analytics benötigt werden, müssen Sicherheitsprinzipien folgen. Um die Sicherheit aller Daten und der Datenbesitzer zu gewährleisten, werden Vertraulichkeit (der Schutz vor unbefugtem Zugriff), Integrität (die Unveränderbarkeit der Daten) und Verfügbarkeit (der dauerhafte Zugriff autorisierter Parteien auf die Daten) benötigt (vgl. Ebner 2017).

(6) Genauigkeit
- Fehler in Bezug auf die Auswahl eines falschen Datensatzes oder das nicht erkennen von relevanten Datensätzen wirken sich auf die Genauigkeit der Ergebnisse aus (vgl. Khalil und Ebner 2015).

(7) Beschränkungen
- Es gibt rechtliche Beschränkungen, die die nutzenbringende Anwendung von Learning Analytics einschränken. Diese sind z. B. Datenschutz- und Urheberrechtsgesetze (vgl. Khalil und Ebner 2015).

(8) Besitz
- Es muss geklärt werden, wer der Eigentümer der Daten ist. Sind es die Institutionen, sind es die Lernenden oder sind es die Tool- bzw. Software-Anbieter (vgl. Khalil und Ebner 2015)?

7 Chancen und Risiken von Learning Analytics

In anderen Lebensbereichen zeichnet sich schon heute klar ab, wie und wo Big Data zum Einsatz kommen kann (z. B. Industrie 4.0). Die Anwendungsbereiche im Bildungskontext sind dagegen bislang wenig klar umrissen. Eindeutig ist, dass gerade hier eine Menge an Daten generiert wird, deren Analyse ein großes Potential, aber auch Risiken mit sich bringt (vgl. Jülicher 2015, S. 3).

7.1 Chancen

Das Potenzial orientiert sich erneut an den Bildungsanbietern, Lehrenden und Lernenden sowie deren mannigfaltige Beziehungen zueinander:

- Lehr- und Lernprozesse und Lehr-und Lernerfolge können durch Learning Analytics verbessert werden, da Lernende und Lehrende durch Learning Analytics unterstützt werden (vgl. o. V. 2016).
- Bildungsinstitutionen können optimiert werden, da die Lernbedürfnisse der Lernenden besser verstanden werden und Bildungseinrichtungen damit das

Lernen und die Entwicklung der Lernenden positiv beeinflussen können (vgl. Slade und Prinsloo 2013).
- Eine personalisierte Bildung bzw. die individuelle Förderung von Lernenden wird durch Learning Analytics geschaffen. Die Lernenden werden genau in den Bereichen gefördert, in denen sie Probleme haben. Zudem erhalten sie genau die Kursempfehlungen, die zu ihren individuellen Interessen passen und erhalten somit einen individuellen Lehrplan (vgl. Dräger und Müller-Eiselt 2016; o. V. 2013).
- Durch Learning Analytics kann der „Service" der Lehrenden verbessert werden. Learning Analytics führt zur Entlastung und Unterstützung der Lehrenden, um sich auf wichtige Kernaufgaben fokussieren zu können (vgl. o. V. 2013; Dräger und Müller-Eiselt 2016).
- Eine große Chance von Learning Analytics ist die Identifikation von Erfolgsfaktoren im Studium. Curricula können so schneller und bedürfnisorientierter angepasst werden (vgl. o. V. 2016)
- Politische Faktoren, wie die Erhöhung der Absolventenquote, und ökonomische Faktoren, wie die effektive Gestaltung von Lernprozessen, werden gestärkt (vgl. o. V. 2016).

7.2 Risiken

Alleine die Tatsache, dass es sich um personenbezogene Daten handelt und es schlicht um Menschen geht, impliziert einige Risiken:

- Ein sehr großes Risiko ist der Datenschutz bzw. sind die IT-Sicherheitsstandards. In den USA wurde bewiesen, dass die erhobenen Daten nicht nur bei Schulen landen, sondern auch bei Unternehmen. Primärer Datenlieferant ist der Schüler bzw. der Student, der unfreiwillig seine sensiblen Daten preisgibt. Dieser Aspekt bestärkt die Angst vor dem gläsernen Schüler bzw. den gläsernen Studenten (vgl. Jülicher 2015, S. 3).
- Werkzeuge und Tools müssen für die Datenerfassung zentral vorgegeben sein und entsprechend genutzt werden. Studierende nutzen aber vermehrt webbasierte Werkzeuge oder Apps, für die sie sich in der Regel individuell entscheiden. Die Datenerfassung rund um den Lernprozess ist demnach sehr schwierig. Zudem entsteht ein enormer Kostenaufwand, wenn die Tools und Werkzeuge nicht regelmäßig genutzt werden (vgl. o. V. 2016).
- Ein weiteres großes Risiko ist, dass der individuelle Bildungsweg eines jeden Schülers oder Studenten von Algorithmen entschieden wird und der Lernende so zum Objekt von Wahrscheinlichkeiten werden kann (vgl. Dräger und Müller-Eiselt 2017, S. 9).
- Durch Learning Analytics können traditionelle Bildungseinrichtungen an Bedeutung und Ansehen verlieren, da die Lernenden ihr Wissen digital erhalten können (vgl. Dräger und Müller-Eiselt 2017, S. 9).

8 Fazit und Ausblick

Wie aufgezeigt wurde, gibt es verschiedene Anwendungsmöglichkeiten von Learning Analytics. Jede Institution muss sich entscheiden, welche Ziele mit Learning Analytics verfolgt werden sollen, bevor es darum geht, Learning Analytics zu implementieren. In jedem Fall sollten die anfallenden Daten genutzt werden, denn „Higher Education cannot afford to not use Data" (Slade und Prinsloo 2013). Hendrik Drachsler, außerordentlicher Professor am Welten-Institut der Open University der Niederlande, Vorsitzender der SURF Learning Analytics Special Interest Group und Vorstandsmitglied der Society von Learning Analytics Research (SoLAR), geht davon aus, dass wir in fünf bis zehn Jahren nicht mehr über Learning Analytics sprechen werden, wir werden es routiniert einsetzen (vgl. Van Trigt 2016, S. 5).

Wenn aber die Kreativität in den Mittelpunkt gerückt wird, erscheinen analytische Betrachtungen als nicht zielführend, da das geforderte Zulassen von Fehlern in keinen Algorithmus passt. Ganz im Gegenteil würden vielleicht die Menschen abgebremst werden, die eine geniale Idee in sich tragen oder vielleicht nur etwas mehr Zeit für ihre Entwicklung brauchen. Daher empfehlen die Autoren zunächst eine kritische Diskussion, um sich der Vor- und Nachteile bewusst zu werden.

Quellenverzeichnis

Backhaus, K., Erichson, B., Weiber, R. (2015): Fortgeschrittene Multivariate Analysemethoden, Eine anwendungsorientierte Einführung, 3. Aufl., Springer, Wiesbaden.

Bächle, T.C. (2016): Digitales Wissen, Daten und Überwachung, zur Einführung, Junius, Hamburg.

Beuster, L., Elkina, M., Fortenbacher, A., Kappe, L., Merceron, A., Pursian, A., Schwarzrock, S., Wenzlaff, B. (2013): Learning Analytics und Visualisierung mit dem LeMo-Tool, Hochschule für Technik und Wirtschaft, Berlin.

Bundesministerium für Bildung und Forschung (o. J.): Bildung im Schulalter: ICILS - International Computer and Information Literacy Study, https://www.bmbf.de/de/icils-international-computer-and-information-literacy-study-921.html, Zugriff am: 28.11.2017.

Dräger, J., Müller-Eiselt, R. (2016): Die Zukunft des Lernens: Wie die Digitalisierung die Bildung demokratisiert, http://t3n.de/magazin/digitalisierung-bildung-demokratisiert-humboldts-schoene-241167/, Zugriff am: 25.11.2017.

Dräger, J., Müller-Eiselt, R. (2017): Die digitale Bildungsrevolution: Der radikale Wandel des Lernens und wie wir ihn gestalten können, https://service.randomhouse.de/content/edition/excerpts/602678.pdf, Zugriff am: 25.11.2017.

Ebner, M. (2017): Was lernen wir von Learning Analytics?: Potentiale, Gefahren und Möglichkeiten, https://de.slideshare.net/mebner/was-lernen-wir-von-learning-analytics-76425672 , Zugriff am: 07.12.2017.

o. V. (2013): How Can Educational Data Mining and Learning Analytics Improve and Personalize Education?, in: EdTechReview, http://edtechreview.in/trends-insights/insights/389-data-mining-and-learning-analytics-improving-education, Zugriff am: 24.11.2017.

Elkina, M. (2015): Learning Analytics und das LeMo-Tool, Technische Hochschule Wildau, http://docplayer.org/2928012-Learning-analytics-und-das-lemo-tool.html, Zugriff am: 05.12.2017.

o. V. (2016): Learning Analytics, in: E-teaching.org, https://www.e-teaching.org/didaktik/qualitaet/learning_analytics, Zugriff am: 23.11.2017.

Johnson, L., Cummins, M. (2012) Horizon Report: Higher Education Edition, https://www.mmkh.de/fileadmin/dokumente/Publikationen/2012HorizonReport_German_final.pdf, Zugriff am: 04.12.2017.

Floridi, L. (2014): The 4th Revolution, How the Infosphere is Reshaping Human Reality, Oxford University Press, Oxford.

Jülicher, T. (2015): Big Data in der Bildung - Learning Analytics, Educational Data Mining und Co., http://www.abida.de/sites/default/files/Education.pdf, Zugriff am: 23.11.2017.

Khalil, M., Ebner, M. (2015): Learning Analytics: Principles and Constraints., in: Proceedings of World Conference on Educational Multimedia, Hypermedia and Telecommunications, 1326-1336.

Mahzoon, M.J., Maher, M.L., Eltayeby, O., Dou, W., Grace, K. (2018): A Sequence Data Model for Analyzing Temporal Patterns of Student Data, in: The Journal of Learning Analytics, Volume 5(1), http://learning-analytics.info/journals/index.php/JLA/article/view/5428, Zugriff am: 25.06.2018, 55-74.

Mau, S. (2017): Das metrische Wir, Über die Quantifizierung des Sozialen, Suhrkamp, Berlin.

Schulz, M. (o.J.): Simulakra, in: Schulz, M. (Hrsg.), Philosophie Lexikon der Argumente, https://www.philosophie-wissenschaft-kontroversen.de/details.php?id=943524&a=t&autor=Baudrillard&vorname=J.&thema=Simulakra, Zugriff am: 19.07.2018.

Shmueli, G. (2016): Practical Time Series Forecasting, A Hands-On Guide, 3rd Edition, Axelrod Schnall Publishers, ohne Ortsangabe.

Shmueli, G. Bruce, P.C., Patel, N.R. (2016): Data Mining For Business Analytics, Concepts, Techniques, And Applications With XLMINER, 3rd Edition, Wiley, Hoboken

Shum, S.B. (2012): Learning Analytics, in: UNESCO Institute for Information Technologies in Education, November, https://iite.unesco.org/pics/publications/en/files/3214711.pdf, Zugriff am: 25.06.2018, 1-12.

Slade, S., Prinsloo P. (2013): Learning Analytics: Ethical Issues and Dilemmas, https://www.researchgate.net/publication/258122968_Learning_Analytics_Ethical_Issues_and_Dilemmas, Zugriff am: 24.11.2017.

Stegbauer, C. (2008): Netzwerkanalyse und Netzwerktheorie. Einige Anmerkungen zu einem neuen Paradigma, in: Stegbauer, C. (Hrsg.): Netzwerkanalyse und Netzwerktheorie, Ein neues Paradigma in den Sozialwissenschaften, VS Verlag, Wiesbaden, 11-19.

Van Trigt, M. (2016): How data can improve the quality of higher education, Whitepaper von SURFnet (Collaborative organisation for ICT in Dutch education and research), https://www.surf.nl/binaries/content/assets/surf/en/knowledgebase/2016/whitepaper-learning-analytics_en-def.pdf, Zugriff am: 23.11.2017, 2-8.

Spiewak, M. (2014): Computer in der Schule: Peinliches Studienergebnis für Deutschland, in: Zeit Online, https://www.zeit.de/gesellschaft/schule/2014-11/digitale-medien-unterricht-schule, Zugriff am: 07.12.2017.

Zima, P.V. (2016): Moderne/Postmoderne, 4. Aufl., A. Francke Verlag, Tübingen.

Data Analytics und Datenvisualisierung

Dirk Drechsler, Christina Leuchtweis und Selina Anke

1 Neue Technologien – neue Erkenntnisse?

Trends können Unternehmen mitmachen, müssen es aber nicht. Zumindest dachten das viele Manager, wenn es wieder einmal eine neue Management-Technik gab, die angeblich die Welt revolutionieren sollte. Was auf den ersten Blick als eine recht provokative Aussage erscheint, erhält über die Digitalisierung in so ziemlich allen Bereichen von Politik, Gesellschaft, Wirtschaft Kultur etc. eine neue Bedeutung. Die Frage, die im Raum steht, lautet nicht mehr, ob ein Unternehmen mitmachen soll, sondern ob es das bereits getan hat. Der Begriff der Disruption schwebt über sämtlichen Geschäftsmodellen, Produkten und Dienstleistungen, ohne die Möglichkeit, der Entwicklung ausweichen zu können.

Die neuen technologischen Kapazitäten in Form von Erfassungs-, Speicherungs- und Verarbeitungshardware und -software eröffnen neue Formen der Erfassung von Fluss- und Bestandsgrößen menschlicher und nicht-menschlicher Transaktionen. Quellen wie Youtube, Facebook, Twitter, LinkedIn usw. sind nur einige Beispiele, wie menschliches Verhalten sichtbar und nachvollziehbar gemacht wird. Die Nutzer geben bewusst oder unbewusst freiwillig Informationen über das eigene Verhalten preis, das im Hintergrund weiterverarbeitet und ggfs. an andere Stellen verkauft wird. Abgesehen von diesen personenbezogenen Daten erheben Unternehmen aber auch nicht-personenbezogene Daten, um beispielsweise den optimalen Einsatz von Produktionsanlagen zu gewährleisten, Wartungszyklen an technischen Notwendigkeiten auszurichten oder umweltschädliche Bearbeitungsvorgänge in der Landwirtschaft auf ein Minimum zu reduzieren.

Grundlegende Methoden eines Big Data Managements umfassen das Data Mining, Web Mining, das maschinelle Lernen, die Optimierungsmethoden, die soziale Netzwerkanalyse sowie Visualisierungstechniken. Letzteres ist Gegenstand dieses Beitrags und geht der Fragestellung nach, wie die Big Data Komplexität auf der Grundlage der 4 V's namentlich Volume (Skalierung der Daten), Variety (unterschiedliche Formen von Daten), Veracity (Unsicherheit von Daten) und Velocity (Analyse von Streaming-Daten) in eine verständliche Daten-Repräsentation überführt werden kann (vgl. Yaqoob et al. 2016, S. 1240). Das Zusatzlabel „Big" weist bereits darauf hin, dass herkömmliche Techniken der Visualisierung schnell an die Grenzen des Machbaren stoßen.

Die Aufgabenverteilung in Unternehmen legt nahe, dass neben den Führungskräften mit übergeordneten Aufgaben, viele Mitarbeiter spezialisiert arbeiten. Die damit verbundenen Chancen liegen im Bereich einer Optimierung des jeweiligen Bereichs. Jedoch darf nicht unterschätzt werden, dass die Exzellenz in einigen oder wenigen Bereichen nicht notwendigerweise den Unternehmenserfolg sichert. Dafür ist eine integrative Sichtweise erforderlich. Die Verbindung von neuen Technologien und neuen Erkenntnissen funktioniert nur über zum einen strukturierte und zum anderen kreative Prozesse der Problemlösung. Das bedeutet für ein Big Data Management (vgl. Kim et al. 2016, S. 75):

- Zunächst sind Geschäftsziele zu formulieren und in einen Bezug zum Big Data Management zu stellen. Entsprechend der organisatorischen Differenzierung bedarf es weiterer Konkretisierungen und Operationalisierungen für die einzelnen Geschäftsbereiche.
- Ein planloses Vorgehen führt schnell ins Aus, weswegen die Erfolgschancen im Sinne einer Machbarkeit überprüft werden sollten. Dadurch erhalten die verantwortlichen Manager einen ersten Eindruck, ob die gewählte Problemlösungstechnik angemessen ist.
- Eine vorläufige Analyse stellt sicher, ob Daten in ausreichender Menge und Qualität vorhanden sind, um tiefer in die Problematik einsteigen zu können.
- Daran schließt sich eine Vorbereitung der Daten an, um den Bestand für die Analyse zu bereinigen. Damit wären Aspekte wie Ausreißer, fehlende oder falsche Daten angesprochen. Ansonsten verzerren die Daten die Ergebnisse zu stark.
- Die Speicherung der Daten sollte bestenfalls in leistungsfähigen Datenbanken erfolgen, um sämtliche Aspekte der Corporate und Data Governance zu erfüllen.
- Da der Kern der Untersuchung analytisch abläuft, beginnt hier die eigentliche Untersuchung. Es besteht die Möglichkeit, direkt in die Methoden einzusteigen oder strukturiert mithilfe von explorativen und deskriptiven Techniken ein erstes analytisches Bild zu zeichnen.
- Sofern erforderlich, bereinigt der Datenanalyst die Daten ein zweites Mal, um letzte Problemfälle herauszunehmen.
- Jetzt erfolgt das eigentliche Data Mining, wobei die gewählte Methode zum Problem passen muss. Das erfordert ein tiefes methodisches Verständnis, was Datenanalysten aber in der Regel mitbringen.
- Die Ergebnisse sprechen häufig nicht für sich, sondern erfordern eine Interpretation. Die Datenanalysten sitzen dann mit den Domain-Experten zusammen und versuchen, die richtigen Schlüsse zu ziehen.
- Sofern der vorangegangene Schritt erfolgreich war, geht es wieder zurück in den Bereich der Geschäftstätigkeit, der eine Problemlösung ausgelöst hat. Die Ergebnisse helfen nun, die weitere Vorgehensweise zu implementieren.

Im Rahmen dieser Problemlösungstechnik kommt es nicht nur darauf an, die Fragestellung rezeptbuchartig abzuarbeiten, sondern über die Thematik und den Kontext hinauszudenken. Der Einsatz von Visualisierungstechniken ist nicht auf einen bestimmten Schritt beschränkt, macht aber unter Umständen nicht an jeder Stelle Sinn.

2 Die Gründe für eine Visualisierung

Die Datenvisualisierung kann eine große Herausforderung für Unternehmen darstellen, dennoch lohnt es sich für Unternehmen diese Mühen auf sich zu nehmen (vgl.

SAS 2014, S. 16). Der Überblick ist nicht jedem Mitarbeiter bewusst, weswegen es häufig Klärungsbedarf gibt, warum solche Techniken Anwendung finden. Betrachten wir dazu ein einfaches Beispiel:

Hierfür werden Datensätze in zwei unterschiedlichen Formen gegenübergestellt. Einmal in einer visuellen und einmal in einer tabellarischen Form:

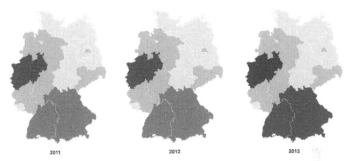

Abbildung 1: Visuelle Darstellung der Einwohneranzahl pro Bundesland

Quelle: Eigene Darstellung in Anlehnung an Freiknecht 2014, S. 324

Anhand dieser Abbildung 1 ist schnell erkennbar, dass sich die Anzahl der Studierenden in den Bundesländern Nordrhein-Westfalen, Baden-Württemberg und Bayern in den vergangenen Jahren vergrößert hat. Außerdem wird deutlich, dass sich das Wachstum in Bayern und Baden-Württemberg ähnlich verhält (vgl. Freiknecht 2014, S. 324).

Wenn man nun dieselben Daten als Rohdaten in der folgenden Tabelle betrachtet, welche sogar noch genauere Werte angeben, müssen diese viel länger und intensiver betrachtet werden, um daraus die Zusammenhänge erkennen zu können (vgl. Freiknecht 2014, S. 324). Es lässt sich also festhalten, dass durch die Visualisierung verschiedene Datensätze zu einem Gesamtbild zusammenlaufen, wodurch die Informationen trotz hoher Komplexität und Umfang schneller und einfacher interpretiert werden können (vgl. SAS 2014, S. 1). Dabei liegen die Vorteile auf der Hand:

(1) Datenvisualisierung führt zu einem einfacheren Datenverständnis
- Wie oben aufgezeigt ist es nicht einfach, Daten aus einer Tabelle zu interpretieren, wohingegen eine Grafik oftmals für sich selbst spricht. Ist es das Ziel, den Daten eine gewisse Bedeutung zu verleihen, sind Visualisierungen ein wichtiger Verbündeter. Mit einem Schaubild ist es möglich, die Bedeutung der Daten zu vermitteln und daraus letztendlich Schlussfolgerungen zu ziehen. Der Vorteil der Datenvisualisierung gegenüber Rohdaten in einer Tabellenkalkulation wird durch drei Faktoren verstärkt: Greifbarkeit, Verständlichkeit und die einfache Anpassung (vgl. Mindjet o. J., S. 2).

Bundesland	2011	2012	2013
Nordrhein-Westfalen	535.454	597.952	644.320
Baden-Württemberg	290.286	308.339	333.408
Hessen	196.545	208.887	215.520
Niedersachsen	149.899	161.417	170.164
Thüringen	53.587	53.668	53.234
Hamburg	80.115	85.243	91.546
Schleswig-Holstein	52.344	54.607	54.935
Rheinland-Pfalz	113.069	117.105	119.857
Saarland	25.343	26.864	28.415
Sachsen-Anhalt	54.078	55.761	55.251
Mecklenburg-Vorpommern	39.562	40.471	39.827
Bayern	287.432	320.318	332.766
Sachsen	109.761	111.635	112.191
Bremen	31.848	33.337	34.383
Berlin	147.030	153.694	160.145
Brandenburg	50.941	51.676	51.857

Tabelle 1: Tabellarische Darstellung der Einwohneranzahl pro Bundesland

Quelle: Eigene Darstellung in Anlehnung an Freiknecht 2014, S. 324

(2) Datenvisualisierung optimiert den Entscheidungsprozess
- Sind Daten erst einmal leicht verständlich verfügbar, resultiert daraus ein weiterer Vorteil für die Managementebene. Mit Hilfe der Datenvisualisierung werden Führungskräfte sowie andere Mitglieder des Managements in ihrer täglichen Entscheidungsfunktion effektiv unterstützt (vgl. Bassler 2010, S. 42). Aufgrund der übersichtlichen Darstellung können Daten schnell interpretiert und daraus Entscheidungen abgeleitet werden (vgl. Itnovum o. J., S. 3).

(3) Datenvisualisierung verbessert die Kommunikation
- Daten sind nicht nur ein Werkzeug zur Verwaltung der Aktivitäten einer Organisation – auch als Kommunikationswerkzeug können sie im Unternehmen hilfreich dienen. Vor allem in Bereichen, die sich mit der Planung beschäftigen, können Visualisierungen unterstützen, Informationen wie Projektbeschreibungen, Ziele, Prioritäten, Ressourcen, Aufgaben oder Zeitpläne an die betreffenden Mitarbeiter leicht verständlich zu vermitteln (vgl. Mindjet o. J., S. 2).

(4) Datenvisualisierung hilft zu motivieren
- Die Visualisierung unterstützt Mitarbeiter, motivierter und engagierte ihre Arbeit zu erledigen. Werden nun also Ziele oder Aufgaben der Mitarbeiter visualisiert, werden diese greifbarer und transparenter (vgl. Bassler 2010, S. 43). Grund hierfür ist das menschliche Gehirn, welches jegliche Informationen, die es erhält, verbildlicht. Komplexe oder abstrakte Informationen verwandeln sich zu Bilder, die dem Mitarbeiter zeigen, was die Absicht sei-

ner Arbeit ist und wohin sie führen soll. Aus diesem Wissen entsteht ein motivierteres Arbeiten (vgl. Unit AG 2018).

(5) Datenvisualisierung stärkt das Unternehmen
- Mit Hilfe von Datenvisualisierung können neue Möglichkeiten für Unternehmen aufgedeckt werden. Dabei geht es nicht nur um den Blick in die Zukunft oder Prognosen. Vielmehr trägt sie auch zu relevanten Wettbewerbsvorteilen bei. Mit Hilfe der schnellen und einfachen Analyse von Kundendaten können deren Bedürfnisse herausgefiltert werden und Unternehmen sich daran ausrichten (vgl. Ziff Davis 2014, S. 12).

3 Explorative Datenanalyse

Das in Tabelle 1 formulierte Datenmaterial kann auf einfache Weise aufbereitet werden, so dass ein schneller Überblick über die Daten möglich ist. Der Datenanalyst bezeichnet diesen Vorgang als explorative Datenanalyse. In Abhängigkeit zum gewählten Software-Paket entstehen verschiedene Diagramme. Deren Angemessenheit beurteilt der Ersteller je nach Fragestellung.

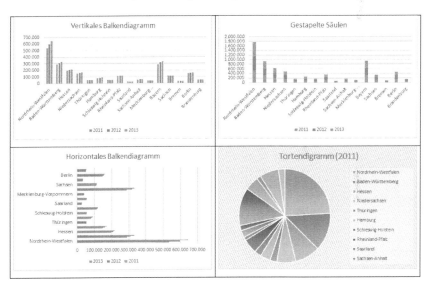

Abbildung 2: Explorative Datenanalyse
Quelle: Eigene Darstellung

Die unzähligen, gesammelten Rohdaten in einem Unternehmen sind der Ausgangspunkt für die Analyse und die anschließende grafische Darstellung, um neue Erkenntnisse zu gewinnen. Vor der Auswahl einer Visualisierungsform sollte die Absicht der Visualisierung der Daten definiert werden. Dies ist für die spätere Verwendung der Visualisierung ausschlaggebend. Eine Visualisierung, die keinen greifbaren Zweck nachgeht, kann aufgrund der zahlreich auftretenden Daten schnell in der

Masse untergehen. Um sicherzustellen, dass die Visualisierung einen bestimmten Zweck verfolgt, sollten die zuvor vorgestellten Konzepte und Fragestellungen eindeutig beantwortet werden (vgl. Tableau o. J., S. 4 ff.).

Grafische Darstellungen können grundsätzlich auf verschiedene Weise klassifiziert werden, beispielsweise nach der Datenart (qualitativ oder quantitativ), der Verwendung (Datenpräsentation, Datenanalyse), der Dimensionalität (ein-, zwei-, drei- oder mehrdimensional), der Skalierbarkeit (nominal oder ordinal) oder vielen weiteren Kriterien. Häufig überschneiden sich diese Klassifizierungen jedoch, weswegen die folgenden Visualisierungsformen nur nach den Kriterien Datenart und Dimensionalität unterschieden werden. Des Weiteren liegt der Fokus im Zuge von Big Data auf quantitativen Daten mit maximal zwei Dimensionen, da die Abbildung weiterer Dimensionen zum einen schnell unübersichtlich erscheint, zum anderen oft eine komplexe Grafiksoftware erfordert. Allgemein ist für den Erfolg einer Visualisierung neben dem Wissen des Zwecks, die Wahl der geeignetsten Form für die verwendeten Daten wichtig. Zusätzlich zur Beschreibung der verschiedenen Formen wird daher auch auf deren typischen Anwendungen hingewiesen (vgl. Bassler 2010, S. 45 f.).

- Aus einer Datenquelle (vgl. Abb. 1) konnten vier angemessene Auswertungen entwickelt werden. Das vertikale Balkendiagramm trägt auf der x-Achse (Abszisse) die Bezeichnungen der Bundesländer ab, während die y-Achse (Ordinate) die jeweiligen Werte für die Einwohnerzahl aufweist. Für jedes Bundesland werden dann drei Balken vertikal eingezeichnet, die sich auf die angegebenen Jahre 2011, 2012 und 2013 beziehen. Pro Bundesland kann die zeitliche Entwicklung abgelesen sowie ein Vergleich mit anderen Bundesländern hergestellt werden. Das horizontale Balkendiagramm vertauscht die Achsen entsprechend, beinhaltet aber die gleiche Aussage.
- Sofern die Betrachtung an einer Gesamtzahl pro Bundesland über die drei Jahre hinweg interessiert ist, bietet sich das Diagramm mit den gestapelten Säulen an. Die Achsenbezeichnung entspricht der des vertikalen Balkendiagramms mit dem Unterschied, dass die Einwohnerzahlen pro Jahr chronologisch gestapelt werden.
- Das vierte und letzte Diagramm, das Tortendiagramm, zeigt ausgewählt für das Jahr 2011 die Verteilung der Einwohnerzahlen Deutschlands mit Bezug auf die Bundesländer. Häufig ergänzen die Ersteller dieses Diagramm noch mit prozentualen Angaben, was die Aussagekraft weiter erhöht.

Implizit beinhaltet jedes Diagramm wichtige Grundsätze, deren Anwendung stillschweigend vorausgesetzt wurde. Zunächst trifft der Ersteller eine bewusste Entscheidung hinsichtlich der gewählten Visualisierungsform, d. h. die Intention der Abbildung sowie die Diagrammform hängen eng miteinander zusammen. Datentabellen haben den Vorteil, eine granulare Analyse der Struktur zu ermöglichen, es fehlt ihnen jedoch die Möglichkeit des schnellen Überblicks. Eine Verdichtung von Informationen mit einer einhergehenden Vergleichbarkeit ist für eine erste Betrachtung im Sinne einer explorativen Datenanalyse viel nützlicher. Eine gezielte Nachbearbeitung der grafischen Ergebnisse mit weiteren grafischen Anmerkungen trägt dazu bei, wichtige

Ergebnisse hervorzuheben bzw. auf bedeutende Aspekte der Auswertung hinzuweisen. Sofern Farben angemessen und gut abgrenzbar eingesetzt werden, erhöht sich die Aussagekraft noch weiter. Obwohl es letztendlich verlockend erscheint, die eigenen grafischen Fähigkeiten durch eine Vielzahl verschiedener Darstellungsformen unter Beweis zu stellen, sollte der Datenanalyst durch einen gewissen Pragmatismus gesteuert werden. Die Konsistenz von Abbildungen erleichtert die Navigation in Dokumenten und bedingt keine ständigen Überlegungen, was das Diagramm aussagen möchte. Das betrifft auch Themen wie Schriftgröße, Farben, Diagrammgröße etc. (vgl. Unrein 2016, S. 204).

Neben der Auswahl einer geeigneten Visualisierungsform sind auch entsprechende Attribute, mit denen man die Visualisierung ausstattet, bedeutsam. Diese Attribute sind grundlegende Bausteine für den Visualisierungsprozess, die dem Betrachter sofort ins Auge fallen, ohne sich bewusst darum zu bemühen (vgl. FusionCharts Suite XT o.J., S. 8).

In Abbildung 3 sind die verschiedenen Ausprägungen aufgelistet und in die drei Kategorien Position, Farbe und Position unterteilt. Diese Attribute spielen vor allem dann eine Rolle, wenn die Visualisierung analysiert werden soll. Allerdings können nur mit Hilfe von den Attributen Länge und Position quantitative Daten wirklich mit Genauigkeit wahrgenommen werden. Die anderen Attribute sind eher dafür nützlich, ein relationales oder kategorisches Verhältnis zwischen Daten aufzuzeigen und wahrzunehmen (vgl. FusionCharts Suite XT o. J., S. 8).

Die Berücksichtigung dieser Attribute kann bei der Auswahl der Visualisierungsform für die eigenen Daten helfen. Zwar werden diese Attribute sofort vom Menschen visuell identifiziert, doch sie werden längst nicht alle bemerkt. Aus diesen Attributen werden schnell Muster entwickelt, die es noch einfacher machen, die Visualisierung zu verstehen (vgl. FusionCharts o.J., S. 9). Die Attribute Länge, Dicke, Größe etc. weisen auf Unterschiede im Datenmaterial hin. Der Betrachter erkennt sofort die Unterschiede und lokalisiert die Schwerpunkte.

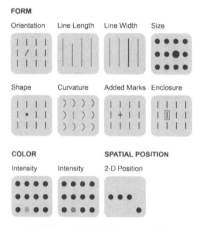

Abbildung 3: Visualisierungsattribute
Quelle: Eigene Darstellung in Anlehnung an FusionCharts o. J. S. 8

Zudem helfen auch sogenannte Gestaltungsprinzipien einer Visualisierung. Gestaltungsprinzipien beschreiben wie der Betrachter einzelne Elemente zu Gruppen zusammenfasst, wenn diese rund, geschlossen, symmetrisch, einfach, stabil oder bekannt sind. Diese Prinzipien können bei einer Visualisierung verwendet werden, um wichtige Muster hervorzuheben oder unwichtige Muster herunterzuspielen. Daraus lassen sich Gestaltgesetzte ableiten, von denen nun die wichtigsten drei kurz erläutert werden (vgl. Bassler 2010, S. 52 f.).

Abbildung 4: Die drei Gestaltgesetze
Quelle: Eigene Darstellung in Anlehnung an Bassler 2010 S. 53 und die dort verwendete Literatur

(1) Gesetz der Nähe:
- Nah beieinanderliegende Elemente werden als Gruppe verstanden. Betrachtet man das erste Bild, werden mittels einer kleinen Verschiebung der Punkte aus waagerecht verlaufenden Reihen (a), senkrecht Verlaufende (b). Hier ist es dem Betrachter nicht möglich, die Punkte als einzelnen oder nicht als Reihen wahrzunehmen.

(2) Gesetz der Ähnlichkeit:

- In Farbe und Form ähnliche oder gleiche Elemente werden eher als Gruppe wahrgenommen als unähnliche Elemente. Im zweiten Bild werden die dunkeln Punkte aus (a) oder (b) deutlich von den hellen Punkten (a) oder den Kreuzen (b) abgegrenzt.

(3) Gesetz der Geschlossenheit:
- Eine geschlossene Form wird als eine Einheit wahrgenommen. Die Wahrnehmung versucht Konturen zu schließen, wie im letzten Bild zu erkennen ist. Hinter (a) wird ein geschlossener Kreis vermutet, nicht jedoch bei (b) (vgl. Bassler 2010, S. 53 f.).

Die genannten Prinzipien oder Attribute wirken zu nächst sehr einfach, werden aber in der Praxis oft in der Umsetzung missachtet (vgl. Bassler 2010, S. 54). Dabei verhelfen sie zu einer wirklich guten Visualisierung. So kann bei Anwendung die Visualisierung von unnötigen Störfaktoren befreit werden oder die Beziehung zwischen Elementen verdeutlichen. Letztendlich sind Attribute sowie Gestaltprinzipien ein wichtiges und kraftvolles Werkzeug für die Erstellung von Visualisierungen (vgl. FusionCharts Suite XT o.J., S. 12).

4 Visual Data Mining

4.1 Definition und prozessualer Aufbau

Oben wurde bereits der Big Data Management Prozess beschrieben, dessen Schwerpunkt aber weniger auf der grafischen als vielmehr auf der analytischen Auswertung liegt. Sofern ersteres stärker in den Mittelpunkt rückt, spricht man auch von Visual Data Mining. Das ist „the process of interaction and analytical reasoning with one or more visual representations of an abstract data that leads to the visual discovery of robust patterns in these data that form the information and knowledge utilised in informed decision making. The abstract data can be the original data set or/and some output of data mining algorithm(s)" (Simoff et al. 2008, S. 2 f.). Der prozessuale Aufbau bedeutet einen temporalen Ablauf mit einer Vielzahl an Feedback-Mechanismen und Interaktionen, die zwischen dem Prozess und dem Ersteller stattfinden. Die Prozesspipeline (Abb. 5) beginnt mit den Rohdaten und führt unmittelbar zur Vorbereitung der Daten. Die visuelle Repräsentation findet auf der Grundlage eines Sets an verschiedenen Visualisierungstechniken statt. Sofern die Auswahl erfolgt ist, können die Daten im gewählten Diagramm verarbeitet werden. Die Besonderheit zur oben behandelten explorativen Datenanalyse besteht in der Möglichkeit (oder sogar Notwendigkeit), interaktive Diagramme zu erstellen, die je nach Auswahl der Daten, Zeiträume oder Perspektiven eine andere Form annehmen. So muss nicht dauernd die Diagrammform angepasst werden. Sofern die analytische Betrachtung dazu ausreicht, Wissen abzuleiten, kommt der Prozess an sein Ende. Entlang der Pipeline besteht ein Austausch mit dem Ersteller. Ferner besteht noch die Möglichkeit, analytische Auswertungen zu jedem Zeitpunkt als grafische Repräsentation einfließen zu lassen.

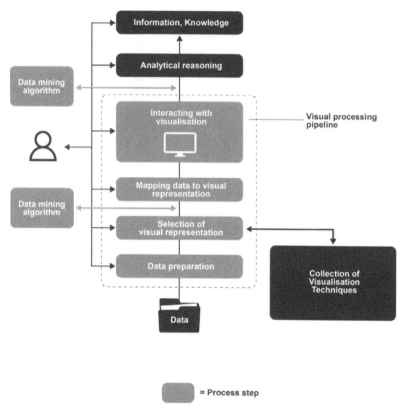

Abbildung 5: Visual Data Mining Prozess
Quelle: Eigene Darstellung in Anlehnung an Simoff 2008, S. 3

Eine etwas vereinfachte Darstellung stellt den Nutzer in die Mitte der Betrachtung (Abbildung 6) und orientiert die Visualisierungs-Pipeline an den Anforderungen dieser Personen im Unternehmen. Trotz der technischen Dominanz des Themas darf nicht vergessen werden, dass die Anwendung von Visual Data Mining keinen technischen Selbstzweck verfolgt, sondern zweckgebunden in die Zielhierarchie der Organisation einzubetten ist. Eine extreme Sichtweise würde sogar davon sprechen, dass es sich um eine Dienstleistung handelt, um den Erfordernissen der Nutzer zu entsprechen.

4.2 Der Nutzer rückt in den Mittelpunkt

Ausgehend von den Daten führen die Nutzer erste (meist standardisierte) Analysen durch und bedienen sich verschiedener Visualisierungstechniken. Die Darstellung trifft auf die Wahrnehmung des Nutzers und verschafft je nach Design neue Einsichten in die Problemstellung. Dabei stehen die Wissensgenerierung und die Wahrnehmung in einem Loop-Zusammenhang. Sofern die Analyse noch nicht das Ende erreicht hat oder themenbezogen ausgeweitet werden soll, erfolgen weitere Explorationen und Analysen. Entweder greift der Nutzer auf standardisierte Auswertungen zurück oder regt die Entwicklung weiterer Analysen an. Der Prozess läuft dann auf die Visualisierungstechniken zurück, wird weiter spezifiziert und landet dann in der ursprünglichen Pipeline.

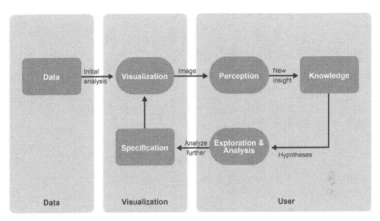

Abbildung 6: Visualisierungspipeline
Quelle: Eigene Darstellung in Anlehnung an Ltifi et al. 2016, S. 169

Die Entscheidungsfindung ist dabei ein grundsätzlich dynamischer Prozess, der einen stetigen Austausch zwischen Anwendung und Anwender erfordert. Die Charakteristika von Big Data heben diese Auswertungen klar von traditionellen Verfahren ab und erfordern viel mehr Interaktion und Anpassungsfähigkeit als zuvor.

4.3 Klassifikation von Visualisierungstechniken

Eine mögliche Klassifikation von Visualisierungstechniken verortet die Vorgehensweise in einem dreidimensionalen Diagramm ab.

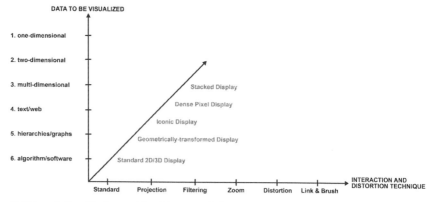

Abbildung 7: Klassifikation von Visualisierungstechniken
Quelle: Eigene Darstellung in Anlehnung an Keim 2002, S. 2

Die Datentypen unterscheiden sich in sechs Gruppen:
- Eindimensionale Daten wie beispielsweise temporale Daten.
- Zweidimensionale Daten wie beispielsweise geografische Daten.
- Multidimensionale Daten wie beispielsweise relationale Tabellen.
- Texte und Hypertext wie beispielsweise Artikel oder Web Dokumente.
- Hierarchien und Graphen wie beispielsweise Telefonanrufe.
- Algorithmen und Software.

Die Visualisierungstechniken im engeren Sinn unterscheiden fünf Gruppen:
- Standardmäßige 2D/3D-Anzeigen.
- Geometrisch transformierte Anzeigen.
- Zeichenbasierte Anzeigen.
- Dichte Pixel Anzeigen.
- Gestapelte Anzeigen.

Die dritte Dimension trägt Interaktions- und Verkrümmungstechniken ab. Insgesamt gibt es fünf Kategorien:
- Interaktive Projektionen.
- Interaktive Filter.
- Interaktives Zooming.
- Interaktive Krümmung.
- Interaktive Verlinkung.

Die Techniken auf der Grundlage der Klassifikationen sind sehr fortgeschritten und erfordern Spezialisten auf diesem technisch sehr anspruchsvollen Gebiet.

5 Schlussfolgerung

Die Nützlichkeit von diversen Visualisierungsformen steht außer Zweifel, sofern die oben beschriebenen Konstruktionsprinzipien eingehalten werden. Sofern man sich als Anwender im Bereich Data Analytics bewegt, geht es primär um eine Unterstützung bei der analytischen Problemlösung. Die grafische Darstellung steht nicht im Vordergrund. Jedoch beinhaltet der große Themenbereich Visual Data Mining eigene Auswertungsmethoden, die über die einfache Unterstützung hinausgehen und selbst die Problemlösung herbeiführen können.

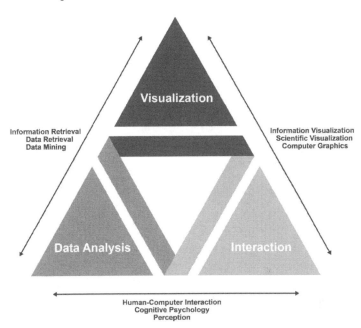

Abbildung 8: Das Zusammenspiel Visualisierung-Analyse-Interaktion

Quelle: Eigene Darstellung in Anlehnung an Keim et al. 2009, S. 2

Die Beziehung zwischen der Datenanalyse und der Interaktion ist stark geprägt von psychologischen Faktoren wie beispielsweise die Mensch-Computer-Interaktion oder die kognitive Psychologie. Das besagt bereits, dass die technische Lösung am Menschen orientiert sein muss und weniger dem technischen Fortschritt Rechnung tragen sollte. Ausgehend von der Visualisierung und in Bezug zur Datenanalyse dominieren Techniken der Daten- und Informationsabfrage sowie des Data Mining. Auf der anderen Seite steht die Visualisierung mit der Interaktion über verschiedene technische Verfahren der visuellen Aufbereitung in Verbindung (vgl. Keim et al. 2009, S. 2 f.).

Problematisch erscheint es, wenn die Visualisierung derart komplex wird, dass eine Schlussfolgerung nicht möglich wird. Die Grafiken sollen eine Reduzierung von

Komplexität herbeiführen und nicht umgekehrt. Daher empfiehlt es sich, den Nutzer in den Mittelpunkt der Entwicklung zu stellen sowie das eigentliche geschäftliche Problem. Das sichert die Akzeptanz im Unternehmen sowie die Wahrscheinlichkeit, die Fragestellungen angemessen lösen zu können.

Quellenverzeichnis

Bassler, A. (2010): Die Visualisierung von Daten im Controlling, Josef Eul Verlag GmbH, Lohmar/Köln.

Freiknecht, J. (2014): Big Data in der Praxis. Lösungen mit Hadoop, HBase und Hive Daten speichern, aufbereiten, visualisieren, Carl Hanser Verlag, München.

It-novum GmbH (o.J.): Bessere Entscheidungen treffen durch die Visualisierung von Geschäftsprozessen, https://it-novum.com/fileadmin/Whitepaper/ Prozessoptimierung_durch_Prozessvisualisierung.pdf, Zugriff am: 13.05.2018.

Keim, D.A. (2002): Information Visualization and Visual Data Mining, in: IEEE Transactions on Visualization and Computer Graphics, Vol. 8, No. 1, Januar-March 2002, 1-8.

Keim, D.A., Mansmann, F., Stoffel, A., Ziegler, H. (2009): Visual Analytics, In: Tamer Özsu, M. et al., Encyclopedia of Database Systems, Springer, Heidelberg, http://nbn-resolving.de/urn:nbn:de:bsz:352-opus-68335, Zugriff am: 25.05.2018.

Kim, W., Jeong, O.R., Kim, C. (2016): A Holistic View of Big Data, in: Information Resources Management Association (Hrsg.), Big Data: Concepts, Methodologies, Tools, and Applications, IGI Global, Hershey/USA, 73-84.

Ltifi, H., Benmohamed, E., Kolski, C., Ayed, M.B. (2016): Enhanced visual data mining process for dynamic decision-making, in: Knowledge-Based Systems, 112 (2016), 166-181.

Mindjet (o.J.): Der visuelle Ansatz für besseres Projektmanagement, https://www.funkschau.de/fileadmin/media/whitepaper/2016/Whitepaper_Projektmanagement_GER.pdf, Zugriff am: 25.05.2018.

SAS Institute Inc. (2014): Data Visualization Techniques, From basics to big data with SAS Visual Analytics, http://www.sas.com/content/dam/SAS/en_us/doc/ whitepaper1/data-visualization-techniques-106006.pdf, Zugriff am: 12.03.2018.

Tableau Software (o.J.): Best practice für visuelle Analysen. Einfache Verfahren, die jede Datenvisualisierung nützlich und ansprechend macht, https://www.tableau.com/sites/default/files/media/Whitepapers/visualanalysisbestpractices_de.pdf, Zugriff am: 08.05.2018.

Yaqoob, I., Hashem, I., Gani, A., Mokhatar, S., Ahmed, E., Anuar, M.B., Vasilakos, A. (2016): Big Data: From beginning to future, in: International Journal of Information Management, 36 (2016), 1231-1247.

Unit AG (2018): Mit Datenvisualisierung bei Digital Analytics zur Erkentnisgewinnung, https://www.unic.com/de/kompetenzen/experten-blog/2016/datenvisualisierung-das-instrument-zur-einfachen-schnellen-erkenntnisgewinnung, Zugriff am: 13.05.2018.

Unrein, D. (2016): Excel im Controlling, Die wichtigsten Methoden für ein effizientes Reporting, Verlag Franz Vahlen, München.

Ziff Davis (2014): A Visualization is Worth a Thousand Tables: How IBM Business Analytics Lets Users See Big Data, http://testweb.avteksolutions.com/resources/ibm-big-data-whitepaper.PDF, Zugriff am: 12.03.2018.

Data Analytics zur Anomalie-Detektion im Finanzsektor

Dirk Drechsler und Pia Katharina Katz

1 Die Nutzung digitaler Spuren

Wirtschaftsverbrechen sind keine Erfindung unserer heutigen Generation. Bereits Alphonse Gabriel „Al" Capone, einer der bekanntesten Wirtschaftsverbrecher der USA, stellte Anfang des 20. Jahrhunderts unter Beweis, dass sich mit Geschick und Scharfsinn Millionen von US-Dollar verdienen lassen. „Al" Capone prägte den Begriff der Geldwäsche und etablierte so zum ersten Mal ein System, wie illegal erwirtschaftetes Geld als legale Einnahme verzeichnet werden konnte. Das Problem der Geldwäsche und damit verbunden der Organisierten Kriminalität, ist jedoch nicht ausschließlich auf die USA zu projizieren. Auch in europäischen Ländern und besonders in Deutschland ist die Wahrscheinlichkeit, Kriminelle bei der Geldwäsche zu erwischen, verschwindend gering. Das Netzwerk Steuergerechtigkeit schätzt beispielsweise die Geldwäschesumme der italienischen Mafia auf 100 Milliarden Euro, wovon in Deutschland im Durchschnitt jedoch nur etwa sechs Millionen Euro jährlich auf beschlagnahmten Konten gefunden werden können (vgl. Funk 2018). Im Rahmen der Digitalisierung haben Wirtschaftsverbrechen Einzug in die digitale Welt erhalten. Geldwäsche, Raub, Identitätsdiebstahl – dies sind nur einige Begriffe die im Zusammenhang mit dem Thema Cyberkriminalität, speziell im Finanzsektor, stehen.

In diesem Beitrag soll es vor allem um das Thema Betrug im Online-Banking und dessen Erkennung mit Hilfe von Big Data gehen. Internetnutzer hinterlassen digitale Spuren wodurch eine enorme Ansammlung von Daten entsteht. Diese Daten können von Unternehmen vielfältig genutzt und eingesetzt werden. Unter anderem können diese Datenmengen uns helfen, Muster und Verhaltensweisen einem Individuum zuzuordnen, um dann Anomalien bei auftretenden Unstimmigkeiten zu erkennen und die betroffene Person oder Institution im Notfall zu alarmieren. Im Rahmen dieses Beitrags wird dargestellt in welchem Zusammenhang Big Data und das Online-Banking stehen und welche Anomalien im Finanzsektor typischerweise auftreten können. Im Anschluss wird ein Modell vorgestellt, dass erste Anhaltspunkte und Verfahrensmöglichkeiten zur Betrugsermittlung im Online-Banking darstellt. Dieses Modell wird abschließend einer kritischen Betrachtung unterzogen.

2 Einordnung von Big Data und Online-Banking

Online-Dienste, wie z. B. das Online-Banking, bieten Unternehmen und Verbrauchern eine Vielzahl an Vorteilen. Orts- und zeitlich unabhängig können Einkäufe oder Transaktionen vorgenommen und verarbeitet werden. Die vielen Möglichkeiten die sich durch Online-Dienste ergeben, stehen diversen Risiken gegenüber. Eines der größten Probleme ist der Diebstahl und Missbrauch von digitalen Identitäten (vgl. Bitkom e.V. 2016). „Digitale Identitäten bestehen aus technisch abgebildeten Attributen der Nutzer, den Identitätsdaten" (Hansen 2007, S. 22). Zur digitalen Identität eines Internetnutzers gehören u. a. seine Zugangsdaten zu Online-Diensten (in vielen Fällen: E-Mailadresse und Passwort), seine Adressdaten, biometrische Daten sowie seine Kreditkartendaten oder andere Zahlungsinformationen. (vgl. Hansen 2007, S. 22 ff.) Einen Überblick über die Cyberkriminalität in Deutschland gibt Abbildung 1, die die Umfrage der Bitkom e.V. aus dem Jahr 2016 darstellt. Im Rahmen dieser Umfrage wurden Internetnutzer zu den eigenen Erfahrungen mit Cyberkriminalität befragt. Laut dieser Umfrage berichteten 22 % der Befragten, dass ihre Zugangsdaten zu einem Online-Dienst bereits ausspioniert wurden. Des Weiteren gab jeder fünfte Internetnutzer bekannt, dass er Opfer eines Betruges bei einem Online-Geschäft (Kauf oder Verkauf) wurde. Dieser Betrug kann im Rahmen von Shopping, Auktionen oder Online-Banking stattfinden und ist z. B. der Fall, wenn bereits bezahlte Ware nicht geliefert oder im Rahmen eines Verkaufs die versendete Ware nicht gezahlt wird. Insgesamt ging aus der Studie der Bitkom e.V. hervor, dass in den vergangenen zwölf Monaten beinahe jeder zweite Internetnutzer (47 %) Opfer eines Deliktes im Rahmen von Cyberkriminalität wurde.

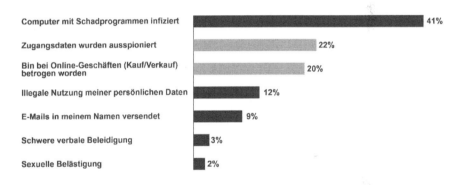

Abbildung. 1: Cyberkriminalität in Deutschland

Quelle: Eigene Darstellung in Anlehnung an Bitkom e.V. 2016

Trotz der hohen Cyberkriminalität steigt die Bedeutung von Online-Diensten kontinuierlich an. Dies verdeutlicht Abbildung 2 welche das Transaktionsvolumen des Online-Bezahldienstes PayPal im Zeitverlauf von 2010 bis 2017 darstellt. PayPal wurde bereits 1998 gegründet und erlangte in den vergangenen Jahren einen immer höheren Stellenwert im Rahmen von Online-Zahlungsabwicklungen. Aus Abbildung 2 geht hervor, dass die Summe der Transaktionen zwischen 2010 (21,3 Mio. US-Dollar) und 2017 (115,2 Mio. US-Dollar) um das 5,5-fache, mit steigender Tendenz, gewachsen ist (vgl. PayPal 2017).

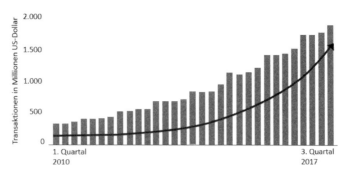

Abbildung 2: Steigende Bedeutung von Online-Diensten am Beispiel des Transaktionsvolumens von PayPal

Quelle: Eigene Darstellung in Anlehnung an PayPal 2017

Bei Online-Bezahldiensten und vielen weiteren Online-Diensten müssen die Internetnutzer eine Vielzahl an Daten preisgeben, um diese Dienste adäquat nutzen zu können. Zusätzlich entstehen bei jedem Schritt, den ein Nutzer online tätigt, z. B. dem Durchführen von Transaktionen, dem Abschließen von Bestellungen und vielen weiteren, eine Vielzahl an Daten. Im Rahmen von Big Data werden diese Daten gesammelt und ausgewertet. Sie sollen in einen logischen Zusammenhang gebracht werden, um Verhaltensweisen und Muster zu erkennen. Speziell im Finanzsektor können diese Daten vielseitig genutzt werden. Abbildung 3 zeigt die wichtigsten Anwendungsfelder von Big Data in der Finanzbrache. Dazu zählen u.a. die Prognosen für den Aktien- und Wechselmarkt, das Portfolio Management, die Insolvenzprognose und die Betrugsermittlung. Im Rahmen dieses Beitrags wird ausschließlich die Betrugsermittlung beispielhaft einer näheren Betrachtung unterzogen, um einen Ansatz darzustellen, der aufzeigt, wie mithilfe von Big Data Cyberkriminalität im Rahmen von Online-Transaktionen reduziert und ermittelt werden kann. Der Fokus wird hierbei auf die bankinternen Kunden gelegt. Im Rahmen der Analyse dieser Anomalien sollen potenzielle Bedrohungen, v. a. Geldwäsche und Betrug, ermittelt und reduziert werden.

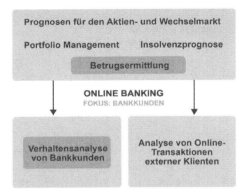

Abbildung 3: Anwendungsfelder von Big Data in der Finanzbranche
Quelle: Eigene Darstellung 2018

Bevor die Autoren diese Betrachtungsweise vertiefen, ist es notwendig, die analytischen Tätigkeiten in einen Gesamtzusammenhang einzuordnen, ein einheitliches Begriffsverständnis bezüglich der Ausreißer zu entwickeln und eine Taxonomie der Analyse-Methoden zu erstellen.

3 Data Analytics als Teil des Fraud Risk Managements

3.1 Das Rahmenwerk

Die Bekämpfung von Wirtschaftskriminalität, auch in Bezug auf die Cyberkriminalität, erfordert ein konsistentes Rahmenwerk, innerhalb dessen die Bearbeitung aktueller Fälle oder präventiver Maßnahmen strukturiert ablaufen kann. Eines solcher Rahmenwerke existiert in Form des COSO[5] Fraud Risk Management Guide (vgl. COSO 2018). Das Rahmenwerk unterteilt sich in fünf große Schritte, denen jeweils ein anleitendes Prinzip zugeordnet ist (vgl. COSO 2016, S. 6):

Kontrollumgebung (Control Environment)
- „The organization establishes and communicates a Fraud Risk Management Program that demonstrates the expectations of the board of directors and senior management and their commitment to high integrity and ethical values regarding managing fraud risk" (COSO 2016, S. 6).

Risikoeinschätzung (Risk Assessment)
- „The organization performs comprehensive fraud risk assessments to identify specific fraud schemes and risks, assess their likelihood and significance, evaluate existing fraud control activities, and implement actions to mitigate residual fraud risks" (COSO 2016, S. 6).

Kontrollaktivitäten (Control Activities)

---

[5] COSO steht für Committee of Sponsoring Organizations of the Treadway Commission.

- „The organization selects, develops, and deploys preventive and detective fraud control activities to mitigate the risk of fraud events occuring or not being detected in a timely manner" (COSO 2016, S. 6).

Information & Kommunikation (Information & Communication)
- „The organization establishes a communication process to obtain information about potential fraud and deploys a coordinated approach to investigation and corrective action to address fraud appropriately and in a timely manner" (COSO 2016, S. 6).

Monitoring-Aktivitäten (Monitoring Activities)
- „The organization selects, develops, and performs ongoing evaluations to ascertain whether each of the five principles of fraud risk management is present and functioning and communicates Fraud Risk Management Program deficiencies in a timely manner to parties responsible for taking corrective action, including senior management and the board of directors" (COSO 2016, S. 6).

Das Thema Data Analytics findet in den Bereichen Risikoeinschätzung, Kontrollaktivitäten und Monitoring-Aktivitäten Anwendung. Die Phase der Risikoeinschätzung thematisiert die Schwerpunkte Risikoidentifikation, -bewertung, Identifikation und Überprüfung bestehender Kontrollen sowie regelmäßige Überprüfung bekannter Risiken (vgl. COSO 2016, S. 18). Im Rahmen der Kontrollaktivitäten entwickeln die verantwortlichen Personen u.a. Data Analytics Techniken, um die betrügerischen Vorgänge aus den Gesamttransaktionen herausfiltern zu können (vgl. COSO 2016, S. 38). Da Maßnahmen eine regelmäßige Überprüfung erfordern, kommen auch hier Data Analytics Methoden zum Einsatz (vgl. COSO 2016, S. 64).

Abbildung 4: Data Analytics Rahmenwerk

Quelle: Eigene Darstellung in Anlehnung an COSO 2016, S. 84

Der Kern der analytischen Arbeit (vgl. Abb. 4) besteht aus den Punkten 3 und 4, ohne die anderen Schritte inhaltlich abwerten zu wollen. Die Konzentration darauf ist der Zielsetzung dieses Beitrags geschuldet, da primär die Data Analytics Techniken im Vordergrund stehen und andere Beiträge in diesem Sammelband ähnliche vor- bzw. nachgelagerte Arbeiten behandeln.

Der zuvor aufgestellte Data Analytics Plan und die dafür notwendigen mathematischen Prozeduren führen die verantwortlichen Personen im Rahmen des 3. Schritts durch. Die Modifikationen bestehender Techniken erfolgen auf der Grundlage von neuen Daten, aktueller Datenqualität sowie Feedback der Anwender. Dabei gehen die Techniken über triviale mathematische Operationen hinaus und berücksichtigen fortschrittliche Methoden wie das Text und Data Mining. Im darauffolgenden Schritt der Datenanalyse überprüfen die Analysten die initial entwickelten Methoden. Ferner ist es wichtig, dass der Einsatz von risikobasierten Scoring-Modellen unter Berücksichtigung multipler Risiko-Attribute erfolgt. Letztendlich werden die Modelle insgesamt optimiert (vgl. COSO 2016, S. 85 f.).

3.2 Methoden der Anomalie-Aufdeckung – ein kurzer Überblick

Der Begriff Wirtschaftskriminalität oder der englische Begriff Fraud erscheinen nur auf den ersten Blick als eine Einheit bzw. als Phänomen, das einheitlich bearbeitet werden kann. Der Realität entspricht es aber eher, dass über eine Differenzierung in vielfältige Ausprägungen eine Annäherung an das Problem besser gelingt. Die Association of Certified Fraud Examiners (ACFE) ist beispielsweise eine private Organisation in den USA, die sich mit den Problembereichen Vermögensmissbrauch, Korruption und Fälschung von Finanzinformationen beschäftigt. Insbesondere der letzte Unterbereich ist davon gekennzeichnet, dass der Betrug nicht physisch, sondern virtuell im Rahmen vorhandener Daten erfolgt. Daher gibt es schon seit längerer Zeit den Begriff Computer-Assisted-Auditing-Techniques (kurz: CAATs). Darunter werden verschiedene Software-Anwendungen (z. B. IDEA oder ACL) sowie analytische Tests zur Aufdeckung von Betrug in Datensätzen zusammengefasst. Eine unter Wirtschaftsprüfern und internen Revisoren weit verbreitete Methode zur Aufdeckung ungewöhnlicher Transaktionen ist Benfords Law, dessen Algorithmus als Standardauswertung in allen Software-Paketen vorhanden ist (vgl. Cleary und Thibodeau 2005, S. 77 f.). Da aber ungewöhnliche Transaktionen immer wieder auftauchen können, ist es sinnvoll, nach der Identifikation dieses Vorgangs weitere Überprüfungen vorzunehmen, ob es sich um eine betrügerische Transaktion handelt (vgl. Gee 2015, S. 12 f.). Da der Betrugsbaum der ACFE viele weitere Unterpunkte enthält (vgl. ACFE 2018, S. 11), gibt es ebenso viele analytische Tests, die für eine Einschätzung der Transaktionen herangezogen werden können. Eine Auflistung findet sich unter http://www.acfe.com/fraudrisktools-tests.aspx oder in der Monografie von Gee (2015).

Die Bestimmung, was abnorm oder ungewöhnlich an einem oder mehreren Datensätzen ist, bereitet immer Schwierigkeiten und liegt im Auge des Betrachters. Insbesondere Personen, denen eine intuitive Herangehensweise fremd ist bzw. deren Analysen von Schablonen oder Schwarz-Weiß-Betrachtungen geprägt sind, haben es hier schwer. Aus pragmatischer Sicht bietet sich daher folgende Definition an: „Outliers are extreme values that deviate from other observations on data, they may indicate a variability in a measurement, experimental errors or a novelty. In other words, an outlier is an observation that diverges from an overall pattern on a sample" (Santoyo 2017). Die Techniken zur Aufdeckung solcher signifikanten Abweichungen vom Grundmuster innerhalb der Daten können auf verschiedene Art und Weise klassifiziert werden. Eine erste Taxonomie thematisiert den Unterschied zwischen univariaten (Betrachtung von nur einer Variablen) und multivariaten (Betrachtung von zwei oder mehr Variablen) Methoden. Eine zweite differenziert zwischen Methoden, denen statistische Verteilungen und Annahmen zugrunde liegen, sogenannte parametrische Methoden sowie solche, denen die ohne solche Techniken arbeiten. Diese werden als nicht-parametrische Methoden bezeichnet (vgl. Ben-Gal 2010, S. 118).

Bevor die Daten jedoch mit einer Methode bearbeitet werden sollten, empfiehlt es sich, eine grafische Aufarbeitung des Datenmaterials vorzunehmen. Solche explorativen Datenanalysen sind Teil der visuellen analytischen Aufbereitung, die mittels einfacher Diagramme (vgl. Kohlhammer et al. 2013, S. 41 ff.) oder wesentlich komplexer Aufbereitungen (vgl. Kohlhammer 2013, S. 170 ff.) erfolgen können.

Eine univariate Möglichkeit zur Betrachtung von Abnormitäten bzw. Ausreißern besteht in der linearen z-Transformation von Daten, denen eine Normalverteilung zugrunde gelegt wird. Da es viele verschiedene Normalverteilungen mit unterschiedlichen Mittelwerten und Standardabweichungen gibt, normiert die z-Transformation die Werte auf 0 (Erwartungswert) und 1 (Varianz bzw. Standardabweichung). Aus der Normalverteilung wird eine Standardnormalverteilung (vgl. Abb. 5) über die folgende Berechnung [1]:

$$z = \frac{X - \mu}{\sigma}$$

Das bedeutet, dass von jedem Wert der Mittelwert über alle Variablen hinweg subtrahiert wird. Die Differenz teilt man anschließend durch die Standardabweichung aller Variablen.

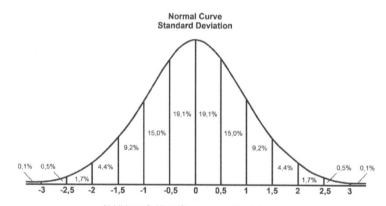

Abbildung 5: Klassifikation von Abweichungen

Quelle: Eigene Darstellung in Anlehnung an Santoyo 2017

Werte ab einer Standardabweichung von 2 können als Ausreißer klassifiziert werden. Das obliegt aber dem Betrachter.

Etwas komplexer gestaltet sich die Mahalanobis Distanz, die ein Distanzmaß in einem mehrdimensionalen Vektorraum darstellt. Der Indikator beruht auf den geschätzten Parametern einer multivariaten Verteilung (n-dimensionale Normalverteilung mit einem Erwartungsvektor μ und Kovarianzmatrix V). Die Kovarianzmatrix berechnet sich über [2]

$$V = \frac{1}{n-1} \sum_{i=1}^{n} (x_i - \mu) * (x_i - \mu)^T$$

Das Mahalanobis-Distanzmaß ergibt sich dann für jeden multivariaten Datenpunkt mittels [3]

$$M_i = (\sum_{i=1}^{n} (x_i - \mu)^T V^{-1} (x_i - \mu))^{1/2}$$

Große Werte für M_i weisen auf Ausreißer hin (vgl. Ben-Gal 2010, S. 123 f.). Beide Methoden gehören auch zu den parametrischen Ansätzen, da jeweils eine statistische Verteilung sowie die daraus resultierenden Parameter die Grundlage bilden und für die Berechnung angewendet werden. Bleiben noch die nicht-parametrischen Verfahren.

Die Methode des k-Nearest-Neighbors (k-NN) verfolgt die Idee, die k-Aufzeichnungen in den Training-Daten zu identifizieren, die einer neuen und aufzuzeichnenden Beobachtung ähnlich sind. Die ähnlichen Nachbarn werden dann verwendet, um die neue Aufzeichnung in einer Klasse zu verorten. Der Algorithmus findet Anwendung hinsichtlich kategorialer Werte bei der Klassifikation. Die Messung der Distanz führt der Analyst mittels des euklidischen Abstands durch. Die euklidische Distanz zwischen zwei Aufzeichnungen ($x_1, x_2, ..., x_p$) und ($u_1, u_2, ..., u_p$) lautet [4]

$$\sqrt{(x_1 - u_1)^2 + (x_2 - u_2)^2 + \cdots + (x_p - u_p)^2} = \sqrt{\sum_{i=1}^{p} (x_i - u_i)}$$

Die Vorgehensweise entspricht einem zweistufigen Vorgehen: (1) Zunächst sucht man die k-nahen Nachbarn zu dem neu zu klassifizierenden Datensatz, dann (2) ermöglicht die Anwendung einer Mehrheitsregel die Klassifikation in der Klasse, die mehrheitlich zu dem neuen Datensatz passt. Die Wahl von k ist von entscheidender Bedeutung (vgl. Shmueli et al. 2016, S. 158 ff.).

Aus der Sicht eines Analysten besteht natürlich die Möglichkeit, Methoden anzuwenden, die oben beschrieben wurden. Alternativ können Tests selbst entwickelt werden. Der Erfolg liegt sicherlich irgendwo in der Mitte beider Alternativen, ist aber abhängig von der jeweiligen Problemstellung. Im nächsten Kapitel präsentieren die Autoren eine Systematik für Betrugsfälle im Online-Banking Bereich.

4 Definition von Anomalien in Bezug auf den Finanzsektor

Wird im Rahmen von Big Data über Anomalien gesprochen, so bezeichnen diese meist Unregelmäßigkeiten in einer Datensammlung. Abbildung 6 zeigt, welche Anomalien im Rahmen des Online-Bankings auftreten können.

Einige Beispiele im Rahmen von Anomalien im Finanzsektor sind z. B. der Zugriff auf das Online-Banking-Konto von einem ungewöhnlichen Ort oder zu einer ungewöhnlichen Zeit, die Nutzung von Funktionen, die für gewöhnlich nicht genutzt werden oder die Nutzung solcher Funktionen in einer ungewöhnlichen Reihenfolge. Des Weiteren kann die Änderung personenbezogener Daten sowie das Hinzufügen von Zahlungsempfängern oder die Nutzung unüblicher Transaktionstypen und -höhen ein Beispiel für Anomalien darstellen (vgl. Kriksciuniene et al. 2014, S. 92).

 Zugriff auf das Online-Banking von einem ungewöhnlichen Ort oder zu einer ungewöhnlichen Zeit

 Änderung genehmigungspflichtiger Limits

 Änderung personenbezogener oder persönlicher Daten

 Nutzung von ungewöhnlichen Eigenschaften oder in unerwarteter Reihenfolge

 Hinzufügen von Zahlungsempfängern

 Nutzung unüblicher Transaktionen (Typ und Höhe)

Abbildung 6: Typen von Anomalien im Finanzsektor
Quelle: Eigene Abbildung in Anlehnung an Kriksciuniene et al. 2014, S. 92

Im Hinblick auf diesen Beitrag sind ausschließlich die folgenden, in Abbildung 7 aufgezeigten, Anomalie-Typen von besonderer Bedeutung und werden deshalb einer näheren Betrachtung unterzogen. Die vier aufgezeigten Anomalie-Typen Transaktionssumme, Transaktionshäufigkeit, Fremdwährung sowie unregelmäßiger Kontotyp spielen im Folgenden vor allem bei der Erläuterung des Modells zur Anomalie-Erkennung eine essentielle Rolle.

(1) Bei der Betrachtung des Kriteriums Transaktionssumme, wird der Durchschnittswert der letzten 1.000 Tage ermittelt und als Referenzwert angesetzt.
(2) Im Rahmen der Transaktionshäufigkeit betrachtet man die erhöhte Transaktionsfrequenz im Vergleich zum errechneten Durchschnittswert.
(3) Das Kriterium Fremdwährung spielt besonders dann eine Rolle, wenn ein Online-Banking-Nutzer i.d.R. immer die Währung Euro verwendet und ad hoc vermehrt andere Währungen ausgewählt werden, z. B. US-Dollar oder chilenischer Peso.

(4) Das letzte relevante Kriterium, ist der unregelmäßige Kontotyp. Dieser wird als Referenz benötigt, sollte ein Kontotyp verwendet werden, der vom Standard-Kontotyp abweicht.

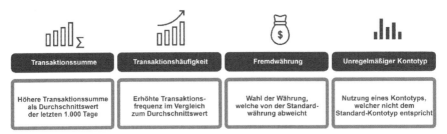

Abbildung 7: Für diesen Beitrag relevante Kriterien zur Anomalie-Ermittlung
Quelle: Eigene Darstellung in Anlehnung an Kriksciuniene et al. 2014, S. 93 f.

Diese ungewöhnlichen bzw. vom Gewöhnlichen abweichenden Verhaltensweisen eines Nutzers können Indikatoren für eine missbräuchliche Verwendung eines Kontos sein und sollen daher mithilfe von Big Data näher untersucht werden. Ziel ist es, möglichst genau den missbräuchlichen Gebrauch eines Kontos zu ermitteln und betrügerische Aktivitäten zu unterbinden, um langfristig die Rate der Cyber-Kriminalität zu reduzieren (Kriksciuniene et al. 2014, S. 94).

Im nächsten Kapitel wird anhand eines Modells dargestellt, wie dieser missbräuchliche Gebrauch, mithilfe der bei den Transaktionen und im Online-Banking erzeugten Daten, aufgedeckt und verhindert werden soll.

5 Aufdecken diverser Anomalien mithilfe des Modells nach Kriksciuniene et al.

In diesem Kapitel wird mithilfe des Modells nach Kriksciuniene et al. (2014, S. 91 ff.) ein Lösungsansatz dargestellt, wie Big Data genutzt werden kann, um Anomalien aufzudecken und im Betrugs-fall die Transaktion zu stoppen.

5.1 Datenbanktypen zur Anomalie-Erkennung

Basis für dieses Modell stellen die Daten aus der Kundenhistorie, gesammelt über einen Zeitraum von mindestens drei Jahren, dar. Diese Forschungsdaten können z. B. mittels SQL-Skripten gesammelt werden. Die Transaktionsdatenbank besteht aus den Daten aller getätigten Transaktionen sowie aller Kundeneintragungen und enthält Informationen wie die Konto-Nr., die Kunden-Nr., die Summe der Transaktion sowie die Währung, das Transaktionsdatum und viele weitere Attribute. Aufgrund der enormen Größe der Transaktionsdaten-bank werden im Rahmen des Modells die Daten der Transaktionsdatenbank in zwei neue Datenbasen eingeteilt.

(1) Die Full Period Behavior Datenbank (FDB) spiegelt die Werte aus 1.000 Tagen wieder. Sie betrachtet demnach das Langzeitverhalten von Online-Banking-Nutzern. Die FDB enthält Daten wie z. B. die durchschnittliche

Transaktionssumme, die genutzte Standardwährung, die Anzahl aller getätigten Kundentransaktionen in den letzten 1.000 Tagen, der reguläre Zeitabstand zwischen zwei Transaktionen und weitere relevante Attribute.

(2) Dieselben Attribute sind in der zweiten Datenbank, der Short Period Behavior Datenbank (SDB), enthalten. Im Gegensatz zur FDB spiegelt die SDB das Kurzzeitverhalten von Kunden im Online-Banking wieder, da ausschließlich die Daten der letzten 30 Tage gespeichert werden.

Daher weichen die Werte der SDB von denen der FDB ab. Abbildung 8 gibt einen Überblick über die Einteilung und die relevantesten Informationen, die die jeweilige Datenbank enthält. Diese Daten bilden die Basis, um im Anschluss die Transaktionen in zwei Phasen auf Anomalien zu überprüfen.

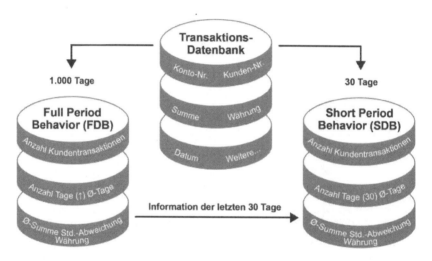

Abbildung 8: Einteilung der Daten aus der Transaktionsdatenbank in Full und Short Period Behavior
Quelle: Eigene Darstellung

5.2 Die zwei Phasen des Modells zur Anomalie-Ermittlung

Im Anschluss an die Aufteilung der gesamten Transaktionsdatenbank in die FDB und die SDB wird in einem nächsten Schritt die Vorgehensweise zur Anomalie-Erkennung in zwei Phasen dargestellt. Ausgangslage ist eine getätigte Transaktion, die jedoch vom System noch nicht abgeschlossen und daher noch ausstehend ist. Aufgrund der Anonymität im Online-Banking kann nicht mit Sicherheit gesagt werden, ob der Initiator der Transaktion auch Inhaber des benutzten Kontos ist. Daher wird in Phase eins die aktuelle Transaktion mit dem Langzeitverhalten des Online-Banking-Kunden im Hinblick auf die Transaktionssumme verglichen. Abbildung 9 stellt eine fiktive Transaktionsüberprüfung in Phase eins dar, um die Herangehensweise zu veranschaulichen. Die Transaktionssumme in diesem Beispiel beträgt 20

Mio. Euro und die durchschnittliche Transaktionssumme aus der FDB, das heißt im Langzeitverhalten des Online-Banking-Kunden, beträgt 1.625,50 Euro. Hinzu kommt eine Standardabweichung von 600 Euro. In Phase 1 des Modells wird die durchschnittliche Transaktionssumme im Langzeitverhalten als erster Referenzwert herangezogen. Ist die Transaktionssumme aus der aktuellen Transaktion größer als zweimal die Standardabweichung (in diesem Fall größer als 2.825,50 Euro), so wird die Transaktion vom Modell als anomal eingestuft und angehalten.

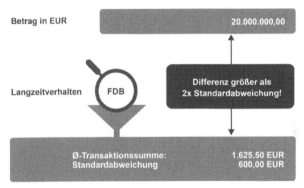

Abbildung 9: Schritt 1 im Rahmen der Anomalie-Ermittlung

Quelle: Eigene Darstellung 2018

Das Beispiel in Abbildung 9 zeigt nun eindeutig anomales Verhalten, weshalb in Phase zwei des Modells weitere Attribute untersucht werden, um zusätzliche Informationen zu erhalten und eine bessere Einschätzung vornehmen zu können. Hinzu kommt, dass das Kurzzeitverhalten in Phase zwei des Modells ebenfalls in die Betrachtung miteinfließt.

Abbildung 10 veranschaulicht die vier Attribute, die die Analysten im Rahmen von Phase zwei untersuchen und näher betrachten. Es wird in dieser Phase auf die bereits vorgestellten Anomalie-Typen Transaktionssumme, Transaktionshäufigkeit, Fremdwährung und unregelmäßiger Kontotyp eingegangen.

Abbildung 10: Ablauf Phase 2
Quelle: Eigene Darstellung

Phase zwei beginnt analog zu Phase eins mit der Betrachtung der Transaktionssumme. Hierbei wird der Wert aus der SDB als Referenzwert herangezogen, da der Wert aus der FDB bereits in Phase als Vergleichskriterium diente. Es wird in Phase zwei also untersucht, wie sich die aktuelle Transaktion vom Verhalten des Online-Banking-Nutzers im Kurzzeit-verhalten unterscheidet. Analog zu Phase eins wird auch in diesem Schritt die Transaktion als anomal eingestuft, weicht die Transaktionssumme mehr als zweimal die Standardabweichung von der durchschnittlichen Transaktionssumme aus der SDB ab.

Im zweiten Schritt der zweiten Phase betrachtet der Analyst die Transaktionshäufigkeit als Vergleichsattribut. Das System evaluiert, wie viele Tage in der Regel zwischen zwei vom Kunden getätigten Transaktionen liegen und errechnet hierzu ebenfalls die Standardabweichung. Tätigt der Online-Banking-Nutzer in der Regel alle vier Tage eine Überweisung bei einer Standardabweichung von 0,5 Tagen, so ergibt sich aus zweimal der Standardabweichung ein Tag. Daraus lässt sich schließen, dass der Nutzer im Regelfall alle drei bis fünf Tage eine Transaktion tätigt. Das Modell würde daher eine Transaktion als anomal klassifizieren, läge die vorhergehende Transaktion erst ein paar Stunden zurück. Der Abgleich wird wie in Abbildung 10 dargestellt, d. h. dieser wird sowohl in Relation zum Langzeit- als auch zum Kurzzeitverhalten betrachtet.

In Schritt drei untersucht der Analyst die genutzte Währung näher. Es wird gegenübergestellt, welche Währung der Nutzer standardmäßig verwendet und welche Währung im Rahmen der aktuellen Transaktion ausgewählt wurde. An dieser Stelle wird keine statistische Methode zur Anomalie-Detektion eingesetzt, sondern die Anomalie mithilfe von Expertenschätzungen eingestuft. Dabei überprüft man, ob vom Konto des Nutzers in 10 %, 20 % etc. in Fremdwährung bezahlt wird. Dieser Wert kann von Nutzer zu Nutzer stark abweichen und wird ebenfalls sowohl im Kurzzeit- als auch im Langzeitverhalten des Bankkunden betrachtet und mit der aktuellen Transaktion verglichen. Von Experten wird dann schlussendlich eingestuft, ob es sich bei diesem Attribut um anomales Verhalten handelt oder nicht.

Im letzten Schritt wird der Kontotyp untersucht. Auch hier wird gegenübergestellt, welcher Kontotyp für die aktuelle Transaktion genutzt wird und welcher im Regelfall vom Bankkunden genutzt wird. Auch im Hinblick auf dieses Attribut wird vorab eine Experteneinschätzung vorgenommen, um zu definieren, ab welchem Zeitpunkt von einer Anomalie gesprochen wird. Diese Experteneinschätzung muss in das Modell eingebaut werden, sodass dieses anomales Verhalten detektiert, wenn z. B. häufiger als in 15 % der Transaktionen aus den letzten 30 Tagen ein anderer Kontotyp verwendet wird.

5.3 Aktualisierung der Werte in den Datenbanken

Wird vom Modell anomales Verhalten klassifiziert, ist es unerlässlich, dass sich die Bank mit dem betroffenen Nutzer in Verbindung setzt. Stellt sich im Anschluss an die Korrespondenz mit dem Nutzer heraus, dass es sich um keine betrügerische Aktivität, sondern lediglich um eine besonders hohe Transaktion aufgrund einer einmaligen Ausgabe handelt (z. B. Kauf einer Eigentumswohnung), ergänzen die Experten die Werte aus den Datenbanken um die aktuelle Transaktion (vgl. Abb. 11).

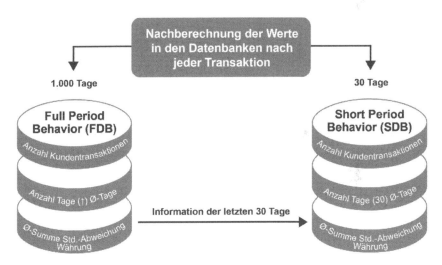

Abbildung 11: Aktualisierung der Daten in den Datenbanken

Quelle: Eigene Darstellung

Da ein Modell lediglich Muster erkennen und anomales Verhalten aufdecken kann, ist es dem Modell nicht möglich, außergewöhnliche jedoch vom Nutzer selbst getätigte Transaktionen zu erkennen und als regelkonform einzustufen. Es lässt sich daran erkennen, dass das Modell in dieser Hinsicht an seine Grenzen stößt. Im nächsten Kapitel wird anhand einer Studie zur Überprüfung des Modells dessen Genauigkeit ermittelt und die Ergebnisse zusammengefasst dargestellt.

6 Ergebnisse, Erkenntnisse und Bewertung des Modells

Im vorherigen Kapitel wurde die Funktionsweise des Modells dargestellt und einer näheren Betrachtung unterzogen. In diesem Kapitel wird untersucht, mit welcher Genauigkeit das Modell arbeitet, welche Chancen sich aus dem Modell ergeben und welche Grenzen und Herausforderungen das Modell zu überwinden hat.

6.1 Überprüfung des Modells und Ergebnisse

Zur Überprüfung von Phase eins des Modells wurden 500 Transaktionen aus der Transaktionsdatenbank untersucht. Diese wurden vorab von Experten untersucht und klassifiziert. Anschließend wurden diese in das Modell gegeben. Eine Übersicht der Untersuchungsergebnisse findet sich in Abbildung 12. Von den Experten wurden 60 der 500 Transaktionen als anomal klassifiziert. Das System hingegen erkannte 55 anomale Transaktionen. Im Abgleich mit den Experteneinschätzungen wurde festgestellt, dass 46 vom System erkannte Anomalien ebenfalls von den Experten als anomal eingestuft wurden („True Positive") und neun vom System erkannte Anomalien fälschlicherweise als solche klassifiziert wurden („False Positive). Von den Experten wurden demnach 440 Transaktionen als regelkonforme Transaktionen klassifiziert. Das Modell hingegen erkannte 445 regelkonforme Transaktionen. Von diesen 445 als regelkonform eingestuften Transaktionen, wurden 431 korrekterweise als normal klassifiziert („True Negative") wohingegen 14 vom Modell fälschlicherweise als regelkonforme Transaktionen eingestuft wurden („False Negative). Aus dem „False Positive"-Wert und dem „False Negative"-Wert ergibt sich ein Standardfehler von 4,6 %. Bei der Überprüfung des Modells ließ sich feststellen, dass es zu 95,4 % mit den Werten aus den Experteneinschätzungen übereinstimmte.

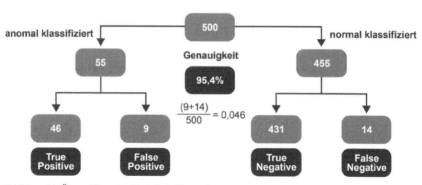

Abbildung 12: Überprüfung des Modells in Phase 1
Quelle: Eigene Darstellung

In einem zweiten Schritt wurde die Phase zwei des Modells auf dieselbe Art und Weise untersucht. Zur Veranschaulichung wird in diesem Beitrag lediglich auf die Überprüfung der Transaktionssumme in Phase zwei näher eingegangen (Abb. 13). In diesem Schritt wurden 278 Kunden zur Untersuchung herangezogen und es wurde im Gegensatz zu Phase eins sowohl das Langzeit- als auch das Kurzzeitverhalten berücksichtigt. Darauf aufbauend stuften Experten vorab 38 Transaktionen als risikoreich bzw. anomal ein. Im Anschluss wurden diese Daten ebenfalls in das Modell gegeben, mit dem Ergebnis, dass das System 26 Transaktionen als anomal und 252 als normal klassifizierte.

Von den 26 als anomal klassifizierten Transaktionen wurden 23 korrekterweise als anomal eingestuft („True Positive"), wohingegen drei Transaktionen fälschlicherweise als anomal klassifiziert wurden („False Positive").

Auf Seiten der normal klassifizierten Transaktionen, wurde erörtert, dass 237 Transaktionen korrekterweise als regelkonform eingestuft wurden („True Negative"), wohingegen 15 Transaktionen zu Unrecht als regelkonform klassifiziert wurden („False Negative"). Es ergibt sich aus der „False Positive"-Rate und der „False Negative"-Rate ein Standardfehler von 6,5 %, was auf eine Genauigkeitsrate von 93,5 % des Modells schließen lässt.

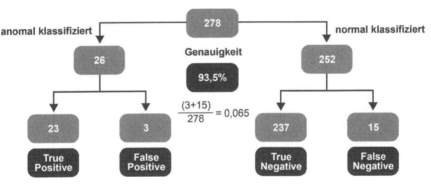

Abbildung 13: Überprüfung des Modells in Phase 2 anhand der Transaktionssumme aus FDB und SDB

Quelle: Eigene Darstellung

Es konnte bei der Überprüfung des Modells festgestellt werden, dass die Standardfehler relativ gering sind und das Modell demnach mit einer relativ hohen Genauigkeit arbeitet. Dennoch stößt das System in diverser Hinsicht an seine Grenzen. Im folgenden Unterkapitel, werden die positiven den negativen Aspekten des Modells gegenübergestellt, um das Modell im Abschluss zu bewerten.

6.2 Bewertung des Modells

Ein positiver Aspekt des Modells ist, dass es ein sehr effizientes System für große Datenmengen darstellt. Mit jeder Transaktion und jeder Nutzertätigkeit werden eine Vielzahl an Daten generiert. Es bedarf eines Systems, dass festlegt, welches die relevantesten Attribute sind, um einen gewissen Überblick über die generierten Daten zu behalten. Das Modell hilft hierbei, sich auf einzelne, besonders relevante Attribute zu konzentrieren und sich gezielt auf die Verhaltensweisen des Nutzers im Langzeitverhalten (drei Jahre) oder im Kurzzeitverhalten (ein Monat) zu fokussieren.

Des Weiteren konnte bei der Überprüfung des Modells festgestellt werden, dass der Standardfehler als gering einzustufen ist und das Modell demnach mit relativ hoher Genauigkeit arbeitet.

Als Grenze des Modells ist die Beschränkung auf einen Faktor zu nennen. In Phase eins der Analyse der Transaktion wird ausschließlich ein Abgleich der aktuellen Transaktionssumme mit der durchschnittlichen Transaktionssumme im Langzeitverhalten des Online-Banking-Nutzers durchgeführt. Eine Transaktion kommt erst dann in Phase zwei des Modells, wird sie in Phase eins bereits als anomal klassifiziert, d. h. wird bei der Transaktionssumme im Vergleich mit dem Langzeitverhalten des Bankkunden keine Anomalie erkannt, wird die Transaktion nicht auf weitere Attribute und nicht im Kontext des Kurzzeitverhaltens untersucht. Das Modell ist daher an dieser Stelle als sehr statisch einzustufen. Eine weitere Grenze des Modells ist die Veränderung individueller Lebensumstände. Das Modell kann nicht erkennen, ob die Ausgaben sich verändern, weil sich der Lebensstandard eines Menschen ändert oder weil es sich um Betrug handelt. Auch einmalige Ausgaben wie z. B. der Kauf einer Eigentumswohnung kann vom Modell nicht erkannt werden und würde daher in der Regel als regelwidriges Verhalten eingestuft. Es ist daher essentiell, dass Experten, die das Modell verstehen, mit diesem arbeiten und die Ergebnisse entsprechend überprüfen, interpretieren und ggf. neu klassifizieren.

Quellenverzeichnis

Bitkom e.V. (2016): Jeder zweite Internetnutzer Opfer von Cybercrime, Berlin.

Funk, A. (2018): Auch Deutschland ist eine Oase: Steuervermeidung und Geldwäsche, https://www.tagesspiegel.de/wirtschaft/steuervermeidung-und-geld-waesche-auch-deutschland-ist-eine-oase/20908520.html, Zugriff am: 27.05.2018.

Gee, S. (2015): Fraud and Fraud Detection, A Data Analytics Approach, Wiley, Hobokken.

Hansen, M. (Hrsg.) (2007): Verkettung digitaler Identitäten, 1. Aufl., Kiel.

Kriksciuniene, D., Liutvinavicius, M., Sakalauskas, V. und Tamasauskas, D. (2014): Research of customer behavior anomalies in big financial data, in: 2014 14th International Conference on Hybrid Intelligent Systems, S. 91-96.

Kohlhammer, J. et al. (2013): Visual Business Analytics, Effektiver Zugang zu Daten und Informationen, dpunkt.verlag, Heidelberg.

PayPal (Hrsg.) (2017): Transaktionsvolumen von PayPal vom 1. Quartal 2010 bis zum 4. Quartal 2017 (in Milliarden US-Dollar), https://de.statista.com/statistik/daten/studie/218486/umfrage/zahlungsvolumen-von-paypal-als-quartalszahlen/, abgerufen am 19.02.2018.Santoyo, S. (2017): A Brief Overview of Outlier Detection Techniques, https://towardsdatascience.com/a-brief-overview-of-outlier-detection-techniques-1e0b2c19e561, Zugriff am: 08.06.2018.

Shmueli, G., Bruce, P.C., Patel, N.R. (2016): Data Mining for Business Analytics, Concepts, Techniques, and Applications with XLMiner, 3rd Edition, Wiley, Hobokken.

Data Analytics und Smart Cities

Dirk Drechsler, Jaqueline Alterauge und Lisa Isenmann

1 Das Konzept einer Smart City

1.1 Herausforderungen und Motivation

Die Urbanisierung ist einer der acht globalen Megatrends der Zukunft (vgl. Schreiber et al. 2017, S. 5). Die Menschen zieht es in die Städte, häufig ist auch von einer regelrechten Landflucht die Rede. Prognosen gehen davon aus, dass bis zum Jahr 2030 76,8 % und bis zum Jahr 2050 sogar 83 % der deutschen Bevölkerung in Städten leben werden. Bereits im Jahr 2016 lebten 75,5 % der Deutschen in Städten (siehe Abb. 1). Umgekehrt bedeutet dies, dass bis zum Jahr 2030 nur noch 21,4 % und bis zum Jahr 2050 17 % der Bevölkerung in Deutschland auf dem Land leben werden (vgl. UN DESA 2014). Ähnlich sind die Prognosen für die Weltbevölkerung. Perspektivisch werden die Städte folglich Millionen neuer Bewohner aufnehmen müssen.

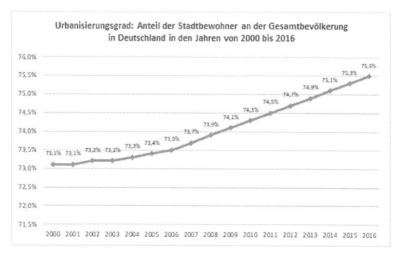

Abbildung 1: Urbanisierungsgrad in Deutschland

Quelle: Eigene Darstellung in Anlehnung an World Bank und UN DESA 2017

Aus der Urbanisierung resultiert unter anderem eine Überlastung der Verkehrs-, Energie- und Wasserversorgungsnetze sowie des städtischen Wohnraums. Bedingt dadurch entstehen beispielsweise Staus und Lärm. Die heutzutage vielerorts vorzufindende städtische Infrastruktur ist den zukünftig weiter steigenden Bewohnerzahlen nicht länger gewachsen. Diese Anforderungen erfordern ganz neue Lösungsansätze.

Die Frage, die sich dementsprechend aus dieser Problemstellung der Zukunft ableiten lässt, ist, wie Städte mit einer wachsenden Bevölkerungsdichte und sich schnell verändernden Umwelt langfristig und nachhaltig für die Bewohner geplant und gebaut werden können (vgl. UN DESA 2014; Schreiber et al. 2017, S. 40 ff.). Die Motivation, Städte zu realisieren, die eben diesem Anspruch gerecht werden, „entspringt also deren steigender gesellschaftlicher Relevanz, geht aber auch von der Verfügbarkeit neuer Technologien aus, welche eine Verwirklichung (…) überhaupt erst möglich machen" (Portmann und Finger 2015, S. 471). Vor allem die wachsenden Möglichkeiten im Rahmen der Sammlung und Auswertung von enormen Datenmengen (Big Data) spielt eine große Rolle. Vor diesem Hintergrund beschäftigt sich dieser Beitrag mit einem datenorientierten Blick auf das Smart City Konzept.

1.2 Definition und Ziele einer Smart City

Die grundlegende Idee von Smart Cities als „Städte der Zukunft" ist, dass Informations- und Kommunikationstechnologien eingesetzt werden, um soziale, ökonomische und ökologische Probleme, die durch die Urbanisierung hervorgerufen werden, zu lösen (vgl. Portmann und Finger 2015, S. 472; Portmann et al. 2017, S. 1). Konkret formuliert bedeutet dies, dass Smart Cities unter Verwendung von Technologien für die Stadtbewohner konzipiert werden, um einerseits Ressourcen zu schonen und effizient einzusetzen. Andererseits soll eine nachhaltige Entwicklung der Städte gefördert werden, sodass Städte trotz steigender Bevölkerungsdichte effizient und lebenswert gestaltet werden können. Dabei sollen sowohl die Bedürfnisse des Individuums als auch der Gesellschaft Berücksichtigung finden (vgl. Portmann et al. 2017, S. 1 f.).

Im Oktober 2015 erschien ein Bericht des Global Agenda Council on the Future of Cities, der für das World Economic Forum (WEF) erstellt wurde. Dieser listet die zu diesem Zeitpunkt Top 10 urbanen Innovationen auf (vgl. Global Agenda Council 2015, S. 2 ff.):

(1) (Digitally) Re-programmable space
- Hier geht es um Bemühungen, den bestehenden Wohn- und Arbeitsraum durch Rückgriff auf digitale Technologien zu optimieren.

(2) Waternet: An internet of pipes
- Die Verfügbarkeit und effiziente Nutzung von (Frisch-)Wasser entwickelt sich zu einer Herausforderung, der man über den Einsatz von intelligenten Systemen begegnet.

(3) Adopt a tree through your social network
- Das Pflanzen von Bäumen reduziert laut Studien die Effekte von Stürmen und sonstigen wetterbedingten Katastrophen.

(4) Augmented humans: The next generation of mobility
- Die Mobilität in den Städten darf nicht nur für Autofahrer funktionieren, sondern erfordert auch intelligente Konzepte, um Fußgänger und Radfahrer besser in den Verkehr zu integrieren.

(5) Co.-Co.-Co.: Co.generation, Co-heating, Co-cooling

- Der Energieverbrauch bedingt Quellen der Energieerzeugung, die mit Atomstrom oder Kohlekraftwerken keine umweltfreundlichen Vertreter haben. Daher ist es erforderlich, unter Nutzung digitaler Technologien und alternativer Energiequellen zum Umweltschutz beizutragen.

(6) The sharing city
- Airbnb macht es vor, dass der Bau von Hotels oder weiteren Unterkünften in Städten durch private Angebote im Sinne eines Teilens des Wohnraums vermieden werden kann. Das optimiert bestehende Möglichkeiten.

(7) Mobility-on-demand
- CO_2-Emissionen können durch eine bedarfsorientierte Mobilität reduziert werden. Auch das Risiko von Unfällen nimmt dadurch ab.

(8) Medelin revisited: Infrastructure for social integration
- In der kolumbianischen Stadt Medellin benutzen die Stadtplaner Architektur und Urbanismus als eine Möglichkeit zur sozialen Integration (Espana Library Park oder öffentlicher Transport über das Kabelauto).

(9) Smart array: Intelligent street poles as a platform for urban sensing
- Ein bedarfsorientierter Einsatz von Lampen mittels Sensoren lässt diese nur dann angehen, wenn Personen in der Nähe sind. Das optimiert den Energieverbrauch.

(10) Urban farming: Vertical vegetables
- Sofern der Anbau landwirtschaftlicher Produkte in die Städte gebracht wird, besteht die Möglichkeit, Transportwege zu reduzieren und zeitnah Lebensmittel anzubieten. Das entlastet die Landwirtschaft.

Einige dieser Konzepte greift dieser Beitrag in der Barcelona-Fallstudie intensiver auf, weswegen hier nur eine kurze Erläuterung erfolgte.

Allein vier Zahlen definieren die Bedeutung der Städte: 2, 50, 75 und 80. Städte nehmen 2 % der Weltoberfläche ein, aber sie beherbergen bis zu 50 % der Weltbevölkerung, sind für 75 % des weltweiten Energieverbrauchs verantwortlich und für 80 % der CO_2-Emissionen. Wenn Städte demzufolge lediglich ein wenig effizienter gestaltet werden, können große globale Auswirkungen erreicht werden (vgl. Ratti 2016). Um die Herausforderungen und die Komplexität der Urbanisierung in den Städten meistern zu können, verfolgt das Konzept einer Smart City daher zusammenfassend die Ziele, Kosten zu senken, die Lebensqualität zu verbessern und die Effizienz zu steigern (vgl. Portmann und Finger 2015, S. 473).

1.3 Handlungsfelder und Technologien einer Smart City

Das Konzept einer Smart City setzt sich aus unterschiedlichen sogenannten Handlungsfeldern oder Eigenschaften zusammen, die wiederum unterschiedliche Technologien benötigen und viele Daten sammeln bzw. erzeugen. Dabei sind ganz verschiedene Bereiche des städtischen Lebens betroffen. Folgend werden beispielhaft zwei Handlungsfelder skizziert und ein Beispiel für Big Data vorgestellt.

Am wohl bekanntesten und auch am weitesten verbreitet sind die Handlungsfelder Smart Living bzw. Smart Home. Darunter versteht man Konzepte des Lebens und Wohnens, bei denen den Bewohnern Vorteile durch die Vernetzung der unterschiedlichsten Geräte im Haushalt entstehen. Im Rahmen dessen wird immer wieder vom Internet der Dinge gesprochen (Internet of Things – IoT). Ein Beispiel: Vernetzte Staubsaugerroboter sammeln detaillierte Daten der Wohnungen – Grundriss sowie Positionen von etwa Sofas und Schränken –, um effizient zu arbeiten (vgl. Portmann und Finger 2015, S. 473; Holland 2017). Im Handlungsfeld Smart Healthcare werden beispielsweise durch die Sammlung und Analyse von Patientendaten Epidemien und Krankheiten vorhergesagt, um die Lebensqualität durch den effizienten und rechtzeitigen Einsatz von Heilmitteln zu verbessern und vermeidbaren Todesfällen entgegenzuwirken (vgl. Hashem et al. 2016, S. 752).

Für die Sammlung und Speicherung der genannten Daten werden unter anderem folgende Technologien eingesetzt: RFID, WIFI, WSN, IoT, Sensortechnologien, Bluetooth, LTE, LTE-A, 4G, 5G Netzwerke, sowie GPS. WSN (Wireless sensor network) beispielsweise kann Umgebungsbedingungen wie Temperatur, Luftdruck, Luftfeuchtigkeit, etc. in Echtzeit messen und durch drahtlose Kommunikation an andere Systeme weitergeben. So eignet sich diese Technologie z. B. für den Einsatz im Smart Home, um die Heizung automatisch zu regulieren. Erst durch diese und weitere neue Technologien ist es überhaupt möglich, Big Data zu sammeln, zu speichern, zu verarbeiten und für die effiziente Nutzung in einer Smart City zugänglich zu machen (vgl. Hashem et al. 2016, S. 750 ff.).

Bei den in diesem Beitrag aufgeführten Handlungsfeldern und Technologien handelt es sich keinesfalls um eine abschließende Aufzählung der Eigenschaften einer Smart City. Weitere Handlungsfelder folgen in Abschnitt zur Smart City Barcelona. Auch das Handlungsfeld Smart Water Management wird detailliert erläutert.

1.4 Die Rolle von Big Data in Smart Cities

Alle aufgeführten und viele weitere Handlungsfelder produzieren Daten und führen so zu einem exponentiellen Anstieg an Datenmengen (Big Data). Die Technologien sammeln und werten diese Mengen an Daten aus. Big Data ermöglicht es, wertvolle Erkenntnisse zu gewinnen und bietet ein noch lang nicht ausgeschöpftes Potenzial für Smart Cities. Bei den anfallenden Daten handelt es sich sowohl um strukturierte (die von den einzelnen Systemen unmittelbar genutzt werden können) als auch um unstrukturierte Daten (die von den einzelnen Systemen nicht unmittelbar genutzt werden können), was sowohl die Komplexität der effizienten Sammlung und Auswertung als auch die Koordination der Datennutzung erhöht. Smart City bedeutet also vor allem auch das Generieren von Big Data und daraus das Generieren von smarten Lösungen für die Bewohner und die Stadt selbst (vgl. Portmann et al. 2017, S. 1; Joglekar und Kulkarni 2017, S. 52 ff. sowie Portmann und Finger 2015, S. 472).

Abbildung 2 zeigt die Stufen die Big Data „hinaufsteigt", bevor die Daten in den unterschiedlichen Handlungsfeldern einer Smart City Verwendung finden können: Von der Generierung der Rohdaten (z. B. Sensoren, Geräte, etc.), zum Datentransfer und zur Datenspeicherung, durch Datenanalysen und Datenverarbeitungen, bis hin zur Datenverwendung (vgl. Joglekar und Kulkarni 2017, S. 53 f.).

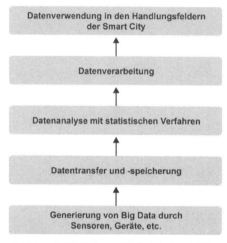

Abbildung 2: Die Rolle von Big Data in Smart Cities
Quelle: Eigene Darstellung in Anlehnung an Joglekar und Kulkarni 2017, S. 54

Die reine Erwähnung von Sicherheitsaspekten mag zwar den einen oder anderen Leser beruhigen, konkret sollte aber an einem Modell verdeutlicht werden, wie das im Fall einer Smart City aussehen sollte. Nach Erfassung der Daten über diverse Quellen werden diese vorbereitet und in die verschiedenen analytischen Verfahren überführt. Die Speicherung und Aggregation der Modelle verbindet sich mit der smarten Applikation, die wiederum zur Schnittstelle mit dem Nutzer führt. Abbildung 3 zeigt deutlich, dass die operationale Plattform der Smart City durch eine Sicherheitsschicht (Security Layer) geschützt ist. Das schützt personenbezogene und nicht personenbezogene Daten gleichermaßen.

Die Chancen und Risiken durch Big Data Analytics sind in diesem Rahmenwerk berücksichtigt. Auch in der Praxis treffen die Verantwortlichen Vorkehrungen, dass die positiven nicht durch negative Effekte der neuen Technologien konterkariert werden. Grundsätzlich bleibt aber an diesem Punkt festzuhalten, dass Smart City nur mit Big Data Analytics funktioniert.

2 Die Rolle von Big Data in Smart Cities am Beispiel des Smart Water Managements

Die Rolle von Big Data in den Handlungsfeldern einer Smart City wird nachstehend am Beispiel des Smart Water Managements konkretisiert. Das Smart Water Management soll der Überlastung einer der wichtigsten Infrastrukturen einer Stadt auf

Grund der wachsenden Bevölkerung in Städten, des Wasserversorgungsnetzwerks, entgegenwirken. Hinzu kommt, dass der Unterhalt sehr arbeitsintensiv und komplex ist. Ein smartes, intelligentes Wasserversorgungsnetzwerk sammelt daher unzählige Daten, um die kostbare Ressource effizient und effektiv zu verwalten. Durch die Sammlung und Auswertung von Daten können Unregelmäßigkeiten (sogenannte Anomalien), aus denen Schäden des Wasserversorgungsnetzwerkes, z. B. der Bausubstanz, resultieren, rechtzeitig erkannt werden (vgl. Fasel 2017, S. 17).

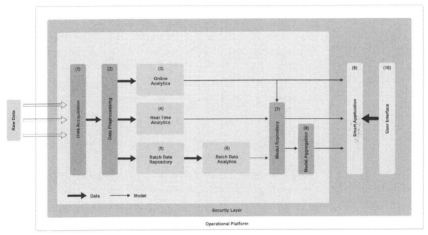

Abbildung 3: Ein Big Data Analytics Rahmenwerk für eine Smart City
Quelle: Eigene Darstellung in Anlehnung an Osman et al. 2017

Das Smart Water Management bedarf Sensortechnologie, denn es kommt eine große Anzahl von Wassersensoren zum Einsatz, welche lokale Messungen von Wasserdruck, Wasserfluss und Wasserqualität vornehmen. Die Sensoren müssen unterschiedliche Anforderungen erfüllen, um zum einen Energieverbrauch und zum anderen die Kosten und den Installations- und Wartungsaufwand zu reduzieren. Aus diesem Grund nehmen die Sensoren die Datenspeicherung nicht selbst vor, sondern übermitteln die Messungsdaten per Broadcast an die sogenannten Basisstationen. Außerdem misst jeder Sensor ausschließlich eine Kennzahl, sodass die notwendige Komplexität der einzelnen Sensoren reduziert werden kann. Deswegen sind mehrere Sensoren zur Messung unterschiedlicher Kennzahlen an einer Messstelle angebracht. Auch das Hinzufügen neuer Wassersensoren stellt keine Schwierigkeit dar (vgl. Difallah et al. 2016, S. 292 f.; Fasel 2017, S. 19).

Mehrere Basisstationen verarbeiten und bereinigen die Messwerte der Wassersensoren in ihrer jeweiligen Nachbarschaft und übermitteln diese anschließend an das sogenannte Overlay-Netzwerk. Im Rahmen der Datenechtzeitverarbeitung in der Basisstation werden

- die Daten auf Vollständigkeit überprüft,

- mit der Methode des gleitenden Durchschnitts potenzielle Ausreißer in den Daten abgeschwächt,
- die Daten mittels des LISA-Algorithmus (Local Indicators of Spatial Association) auf Anomalien überprüft. Hierzu werden die Daten der einzelnen Wassersensoren sowohl mit den aktuellen als auch mit den historischen Daten der Nachbarsensoren verglichen. Der Algorithmus basiert unter anderem auf der Standardisierung der Werte durch den Mittelwert und die Standardabweichung. (vgl. Fasel 2017, S. 18; Difallah et al. 2016, S. 293 ff.) und
- Anomalien direkt an das sogenannte Backend gemeldet. Das Overlay-Netzwerk entfernt Redundanzen der Sensordaten und fügt den einzelnen Sensordatensätzen Metainformationen (z. B. Sensor ID, Zeitstempel) hinzu. Redundanzen können entstehen, weil ein Sensor in der Nachbarschaft mehrerer Basisstationen liegen kann. Das Backend speichert nicht nur die Datensätze, sondern bietet auch die analytische Umgebung, um (historische) Daten (in Echtzeit) zu überwachen und auszuwerten (vgl. Fasel 2017, S. 18; Difallah et al. 2016, S. 293 ff.).

Hierbei wird deutlich, dass Big Data bedeutet, Daten in hohen Geschwindigkeiten – in Echtzeit – zu erzeugen und zu verarbeiten (in diesem Zusammenhang wird von Velocity gesprochen), eine große Menge von Daten über verschiedene Zeiträume zu speichern und zu analysieren (Volume), die Daten in unterschiedlichen Datenformaten vorliegen zu haben (Variety) und mit unterschiedlichen Datenqualitäten umzugehen (Veracity) sowie die Daten auf Plausibilität zu überprüfen (vgl. Fasel 2017, S. 19).

Zusammenfassend lässt sich die Rolle von Big Data auch hier klar definieren: Ohne Big Data ist die Aufdeckung von Anomalien und die Überwachung des Wasserversorgungsnetzwerkes in Echtzeit im Handlungsfeld Smart Water Management einer Smart City undenkbar.

3 Fallstudie - Smart City Barcelona

Es gibt viele Städte. die sich durch Innovation und technischen Wandel Schritt für Schritt der Definition von Smart City annähern. Darunter sind Aarhus (vgl. Snow et al. 2016, S. 93), Hyllie/Malmö (vgl. Parks 2018, S. 5), Ghent (vgl. Berg und Viaene 2016, S. 11), um nur einige zu nennen. Barcelona (vgl. Gascó-Hernandez 2018, S. 52), als Stadt, in der im Jahr 2017 bereits ein Smart City Kongress stattfand und im November 2018 erneut stattfinden wird, ist ein „Vorzeigebeispiel" einer Smart City. Die umfangreichen Neuerungen, die Barcelona in den alltäglichen Ablauf integriert, um das Leben der Einwohner zu optimieren, sind es durchaus Wert, diese Stadt im Kontext von Big Data genauer zu betrachten und als Fallstudie für eine Smart City zu verwenden (vgl. Jaekel 2015, S. 247 ff.).

Dimension	Description
Management and organization	A project is influenced by such managerial and organizational factors as project size, manager's attitudes and behaviors, and organizational diversity.
Technology	A smart city relies on computing technologies applied to critical infrastructure components and services, but technology can either improve citizens' quality of life or contribute to the digital divide.
Governance	Included are processes, norms, and practices that guide the exchange of information among the various stakeholders and their leadership, collaboration, communication, data exchange, partnership, and service integration.
Policy context	Included are the political and institutional components of the environment.
People and communities	Individuals and communities affecting and affected by implementation of a smart-city initiative can involve participation and partnership, accessibility, quality of life, and education.
Economy	Economic inputs to and economic outcomes from smart-city initiatives include innovation, productivity, and flexibility.
Built infrastructure	Availability and quality of technology infrastructure involve wireless infrastructure and service-oriented information systems.
Natural environment	Included are sustainability and good management of natural resources.

Abbildung 4: Das integrative Smart City Rahmenwerk für Barcelona

Quelle: Eigene Darstellung in Anlehnung an Gascó-Hernandez 2018, S. 52

Ein solches Projekt funktioniert nur dann, wenn alle beteiligten Stellen eng miteinander arbeiten und sich abstimmen. Auf der Grundlage eines integrativen Rahmenwerks (vgl. Abb. 4) entwickelten die Stadtplaner das Konzept einer Smart City mit dem folgenden Zielen: „Barcelona's aim was twofold: use new technologies to foster economic growth and improve the well-being of its citizens. The strategy to achieve it included international positioning, international cooperation, and 22 smart local programs implemented primarily by public-private partnerships" (Gascó-Hernandez 2018, S. 53).

3.1 Barcelona und der smarte Verkehr

Smart Mobility steht für ausgebaute Anbindungen an das Transportsystem sowie nachhaltigen, innovativen und sicheren Transport mit öffentlichen Verkehrsmitteln (vgl. Jaekel und Bronnert 2014, S. 116 ff.). Das Bus Transit System in Barcelona vereint dies in Perfektion und erzeugt damit nachhaltige Mobilität. Das ausgebaute Transportnetz mit schneller Anbindung im Zentrum wie auch außerhalb des Stadtkerns macht die Nutzung des Bussystems besonders attraktiv für Einwohner wie auch Besucher der Stadt. Durch Umstellung auf hybride Busse werden Emissionen reduziert und die Nachhaltigkeit gefördert. Besonders zu erwähnen sind in diesem

Fall auch die smarten Bushaltestellen die einen besonderen Mehrwert für die Pendler bieten. Über sogenannte Solar Panels werden an den Bushaltestellen Touchscreens mit Strom versorgt, die den Nutzern Auskunft über weitere Anbindungen und eventuelle Verspätungen der Linienbusse geben. Auch werden über die Panels USB-Stationen betrieben, an denen während der Wartezeit auf den Bus kostenlos Smartphone und andere Devices aufgeladen werden können (vgl. Ancheta 2014).

Ebenfalls zu einer Lösung des smarten Transports kann das Netz von über 6000 Fahrrädern gezählt werden, die in Barcelona an über 400 Stationen in unmittelbarer Nähe von öffentlichen Verkehrsmitteln platziert sind. Bike Sharing ist eine nachhaltige Möglichkeit das Verkehrsaufkommen in Städten zu minimieren. Eine App macht es den Nutzern einfach, die Verfügbarkeit der Fahrräder an den einzelnen Stationen zu überprüfen und diese gegebenenfalls zu reservieren (vgl. Ancheta 2014).

Auch Smart Parking funktioniert in Barcelona mit einer App. Mit der „App Park B" bekommt der Nutzer aktive Hilfe bei der Parkplatzsuche und Informationen zu Parklücken in Echtzeit zugespielt. Mit Hilfe dieser App hat das lästige Rundendrehen in der Stadt, um einen freien Parkplatz zu finden, ein Ende. Licht- und Metalldetektoren sowie weitere Sensoren melden der App, wenn ein Parkplatz besetzt oder frei ist. Diese Informationen können die Nutzer einfach abgreifen und sich einen passenden Parkplatz in der Nähe des Zielortes aussuchen. Außerdem zeichnet die App beispielsweise Parkzeiten, Beliebtheit der Parkplätze einzelner Stadtbereiche und Rushhours auf, um Parkmuster der Nutzer auszuarbeiten und dadurch die Optimierung der Parkplatzsituation in kritischen Gebieten voranzutreiben (vgl. Ancheta 2014).

3.2 Barcelona und das Smart Waste Management

Überquellende Mülleimer, Lärm und zähfließender Verkehr verursacht durch die Müllabfuhr sind in vielen Städten alltägliche Vorkommnisse. Um diesen Problemen entgegenzuwirken, gibt es den Ansatz des Smart Waste Management, in dem es zum einen entweder darum geht, die Müllabfuhrroute intelligenter zu gestalten oder im komplexeren Sinne einen neuen Ansatz der Müllentsorgung in Städten zu entwickeln (vgl. Ancheta 2014; Jaekel 2015, S. 247 ff.). In Barcelona gehören diese Probleme dank neuer Technologien des Smart Waste Managements bereits der Vergangenheit an.

Im Zentrum der Stadt und in Fußgängerzonen wurden Container mit unterirdischen Vakuum-Netzwerken eingerichtet, die den Abfall automatisch ansaugen und entfernen. Die Lärmbelästigung und der Stau durch Müllabfuhren in der Stadtmitte werden somit erfolgreich eliminiert. Auch außerhalb des Zentrums bietet Barcelona eine smarte Müllentsorgung an, indem die Stadt Mülleimer mit Sensoren ausstattet, die melden, wenn ein bestimmter Füllstand überschritten ist. Mit diesem simplen aber effektiven technischen Feature können die Routen der Müllabfuhr dementsprechend optimiert und an das Müllvorkommen angepasst geplant werden. Dadurch ergeben sich erhebliche Vorteile. Überquellende Mülleimer und die dadurch entstehende Geruchsbelästigung gehören der Vergangenheit an, die Sauberkeit auf den Straßen dominiert und die Nachhaltigkeit wird durch sorgsam gestaltete Routen der Müllautos optimiert (vgl. Ancheta 2014).

3.3 Barcelona und Smart Use of Energy

Smart Energy ist der Überbegriff von Technologien der intelligenten Erzeugung, Speicherung und Übertragung von Energie (vgl. Portmann und Finger 2015, S. 474). In einer Stadt wie Barcelona mit direkter Angrenzung an das Mittelmeer und viel Sonne das ganze Jahr, drängt sich die Nutzung von Solarenergie für heißes Wasser geradezu auf. Barcelona als Smart City geht aber noch einen Schritt weiter und verpflichtet alle öffentlichen Einrichtungen, alle Krankenhäuser, öffentlichen Pools und auch Hotels dazu, ihr eigenes heißes Wasser zu produzieren. An vielen Stellen werden Solarzellen aufgestellt, um eine möglichst flächendeckende Versorgung mit Solarenergie zu gewährleisten. Für die Nutzung von Klimaanlagen an besonders heißen Tagen wird eine ausgeklügelte Form der Kühlung mit Meerwasser umgesetzt (vgl. Ancheta 2014).

Smart Light Systems in Barcelona tragen ebenfalls zum Smart Use of Energy bei. Zum einen sind alle öffentlichen Lichter aufgrund der Kostenreduzierung und Minimierung der Umweltbelastung mit LED-Licht ausgestattet. In weiten Teilen des Zentrums von Barcelona wurde ein sogenanntes intelligentes Bewegungsmelder-System eingerichtet. Die Intensität des Lichtstrahls nimmt zu, wenn sich beispielsweise ein Fußgänger nähert und nimmt ab wenn dieser sich wieder entfernt. So kann, im Vergleich zu herkömmlicher Standardbeleuchtung bei dauerhaft gleicher Intensität, Energie eingespart werden (vgl. Ancheta 2014).

Weiterführend werden diese Features der Smart Light Systems genutzt, um Daten und Informationen über die Umwelt, wie beispielsweise Luftfeuchtigkeit, Temperatur oder auch Umweltbelastung und Lärm, zu erheben. Diese Faktoren können dadurch konsequenter überwacht werden, um im Fall der Fälle schnell auf Änderungen reagieren zu können (vgl. Jaekel 2015, S. 247 ff.).

3.4 Barcelona und Smart Government

„Unter Smart Government soll die Abwicklung geschäftlicher Prozesse im Zusammenhang mit dem Regieren und Verwalten mit Hilfe von intelligent vernetzten Informations- und Kommunikationstechniken verstanden werden. Ein intelligent vernetztes Regierungs- und Verwaltungshandeln nutzt die Möglichkeiten intelligent vernetzter Objekte (…) zur effizienten wie effektiven Erfüllung öffentlicher Aufgaben" (Lucke 2015, S. 4). Jedes noch so interessante Feature einer Smart City hat keine Zukunft, wenn sich die Einwohner einer Stadt nicht damit auseinandersetzen oder es für sinnlos erachten, ihre persönlichen Daten einzubringen. Barcelona schafft es, die Einwohner für den Gedanken Smart City abzuholen und kommuniziert deutlich die Vorteile einer Teilnahme. Zudem lebt die Stadt die Transparenz der Daten und stellt beispielsweise über „Open Data BCN" der Öffentlichkeit sämtliche Informationen zur Verfügung, die über alle in der Stadt integrierten Smart Features gesammelt werden.

In den Bereichen Territory, Population, Urban Environment, Administration und Economy & Business können die Einwohner in Echtzeit Informationen zu beispielsweise Luftfeuchtigkeit, Umweltbelastung oder Verkehrsaufkommen oder auch aktuellen Marktentwicklungen einsehen (vgl. Ancheta 2014).

Ein weiteres Tool ist „ID-BCN", welches es den Einwohnern ermöglicht, sich digital selbst zu identifizieren. Mit diesem Tool kann nach einer Registrierung jederzeit nachgeschaut werden, was für Daten die Stadt über den einzelnen Einwohner gesammelt und hinterlegt hat. Über das Tool hat man Zugänge zu offiziellen Dokumenten und Lizenzen, kann Termine mit Behörden vereinbaren oder Steuern und Strafgelder einsehen und direkt bezahlen. Auch ein abgeschlepptes Auto kann über dieses Feature ganz einfach wiedergefunden werden. Informationen können von den Einwohnern autonom verwaltet und mitgestaltet werden (vgl. Ancheta 2014).

4 Chancen und Herausforderungen von Big Data in Smart Cities

Die Chancen von Smart City können in vier Teilbereiche (Ökologie, Soziales, Forschung und Wirtschaft) eingeteilt werden:

Zum einen erreicht man durch richtige Implementierung und Ausrichtung der einzelnen Features eine ökologische Verbesserung, indem der Verbrauch von Ressourcen kontrolliert und gegebenenfalls sogar verringert wird. Der Einsatz von Monitoring Systems ermöglicht es, eine Verschwendung von Ressourcen rechtzeitig aufzudecken oder gar zu verhindern. Somit können vorhandene Ressourcen optimal eingesetzt und in benötigten Bereichen verteilt werden (vgl. Rohde et al. 2011).

Mit Hilfe von Auswertung und Nutzung erhobener Daten können durchaus auch soziale Chancen entstehen. Die Lebensqualität wird durch den Ausbau der Sicherheit in der Stadt sowie dem regelmäßigen Monitoring der Hygiene und Gesundheitsbereiche verbessert und auch der Bau und die stetige Optimierung effizienter Transportsysteme und Parksysteme machen das Leben in der Stadt lebenswerter (vgl. Rohde et al. 2011).

Die gesammelten Daten werden zur Forschung genutzt um die fortwährende Verbesserung der Lebensbedingungen in der Stadt voranzutreiben. Vorausgesetzt natürlich der Gewährleistung der Datentransparenz und des Datenschutzes des Individuums ist dies ein Vorteil, der allen Einwohnern der Stadt von großem Nutzen ist. Big Data in Smart Cities eröffnet neue Jobmöglichkeiten für Datenanalysten, Daten-Architekten, Programmierer und Netzwerk-Spezialisten oder Datensicherheit-Spezialisten (vgl. Rohde et al. 2011).

Auch die ökonomischen Chancen dürfen in diesem Teil nicht außer Acht gelassen werden. Jede Stadt kann durch den Ausbau der Möglichkeiten, die Big Data bietet, die Wettbewerbsfähigkeit der ansässigen Wirtschaft dauerhaft erhöhen und somit die Zukunftsfähigkeit der Stadt in Bezug auf Energie, Mobilität, Stadtplanung oder Governance verbessern (vgl. Rohde et al. 2011).

Jede Smart City hat sich auch Herausforderungen zu stellen, die untergliedert werden können in unternehmerische und technische Herausforderungen. Zum Bereich der unternehmerischen Herausforderungen kann bereits die Planung im Ansatz als Herausforderung gesehen werden. Die Planung eines solchen Konzeptes wie der Smart City muss einem ganzheitlichen Ansatz entsprechen und die Vorgehensweise der Umsetzung kosteneffizient und -deckend gestaltet werden. Wichtig sind vor allem auch die Nachhaltigkeit und Zukunftsfähigkeit solch zeit- und kostenintensiven Projekte. Es ist wichtig, sich im Detail mit Big Data und Smart City auseinanderzusetzen, um dieses Wissen als Grundlage für Entscheidungen zu nutzen. Wichtig ist in diesem Fall auch, das Wissen an die Einwohner einer Stadt weiterzugeben und diese in Entscheidungen eines solchen Projektes zu integrieren, denn mit deren Bereitschaft zur Datenerhebung steht und fällt die Unternehmung Smart City. Die Kosten der Integration der Bestandteile sowie die Kosten der Datenaufbereitung und -integration sind nicht zu unterschätzen. Denn nur wenn alle Daten optimal miteinander vernetzt und kombiniert werden können, kann der Smart City Ansatz gesamtheitlich optimal genutzt werden (vgl. Joglekar und Kulkarni 2017, S. 52 ff.).

Bei allen Unternehmungen muss als oberste Priorität der Datenschutz und die Datensicherheit beachtet werden. Durch Einführung des Cloud Computing wird die Flexibilität erhöht und die Kosten der Speicherung der Big Data Datensätze halten sich in Grenzen. Trotzdem darf der Sicherheitsaspekt nicht außer Acht gelassen werden. Der Punkt der Erhaltung der Privatsphäre fällt ebenfalls in den Bereich der technischen Herausforderungen. Smart City lebt von den Daten der Einwohner, sei es nun deren Angabe über die aktuelle Lokation oder über private soziale Aktivitäten. Bei dieser konkreten Art von Profiling besteht immer die Gefahr von Hackerangriffen, Cyberattacken oder Datendiebstahl, was für die Bewohner die Gefahr des Datenverlustes bedeuten würde. Die Technik steht somit fortwährend vor der Herausforderung, die Daten so sicher wie möglich aufzubewahren und das Vertrauen der Einwohner einer Smart City in die Technik aufrecht zu erhalten (vgl. Joglekar und Kulkarni 2017, S. 52 ff.).

Ungenauigkeit, Ungewissheit, Unklarheit, Unvollständigkeit oder fehlende Daten stellen die Datenanalyse immer wieder vor Herausforderungen und machen das Speichern, Abrufen, Suchen, Erfassen und Analysieren der Daten zur Mammutaufgabe. Auch der manuelle Einfluss von Menschen in der Datenverarbeitung kann zu Fehlern führen. Die große Menge an Daten, die hohe Geschwindigkeit, mit der Daten erhoben werden und die Vielfältigkeit der Datenquellen macht es schwer, alle Daten automatisiert zu erheben und zu verwerten (vgl. Joglekar und Kulkarni 2017, S. 52 ff.). Aufgrund der Ungleichheit, die durch die Erhebung der Daten aus den unterschiedlichsten Quellen entsteht, leidet auch die Datenqualität. Quellen der Datenerhebung können beispielsweise diverse Sensoren, das Internet of Things (IoT), Mobile Devices, Smart Cards, Social Networking, das Internet im Allgemeinen oder Autos sein. Diese Quellen produzieren täglich, und zwar zum Teil in Echtzeit, Daten in unterschiedlichen Formaten wie Audiodateien, Bilddateien, LogFiles, Tweets, Texte und viele mehr. Dadurch entsteht die Herausforderung, die Menge an Daten in ein System zu integrieren, um diese entsprechend für Auswertungen verwerten zu können (vgl. Joglekar und Kulkarni 2017, S. 52 ff.).

5 Fazit und Ausblick

Eine Smart City kann auf zwei ganz unterschiedliche Arten und Weisen entstehen. Zum einen können bereits bestehende Städte inklusive deren Infrastruktur und Umfeld der Einwohner umgestaltet werden. Dies bedarf einer Anpassung aller involvierten Parteien an die neue Situation. Diese Art der Bildung von Smart Cities werden „Retrofitting Smart City Initiativen" genannt und soll helfen die Probleme der Urbanisierung zu meistern. Smart City bietet hier innovative und IT-basierte Lösungsansätze, die das Leben in der Stadt erleichtern und optimieren sollen. Dieser Smart City Ansatz kann dann erfolgreich umgesetzt werden, wenn die Einwohner auf die neue Situation vorbereitet und in die Implementierung integriert werden. Es muss kommuniziert werden, zu welchem Zweck und mit welchem Vorteil für die Einwohner die Daten gesammelt und verarbeitet werden (vgl. Jaekel 2015, S. 33 ff.).

Geschieht dies nicht, dann kommt schnell der Gedanke auf, kontrolliert und ausspioniert zu werden und nicht mehr Herr seiner eigenen Daten zu sein. Die Bereitschaft der Kooperation und Datenfreigabe seitens der Einwohner sinkt und eine Ablehnung dem Smart City Ansatz gegenüber ist vorbestimmt. Um das Smart City Konzept erfolgreich umzusetzen muss der Nutzen der Innovation auch unbedingt im Verhältnis zu den Kosten stehen. Hier kann man manche bereits in der Realität umgesetzten Projekte durchaus kritisch betrachten und sich fragen, ob dieser Ansatz denn auch immer gegeben ist (vgl. Jaekel 2015, S. 33 ff.).

Bereits im Jahr 2050 sind es nicht mehr nur einzelne Handlungsfelder, die einer Smart City entsprechen oder einige Smart Citys weltweit, sondern eine komplett vernetzte Welt (vgl. Steiner 2017). „Auf den Straßen sind keine Fußgänger, Rad- und Autofahrer mehr unterwegs, sondern fahrerlose Autos, Drohnen und automatisierte Müllwagen" (Lembke 2018). Dazu passt eine andere Art der Entstehung von Smart Cities, „Greenfield Smart Cities", bei denen neu gestaltete Infrastrukturen und Städte entstehen, wo zuvor noch Wüste oder eine grüne Wiese war. Diese Art der Smart City Entstehung steht aktuell noch sehr in der Kritik und wird häufig als zu sehr „Hightech" und zu emotionsleer bezeichnet (vgl. Jaekel 2015, S. 33 ff.).

Eine Stadt künstlich zu erschaffen und der eigentlichen Entstehung von Städten zuvorzukommen ist ein Gedanke, der vielen Menschen Unwohlsein bereitet. Städte die mitten im Nirgendwo aufgebaut werden ohne direkte Anbindung an eine andere Stadt oder Dörfer scheinen noch zu sehr „Science Fiction" zu sein. Man stellt sich die Frage, ob in diesen Städten wirklich Menschen wohnen und sich aufhalten möchten. Auch hier steht dann wieder die große Frage im Raum, ob der Aufwand des Baus einer neuen Stadt im Verhältnis zu den Einsparungen steht, die durch neue, smarte Ansätze und Infrastruktur erreicht werden können (vgl. Jaekel 2015, S. 33 ff.).

Beispielsweise ist immer mal wieder die Rede davon, dass die reichsten Menschen der Welt Smart City Pläne in der Wüste haben. So soll Bill Gates etliche Quadratkilometer von Land im US-Bundesstaat Arizona gekauft haben und der Kronprinz von Saudi-Arabien soll eine Smart City namens „Neom" in der Wüste und am roten Meer planen (vgl. Eisenkrämer 2017; Brien 2017). Aber auch von bereits existierenden Stadtbezirken ist die Rede. So soll Google im kanadischen Toronto einen smarten, intelligenten Stadtbezirk planen (vgl. Lindner 2017). Fraglich ist auch, was passiert, wenn intelligente und vernetzte Städte ausschließlich von den Reichsten der Welt geplant und gebaut werden. Wer entscheidet dann darüber, wer in diesen Städten leben darf? Mit Sicherheit gibt es noch viel Diskussionsbedarf.

Quellenverzeichnis

Ancheta, J. (2014): Ten Reasons Why Barcelona is a Smart City, www.vilaweb.cat/noticia/4175829/20140226/ten-reasons-why-barcelona-is-smart-city.html, Zugriff am: 01.05.2018.

Bergh, J.V. d., Viaene, S. (2016): Unveiling smart city implementation challenges: The case of Ghent, in: Information Polity, The International Journal of Government & Democracy in the Information Age, 2016, Vol. 21 Issue 1, 5-19.

Brien, J. (2017): Smart City in der Wüste: Bill Gates baut angeblich eine intelligente Stadt in Arizona, https://t3n.de/news/smart-city-bill-gates-arizona-875851/, Zugriff am: 12.05.2018.

Difallah, D.E., Cudré-Mauroux, P., McKenna, S.A., Fasel, D. (2016): Skalierbar Anomalien erkennen für Smart City Infrastrukturen, in: Fasel D., Meier, A. (Hrsg.): Big Data. Grundlagen, Systeme und Nutzungspotenziale, 1. Aufl. Wiesbaden, Springer Vieweg, 289-299.

Eisenkrämer, S. (2017): Neue Mega-Stadt "Neom" wird Digital-by-Design, https://www.springerprofessional.de/smart-cities/industrie-4-0/neue-mega-stadt-neom-wird-digital-by-design-/15182336, Zugriff am: 12.05.2018.

Fasel, D. (2017): Big Data für Smart Cities, in: Informatik Spektrum 40 (1), 14-24.

Hashem, I., Chang, V., Anuar, N.B. Adewole, K., Yaqoob, I., Gani, A. (2016): The role of big data in smart city, in: International Journal of Information Management 36 (5), 748–758.

Gascó-Hernandez M. (2018): Building a Smart City: Lessons from Barcelona, in: Communications of the ACM, April 2018, VOL. 61, No. 4, 50-57.

Global Agenda Council on the Future of Cities (2015): Top Ten Urban Innovations, http://www3.weforum.org/docs/Top_10_Emerging_Urban_Innovations_report_2010_20.10.pdf, Zugriff am: 26.05.2018.

Holland, M. (2017): Roomba: Hersteller der Staubsaugerroboter will Karten der Wohnungen verkaufen, www.heise.de/newsticker/meldung/Roomba-Hersteller-der-Staubsaugerroboter-will-Karten-der-Wohnungen-verkaufen-3782216.html, Zugriff am: 10.05.2018.

Jaekel, M. (2015): Smart City wird Realität, Wegweiser für neue Urbanitäten in der Digitalmoderne, Springer Fachmedien, Wiesbaden.

Jaekel, M., Bronnert, K. (2014): Die digitale Evolution moderner Großstädte, Apps-basierte innovative Geschäftsmodelle für neue Urbanität, Springer, Wiesbaden.

Joglekar, P., Kulkarni, V. (2017): Data oriented view of a smart city. A big data approach, in: 2017 International Conference on Emerging Trends & Innovation in ICT (ICEI), Pune Institute of Computer Technology, Pune, India, Feb 3-5, 2017, 51-55.

Lembke, J. (2018): Städtebau der Zukunft, Gläserne Menschen in Filterblasen, http://www.faz.net/aktuell/wirtschaft/wohnen/was-aendert-sich-in-der-stadt-der-zukunft-15454555.html, Zugriff am: 12.05.2018.

Lindner, R. (2017): "Smart City", Hier baut Google die intelligente Stadt, http://www.faz.net/aktuell/wirtschaft/kuenstliche-intelligenz/googles-mutter-konzern-baut-eine-intelligente-stadt-15252637.html, Zugriff am: 12.05.2018.

Lucke, J.v. (2015): Smart Government, Wie uns die intelligente Vernetzung zum Leitbild „Verwaltung 4.0" und einem smarten Regierungs- und Verwaltungshandeln führt, The Open Government Institute - Zeppelin Universität Friedrichshafen, https://www.zu.de/institute/togi/assets/pdf/ZU-150914-SmartGovernment-V1.pdf, Zugriff am: 30.05.2018.

Osman, A., Elragal, A., Bergfall, Kareborn, B. (2017): Big Data Analytics and Smart Cities: A Loose or Tight Couple?, http://ltu.diva-portal.org/smash/get/diva2:1105669/FULLTEXT01.pdf, Zugriff am: 26.05.2018.

Parks, D. (2018): Energy efficiency left behind? Policy assemblages in Sweden's most climate-smart city, in: European Planning Studies, http://liu.diva-portal.org/smash/get/diva2:1197971/FULLTEXT01.pdf, Zugriff am: 26.05.2018.

Portmann, E., Finger, M. (2015): Smart Cities – Ein Überblick!, in: HMD 52 (4), 470-481.

Portmann, E., Finger, M., Engesser, H. (2017): Smart Cities, in: Informatik Spektrum 40 (1), 1-5.

Ratti, C. (2016): These 4 numbers define the importance of our cities: 2, 50, 75 and 80, medium.com/world-economic-forum/these-4-numbers-define-the-importance-of-our-cities-2-50-75-and-80-bb544955f912, Zugriff am: 29.04.2018.

Rohde, F., Loew, T. (2011): Smart City: Begriff, Charakteristika und Beispiele, nach-haltig-keit.wienerstadtwerke.at/fileadmin/Downloadbereich/WSTW2011_Smart_City-Begriff_Charakteristika_und_Beispiele.pdf, Zugriff am: 10.05.2018.

Schreiber, U., Forer, G., Lutz, K., Yonge, J. de, Jaggi, G., Potter, A., Whistler, M. (2017): The upside of disruption, Megatrends shaping 2016 and beyond,

cdn.ey.com/echannel/gl/en/issues/business-environment/2016 megatrends/
001-056_EY_Megatrends_report.pdf, Zugriff am: 29.04.2018.

Snow, C.C. (2016): A Smart City Is a Collaborative Community: Lessons from Smart Aarhus, in: California Management Review, Fall2016, Vol. 59 Issue 1, 92-108.

Steiner, A. (2017): Im Jahr 2050, Die Stadt der Zukunft, http://www.faz.net/aktuell/wirtschaft/me-convention-2017/im-jahr-2050-die-stadt-der-zukunft-15198569.html, Zugriff am: 12.05.2018.

UN DESA (2014): Anteil von Stadt- und Landbewohnern in Deutschland von 1990 bis 2010 und Prognose bis 2050, de.statista.com/statistik/daten/studie/167166/umfrage/prognose-des-bewohneranteils-nach-wohnstandort-seit-1990/, Zugriff am: 29.04.2018.

World Bank und UN DESA (2017): Urbanisierungsgrad: Anteil der Stadtbewohner an der Gesamtbevölkerung in Deutschland in den Jahren von 2000 bis 2016, de.statista.com/statistik/daten/studie/662560/umfrage/urbanisierung-in-deutschland/, Zugriff am: 10.05.2018.

Data Analytics und Überwachung

Dirk Drechsler, Nina Berger und Noelle Reichert

1 Gestrige Paranoia = zukünftige Bedrohung?

„What kind of society we want to live in?" (Snowden 2013). Diese Frage stellte Edward Snowden 2013 im Zuge der Veröffentlichung von Daten und im Zusammenhang mit den durchgeführten Massenüberwachungen der Netz- und Telekommunikation der sogenannten „Five Eyes" (Biermann 2015). Darunter fallen die fünf Geheimdienste der Länder USA, Australien, Kanada, Neuseeland und Großbritannien. Die Empörung und die Proteste in der Bevölkerung waren groß. Doch fünf Jahre nach dieser Bekanntmachung des Whistleblowers werden Daten weiterhin von Unternehmen, Behörden und Geheimdiensten teilweise noch intensiver abgeschöpft, ausgewertet und gespeichert. Es tauchen weitere Fälle in Bezug auf illegalen Datenmissbrauch und Verkauf auf, wie beispielsweise der Datenskandal von Facebook im Jahr 2018.

Die weltweite Digitalisierung in Politik, Gesellschaft, Wirtschaft, Kultur etc. hat zur Konsequenz, dass sämtliche Transaktionen durch eine IT-gestützte Aufzeichnung nachvollziehbar werden. Primär ist es die Technologie, die diese Entwicklung ermöglicht. Geht man von den Bedingungen und Charakteristika einer postmodernen Gesellschaft aus, sticht ein konstituierendes Merkmal heraus, dessen Bedeutung von vielen Mitgliedern der Gesellschaft tendenziell positiv gedeutet wird: „Die Postmoderne ist diejenige geschichtliche Phase, in der radikale Pluralität als Grundverfassung der Gesellschaften real und anerkannt wird und in der daher plurale Sinn- und Aktionsmuster vordringlich, ja dominant und obligat werden (…) Sie tritt für die Vielheit heterogener Konzeptionen, Sprachspiele und Lebensformen nicht aus Nachlässigkeit und nicht im Sinn eines billigen Relativismus ein, sondern aus Gründen geschichtlicher Erfahrung und aus Motiven der Freiheit" (Welsch 1988, S. 5). Einfache Beobachtungen in sozialen Netzwerken wie LinkedIn, Xing oder Facebook offenbaren eine nicht mehr überschaubare Vielzahl an Stellungnahmen, Verweisen und Kommentaren in unterschiedlichen Qualitätsstufen und mit variierendem Wahrheitsgehalt. Das Buhlen um Applaus und Aufmerksamkeit steht unter dem Druck der zeitlichen Strukturen. Jeder darf sich zu allem äußern, während des ersten und zweiten Bissens in das Pausenbrot nebenläufig den Daumen heben oder Smileys verteilen.

Es erscheint, dass die digitalen Entwicklungen den Zwang zu einheitlicher Meinung oder sogar die fehlende Möglichkeit der Teilhabe an der Diskussion vollkommen beseitigt haben. Die Frage ist nur, ob die Vielfalt an Meinungen auch mehr Substanz mit sich bringt, aber das ist ein anderes Problem. Bildhaft gesprochen handelt es sich beim Austausch und der Teilhabe in den sozialen Medien um eine Konversation zwischen vielen Beteiligten, die alle Mithören und, was noch viel wichtiger ist, aufzeichnen und auswerten können. Das Ergebnis sind Daten, deren bloße Existenz auf den ersten Blick recht neutral ist. Tatsache ist aber, dass im Hintergrund eine für viele entweder völlig unbewusste oder weitgehend ignorierte Technologie handelt. „Das den Netzkulturen zugeschriebene Potenzial offener Partizipation sowie eines grenzlosen und zensurfreien Informationsflusses erfährt durch den Fokus auf die unzulänglich und opak im Verborgenen arbeitende Software eine Umdeutung" (Bächle 2016, S. 28). Ein gutes Beispiel dafür ist China. Die meisten Sinologen würden sofort zustimmen, dass die chinesische Zentralregierung auf der Grundlage einer Überwachung seiner Bevölkerung handelt und existiert. Die Durchdringung des menschlichen Lebens mit Technologie eröffnet neue Formen der Überwachung. Sofern man die digitale Technologie als weitgehend ideologiefrei bezeichnen kann (obwohl es auch hier abweichende Meinungen gibt), beinhalten Technosysteme wie das der Volksrepublik China eine ideologische Komponente. Alleine die Tatsache, dass sich China auf dem Gebiet der Gesichtserkennung als einer der führenden Anwender etabliert hat, spricht dafür, dass Technologie in einem System eine durchaus autoritäre und antidemokratische Tendenz annehmen kann (vgl. o.V. 2018c, S. 20 f.). Die dann vorliegenden Daten ermöglichen weitere Auswertungsmöglichkeiten unter Zuhilfenahme von Algorithmen, deren Existenz von soziokulturellen Vorannahmen und materiell-technischen Rahmenbedingungen geprägt ist (vgl. Bächle 2016, S. 17). Das bedeutet für die Daten, dass diese „stets eingebettet [sind] in soziokulturelle Kontexte, Narrative und Interpretationsmuster (…) von höchster gesellschaftlicher Relevanz [sind] (…) [sowie] Spiegel und Produzenten sozialer Realität" (Bächle 2016, S. 149) darstellen.

Auch Unternehmen und politische Institutionen sind von den Entwicklungen betroffen. Während letztere sicherstellen müssen, dass Informationen von nationaler Bedeutung sowie die kritischen Infrastrukturen vor unberechtigten Zugriffen geschützt sind, dreht sich mittlerweile vieles in der Wirtschaft um den Schutz sensibler (d.h. hochkritischer und wichtiger) sowie personenbezogener Daten. Sofern die Geschäftsmodelle datengetrieben sind, bilden Daten und die daraus gewonnenen Informationen (digitale) Vermögenswerte.

Der französische Philosoph und Soziologie Michel Foucault betrachtete Macht in seinen Werken als omnipräsent und moderne Macht, die von nicht wahrnehmbaren Punkten aus agiert, als geheimnisvoll und geräuschlos (vgl. Ruffing 2008, S. 56). Es stellt sich die Frage, wer diese Macht heutzutage repräsentiert bzw. woraus Macht ihre Grundlage zieht. Die Paranoia vergangener Tage (Werden wir überwacht?) steht für die zukünftigen Bedrohungen (Wir werden überwacht!), denen sich auch die Unternehmen stellen müssen. Die Konzepte der datengetriebenen Industrie 4.0 als Basis der Macht stehen als Ziele von Angriffen durch die Existenz vieler technischer Schwachstellen multiple Herausforderungen gegenüber (vgl. Koehler 2018, S. 87). Die Datenflüsse im Rahmen der Informations- und Kommunikationsnetzwerken (IuK-Netzwerke) bieten zahlreiche Ansatzmöglichkeiten.

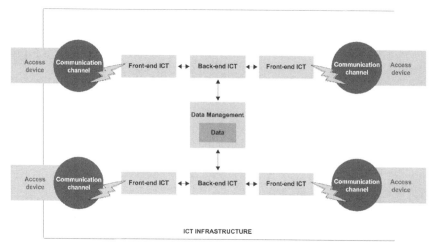

Abbildung 1: Datenkern, IuK-Systeme und Zugangsgeräte

Quelle: Eigene Darstellung in Anlehnung an Beynon-Davies 2013, S. 139

Die Bestands- und Flussdaten stehen im Fokus des Interesses (vgl. Abb. 1). Während die unternehmensinterne Verarbeitung über sogenannte Backend-IuK läuft, vollzieht sich die Anbindung an das externe Unternehmensumfeld via Frontend-IuK, die wiederum mit Zugangsgeräten verbunden sind. Letztere kommunizieren häufig über das Internet, was den eigentlichen Zugriff möglich macht.

Die Auswirkungen der Überwachung auf alle Bereiche unserer Gesellschaft sind nachhaltig und die Meinungen in Bezug auf die Massenüberwachung gehen weit auseinander. Auf der einen Seite verletzt die Massenüberwachung in Bezug auf personenbezogene Daten die Privatsphäre, auf der anderen Seite stellt sich die Frage, ob durch die globale Massenüberwachung Terrorismus verhindert werden kann (vgl. Guittet 2015). Der furchtbare Terroranschlag vom 13. November 2015 in Paris (Bataclan) wirft natürlich die Frage auf, ob ein Mehr an Überwachung die Ereignisse beeinflusst hätte.

Es treten dabei immer mehr ethische und rechtliche Fragestellungen in den Vordergrund. Es ist beispielsweise fraglich, ob sich weltweit agierende Konzerne bei ihrer Datenerhebung überhaupt noch kontrollieren lassen, wenn Daten ohne größere Schwierigkeiten von einem Land zum anderen transferiert werden können. Für die Gesellschaft wirft dies Fragen auf, schürt Zukunftsängste und Misstrauen. Wenn Individuen im täglichen Leben zu 100% nachvollziehbar oder sogar vorausschaubar sind, wie das die dystopische Gesellschaft im Film Minority Report fiktional gezeigt hat oder Teil eines Überwachungsstaats wie im Roman 1984 von George Orwell werden, treten ganz andere Probleme auf. Aber die Fiktion bringt im Gegensatz zu den Fakten immer einen inhärenten Hang zum Übertreiben mit, dessen Sinn im Denkanstoß liegt.

Aus diesem Grund beschäftigt sich dieser Beitrag mit den bekanntgewordenen Vorfällen von Überwachung auf der Grundlage des jüngsten Facebook-Skandals. Zuvor ist es aber erforderlich, verschiedene Facetten zu erörtern, um den Sachverhalt ganzheitlicher zu betrachten.

2 Facetten der Überwachung – zwischen Schutz und Missbrauch

„Digitization, automation, and the parsing of the world through algorithmic systems allow for the swift movement of information and capital. They may even advance a kind of efficiency. But this all proceeds according to an inhumane market logic that elides complexity and, in the name of individual freedom, actually stifles personal privacy and autonomy" (Silverman 2017, S. 156). Überwachung ist kein neues Thema, weder im staatlichen noch im privatwirtschaftlichen Bereich. Die neuen digitalen Möglichkeiten aus dem obigen Zitat, insbesondere der für die Bevölkerung und Mitarbeiter wenig durchsichtige Bereich der künstlichen Intelligenz (engl. Artificial Intelligence – AI), werfen Fragen der Anonymisierung und Transparenz der Vorgänge auf, die im Hintergrund mit den personenbezogenen Daten ablaufen. Es geht dabei nicht nur um die Balance zwischen Schutz und Freiheit, sondern auch zwischen Privatsphäre und Performanz (vgl. o.V. 2018g, S. 13). Eine chinesische Versicherungsgesellschaft namens PingAn verwendet beispielsweise bei der Vergabe von Krediten eine App, die neben den Standardfragen zu Einkommen und Rückzahlungsbereitschaft auch die Möglichkeit einer Gesichtserkennung nutzt, um über Mikroexpressionen festzustellen, wer bei der Antragsstellung lügt (vgl. o.V. 2018h, S. 3). Der Einzug künstlicher Intelligenz mit vielen Auswertungsmöglichkeiten bedeutet auch für Vorgesetzte in Unternehmen diverse neue Herausforderungen. Diese betreffen die Strukturierung der Abteilungen, den Einbezug neuer Technologien als Teil des Unternehmens oder über fremdbezogene Dienstleistungen, die neuen technischen Talente (die noch nicht im Überfluss vorhanden sind) sowie die Balance zwischen den Rechten der Mitarbeiter und den strategischen Interessen der Organisation (vgl. o.V. 2018i, S. 12).

Unternehmen und große Konzerne machen mit dem Handel von Kundendaten auf dem Schwarzmarkt im Internet großen Profit. So sind die Daten der Adobe-Kunden ihrem Käufer hunderttausende Euro wert gewesen (vgl. Fuest 2013). Steve Durbin, Vorstandsmitglied des Information Security Forums, das Konzernen hilft, ihre Daten zu sichern, sagte: „Das illegale Geschäft mit Datendiebstahl als Dienstleistung, hat in den vergangenen zwei bis drei Jahren eine ungeahnte Dynamik erfahren (...)" (Fuest 2013). Egal, wie man es betrachtet, ist der Ausgleich zwischen Vorteilen und Nachteilen noch lange nicht erreicht.

Die Arten von Überwachung werden nach ihren unterschiedlichen Formen kategorisiert (vgl. Siegler 2016). Zum einen gibt es die gezielte Überwachung, wobei Behörden die Privatsphäre einer ganz bestimmten Person durchleuchten. Zum anderen existiert die Massenüberwachung, welche auch als „nicht zielgerichtete" oder „Schleppnetzüberwachung" (Butler 2017) bezeichnet wird. Letztere beschreibt die flächendeckende Beobachtung ganzer Bevölkerungsgruppen. Die Massenüberwachung bedarf keiner Zustimmung der Beobachteten und muss nicht zu deren Vorteil sein. Die breitbandige Erfassung der Daten wird in der heutigen Zeit durch immer modernere, automatisierte Überwachungsmethoden ausgeweitet (vgl. Eidenberger 2009). Der Fokus liegt in dieser Abhandlung auf der Überwachung von Vielen.

Das Ziel, das durch die Massenüberwachung verfolgt wird, ist „(…) das Erkennen und Verfolgen relevanter Individuen und Situationen" (Eidenberger 2009). Was dabei relevant ist, wird vom Überwacher selbst definiert. Der Überwacher ist zumeist eine öffentliche Körperschaft, beispielsweise die Polizei, der Staat oder aber auch Konzerne. Instrumente, welche im Rahmen der Massenüberwachung eingesetzt werden, sind vielschichtig und es kommen regelmäßig neue hinzu. Exemplarisch können Kameras und Mikrofone eingesetzt werden. Bei Großveranstaltungen werden zunehmend automatisierte Verfahren, welche ohne Schwierigkeiten mit riesigen Mengen an Daten fertig werden, verwendet, beispielsweise alle von den USA nach Frankreich getätigten Anrufe oder die besuchten Websites der Bevölkerung in Bulgarien (vgl. Butler 2017). Teilweise werden die Informationen von Internet- oder Mobilfunkanbietern gesammelt und an Sicherheitsdienste weitergegeben oder die Sicherheitsdienste greifen die Informationen selbst an Telefon- und Internetkabeln ab. Die Konsequenz der Massenüberwachung ist, dass kein Telefonat oder keine E-Mail mehr Teil der Privatsphäre ist (vgl. Butler 2017).

Aus wissenschaftlicher Sicht haben sich im Rahmen dieser Entwicklungen drei prägnante Begriffe herausgebildet. Unter Datenismus (engl. Dataism) wird eine Art Ideologie verstanden, die einen weitverbreiteten Glauben an die objektive Quantifizierung und das potenzielle Nachverfolgen allen menschlichen Verhaltens durch Online-Medien beinhaltet. Wie bereits erwähnt spiegelt sich diese Komponente in Technosystemen wie China oder Systemen, die Technologie anwenden, wieder. Die (operative) Transformation sozialer Handlungen in quantifizierbare Daten für Zwecke des Trackings und prädikativer Analysen bezeichnet man als Datenfizierung (engl. Datafication), womit die Umsetzung der Ideologie angesprochen ist (vgl. Dijck 2014, S. 198). Daraus resultiert die systematische Überwachung von Personen und Gruppen über digitale Managementsysteme, um deren Verhalten entweder zu regulieren oder zu steuern (vgl. Degli Esposti 2014, S. 211), die unter dem Begriff Dataveillance zusammengefasst wird.

In Abbildung 2 sind die vier Schritte der Dataveillance dargestellt. Der Prozess beginnt mit der Aufzeichnung von Daten mittels verschiedener Überwachungstechnologien. Nachdem die Daten Personen oder Gruppen zugeordnet wurden, kann das Nachverfolgen beginnen. Die Analyse ergibt möglicherweise Abweichungen von Zielsetzungen, was Strategien der Einflussnahme nach sich ziehen kann. Mit diesem Wissen manipulieren die Verantwortlichen die Handlungen der Bezugspersonen oder -gruppen. Sofern der Feedback Loop Anpassungen suggeriert, kommt es zu Anpassungen in den einzelnen Schritten.

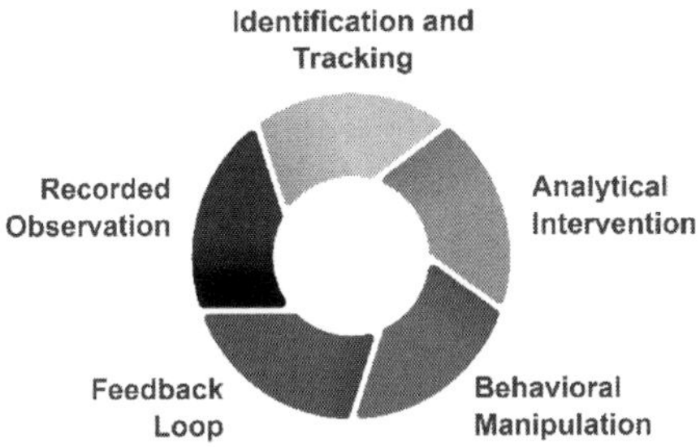

Abbildung 2: Die fünf Kategorien von Dataveillance
Quelle: Eigene Darstellung in Anlehnung an Degli Esposti 2014, S. 213

Aus staatlicher Sicht bekommt man auch ein unterschiedliches Bild, wie das oben bereits angedeutet wurde. „Under an authoritarian government such as China's digital monitoring is turning a nasty police state into a terrifying, all-knowing one (...) In western democracies, police and intelligence agencies are using the same surveillance tools to solve and deter crimes and prevent terrorism" (o.V. 2018j, S. 14). Allerdings fällt es schwer, im letzteren Fall durchweg gute Motive zu unterstellen, wie die Enthüllungen durch Edward Snowden belegt haben. Zweifel sind auch hier angeraten. Nichtsdestotrotz sind in amerikanischen Großstädten u.a. sogenannte ANPRs (Automatic Number-Plate Readers) als Überwachungstechnologie für die kriminelle Prävention im Einsatz, um die Bewegungen verdächtiger Personen nachzuverfolgen und die Polizeiarbeit zu unterstützen (vgl. o.V. 2018k, S. 3). Daneben befinden sich noch Bodycams oder eine Vielzahl von Überwachungskameras (engl. CCTV) im Einsatz, um das maschinelle Lernen und das Training neuronaler Netzwerke bei der Gesichtserkennung zu unterstützen (o.V. 2018l, S. 5). Über sogenannte Stingrays, d.h. gefälschte Mobilfunktürme, gelangen Metadaten von Handys in den Besitz der Polizei, die aber nicht nur Informationen von Verdächtigen, sondern von allen Personen in der betroffenen Region sammeln. Ferner sind damit auch Fragen des Datenschutzes angesprochen, da ein unberechtigter Zugriff auf personenbezogene Daten erfolgt (o.V. 2018m, S. 6 f.). Die Bemühungen gipfeln letztendlich in Anwendungen, die ein Predictive Policing erlauben sollen. Darunter sind Systeme zu verstehen, die Straftaten präventiv begegnen und das Risiko zukünftiger krimineller Aktivitäten reduzieren sollen. Diese verwenden ein sogenanntes „Risk-Terrain Modelling" (RTM), um zu quantifizieren, welche Regionen und Gegenden von Kriminalität betroffen sein könnten (vgl. o.V. 2018o, S. 10). Ebenso argumentierte der NSA-Chef Keith Alexander im Jahr 2013, dass nur durch die NSA-Spionage in mehr als 20 Staaten mehr als 50 potenzielle Terroranschläge verhindert werden konnten (vgl. Holland 2013). Dabei kommt die Frage auf, ob die globale Massenüberwachung nicht hilft, Terrorismus zu bekämpfen (vgl. Guittet 2015).

Die deutsche Bevölkerung ist zum Thema Massenüberwachung durchaus geteilter Meinung. So sehen die eine Hälfte der Bevölkerung Überwachung als eine Straftat. Die andere Hälfte, die Befürworter, argumentieren mit Beispielen und Vorfällen, in denen die Überwachung durchaus hilfreich sein könnte oder bereits war. So kann die grenzüberschreitende Kriminalität bekämpft werden, indem die Bundespolizei mit bestimmten Geräten den Verkehr filmt sowie Autokennzeichen durch einen unsichtbaren Infrarotblitz scannt (analog zu den amerikanischen Kollegen) und erfasst. Die Daten werden dann über einen Rechner mit der Fahndungsdatei abgeglichen (vgl. o.V. 2017a). Wenn die Vorgänge aber weitgehend automatisiert ablaufen, muss sichergestellt sein, dass dabei keine Fehler unterlaufen.

Daher macht es Sinn, die Algorithmen zu studieren, mit denen Daten verarbeitet werden. Der Verhaltenspsychologie B.F. Skinner entwickelte vor einigen Jahrzenten die Skinner-Box, mit der der Prozess von Verhaltensexperimenten kontrolliert werden konnte. Er verwendete die Box, um den Input-Stimulus zu kontrollieren und das Output-Verhalten beobachten zu können. Wissenschaftler des Massachusetts Institute of Technology (MIT) entwickelten analog dazu die Turing-Box, die einer Software entspricht. Ein Algorithmus wird in der Box platziert und erhält kontrolliert Input-Daten, deren Output gemessen wird. Dabei kann exakt herausgearbeitet werden, wie der Algorithmus die Daten unter verschiedenen Bedingungen verarbeitet. Beispielsweise erhalten alle Algorithmen zur Gesichtserkennung die gleichen wissenschaftlich validierten Daten. Die Ergebnisse zeigen dann, wie die unterschiedlichen Algorithmen klassifizieren, Zuordnen oder schlichtweg Verarbeiten (vgl. o.V. 2018f., S. 71). Der Ansatz ist noch nicht perfekt oder vollkommen ausgereift, jedoch können dadurch Ansätze für eine Diskriminierung oder Fehlentscheidungen eliminiert werden.

Letztendlich liegt es in der Verantwortung der mündigen Bürger einer offenen Gesellschaft, was toleriert wird und was nicht. Der technologische Fortschritt ist dabei nicht aufzuhalten, jedoch sollte ein Mitspracherecht immer existieren und ausgeübt werden.

3 Normative und ethische Problemstellungen

Eine sehr häufig diskutierte ethisch-normative Problemstellung ist die aus der Überwachung heraus entstehende Verletzung der Privatsphäre. Es herrscht Uneinigkeit, ob die Privatsphäre bereits durch die Datensammlung und -speicherung verletzt wird, oder ob erst die Verarbeitung, der Verkauf und die Weitergabe von persönlichen Daten ohne Einwilligung die Persönlichkeitsrechte missachten. Die Verletzung der Privatsphäre wird dadurch begründet, dass durch die massenweise Überwachung sehr einfach verschiedene Ansichten oder Denkweisen ausgegrenzt werden können. Das Recht der Meinungsfreiheit ist nicht mehr vollständig gegeben und Unternehmen sowie Behörden und Geheimdienste erhalten durch Beobachtung, Einfluss und Macht (vgl. Weidemann 2015). Es besteht die Gefahr eines Machtmissbrauchs (vgl. Lobe 2017) und es geht letztendlich darum, unter welchen Bedingungen solche Verletzungen der Privatsphäre noch verantwortbar sind (vgl. Weidemann 2015). In Deutschland existiert das Recht auf informationelle Selbstbestimmung jedes einzelnen Bürgers, das eine Ausprägung des allgemeinen Persönlichkeitsrechts nach Artikel 2 Absatz 1 in Verbindung mit Artikel 1 Absatz 1 Grundgesetz ist (Deutscher Bundestag 2018):

„Artikel 1
(1) Die Würde des Menschen ist unantastbar. Sie zu achten und zu schützen ist Verpflichtung aller staatlichen Gewalt.
(2) Das Deutsche Volk bekennt sich darum zu unverletzlichen und unveräußerlichen Menschenrechten als Grundlage jeder menschlichen Gemeinschaft, des Friedens und der Gerechtigkeit in der Welt."

Die Verarbeitung von Daten bedeutet immer auch eine Erhebung, Speicherung, Weitergabe und Löschung von personenbezogenen Daten. Neben dem bisherigen Bundesdatenschutzgesetz (BDSG), den Landesdatenschutzgesetzen (LDSGs), dem Telekommunikationsgesetz (TKG) und weiteren deutschen Vorschriften ist die Europäische Datenschutzverordnung (EU-DSGVO) eine relevante gesetzliche Vorgabe für Unternehmen in Deutschland und auch Europa. Die zuletzt genannte Vorschrift ist verpflichtend ab dem 25. Mai 2018 anzuwenden und hält für die deutschen Unternehmen einige schwerwiegende Veränderungen im Vergleich zum bisherigen BDSG bereit.

Fest steht aber, dass niemand der Überwachung entkommen kann (vgl. Lobe 2017). Jeder kann auf verschiedenste Art und Weise überwacht werden. Der aktuelle Trend der Digitalisierung führt dazu, neue Überwachungsmethoden zu ermöglichen und somit Hemmschwellen abzubauen. Beispielsweise zeigen neue Technologien im Bereich der Gesichtserkennung, dass selbst eine Maskierung nicht zur Anonymisierung beiträgt (vgl. Lobe 2017). Hieraus entsteht ein ethischer Konflikt, welcher zu der Frage führt, ob der Staat aus Gründen der Terrorismusabwehr die Privatsphäre von Bürgern missachten darf, um ein höheres Maß an Sicherheit für die Allgemeinheit zu gewährleisten. Die Gesellschaft muss sich jetzt Gedanken darübermachen, welche langfristigen Auswirkungen es hat, wenn immer mehr Daten akkumuliert und analysiert werden können (vgl. Simanowski 2018). Ebenso muss sich die Gesellschaft im Klaren sein, dass es nicht einfach ist, Wissen das zur Verfügung steht, nicht zu nutzen.

Neben dem ethischen Konflikt im Rahmen der Massenüberwachung durch öffentliche Ämter und Behörden, treten ebenfalls in der Privatwirtschaft gravierende ethische Fragestellungen auf. Die Macht der großen Konzerne, wie beispielsweise Amazon basiert auf Kundendaten. Die Aussage, dass Amazon uns besser kennt als wir uns selbst, ruft gleichzeitig Unsicherheit und Empörung in der Bevölkerung hervor (vgl. Hentschel 2009).

- Unsicherheit, da es ein Geheimnis ist, was Amazon tatsächlich mit den Informationen macht (vgl. Hentschel 2009) und die Kunden nicht wissen, welche und wie viele Informationen das Unternehmen tatsächlich von einem Einzelnen besitzt.

- Empörung, da dies aus der Sicht von Vielen den Anschein machte, dass dies gesetzeswidrig ist. Doch der Handel mit Adressen ist absolut legal (vgl. Neuhaus 2012). Die Kunden akzeptieren die Allgemeinen Geschäftsbedingungen und damit auch die Weitergabe von Adressen. So hat der Versandhändler Otto den Vermerk in den Geschäftsbedingungen, dass „(…) für fremde Marketingzwecke solche Daten weitergegeben werden dürfen, bei denen dies gesetzlich erlaubt ist" (Hentschel 2009).

Doch wie sieht es bei den sozialen Medien aus, in welche User freiwillig eintreten, ein Profil anlegen und mit unterschiedlichen Geräten sowie an den verschiedensten Orten darauf zugreifen? Nicht zuletzt sollte erwähnt werden, dass all diese Funktionen kostenlos zur Verfügung gestellt werden. Fest steht, für Facebook und die anderen sozialen Dienste ist der User das Produkt, das verkauft wird. Diese Tatsache kann bereits als ethischer Konflikt aufgefasst werden. Für den Konzern geht es um das Geschäft mit Big Data, das heißt Nutzerdaten zu sammeln, auszuwerten und damit Geschäfte zu machen (vgl. Simanowski 2018). Dies kann, wie der Datenskandal im Jahr 2018 bei Facebook zeigt, dann gefährlich werden, wenn persönliche Daten beispielsweise für politische Zwecke verwendet werden (vgl. Spehr 2018). Ein ethische-normativer Konflikt ist, dass Facebook nicht nur privatwirtschaftliche Ziele verfolgt, sondern auch regional- oder geopolitisch aktiv ist. Die Justizministerin Katarina Barley warf Facebook im Zuge des Datenskandals vor, ein „Netzwerk der Intransparenz" (dpa 2018) zu sein. „Ethische Überzeugungen fallen kommerziellen Interessen zum Opfer" (dpa 2018).

Nun stellt sich die Frage, ob es überhaupt Möglichkeiten gibt, für diese ethisch-normative Problematik eine Lösung zu finden. Denkbar wäre eine Forderung an Unternehmen, die Nutzer aufzuklären und für sie transparent zu machen, wofür die Daten verwendet werden. Ebenfalls möglich wäre eine Verschärfung der Kontrollen, an wen Facebook und andere Konzerne Daten verkaufen. Ob solche Maßnahmen ein Erfolg in Bezug auf die Datensicherung bringen, ist hierbei allerdings stark umstritten. Um die ethischen Konflikte besser zu verstehen und nachvollziehen zu können, wird im folgenden Kapitel der Datenskandal von Facebook näher erläutert.

4 Der Datenskandal: Facebook und Cambridge Analytica

Wie wertvoll die persönlichen Daten sind, die Nutzer innerhalb sozialer Netzwerke preisgeben verdeutlicht der Datenskandal von Facebook und dem britischen Beratungsunternehmen Cambridge Analytica. Im Frühjahr 2018 wurde die psychologische Beeinflussung potentielle Wähler im Vorfeld der amerikanischen Präsidentschaftswahl 2016 sowie des Brexit bekannt (vgl. Cadwalladr 2018). Ein Ex-Mitarbeiter des Analyseunternehmens, Christopher Wylie, machte die unrechtmäßige Auswertung von Facebook-Profilen für die Erstellung psychografischer Profile öffentlich bekannt (vgl. Gruber 2018). Mithilfe der erstellten Profile konnten die auf Personen abgestimmten Anzeigen potentieller Wähler zugunsten der Trump-Kampagne mobilisieren (vgl. Gruber 2018). Diese Tatsache wurde bereits 2016 direkt im Anschluss an die

Wahlen diskutiert, jedoch konnte der Wahlerfolg nicht eindeutig auf die Unterstützung durch Cambridge Analytica zurückgeführt werden (vgl. Horn 2018). Der aktuelle Datenskandal beleuchtet jedoch nicht nur den Einfluss des Unternehmens, sondern ebenso die Frage, inwieweit die Nutzer von Facebook über die Verwendung ihrer Daten informiert waren und ob die genutzten Daten rechtmäßig erworben wurden.

Die Daten gelangten nicht über ein sogenanntes Datenleck zu den Verarbeitern, sondern mittels einer App. Diese App namens „thisisyourdigitallife" wurde vom russisch-amerikanischen Neurowissenschaftler Aleksandr Kogan initiiert, um Daten von Usern auszuwerten. Die Nutzer der Anwendung stimmten zu, dass ihre Daten im Rahmen einer wissenschaftlichen Auswertung erhoben und analysiert werden dürfen (vgl. Horn 2018). Da Facebook jedoch bis ins Jahr 2015 Entwicklern ermöglichte, zusätzlich zu den Daten der Appnutzer auch die von Personen aus ihrer Freundesliste auszuwerten, liegt die Anzahl der betroffenen Personen nicht bei den 270.000 Nutzern der App, sondern bei 87 Millionen Personen (vgl. Horn 2018; Spehar 2014; Ingram 2018). Die Funktion zur Verwendung der Daten von Personen aus der Freundesliste wurde von Facebook ermöglicht, um den Mehrwert einer App zu steigern. Ein möglicher Anwendungsfall beschreibt beispielsweise eine Kalender-App, die automatisch alle Geburtstage von Freunden hinterlegt (vgl. Zuckerberg 2018). Nutzer von Facebook konnten die Weitergabe ihrer Daten an App-Anbieter von befreundeten Personen in den Einstellungen unterbinden. Vielen war jedoch nicht bewusst, dass Daten über diesen Weg gesammelt wurden (vgl. Simonds 2012).

Der Verkauf der mittels der App erhobenen Nutzerdaten erfolgte dabei nicht von Facebook an das Beratungsunternehmen Cambridge Analytica, sondern durch Aleksandr Kogan. Hierdurch brach er die vertraglichen Vereinbarungen mit Facebook. Die durch eine App erhobenen Daten durften lediglich im wissenschaftlichen Zusammenhang verwendet werden (vgl. Horn 2018). Facebook hat von diesem Datenmissbrauch bereits 2015 erfahren und daraufhin die oben genannte App gesperrt und sich von Kogan sowie von Cambridge Analytica versichern lassen, dass die erhobenen Daten gelöscht wurden (vgl. Zuckerberg 2018). Dass dies nicht geschehen ist, zeigen die Veröffentlichungen des Whistelblowers Christopher Wylie (vgl. Cadwalladr 2018). Facebook steht in der Kritik, dass die Verwendung der Daten durch App-Entwickler strenger hätte kontrolliert werden müssen (vgl. Horn 2018).

Zuckerberg hat die Verantwortung für „das was auf [Facebook] (…) passiert" (Zuckerberg 2018) übernommen und versichert den Nutzern, dass ein Vorfall, wie er in Verbindung mit Cambridge Analytica aufgedeckt wurde, bei künftigen Apps vermieden wird. (vgl. Zuckerberg 2018) In diesem Zuge überprüfte Facebook nun auch Apps auf Missbrauch und sperrte 200 davon vorläufig. Falls ein Missbrauch der Nutzerdaten entdeckt werde, möchte das Netzwerk die betroffenen Nutzer hierüber informieren (vgl. O.V. 2018p). Gleichzeitig sollen die Nutzer darauf aufmerksam gemacht werden, wie sie die Einstellungen zur Verwendung ihrer Daten ändern können (vgl. Zuckerberg 2018). Jedoch bleibt weiterhin unklar, inwieweit der Datenschutz bei Facebook sichergestellt ist. Dies wurde bei den Anhörungen Zuckerbergs vor dem

US-Kongresses und dem EU-Parlament deutlich, da viele Fragen nur vage beantwortet wurden (vgl. o.V. 2018a; o.V. 2018b).

Neben der Untersuchung, ob das Datenanalyseunternehmen illegal an die Daten der Facebook Nutzer gelangt ist, wird in den Medien diskutiert, inwieweit soziale Netzwerke Verantwortung für die publizierten Inhalte tragen. Diese Fragestellung ist substantieller, da sie nicht die technischen Gegebenheiten, sondern das Geschäftsmodell von Tech-Giganten und die Zukunft der Gesellschaft hinterfragt (vgl. Simanowski 2018). Die gezielte Ansprache von Wählern mithilfe des datengestützten Mikrotargeting wurde bereits 2012 für die Kampagne zur Wiederwahl von Barack Obama eingesetzt. Hierbei wurden die Daten jedoch unter Kenntnis der Befragten erhoben (vgl. Gruber 2018).

Facebook hat bisher die Verantwortung gegenüber den Inhalten mit der Begründung, es handelt sich um ein neutrales Netzwerk, abgelehnt (vgl. Güßgen 2018). Aus diesem Grund konnten sogenannte Fake News, aber auch Posts in Form von Hassreden und Manipulation oder Dark Posts auf dem Netzwerk veröffentlicht werden. Unter Dark Posts versteht man personalisierte Werbebotschaften, die nicht öffentlich zugänglich sind, sondern nur ausgewählten Empfänger in ihrem Newsfeed angezeigt werden (vgl. Simanowski 2018). Das Geschäftsmodell von Facebook basiert darauf, seine Nutzer genauestens zu kennen, um somit Kunden ein optimales Tool für Werbezwecke bereitzustellen. Da hierdurch der Nutzer zum Produkt wird, ist fraglich, ob seine Interessen gewahrt werden oder der wirtschaftliche Erfolg im Fokus des Unternehmens steht (vgl. Simanowski 2018). Wodurch die Balance zwischen Privatsphäre und Performanz erneut in den Fokus rückt. Postings im Newsfeed werden zum einen von einem Algorithmus nach den persönlichen Interessen gefiltert und zum anderen bezahlt. Einem Großteil der Nutzer ist nicht bewusst, dass hierdurch die Nachrichtenauswahl und somit beispielsweise die politische Meinungsbildung manipuliert wird (vgl. Hahne-Waldscheck 2018).

Die Nutzer dieser Techniken müssen sich über diesen Umstand jedoch gewiss werden und verantwortungsvoll und reflektiert mit den Informationen umgehen, die sie über soziale Medien erhalten. Um die wachsende Unsicherheit zu vermeiden, müsste sich das Unternehmen künftig an die gleichen rechtlichen Maßstäbe wie herkömmliche Medien oder Verlage halten (vgl. Güßgen 2018).

Die Politik versucht diese Problemstellung beispielsweise durch zeitgemäße Gesetze, die die Branche regulieren sollen, zu lösen. Einen Ansatz hierfür bieten das deutsche Netzwerkdurchsetzungsgesetz und die bereits erwähnte Europäische Datenschutz-Grundverordnung. Folgende Tatsachen sind aber schwer zu entkräften: „Social Media are a mechanism for capturing, manipulating and consuming attention unlike any other. That in itself means that power over those media – be it the power of ownership, of regulation or of clever hacking - is of immense political importance. Regardless of specific agendas, (..) it seems to many that the more information people consume through these media, the harder it will become to create a shared, open space for political discussion – or even to imagine that such a place might exist" (o.V. 2017c, S. 22). Das ruft den Gesetzgeber auf den Plan.

5 Gesetzliche Maßnahmen

Einen ersten bundesweiten Vorstoß zur Regulierung der Digitalwirtschaft durch die Bundesregierung bildet das Gesetz zur Verbesserung der Rechtsdurchsetzung in sozialen Netzwerken (kurz: Netzwerksdurchsetzungsgesetz). Die Notwendigkeit dieses Gesetzes, sieht der Bundestag in der zunehmenden aggressiven und hasserfüllten Kommunikation sowie in der Verbreitung von strafbaren Falschnachrichten insbesondere in sozialen Netzwerken. Durch den Entwurf sollen bußgeldpflichtige Compliance-Regeln eingeführt werden, welche die Netzwerke zu einer zügigen Bearbeitung von Nutzerbeschwerden gegenüber strafbaren Inhalten bewegen sollen (vgl. o.V. 2017b). Inhalte, die eindeutig als rechtswidrig erkennbar sind, müssen innerhalb 24 Stunden nach Beschwerdeeingang entfernt werden. Für nicht offensichtliche, dennoch rechtswidrige Inhalte, gilt eine Frist von sieben Tagen. Wird festgestellt, dass ein Netzwerk seiner Pflicht systematisch nicht nachkommt, droht eine Strafe in Millionenhöhe (vgl. o.V. 2017b; Kühl 2018). Zu den weiteren Vorgaben zählen neben der Berichtspflicht über den Umgang mit rechtswidrigen Inhalten ein wirksames Beschwerdemanagement und die Nennung eines inländischen Zustellungsbevollmächtigten, an welchen sich Nutzer wenden können (vgl. o.V. 2017b).

Experten sehen den Entwurf jedoch als verfassungswidrig an, da er beispielsweise „Opfern von Persönlichkeitsrechtsverletzungen ermöglicht, aufgrund gerichtlicher Anordnung die Bestandsdaten der Verursacher von Anbietern zu erhalten" (o.V. 2017b). Daneben wird kritisiert, dass mithilfe des Gesetzes die rechtliche Verantwortung und Durchsetzung an private Unternehmen delegiert wird. Hieraus folgt, dass diese im Zweifelsfall wahrscheinlich eher mehr Inhalte sperren, um Strafen zu entgehen (vgl. Kühl 2018). Kritiker vermuten daher, dass die Meinungsfreiheit eingeschränkt wird. Dem Nutzer wird allerdings signalisiert, warum ein Kommentar gesperrt wurde und er kann die Sperrung widerrufen. Gegebenenfalls wird dies gerichtlich überprüft, wodurch sichergestellt wird, dass weiterhin wie bisher lediglich strafbare Inhalte gelöscht werden. Dies soll durch die Vorgaben künftig jedoch effizienter geschehen. In Zukunft wird sich zeigen, ob das Gesetz Hasskommentare und Fake News deutlich reduziert oder von sogenannten Trollen, d. h. Personen, die mit ihrer Kommunikation im Internet provozieren möchten, legal dazu genutzt wird, Kommentare löschen oder prüfen zu lassen und somit eine einseitige Berichterstattung zu ermöglichen. (vgl. Kühl 2018).

Nicht nur auf Bundesebene wird diskutiert, wie der Schutz von Daten sichergestellt werden kann. Die Europäische Union verabschiedete als Reaktion auf die Debatte die EU-Datenschutzgrundverordnung (kurz EU-DSGVO), die seit Mai 2018 unmittelbar in jedem Mitgliedsstaat gilt (vgl. Bitkom 2016) und das bisherige Bundesdatenschutzgesetz ablöst. Diese enthält Vorgaben zum Schutz und zur Speicherung von personenbezogenen Daten. Die Erhebung personenbezogener Daten war schon laut dem Bundesdatenschutzgesetz lediglich nach Zustimmung des Betroffenen rechtmäßig. Mithilfe der neuen europaweiten Verordnung sollen Nutzer zudem stärker darüber informiert werden, wofür Daten erhoben und ausgewertet werden.

- Beispielsweise ist es nicht mehr erlaubt, die Zustimmung mittels gesetzten Häkchen in den Voreinstellungen einzuholen (vgl. Seibel 2018; Bitkom 2016). Es dürfen künftig nur noch jene Daten erhoben werden, die unmittelbar für einen spezifischen Vorgang benötigt werden, um das Sammeln von Daten zu minimieren (vgl. Jehle 2018).

- Des Weiteren erhalten Nutzer die Möglichkeit, Daten in einem größeren Umfang als bisher einzusehen, die Daten müssen zudem in einem gängigen Format dem Nutzer bereitgestellt oder auf Wunsch an Dritte übermittelt werden. Gleichzeitig kann ein Nutzer der Verarbeitung seiner Daten für das Direktmarketing oder die hierfür verwendete Profilbildung widersprechen (vgl. Bitkom 2016).

- Ebenso muss der Versendung von Werbe-E-Mails ausdrücklich zugestimmt werden (vgl. Jehle 2018).

- Unternehmen werden zudem verpflichtet, nun jede Datenpanne an die Aufsichtsbehörde zu melden, die für den Nutzer ein Risiko birgt und nicht nur jene, die sensible Daten betreffen (vgl. Bitkom 2016).

- Werden diese Maßstäbe nicht eingehalten, drohen den Unternehmen Strafen von bis zu vier Prozent ihres weltweiten Umsatzes (vgl. Bitkom 2016; Ingram und Menn 2018; AFP 2018).

Die Datenschutzgrundverordnung gilt gleichermaßen für europäische und nichteuropäische Unternehmen, sobald der Adressat ein europäischer Bürger ist. Hierdurch wird ein fairer Wettbewerb geschaffen (vgl. Seibel 2018; Bitkom 2016). Insbesondere kleine und mittelständische Unternehmen fürchten jedoch einen Nachteil, da sie sich mit der Thematik bisher häufig nicht tiefergehend auseinandergesetzt haben. Allerdings ist nur schwer nachvollziehbar, warum das unterblieben ist. Gleichzeitig wird ein erkennbar langsameres Ansteigen des Unternehmenswachstums befürchtet, da die Verordnungen die Unternehmen ausbremsen (vgl. acquisa Online Redaktion 2017). Des Weiteren beklagen Vertreter der Wirtschaft, dass sich die die Aufklärung der Behörden zu stark an Verbraucher gerichtet hat. Viele Unternehmen wünschten sich mehr Informationen und Unterstützung, da diese aufgrund der hohen Bußgelder verunsichert waren und sich optimal vorbereiten wollten (vgl. O.V. 2018q). Nichtsdestotrotz gab es eine Vorbereitungszeit von zwei Jahren. Letztendlich darf nicht vergessen werden, dass Gesetze häufig eine staatliche Reaktion auf nicht mehr haltbare Zustände darstellen. Wenn der Datenschutz nicht freiwillig praktiziert wird, muss der Staat in seiner ordnungspolitischen Funktion einspringen und das Defizit ausgleichen.

Die Nachrichtenagentur Reuters berichtet, dass Zuckerberg in einem Telefoninterview zusicherte, dass einige Teile der Neuerungen weltweit angeboten werden sollen. Welche Ausschnitte dies betrifft, sei jedoch noch nicht sicher (vgl. Ingram und

Menn 2018). Datenschützer hingegen fordern von allen Technikunternehmen eine weltweite und vollständige Adaption des Schutzes, welcher für europäische Nutzer implementiert wird (vgl. Ingram und Menn 2018).

6 Ausblick

Die Balance zwischen Freiheit und Schutz bzw. Privatsphäre und Performanz bietet noch viel Raum für Diskussionen und Anpassungen. Eine abschließende Lösung wird es nicht geben. Vielmehr werden die Ergebnisse zwischen verschiedenen Regulierungsbemühungen schwanken. Die technologischen Entwicklungen ermöglichen viel Überwachung in Form der oben beschriebenen Dataveillance. Gut gemeinte Ansätze versuchen, die Bürger und Mitarbeiter eines Unternehmens zu schützen. Andere hingegen folgen dem Bedürfnis nach Machtausübung über Kontrolle. In beiden Extrempunkten stehen Daten im Mittelpunkt (vgl. o.V. 2018n, S. 8 f.).

Der Datenskandal um Facebook und Cambridge Analytica löste eine weltweite Diskussion aus. Zudem rief der Skandal wiederholt, wie schon bei vorherigen Veröffentlichungen von Whistleblowern, wie Edward Snowden, bei der Bevölkerung Aufmerksamkeit und Empörung hervor. Die Entwicklungen in der Politik zeigen, dass dies nicht ungehört bleibt. Hieraus kann abgeleitet werden, dass es von hoher Relevanz ist, die Verwendung und Sicherheit von persönlichen Daten zu hinterfragen (vgl. o.V. 2018d, S. 9).

Facebook arbeitet intensiv mit den Daten, um seinen Kunden die Möglichkeit zu bieten sehr gezielt Werbung zu schalten. Dies ist in erster Linie, solange privatwirtschaftliche Ziele verfolgt und Datenschutzrichtlinien eingehalten werden, legitim. Hier ist der Nutzer selbst in der Pflicht zu entscheiden, welche Daten er dem sozialen Netzwerk preisgeben möchte und wie intensiv er sich mit den Einstellungen des Netzwerks auseinandersetzt. In Bezug auf den Skandal im März 2018 hätten sich Nutzer auch besser schützen können, wenn sie die persönlichen Datenschutzeinstellungen regelmäßig angepasst hätten. Insbesondere aber auch auf Warnhinweise geachtet hätten, welche auf Änderungen des Datenschutzes hinweisen. Nutzer müssen künftig einen Beitrag leisten und durch erhöhte Sorgfalt und Aufmerksamkeit die Verwendung ihrer Daten beobachten. Ein vorsichtigeres Verhalten im Umgang mit persönlichen Daten im Netz ist für alle Nutzer geboten. Ebenso müssen Unternehmen künftig stärker als bisher auf die Daten ihrer Nutzer achten, Facebook beispielsweise hätte die Arbeit von wissenschaftlichen Partnern stärker kontrollieren müssen. Wie der Skandal im Frühjahr 2018 zeigte, wurden die Daten von Nutzern teilweise für politische Zwecke ausgewertet. Diese Handlung stellte nicht minder eine Gefahr für die Demokratie dar, weshalb Richtlinien, wie die Datenschutzgrundverordnung, entwickelt wurden, welche auf eine höhere Regulierung der Konzerne wie Facebook abzielen. Diese Richtlinien sorgen für mehr Transparenz gegenüber der Verwendung von Daten und für einen fairen Wettbewerb. Trotz der geführten Verhandlungen und Bemühungen auf Ebene der europäischen Union kann nicht ausgeschlossen werden, dass Datenskandale, wie der von Facebook auch in Zukunft auftreten.

Der 2015 verstorbene Soziologe Ulrich Beck, der mit seiner Theorie von der Weltrisikogesellschaft auf neue Gefahren hingewiesen hat, fasst die Problematik mit wenigen Worten zusammen: „Da Risiken und die soziale Definition der Risiken ein und dasselbe sind, ist das kollektive Wissen und Nichtwissen um die konkreten Verletzungen, Verletzungsmöglichkeiten, Standards, Krankheiten, Diagnosemöglichkeiten etc. ein wesentlicher Teil nicht nur der Bewertung, sondern auch des Umgangs mit Risiken" (Beck 2015, S. 68). Sowohl der Einzelne als auch die Organisationen stehen in der Pflicht, sich aktiv um das Management der Risiken aus dem Bereich der Daten zu kümmern. Der bewusste Umgang mit dem digitalen Abbild sowie der bewusste Einsatz von Überwachungstechnologie ist nicht Gegenstand eines Gesellschaftsvertrags, sondern obliegt dem Einzelnen genauso wie das Recht, die Pluralität zu praktizieren. Beck nennt das eine tragische Individualisierung, da „sich im Alltagsleben der Weltrisikogesellschaft ein neuer Individualisierungsschub bemerkbar [macht]. Das Individuum muss angesichts der Ungewißheit (sic!) der globalen Welt eigene Entscheidungen treffen (…) Das Individuum ist gezwungen, den Rationalitätsversprechungen dieser Institutionen zu mißtrauen (sic!)" (Beck 2015, S. 107). Willkommen in der neuen Verantwortung!

Quellenverzeichnis

acquisa Online Redaktion (2017): DSGVO: Kleine Unternehmen befürchten Nachteile, https://www.haufe.de/marketing-vertrieb/crm/dsgvo-kleine-unternehmen-befuerchten-nachteile_124_433516.html#!, Zugriff am: 10.01.2018.

Bächle, T.C. (2016): Digitales Wissen, Daten und Überwachung zur Einführung, Junius, Hamburg.

dpa (2018): Barley, K.: „Facebook ist ein Netzwerk der Intransparenz, www.sueddeutsche.de sowie www.zeit.de, Zugriff am: 05.04.2018.

Beck, U. (2015): Weltrisikogesellschaft, Suhrkamp, Frankfurt a.M..

Biermann, K. (2015): BND speichert jeden Tag 220 Millionen Metadaten, www.zeit.de, Zugriff am: 02.04.2018.

Beynon-Davies, P. (2013): Business Information Systems, Second Edition, Palgrave Macmillan, Houndmills.

Butler, I. (2017): #MeAndMyRights: Was ist Massenüberwachung?, www.liberties.eu, Zugriff am: 02.04.2018.

Cadwalladr, C. (2018): https://www.theguardian.com/news/2018/mar/17/data-war-whistleblower-christopher-wylie-faceook-nix-bannon-trump, Zugriff am: 23.04.2018.

Degli Esposti, S. (2014): When big data meets dataveillance, The hidden side of analytics, in: Surveillance & Society, 12(2), S. 209-225.

Deutscher Bundestag (2018): Parlament, I. Die Grundrechte, https://www.bundestag.de/parlament/aufgaben/rechtsgrundlagen/grundgesetz/gg_01/245122, Zugriff am: 02.03.2018.

Dijck, J.v. (2014): Datafication, dataism and dataveillance, Data between scientific paradigm and ideology, in: Surveillance & Society 12(2), S. 197-208.

Eidenberger, H. (2009): Neugierige Computer, www.heise.de, Zugriff am: 02.04.2018.

Fuest, B. (2013): So laufen die illegalen Geschäfte mit Kundendaten, www.welt.de, Zugriff am: 02.04.2018.

Gruber, A. (2018): Facebook-Daten im US-Wahlkampf, Unbemerkt ausgespäht, http://www.spiegel.de/netzwelt/web/facebook-und-cambridge-analytica-leak-whistleblower-christopher-wylie-gesperrt-a-1198763.html, Zugriff am: 23.04.2018.

Grüßgen, F. (2018): Das vergiftete Netz, in: Stern, Nr. 14, 101-103.

Guittet, E. (2015): Is Mass Surveillance Effective in the Fight against Terrorism?, mappingsecurity.net Zugriff am: 02.04.2018.

Hahne-Waldschek, B. (2018): Gefiltertes Angebot bekräftigt die Meinung, in: Badische Neuste Nachrichten, Nr. 110, 17.

Hentschel, A. (2009): Amazon kennt Sie besser als Sie sich selbst, www.focus.de, Zugriff am: 05.04.nackt als tod, www.tagesspiegel.de, Zugriff am: 02.04.2018.

Holland, M. (2013): NSA-Chef: Spionage hat weltweit 50 Terroranschläge verhindert, www.heise.de Zugriff am: 05.04.2018.

Horn, D. (2018): Der Facebook-Skandal, aber sortiert, https://medium.com/@dennishorn/ der-facebook-skandal-aber-sortiert-e3d58bc67d98, Zugriff am: 23.04.2018.

Ingram, D. (2018): Spitze des Eisberges? Facebook-Datenskandal weitet sich aus, https://de.reuters.com/article/usa-facebook-idDEKCN1HC12W, Zugriff am: 12.05.2018.

Ingram, D., Menn, J. (2018): Exclusive: Facebook CEO stops short of extending European privacy globally, https://www.reuters.com/article/us-facebook-ceo-privacy-exclusive/exclusive-facebook-ceo-stops-short-of-extending-european-privacy-globally-idUSKCN1HA2M1, Zugriff am: 29.04.2018.

Koehler, T.R. (2018): Understanding Cyber Risk, Protecting Your Corporate Assets, Routledge, Londin und New York.

Krempl, S. (2017): Netzwerkdurchsetzungsgesetz: Experten haben gravierende verfassungsrechtliche Bedenken, https://www.heise.de/newsticker/meldung/Netzwerkdurchsetzungsgesetz-Experten-haben-gravierende-verfassungsrechtliche-Bedenken-3747671.html, Zugriff am: 02.05.2018.

Kühl, E. (2018): Was Sie über das NetzDG wissen müssen, https://www.zeit.de/digital/internet/2018-01/netzwerkdurchsetzungsgesetz-netzdg-maas-meinungsfreiheit-faq, Zugriff am: 02.05.2018.

O. V. (2017a): Wofür Kfz-Kennzeichen von der Polizei erfasst werden, www.heise.de Zugriff am: 05.04.2018.

O. V. (2017b): Entwurf eines Gesetzes zur Verbesserung der Rechtsdurchsetzung in sozialen Netzwerken, http://dip21.bundestag.de/dip21/btd/18/123/1812356.pdf, Zugriff am: 02.05.2018.

O.V. (2017c): How the world was trolled, in: The Economist, November 4th – 10th 2017, London, 21-24.

O.V. (2018a): Reumütig, selbstbewusst und naiv, https://www.tagesschau.de/ausland/facebook-zuckerberg-us-kongress-101.html, Zugriff am: 26.05.2018.

O.V. (2018b): "Keine Antwort ist auch eine Antwort", https://www.tagesschau.de/ausland/zuckerberg-eu-111.html, Zugriff am: 25.05.2018.

O.V. (2018c): The challenger, Briefing Technopolitics, in: The Economist, March 17th – 23rd 2018, London, 19-22.

O.V. (2018d): Epic fail, in: The Economist, March 24th – 30th 2018, London, 9.

O.V. (2018e): Facebook and Democracy, The antisocial network, in: The Economist, March 24th – 30th 2018, London, 39-40.

O.V. (2018f): The behavioral ecology of machines, A Skinner box for software, in: The Economist, March 24th – 30th 2018, London, 71-72.

O.V. (2018g): AI-spy, in: The Economist, March 31st – April 6th 2018, London, 13.

O.V. (2018h): GrAIt expectations, Special Report AI in business, in: The Economist, March 31st – April 6th 2018, London, 3-5.

O.V. (2018i): The future, Two-faced, Special Report AI in business, in: The Economist, March 31st – April 6th 2018, London, 11-12.

O.V. (2018j): The surveillance state, Perfect in China, a threat in the West, in: The Economist, June 2nd –8th 2018, London, 14.

O.V. (2018k): Data for detectives, I know what you'll do next summer, Technology Quarterly in: The Economist, June 2nd –8th 2018, London, 3-4.

O.V. (2018l): Street-level surveillance, Walls have eyes, Technology Quarterly in: The Economist, June 2nd –8th 2018, London, 4-6.

O.V. (2018m): Encryption and analysis, Read my phone, Technology Quarterly in: The Economist, June 2nd –8th 2018, London, 6-7.

O.V. (2018n): Electronic monitoring, Home, home within range, Technology Quarterly in: The Economist, June 2nd –8th 2018, London, 8-9.

O.V. (2018o): Predictive policing and sentencing, Algorithm blues, Technology Quarterly in: The Economist, June 2nd –8th 2018, London, 9-11.

O.V. (2018 p): Facebook klemmt rund 200 Apps nach Datenskandal ab, https://bnn.de/nachrichten/wirtschaft/facebook-klemmt-rund-200-apps-nach-datenskandal-ab, Zugriff am: 21.05.2018.

O.V. (2018 q): DSGVO: Wirtschaft beklagt geringe Unterstützung der Behörden, https://bnn.de/nachrichten/wirtschaft/dsgvo-wirtschaft-beklagt-geringe-unterstuetzung-der-behoerden, Zugriff am: 21.05.2018.

Seibel, K. (2018): Datenskandale können sich Facebook und Co. bald nicht mehr leisten, https://www.welt.de/wirtschaft/webwelt/article174821067/Facebook-Datenskandal-koennen-sich-soziale-Netzwerke-bald-nicht-mehr-leisten.html, Zugriff am: 10.04.2018.

Siegler, B. (2016): Ein Blick in die Geschichte der Überwachung, http://www.untergrundblättle.ch/digital/ueberwachung/ein_blick_in_die_geschichte_der_ueberwachung_3271.html, Zugriff am: 02.05.2018.

Silverman, J. (2017): Provacy under Surveillance Capitalism, in: Social Research, Vol. 84, No. 1, Spring 2017, 147-164.

Simanowski, R. (2018): Sie manipulieren, wir kollaborieren, https://www.zeit.de/kultur/2018-03/soziale-netzwerke-facebook-nutzerdaten-schutz-bedeutung-gesellschaft, Zugriff am: 23.04.2018.

Simonds, W. (2012): Your friends are sharing your info through Facebook apps (and they don't even know it), https://www.abine.com/blog/2012/your-facebook-friends-are-sharing-your-info/, Zugriff am: 23.04.2018.

Snowden, E. (2013): Edward Snowden interview – the edited transcript, www.theguardian.com, Zugriff am: 02.04.2018.

Spehar, J. (2014): The New Facebook Login and Graph API 2.0, https://developers.facebook.com/blog/post/2014/04/30/the-new-facebook-login/, Zugriff am: 23.04.2018.

Spehr, M. (2018): Wie Sie Ihre Daten vor Facebook und Google schützen, www.faz.net, Zugriff am: 05.04.2018.

SpotOnNews (2018); Auch er war vom Datenskandal betroffen, https://www.stern.de/lifestyle/leute/mark-zuckerberg-auch-er-war-vom-datenskandal-betroffen-7937176.html, Zugriff am: 21.04.2018.

Weidemann, S. (2015): Freiheit unter Beobachtung?, www. Bpb.de, Zugriff am: 05.04.2018.

Welsch, W. (1988): Unsere postmoderne Moderne, Zweite Auflage, VCH/Acta Humaniora, Weinheim.

Zuckerberg, M. (2018): I want to share an update on the Cambridge Analytica situation, https://www.facebook.com/zuck/posts/10104712037900071, Zugriff am: 23.04.2018.